유대교와 헬레니즘 ③

기원전 2세기 중반까지 팔레스타인을 중심으로 한
유대교와 헬레니즘의 만남 연구

나남
nanam

나남신서 1623

유대교와 헬레니즘 ③

기원전 2세기 중반까지 팔레스타인을 중심으로 한
유대교와 헬레니즘의 만남 연구

2012년 2월 29일 발행
2021년 12월 10일 2쇄

지은이 마르틴 헹엘
옮긴이 박정수
발행자 趙相浩
발행처 (주) 나남
주소 10881 경기도 파주시 회동길 193
전화 (031) 955-4601 (代)
FAX (031) 955-4555
등록 제 1-71호(1979.5.12)
홈페이지 http://www.nanam.net
전자우편 post@nanam.net

ISBN 978-89-300-8623-3
ISBN 978-89-300-8215-0 (세트)

책값은 뒤표지에 있습니다.

유대교와 헬레니즘 ③

기원전 2세기 중반까지 팔레스타인을 중심으로 한
유대교와 헬레니즘의 만남 연구

마르틴 헹엘 지음 | 박정수 옮김

나남
nanam

Judentum und Hellenismus
Studien zu ihrer Begegnung unter besonderer Berücksichtigung Palästinas bis zur Mitte des 2. Jh. v. Chr.

by Martin Hengel

유대교와 헬레니즘 ③

기원전 2세기 중반까지 팔레스타인을 중심으로 한
유대교와 헬레니즘의 만남 연구

차 례

▪ 일러두기

1. 성서와 원문의 본문 및 단어번역은 저자가 제공한 독일어 번역이 있는 경우는 독일어에 의해 번역하고, 없는 경우는 역자가 직접 번역하였다. 이 경우 앞뒤의 문맥을 파악하기 어려운 비문이나 몇 개의 단어들만 나열된 경우 오역의 발생가능성을 줄이기 위하여 번역하지 않고 원문을 그대로 적어두었다.
2. 그리스어는 근본적으로 국립국어원의 외래어와 그리스어 표기법을 따르되, 인명과 지명은 기존의 관용(慣用)이나 성서의 표기를 고려했다(예. 유다스→유다, 마카바이오스→마카베오. 반면 토비아→토비아스. 다른 한편 폴뤼비오스→폴리비오스, 튀로스/두로→티레. 반면, 셀류코스→셀레우코스, 유폴레모스→에우폴레모스).
3. 서양고대사와 간격을 좁히기 위해 무엇보다 현재 신학계에서 매우 빈번하게 사용하는 '헬라(어)'/'헬라주의(적)'이라는 용어를 우리말 공동번역을 기준으로 '그리스(어)' 혹은 '헬레니즘(적)'으로 번역했다(예. '헬라주의적 유대교'→'헬레니즘적 유대교'). 특히 'Hellenist'('Ελληνισταί)는 '헬라주의자'가 아니라 '그리스어사용 유대인'으로 번역했다.
4. 원본에서 위첨자가 붙은 각주번호는 그 다음 일련번호로 산정하여 표기했다(예: 14[a]→15). 각주의 지시사항은 각부(各部)별로 지시되거나(예. "제3부 각주 78을 보라"), 해당 부(部) 안에서 지시되는 경우는 각주번호만 표기하였다(예. "각주 78을 보라").
5. 역주는 짧을 경우 용어 바로 뒤 ( ) 안에 '역주.'로, 긴 경우는 미주번호로 분리하여 각부(各部)별로 뒤에 배치해 두었다.
6. 학계의 관용례(慣用例)를 따라서 저자가 사용하는 수많은 인용부호 " "는 인용문장일 경우에만 사용하고, (직간접적인) 인용단어일 경우에는 ' '를 사용했다. 저자가 문장이나 단어를 강조할 때 사용하는 이탤릭체는 고딕체로 표기했다.
7. 고전문헌은 단행본일 경우《 》로, 전집에 들어있는 단편은〈 〉로 표기했다. 다만 현재 우리말 성서의 정경(正經)과 외경(外經)에 속한 문헌은〈 〉없이 표기하고, 그 외의 위경(僞經)들은〈 〉로 구분하여 표기했다(단,〈에녹서〉는 매우 자주 사용되기에 '에녹서'로 표기했다). 본문의 ( ) 안에, 그리고 본문 하단의 각주에 장절표기를 위해 사용될 때는《 》혹은〈 〉없이 축약어를 사용했다(예. 다니엘서→단 3:5, 마카베오 상(上)권→1마카 3:5, 유대전쟁사 12, 125 등).
8. 참고문헌의 표기법과 약어표기는 저자가 사용하는 방식을 따랐다. 그러나 저자는 출판도시 및 출판사를 표기하지 않고 있어서 영역본과 같이 ( )를 제외하고 출판연도만을 콤마로 구분했다. 또 저자는 책이름을 이탤릭체로 처리하지 않았으나, 역자는 이탤릭체로 구분하여 다음과 같이 기록했다(예. 단행본: H. Bengtson, *Die Strategie in hellenistischer Zeit* 3, 1952, 166, 정기간행물: M. Hengel, *ZNW* 57, 1966, 179f.).
9. 찾아보기는 저자가 정리한 항목과 페이지를 그대로 사용해 번역본의 면수를 적었다. 주의할 점은 면수에 f가 딸린 경우는 오차범위(+/-) 1면을 참고해야 한다(예. "1권 23f"→"1권 22~24 이하").

제 4 부

유대교의 '그리스적 해석'과 예루살렘의 그리스어사용 유대인의 개혁시도

‘유대교와 초기 헬레니즘 간의 만남’에 관한 문제를 보는 관점은 매우 다양하다. 제 3부에서 우리는 그 문제를 유대교의 지혜와 초기 묵시문학의 신학적 관점에서 고찰하였다. 이제 마지막으로 그것을 그리스인들의 관점에서 고찰하고, 이로부터 ‘그리스어사용 유대인’의 ‘진면목’을 파악하기 위해 건너야 할 다리를 놓아야 한다. 이들은 기원전 175년에서 164년 사이에 유대교를 완전히 헬레니즘 문화에 용해시키려고 했으나, 자신들의 불화와 안티오코스 4세의 정치적 둔감으로 실패하였다.

제 1 장

최초의 그리스 증언들 : '철학자' 유대인

포세이도니오스(Poseidonios) 시기, 즉 기원전 2세기 후반 반(反)셈족주의 운동이 시작되기까지[1] 유대인들에 대한 가장 초기의 그리스 증언들은 다양하지만 비교적 한결같은 취지를 가지고 있었는데, 그것은 유대인을 "철학자들"의 민족으로 묘사하고 있었다. 이로부터 분명해지는 사실은 그리스인들과 유대인들 간의 정신적인 '만남'은 유대교의 측면에서만 일어난 것이 아니었고, 그리스인들의 측면에서도 일어났다는 점이다. 그리스인들은 '철학적인' 인상을 주는 종교를 가진 유대인과 만나게 된 것을 흥미롭게 여겼다.[2]

---

1) 이에 대해서는 I. Heinemann, *PW Suppl* 5, 3-43을 보라. 유대인에게 적대적이었던 가장 초기의 기록은 민족적이고 이집트적인 색채를 띠었는데, 이것은 마네토(Manetho)에게서 유래했다. *FGrHist* 609 F 10 = 아피온 반박 1, 223-253을 보라. 그러한 경향은 기원전 3세기 초에도 여전하였다. 기원전 1세기 초 카이레몬(Chairemon)과 아폴로니오스 몰론(Apollonios Molon)과 같은 후대의 작가들은 마네토에 의존하였다. 셀레우코스 통치지역에서 나타나는 반셈족주의적인 경향은 포세이도니오스(Poseidonios) 이후에야 비로소 확인될 수 있다(*op. cit.*, 26f.와 30ff.를 보라). 더 후대의 시기에 대해서는 M. Simon, *Verus Israel*, 1948, 239-245와 *Post-Scriptum*, 1964, 489ff., Lit.를 보라.

2) A. Schlatter, *GI*[3], 28과 W. Jaeger, *JR* 18, 1938, 127-143 = *Scripta minora* 2, 1960, 169-183과 *Diokles v. Karystos*, 1938, 134-153; Y.

여기서 우리는 가장 먼저 압데라의 헤카타이오스(Abdera von Hekataios)를 언급할 수 있으리라. 그는 프톨레마이오스 1세 시대에—아마도 기원전 4세기 말 이전—이집트를 이상화하는 작품을 썼는데, 이 작품에서 그는 유대인들의 출애굽과 모세가 세운 제사장 국가를 언급하기도 했다.3)

"그는 최고의 교육을 받은 사람들과 온 백성을 이끌 수 있는 가장 능력 있는 사람들을 선발하여 제사장들로 만들었다." 그리고 그는 그들에게 성전예배와 재판, 율법을 준수하는 '감독'(φυλακή)을 맡겼다. "그래서 유대인들은 결코 왕을 갖지 않았다. 반대로 제사장들 가운데에서 통찰력과 덕이 뛰어난 자들에게 백성을 지도하는 일을(τὴν δὲ τοῦ πλήθους προστασίαν δίδοσθαι διὰ παντὸς τῷ δοκοῦντι τῶν ἱερέων φρονήσει καὶ ἀρετῇ προέχειν) 위임했다. 그들은 이 사람들을 대제사장들이라 불렀고, 이들을 하나님의 명령들을 전하는 사자들로 생각했다(ἄγγελον … τῶν τοῦ θεοῦ προσταγμάτων. §5. 6).

이렇게 헤카타이오스는 유대인의 국가를 플라톤의 유토피아적인 국가라는 의미에서 참된 '귀족정치'로 묘사하였다. 여기에서 제사장들

Gutman, *The Beginnings of Jewish-Hellenistic Literature* 1, 1958, 여러 곳; J. G. Gager, *Moses in Greco-Roman Paganism*, 1972.

3) *FGrHist* 264 F 6 = Diod. 40, 3(Reinach 14ff.). 그의 생애에 대해서는 F. Jacoby, *PW* 7, 2750ff.를 보라. 그는 아마도 팔레스타인에서 이집트로 이주한 유대인들을 통해 정보를 얻은 것 같다. 유대국가에 대한 그의 이상적인 묘사에 대해서는 W. Jaeger, *JR* 18, 1938, 136-143과 *Diokles*, 144-152; F. Jacoby, *PW* 7, 2765f.를 보라 Y. Gutman, *op. cit.*, 1, 39-73 역시 그의 작품의 유토피아적이고 이상적인 특징을 강조한다. 반면 야코비는 그릇된 방향으로 향한다. F. Jacoby, *op. cit.*와 *FGrHist* IIIa, Nr. 264에 대한 주석, 46ff. 이 작품은 종교적이고 정치적인 특성을 묘사한 것으로는 M. P. Nilsson, *GGR*^{2} 2, 285f.를 보라. 그는 플라톤이 그토록 높게 평가한 스파르타에 어느 정도 의존하고 있다: 스파르타인과 유대인의 관계에 대해서는 1권 263f.를 보라.

은 플라톤의 《국가론》(*Ploiteia*) 에 등장하는 완벽한 "파수꾼"이나 "군주"에 해당된다.[4] 또한 헤카타이오스는 유대인들의 이방인 적대적 성격과 전쟁에 대한 열의, 공정한 땅 분배원칙을 강조하기 때문에, 그가 이미 플라톤이 그토록 중요하게 여긴 스파르타와 유대인을 비교하려는 생각을 가지고 있었다고 추측할 수도 있다. 그와 같은 비교는 후에 유대인과 스파르타인의 동족관계에 대한 전설에서 표현되었다. 왜냐하면 특히 헤카타이오스에 따르면 스파르타인의 조상인 다나오스(Danaos) 와 카드모스(Cadmos) 는 모세와 유대인들이 팔레스타인에 왔던 바로 그 시기에 그리스로 이주하였다고 보기 때문이다(F 6, 2). 헤카타이오스는 퓌르호(Pyrrho) 에게 훈련받은 합리주의에도 불구하고 유대인의 하나님에 대한 표상을 긍정적으로 묘사한다. 이는 크세노파네스(Xenophanes) 가 다신론에 대한 비평을 한 그 이후로 형성된 철학적 이상과 일치한다:

> 그(모세) 는 하나님이 인간의 형태를 지녔다고 믿지 않았기에 신들을 어떤 식으로도 묘사하지 않았다. 오히려 지구를 에워싸고 있는 하늘이 하나님이고, 그는 모든 것의 주인이다.
> Ἄγαλμα δὲ θεῶν τὸ συνόλον οὐ κατεσκεύασε διὰ τὸ μὴ νομίζειν ἀνθρωπόμορφον εἶναι τὸν θεόν, ἀλλὰ τὸν περιέχοντα τὴν γῆν οὐρανὸν μόνον εἶναι θεὸν καὶ τῶν ὅλων κύριον(§5).

유대인 개개인을 지혜롭고 계몽된 사람들로 묘사하는 헤카타이오스의 단편들 또한 유일신적·계몽적인 경향을 보여준다. 그 단편들은 요세푸스에 의해 보존되고 있지만 그 진정성은 의문시된다.[5] 이러한

4) 비교. *Res pub.* 414b; 파수꾼들의 경건함에 대해서는 383b; 421a: φύλακες δὲ νόμων 비교. *leges* 754d.

5) 아피온 반박 1, 186-189를 보라: 대제사장 "에체키아스"(Ezekias) 의 현명함

경향은 얼마 못가서 아리스토텔레스의 가장 중요한 제자인 테오프라스토스로 이어진다. 그는 다시금 헤카타이오스에 의존한 것으로 보이는 자신의 작품 〈경건에 관하여〉에서 유대인들을 명백하게 "철학자들"이라고 부른다:6)

> 그들은 철학자들의 종족이므로 이 모든 시간 동안에 그들은 신적인 존재들에 관해 대화하며, 밤에는 별들을 관찰하고 그것들을 바라보며, 기도할 때 그들은 신들을 부른다.
>
> κατὰ δὲ πάντα τοῦτον τὸν χρόνον, ἅτε φιλόσοφοι τὸ γένος ὄντες, περὶ τοῦ θείου μὲν ἀλλήλοις λαλοῦσι. τῆς δὲ νυκτὸς τῶν ἄστρων ποιοῦνται τὴν θεωρίαν, βλέποντες εἰς αὐτὰ καὶ διὰ τῶν εὐχῶν θεοκλυτοῦντες.

헤카타이오스에게서 발견되는 것처럼, 우리는 여기에서도 유대인들이 하늘을 가장 높으신 하나님으로 경배하는 관념을 발견한다. 이는 특별히 아리스토텔레스의 철학을 분명히 보여준다. 왜냐하면 여기서 창공은 신의 완전성을 표현한 것으로 간주되기 때문이다(2권 p. 383을

과 용맹(1권 p. 196을 보라); 1, 200-205: 모든 미신으로부터 벗어난 유대인 궁수 메슐람(Meshullam). 이것의 진정성에 대해서는 F. Jacoby, *op. cit.*, 66f.; B. Schaller, *ZNW* 54, 1953, 20ff.를 보라.

6) *FGrHist* 737 F6 = Reinach 8; W. Jaeger, *JR* 18, 1938, 131ff.와 *Diokles*, 134ff.를 보라. J. Bernays, *Theophrasts Schrift über die Frömmigkeit*, 1866, 109ff. 원래 이 "자료"를 발견한 사람은 그것이 가장 오래전에 알려진 유대인들에 관한 그리스 기록이라고 여긴다. 그러나 예거(W. Jaeger)는 그것이 헤카타이오스의 에귑티카(Aegyptika)를 의존했을 가능성을 보여주었다. 그의 주장은 다음과 같은 사람들이 지지한다: O. Regenbogen, *PW Suppl* 7, 1515와 Y. Gutman, *op. cit.*, 1, 74ff. 이에 대한 반대주장에 대해서는 A. D. Nock, *Essays on Religion* 2, 1972, 601f.와 M. Stern, *Kirjath Sepher* 46, 1970/71, 99를 보라.

보라). 아마도 이 견해는 유대인의 하나님 신앙을 넘어 페르시아시대에 그들이 하나님을 '하늘의 하나님'으로 부르기를 즐겨했다는 사실로 거슬러 올라가리라 추측된다. 이 관점은 유대인들에 대한 고대의 기록에서 로마 풍자가들의 작품에 이르기까지 계속 퍼져나갔다.[7] 비데즈(Bidez)와 쿠몽(Cumont)에 따르면 헤카타이오스와 테오프라스토스는 다시금 데모크리토스(Demokritos)에 의존하고 있었다고 한다. 그러나 이 추정은 데모크리토스가 유대인들에 관련하여 언급했다는 어떠한 증거도 없기에 상당한 의구심을 불러일으킨다.[8]

이것이 전승된 계열과는 전혀 관계없이 얼마 후에 메가스테네스(Megasthenes)의 보고가 인디카(Indika)의 기록에 등장하는데, 이 사람은 기원전 304/3년과 292년 사이에 셀레우코스 1세 니카토르(Nikator)가 인도로 파견한 인물이다:[9]

---

7) W. Jaeger, *Diokles*, 147; *JR* 18, 1938, 133. 그는 이 관념들을 아낙시만더(Anaximander)와 크세노파네스(Xenophanes), 데모크리토스(Democritos)와 아리스토텔레스 등과 같은 그리스인들의 자연철학적 사고와 관련됨을 지적하였다. 또한 Nilsson, *GGR*^{2} 1, 839ff.; 2, 253ff.와 *HTR* 33, 1940, 11f. = *opuscula selecta* 3, 1960, 36ff.와 비교하라. "하늘의 하나님"에 대해서는 제 4부 각주 262-266을 보라. 유대인들의 "하늘" 숭배에 대해서는 포세이도니오스에게서 나온 Strabo(제 4부 각주 15를 보라); Petronius, fr. 37(Reinach 266)와 Juvenal, *Sat.* 6, 545와 14, 96(Reinach 292), 제 4부 각주 64, 260을 보라.

8) Bidez/Cumont, *op. cit.*, 1, 240-242; 유대인들에 대한 헤카타이오스와 테오프라스토스의 보고는 너무 긍정적이어서 종교가 인간의 두려움에서 파생되었다는 데모크리토스의 주장과 연관시킬 수는 없다. 가장 유사한 특징은 최초의 현자들의 하나님 경배에 대한 fr. 30, Diels 2, 15의 긍정적인 판단을 들 수 있겠다. 헤카타이오스와 유대인에 대한 비블리오스의 필로의 판단을 비교하라. *FGrHist* 790 F 9 = Origen, *C. Cels.* 1, 15. 비데즈와 꾸몽(Bidez/Cumont)은 헤카타이오스의 저술활동의 정치적 배경을 간과했다.

9) *FGrHist* 737 F 8 = Clem. Alex., *Strom.* 1, 72, 5(Reinach 13); 이에 대해서는 W. Jaeger, *JR* 18, 1938, 132 각주 14와 *Diokles*, 141f.; Y.

> 고대인들이 자연에 대해 배웠던 모든 것들은 그리스 밖의 철학자들에게서도 언급되는데, 먼저 인도인들에게서는 브라만인(人)들, 그 다음으로 시리아에서는 이른바 유대인들에게서 언급되었다.
> ἅπαντα μέντοι τὰ περὶ πεύσεως εἰρημένα παρὰ τοῖς ἀρχαίοις λέγεται καὶ παρὰ τοῖς ἔξω τῆς Ἑλλάδος φιλοσοφοῦσι, τὰ μὲν παρ' Ἰνδοῖς ὑπὸ τῶν Βραχμάνων, τὰ δὲ ἐν τῇ Συρίᾳ ὑπὸ τῶν καλουμενῶν Ἰουδαίων.

메가스테네스는 브라만의 '철학'을 상세히 설명하고 여기에서 다시 세상과 자연의 기원에 대한 그들의 교의를 스토아주의를 통하여 생생하게 묘사하고 있다. 때문에 우리는 그가 유대인들이 믿고 있는 어떤 특정한 근본교의도 알고 있어서 그것들을 이와 유사한 방식으로 해석했다고 추측할 수 있다. 이번에는 아리스토텔레스의 제자인 솔리의 클레아르코스가 헤카타이오스에 의존하여 기록하는데, 그는 허구적으로 보이는 기록에서 아리스토텔레스와 소아시아의 어떤 유대인 '현자'와의 만남을 묘사하며 그의 스승이 다음과 같은 기록을 하고 있다고 보도하였다:

> 그 모든 것을 보고한다는 것은 너무 지루한 일이다. 그러나 그토록 감탄(θαυμασιότητα)을 자아내고 그가 '지혜를 사랑함'(φιλοσοφίαν)을 보여주는 특징들은 언급할 가치가 있다. 여기에서 나는 그대에게 … 마치 꿈들과 같은(θαυμαστὸν ὀνείποις ἴσα) 경이로움을 말하려고 한다는 인상을 주었을 것이다 … 이 사람의 태생은 코일레·시리아(Coelesyrien) 출신의 유대인이다. 이들은 인도에 있는 철학자들의

Gutman, *op. cit.*, 1, 89ff. 를 보라. 그의 생애에 대해서는 O. Stein, *PW* 15, 231ff. 를, 인도 '철학'에 대한 그의 스토아주의적인 해석에 대해서는 259ff. 그리고 특별히 262를 보라. '동방박사'(*Magoi*)가 유대인과 브라만인(人) 모두에게서 유래했다는 것에 대해서는 Diog. Laert 1, 9와 상세히 비교하라.

후손들이다(ἀπόγονοι τῶν ἐν Ἰνδοῖς φιλοσόφων). 인도인들은 철학자들을 이른바 칼라니(*Calani*)로 부르지만, 시리아인들은 지역 이름을 따라서 유대인들이라 부른다. 그들이 사는 지역이 '유대아'라고 불리기 때문이다(1권 p. 104를 보라). 그들의 도시 이름은 매우 진기하게도 예루살렘(Hierusaleme)이었다 … 이 사람은 많은 사람들과 친하게 지내며 그 지역의 내륙에서 해안 쪽으로 여행하였다. 그는 사용하는 말로나 그의 영혼으로 보아 그리스인이다. 우리가 아시아에서 머무르는 동안 그는 동일한 곳을 방문하였고, 우리가 다른 학자들과 대화를 나눌 때 그는 그들의 지혜를 시험하였다(πειρώμενος αὐτῶν τῆς σοφίας). 그러나 많은 지식인들을 만났던 사람들 가운데 (역주. 정신적인) 보고(寶庫)를 열어 공헌한 사람은 오히려 그였다.

지금까지는 클레아르코스의 글에서 인용한 것인데, 여기에 요세푸스는 다음과 같이 부연하였다: "이것이 아리스토텔레스가 클레아르코스에게 한 말이다. 그 밖에도 그는 유대인이 뛰어나고 놀라울 정도로 그들의 삶의 방식을 존속시키고 절제한다는 사실을 언급하였다"(πολλὴν καὶ θαυμάσιον καρτερίαν τοῦ Ἰουδαίου ἀνδρὸς ἐν τῇ διαιτῇ καὶ σωφροσύνην διεξιών). [10]

---

10) 아피온 반박 1, 176-182(인용. 177-182)는 대화형태의 클레아르코스의 글 'περὶ ὕπνου'(〈잠에 관하여〉)에서 유래했다. 이에 대해서는 W. Jaeger, *JR* 18, 1938, 130ff. 와 *Diokles*, 138ff. ; 상세한 것은 H. Lewy, *HTR* 31, 1938, 205-235를 보라. 소요학파의 철학자들은 유대인들이 인도의 브라만인(人)과 같이 시리아인(人) 가운데서도 일종의 박식한 제사장 계급이었다는 주장을 견지했다. 클레아르코스는 비슷하게 메가스테네스의 "Indika"를 의존한 것 같다. 그것은 테오프라스토스가 헤카타이오스의 Aegyptiaka를 의존한 것과 같은 방식으로 기원전 290년경에 기록되었다. 비록 유대인들에 대한 그의 묘사도 그들과의 경험에서 형성되었을지라도 말이다. 이에 대해서는 Y. Gutman, *op. cit.*, 1, 91ff. 를 보라. 클레아르코스는 아리스토텔레스의 개인적인 제자였지만, 플라톤적인 경향이 있었다: W. Kroll, *PW* II, 580ff. 를 보라. L. Robert, *CRAI* 1968, 447-454는 다른 주장을 한다.

클레아르코스는 〈잠에 관하여〉라는 자신의 글에서 육체에 대한 영혼의 독립성을 입증해야 하는 특히 '유사심리학적인' (*parapsychologische*) 현상을 다루고 있다. 따라서 클레아르코스를 통해 르이 (H. Lewy) 는, 아리스토텔레스가 그토록 격찬한 지혜를 지닌 유대인은 어떤 한 기적술사와 같다고 생각하였다. 이 사람은 클레아르코스의 글에 나오는 다른 증거들이 언급된 이후에 등장하는데, 요술지팡이로 한 소년의 영혼을 그에게서 빠져나오게도 하고 다시 돌아오게도 하며, 게다가 잠도 안자고 태양광선으로부터만 영양분을 받는다. 르이는 유대인이 기원전 4세기 말에 그런 마술적인 시술을 시행했다고 볼 수는 없기에, 이는 단순히 환영(幻影)을 다루는 것이라고 주장한다.[11] 그러므로 클레아르코스가 자신의 논문에 기록할 수 있었던 여러 가지의 경이로운 사항들에서, 그 유대인이 이 최면술사와 동일시될 수 있는가는 여전히 해결되지 않은 채로 남기는 하지만, 그도 '초자연적' 은사들을 소유했으리라고 추측된다. 그 은사란 150년 후에 포세이도니오스가 유대인들에게서 나왔다고 하였던, 꿈을 해석하는 기술이었을 것이다.

여기에서 헬레니즘 문학의 전형적인 주제인 한 그리스인과 '야만인 철학자'의 만남을 다루고 있다는 것 역시 확실하다. 그런데 거기에서 우월한 자는 그리스인이 아니라 그의 상대자였음이 드러난다. 그래서 타렌툼의 아리스토크세노스(Aristoxenos von Tarentum)는 주장하기를, 소크라테스가 신의 일들에 관한 지식에서 자신보다 훨씬 뛰어난 한 인도의 철학자를 아테네에서 만났다고 한다. 그 사람은 아리스토텔레스의 제자로서, 무엇보다도 피타고라스는 조로아스터의 제자였다고 주장하였다. 서방에 대한 동방세계의 종교적 저항운동 역시 이러한 비교우월적인 관점의 토대 위에서 시작되었다.[12] 그러나 클레아르

---

11) H. Lewy, *op. cit.*, 209ff., 222ff.; 비교: 이미 A. v. Gutschmid, *Kleine Schriften* 4, 1893, 587f.도 그렇게 보았다.

코스가 자신의 논문을 쓴 기원전 3세기 전반부에는 기적을 행하는 유대인들이 존재할 개연성이 매우 높은데, 이를 보여주는 것이 〈나보니도스의 기도〉와 여러 형태로 나타나는 〈다니엘 이야기〉, 그리고 멀리 잡아 한 세기 후에야 기록된 아르타파노스(Artapanos)의 글이다(제 4부 각주 254를 보라). 이렇게 클레아르코스의 보도에는 매우 진지하게 받아들여야 할 정보가 있다. 물론 인도인 칼라니에 관한 터무니없는 정보는 다른 문제인데, 이것은 메가스테네스의 진술을 확대하여 지어내었다는 사실이 밝혀지고 있다. 이를 테면, 예루살렘의 이름이 다른 곳에서는 통례적으로 히에로솔리마(Hierosolyma)라고 기록되는 것과는 대조적으로 히브리어로 기록되고 있으며, '유대아'라는 지역이름도 담고 있다. 이러한 기록은 그가 한 팔레스타인과 만났다는 암시를 포함하고 있는데, 르이(Lewy)는 이 사실을 간과한다. 클레아르코스는 자신의 논문에서 아리스토텔레스의 대화상대자로 소개한, 팔레스타인에서 온 그 유대인 기적술사를 왜 모르는 것일까?

아마 자신을 '소요학파 철학자'라고 억지로 내세웠을 알렉산드리아의 전기작가 헤르밉포스(2권 p. 170f.를 보라)는 기원전 3세기까지만 해도, 피타고라스라가 "유대인들과 트라키아인들(Traker)의 견해들을 모방한 것을 자신의 것으로 받아들였다"(τὰς Ἰουδαίων καὶ Θρακῶν δόξας μιμούμενος καὶ μεταφέρων εἰς ἑαυτόν)고 주장하였다. 이는 알렉산드리아의 유대인들이 쉽게 수용했을 뿐만 아니라, 그리스인들도 이를 후세에 전하였던 견해였다.[13] 유대인들에 대한 긍정적인 묘사는 마카베오 봉기와 이로써 양 측면에서 조성된 비통함이 표현되고,

---

12) H. Lewy, *op. cit.*, 218ff. : Euseb. *Pr. Ev*, 11, 3, 8, GCS VIII, 2, 9, ras.

13) 이에 대해서는 이 책 제 3부 각주 877을 보라. 헤르밉포스의 견해는 이미 고대 팔레스타인의 몇몇 관례규정들(*Halachot*)에서 영향을 받은 것 같다. S. Lieberman을 참조하여 S. Safrai, *JJS* 16, 1965, 31 각주 73을 보라.

기원전 2세기 후반에 알렉산드리아의 반셈족주의 운동이 증폭되면서야 비로소 유대인들에 대한 긍정적인 묘사는 마무리된다. 이 반셈족주의 운동은 필로메토르(Philometor) 시대 이후 프톨레마이오스 이집트에서 유대인들이 정치적·군사적으로 세력을 갖게 되자 일어난 반작용이었다.

그럼에도 불구하고 아파메아(Apamea)의 시리아인 포세이도니오스(기원전 135~50년경)는 여전히 유대인의 종교를 창시한 자와 모세의 본래적 가르침에 대하여 경탄하고 있었다. 그의 보고는 모세를 묘사하는 스트라본의 기록에 담겨 있는데, 이는 라이나흐(T. Reinach)와 라이첸슈타인(R. Reitzenstein)과 게프켄(J. Geffcken)의 주장과 연관시켜서 노르덴(E. Norden)과 하이네만(I. Heinemann)이 각각 서로 다르게 입증한 바와 같다.[14] 하지만 이 견해는 최근 다시금 논쟁이 되고 있다.

> 스트라본에 의하면 이집트 제사장이었던 모세는 자신의 추종자들과 함께 유대로 갔다고 한다. 왜냐하면 모세는 이집트 종교에 만족하지 못했기 때문이었다고 한다:
>
> "이집트인들과 리비아인들이 신을 야생동물들이나 가축으로 묘사

14) 이미 라이나흐가 한 추측에 대해서는 Reinach 89; R. Reitzenstein, *Zwei religionsgeschichtliche Fragen*, 1901, 77 각주 2; J. Geffcken, *Zwei griechische Apologeten*, 1907, XI 각주 5를 보라. 더욱 상세한 것으로는 I. Heinemann, *MGWF* 63, 1919, 113-121; E. Norden, *Festgabe f. A. v. Harnack*, 1921, 292-298과 K. Reinhardt, "Posidonius über Ursprung und Entartung," *Orient und Antike* 6, 1928, 5-34: "Moses as prehistoric founder"를 보라. 또한 *PW* 22, 638f.와 비교하라. F. Jacoby, *FGrHist* IIc 87, Comm. 196ff.; I. Heinemann, *Poseidonios' metaphysische Schriften* 2, 1928, 72ff.와 비교하라. A. D. Nock(제4부 각주 6), 860ff.는 W. Aly, *Strabonis Geographica* 4, 191ff.와의 논쟁에서 중도를 취한다. J. G. Gager(제4부 각주 2), 44ff.의 비평을 참고하라.

한다면, 그들 모두는 신에 대한 올바른 견해를 갖지 못했다고 해야 한다. 또한 자신들의 신을 인간의 형태로 만든 그리스인들 역시 오류를 범하고 있다고 해야 한다. 왜냐하면 우리 모두와 땅과 바다를 포괄하는 자, 그리고 우리가 하늘과 세상과 존재의 본질이라고 부른 이한 분이 하나님이기 때문이다(εἴη γὰρ ἓν τοῦτο μόνον θεὸς τὸ περίεχον ἡμᾶς ἅπαντας καὶ γῆν καὶ θάλλαταν, ὃν καλοῦμεν οὐρανὸν καὶ κόσμον καὶ τὴν ὄντων φύσιν). 그런데 지각이 있는 자라면 누가 감히 이분을 우리와 비슷한 모습으로 형상화할 수 있단 말인가? 오히려 어떤 하나의 형상을 만드는 것을 중지해야 하며, 거룩한 지역을 분리하여 여기 존귀한 제의를 드리는 장소에서 형상이 없이 신들에게 드리는 예배를 제정해야만 한다. 자신은 물론 … 타인의 도움을 위해서 성전에서 잠을 자는 것도 실행해야 한다. 행실이 바르고 의롭게 사는 사람은 항상 하나님으로부터 오는 선(善)을 기대할 수 있다. 그것이 선물이든 징조이든 간에 말이다. 그러나 다른 사람들은 그렇지 않다."

이어서 모세가 유대 산악지역에 예루살렘을 세운 이야기가 나온다. 그는 또한 무력을 포기하고 존귀한 예배를 드림으로써 — 이는 분명 하스모니아 왕조의 무력정책에 대한 신랄한 비판이다 — 그 지역에 사는 많은 사람들을 모았다.

"그의 추종자들은 한동안은 여전히 같은 관습들을 따랐는데, 이는 그들이 의로웠고 진실로 하나님을 경외하는 자들이었기 때문이다. 그러나 그 후에 미신적이고(δεισιδαιμόνων, 제 3부 각주 27을 보라) 지배욕에 가득 찬 사람들이 제사장직 지위를 계승하였다. 미신은 결국 특정한 음식들을 즐기지 못하게 하고 … 남자들은 할례를, 여자들 개개인은 음핵절제(*Exzision*)를 하게 했고, 그 밖에도 그런 류의 다른 관습들을 채택하게 했다. 폭력을 통한 통치에서 착취체제가 나왔다. 왜냐하면 (그들과 비교되게) 변절자들은 자신들의 땅과 거기에 인접한 지역에 피해를 주었고, 통치자에게 충성하는 충복(忠僕)들은 이방 땅을 차지했으며 시리아와 페니키아의 많은 부분을 정복했기 때문이다."[15]

이 기록의 마지막 부분은 분명 헬레니즘적 개혁시도와 이어서 발생한 마카베오 봉기, 그리고 이 혁명으로 일어난 하스모니아 왕조의 팽창과 관련하여 유대교 내에서 일어난 투쟁들을 암시한다. 여기에서 독특한 것은 유대교 내부에서 '배교'라고 낙인이 찍히게 된 것은 음식법과 할례 같은 후대의 미신적인 관습이 도입되면서 발생하게 되었다는 점이다. 비커만(E. Bickermann)이 추측하듯이, 아마도 이 언급은 기원전 175년 이후 예루살렘의 급진적인 개혁가들이 가졌던 관점과 관련이 있는 듯한데, 그들은 원래 모세가 제정한 선량한 내용에 후대의 "미신적인" 것들이 추가되어 왜곡되었다고 믿었다:[16] "그러기에 계명은 모순적이다. 즉, 계명은 신적인 기원을 갖거나 인간적인 기원을 갖는다." 어찌하든 포세이도니오스 또한 그리스어사용 유대인의 개혁시도는 유대지역이나 인접한 지역에 재앙만 초래했음을 알았다.[17]

---

15) Strabo 16, 2, 35-37(C 760/61) = *FGrHist* 87 F 70(Reinach 99f.). 약간 수정한 번역은 E. Norden, *op. cit.*, 292f.를 따랐다.

16) Strabo 16, 2, 38: 전체에 대해서는 E. Bickermann, *GM*, 130을 보라. 이른바 '퇴보이론'이 포세이도니오스와 더불어 마카베오 봉기 이후에야 비로소 생겼다는 I. Heinemann, *MGWF* 82, 1938, 156의 반론은 지지할 수 없다. 그 이론 자체는 아마 더 오래되었고, 스토아주의적인 관념으로 거슬러 올라가리라 생각된다. 이에 대하여는 M. Pohlenz, *op. cit.*, 1, 42를, 소요학파의 테오프라스토스와 디카이아르코스(Dikaiarchos)의 황금시대의 견해에 대해서는 O. Regenbogen, *PW Suppl.* 7, 1514(Lit.)를 보라. 이러한 견해는 근본적으로 이미 헤시오도스에게서 발견된다. 2권 p.179와 비교하라.

17) Strabo 16, 2, 37: οἱ μὲν γὰρ ἀφιστάμενοι τὴν χώραν ἐκάκουν καὶ αὐτὴν καὶ τὴν γειτνιῶσαν. 내 생각에 "배교자들"은 유대의 개혁당파이며, 이 전체 구절은 셀레우코스 가문으로부터 강력한 도움을 받은 "개혁가들"이 수행한 유대의 "내전"을 암시하는데, 이는 기원전 167년에서 141년 아크라의 점령에까지 이어진다. 그러나 이후의 단계에서 셀레우코스 측에서조차 그들

동시에 이 주장은 무엇보다도 옛 시대의 훌륭한 율법제정자와 창건자가 후에는 퇴보하였다는 자신의 견해에 부합했다. 이는 그가 유대인에 관한 기록에서 언급한 바 있다: "왜냐하면 이것은 너무 당연하고 또 그리스인과 비(非)그리스인에게 공통적이기 때문이다."[18] 또 눈에 띄는 것은 그가 유일한 하나님에 관한 유대교의 교의를 설명하는 점인데, 여기서 그는 아마 다시 압데라의 헤카타이오스에 의존하는 것 같다. 그러나 그는 "땅을 포괄하는 하늘"을 경배(3권 p. 14를 보라)하는 것을 스토아주의적인 방법으로 확대 묘사하였다. 여기서 그가 가진 하나님 표상(表象)의 배경에는 바알 샤멤(Ba'al Šāmēm)에 대한 페니키아와 시리아의 관념이 존재할지도 모른다(3권 p. 143f. 를 보라). 그에게서 유대인 율법제정자의 하나님 관념과 철학자들의 하나님 관념은 동일하다: "모세의 하나님은 포세이도니오스의 하나님이다."[19] 이런 연관성은 또 다시, 왜 당시 유대교를 싫어하는 철학자들이 디아스포라에 깊은 영향력을 행사할 수 있었는지 부분적으로나마 설명해준다.[20] "종교철학"에 대한 비판을 통하여 그것도 더욱 빈번하

을 부정적으로 평가하고 있다는 사실은 실제로 포세이도니오스도 보여준다. 비교. 3권 p. 121. 포세이도니오스가 마카베오의 확장정책을 갑작스럽게 거부한 행동은 Diod. 44 fr. 1 = *FGrHist* 87 F 109 = Reinach 56ff. 으로부터 나왔다.

18) Strabo 16, 2, 38, 이에 대해서는 G. Rudberg, *Forschungen zu Posidonius*, 1918, 51ff. ; 무엇보다도 K. Reinhardt, *Poseidonius über Ursprung* …, 16ff., 56f. 를 보라. 포세이도니오스의 하나님 관념에 대해서는 또한 I. Heinemann, *Poseidonius*, 2, 431ff. 를 보라. 이와 유사한 하나님 관념에 대해서는 아이암불로스(Iambulos)의 소설에 나타난다. 1권 p. 225와 제 3부 각주 26을 보라. 인도양의 기적의 섬에서 태어난 어떤 한 사람이 가지고 있었던 하나님 관념에 대해서는 Diod. 2, 59, 2를 보라: **σέβονται δὲ θεοὺς τὸ περιέχον πάντα καὶ ἥλιον καὶ καθόλου πάντα τὰ οὐράνια.**

19) K. Reinhardt, *op. cit.*, 14.

게 때로는 직접적으로, 때로는 간접적으로 유대 "종교철학"에 대한 혹평을 하며 말이다. 바로(Varro. 기원전 116~27년) 조차도 모세의 하나님상(像)에 대한 포세이도니오스의 기록들에 의존한다. 우리는 아우구스티누스의 언급에서 더 많은 암시들을 발견하는데, 리두스(J. Lydus)의 경우에서 한 가지 예를 들어보자:

> eadem … deum Iudaorum Iovem putavit, nihil interesse censens quo numine nuncupetur, dum dadem res intellegatur.
> (바로는 유대인의 신을 제우스라고 생각했다. 왜냐하면 그것이 신의 뜻에 의해서 알려진 것과 아무런 차이가 없다고 판단했기 때문이다. 적어도 같은 일이라고 이해되는 한에서 말이다). 아우구스티누스는 이 진술을 다음과 같이 보완한다:
> nos autem Iovem colimus, de quo ait Maro: 'Iovis omnia plena(Eclogues. 3, 60).' Id est omnia vivificantem spiritum. Merito ergo et Varro Iovem opinatus est coli a Iudaeis, quia dicit per prophetam, coelum et terram ego impleo(렘 23:24).[21]
> 〔그러나 우리는 '만물은 제우스로 충만하다'고 말하는 마로가 언급하는 주피터를 숭배한다. 그것은 말하자면 모든 것들에 생기를 부여하는 생명의 영이다. 따라서 바로가 유대인들이 제우스를 숭배했다고

---

20) 지혜서와 필로에 끼친 그의 영향에 대해서는 I. Heinemann, *op. cit.*, 1, 136ff. (지혜서) 와 1, 70과 73의 각주 3, 그리고 133; 2, 286f., 433f., 471f. 를 보라. 또한 *Philons griechische und jüdische Bildung*, ^{2}1962, 색인 592를 보라. 아레오파고스(Areopagos) 연설에 대해서는 E. Norden, *Agnostos Theos*, ^{4}1956, 20ff.; M. Pohlenz, *ZNW* 42, 1949, 70ff. 와 Stoa 1, 403f. 를 보라. 또한 J. Lebram, *ZNW* 55, 1964, 221 각주 1의 가장 최근의 문헌목록을 보라.

21) Augustine, *De consens. evang.* 1, 22, 30과 23, 31, *PL* 34, 1055f. = Varro, fr. I, 58b, ed. Agahd, *JbPhil Suppl.* 24, 1898, 163; 이것에 대해서는 E. Norden, *Festgabe f. Harnack*, 298ff.; *Agnostos Theos*, 1912, 61을 보라. 비교. A. D. Nock(제 4부 각주 6) 와 3권 p. 36을 보라.

생각하는 것에는 이유가 없지 않다. 왜냐하면 유대인들의 하나님은 그의 예언자를 통하여 말하기를 '나는 하늘과 땅을 충만하게 한다'(렘 23:34)고 말하기 때문이다].

여기서 아우구스티누스는 예레미야에서 인용한 구절과 자신의 글 '파이누메나'(*Phainoumena*)의 서두에서 — 아라토스(Aratos)의 유명한 구절로 아로새겨 놓은 — 베르길리우스(Versil)의 인용문을 유대인의 하나님에 관한 바로의 진술과 결합시키고 있다. 이 사실은, 하나님에 대한 구약적·유대교적인 특정 관념들과 스토아주의적인 견해들 간에 접촉점이 있었음을 보여준다. 이는 때로 하나님에 대한 유대인의 관념을 스토아주의화하고, 또 스토아주의적인 신 관념을 유대화하는 것을 가능하게 하였다(2권 p. 122f. 를 보라). 바로는 또한 — 아마도 포세이도니오스로부터 — 유대인의 신 이름 야오(Jao)를 알았으리라 추측된다: 이 신명(神名)은 '바빌로니아인들의 비밀문서', 즉 유대적이고 혼합주의적인 마술문헌에서 언급되었다고 한다. 그러므로 '야오'라는 신명은 그 마술적 의미를 가진 채 이미 기원전 1세기 초에 알려졌을 것으로 생각된다.[22] 마지막으로 바로는 헤카타이오스나 포세이

---

22) J. Lydus, *De mens.* 4, 53(ed. Wünsch, 109f.), 이것에 대해서는 E. Norden, *op. cit.*, 58ff. 를 보라. Diod. 1, 94(Reinach 70)에 따르면, 모세 역시 야오 하나님으로부터 율법을 받았다. K. Reinhardt, *op. cit.*, 58f. 와 E. Norden, *Festgabe Harnack*, 300은 바로가 여기에서도 포세이도니오스를 의존했다고 추정했는데, 포세이도니오스는 다시금 헤카타이오스에게로 거슬러 올라가는 것 같다. 헬레니즘 영역과 무엇보다도 마술적인 파피루스에서 신의 이름 야오를 알고 있다는 것에 대해서는 Ganschinietz, *PW* 9, 698-721; A. Vincent, *La Religion des Judéo-Araméens*, 1937, 37-45; O. Eissfeldt, *Kleine Schriften* 1, 1962, 150-171과 Goodenough, *Symbols* 2, 192f. 를 보라. 기원전 1세기의 것으로 추정되는 레위기 사본의 《70인경》 단편들이 쿰란 제 4동굴에서 *IAΩ*라는 신 이름을 가진 채 발견되었다. O. Eissfeldt, *Einl*^{3}, 960을 보라. 이렇게 야오의 신명이 비유대인 집단에서 알

도니오스처럼 유대인들이 형상 없는 하나님을 예배하는 사실을 칭찬하였다:

> *dicit etiam antiquos Romanos plus annos centum et septuaginta deos sine simulacro coluisse. 'Quod si adhuc, inquit, mansisset, castius dii obseruarentur.' Cui sententiae suae testem adhibet inter cetera etiam gentem Iudeam.*[23]
> (또한 그는 고대 로마인들은 대략 170종류가 넘는 신들을 경배했지만 형상이 있는 신을 섬긴 것은 아니라고 주장했다. 그는 말하기를 '만약 무엇인가 말할 것이 있다면, 그것은 신들이 더욱 경건하게 경배받았다는 사실이다'고 했다. 이 주장에 대한 증거로 그는 다른 민족들 가운데서 유대종족을 추가했다).

'높으신 자에 관하여'(περὶ ὕψους) 라는 문서는 아마 기원후 1세기 상반기에 무명의 수사학자가 기록한 것으로 보인다. 그는 아마 팔레스타인 사람 가다라의 테오도로스(Theodor von Gadara. 기원전 20년경)의 제자일 텐데, "유대인들의 율법제정자"(θεσμοθέτης) 를 매우 긍정적으로 언급하였다.

> 그는 결코 중요하지 않은 사람이 아니었다. 왜냐하면 그는 무엇보다도 신의 능력을 위엄 있게 생각하여 묘사하였기 때문이다. 그리하여 그는 율법의 도입부를 바로 이렇게 기록하고 있다: '하나님이 말씀하시기를.' 또 그는 무엇을 말했는가? '빛이 있으라 하시매 빛이 있었고 땅이 있으라 하시매 땅이 있었다.'

려졌다는 사실은 쉽게 설명된다.

23) Augustine, *Giv. Dei* 4, 31 = Varro, fr. 59, ed. Agahd, *op. cit.*, 164; 비교. E. Norden, *Festgabe Harnack*, 298.

그는 호메로스(Homer)를 인용함으로써 하나님으로부터 율법을 수령한 모세가 호메로스를 능가하는 자였다고 한다. 왜냐하면 신들에 대항한 전쟁을 묘사하는 호메로스와는 달리, 모세는 신의 활동을 위엄 있게 표현하는 자였기 때문이라는 것이다.[24] 약 100년 후에 《헤르메스 문서집》(*Hermetica*)에서는 창조이야기와 플라톤 철학이 융합된다.[25]

---

24) Ps. Longinus, *De sublim.* 9, 9; 이것에 대해서는 *Schürer* 3, 631을 비교하라. 쉬러는 이 인용문은 무명의 저자에 의해 공격을 받은 수사학자의 글과, 명목상의 유대인이었던 칼락테의 카이킬리우스(Calacte v. Caecilius)로부터 유래했다고 추정한다. 그러나 이 가설이 그렇게 개연성을 갖는 것은 아니다. 학자들이 종종 유대 출신이었다고 가정하는 가다라의 테오도로스(Theodor von Gadara)와 그것과의 의존성에 대해서는 Aulitzky, *PW* 13, 1415ff.를 보라. E. Norden, *AAB K1. f. Spr.*, 1954, 1번은 필로가 알고 있었다고 추측한다. W. Bühler, *Beiträge zur Erklärung der Schrift von Erhabenen*, 1964, 34와 비교하라. 그는 모세의 호칭 율법제정자(θεσμοθέτης)가 율법을 신적으로 수용하였다는 점을 암시한다고 강조한다.

25) C. H. Dodd, *The Bible and the Greeks*, 99-242; *The Fourth Gospel*, 32f., 38.

제 2 장

유대교의 하나님과 그리스적 신 관념의 동일화

유대인들에 대한 이러한 긍정적인 평가는 초기의 기록들 자체에서 나타나지만, 바로 여기에서 그들의 하나님 개념이 철학적으로, ―대략 스토아 철학적인 유일신론과―동일시되는 위험도 도사리고 있었다. 만약 유대인들이 많은 민족들로부터 분리된다는 그 기이한 특성이 헤카타이오스와 마네토, 포세이도니오스의 관심을 끌었고, 또 후에는 끊임없는 걸림돌이 되었다면,[26] 이와 동일하게 유대인의 하나님

---

26) 헤카타이오스에 대해서는 *FGrHist* 264 F 6, 4 = Diod. 40, 3 (Reinach 17)을 보라. 1권 p. 98과 3권 p. 13f. 를 보라. 비교: 아피온 반박 1, 239에 따르는 마네토(Manetho, 기원전 3세기 전반기). 또한 포세이도니오스가 언급하는 안티오코스 7세 시데테스(Sidetes)의 반유대적인 조언자에 대하여는 Diod. 34 fr. 1 (Reinach 56)을 근거로 한 *FGrHist* 87 F 109; 아피온 반박 2, 148에 따른 아폴로니오스 몰론(기원전 1세기의 전반기): ἀθέους καὶ μισανθρώπους. 비교. 258; 아피온 반박 1, 309에 따른 알렉산드리아의 리시마코스(기원전 1세기?); 아피온 반박 2, 121에 따른 아피온(기원후 1세기 전반부); Tacitus, *Hist.* 5, 5: *aduersus omnes alios hostile odium.* 다음의 더 상세한 보기들을 보라: I. Heinemann, *PW Suppl* 5, 20, 비교. *MGWJ* 82, 1938, 166와 F. M. T. de Liagre Böhl, *Opera minora*, 1953, 117ff. 유대인들의 상이성과 이방인에 대한 적대성은 에스더서 3:8과 〈에스더서 부록〉 그리스어에서도 나타난다(앞의 p. 187f. 를 보라): 3, 13d, e (B4.), 비교. 3마카 3, 24, 그것에 대한 E. Bi(c)kerman(n), *PAAJR* 20, 1951, 127을 보라. 또한 전체에 대해서는 2권 p. 133f. 와, 3권

관념의 배타성은 그리스인들에게 특이하고 잘난 체하는 것으로 보였음에 틀림없었을 것이다. 타민족의 신들에 대한 "그리스적 해석"(*interpretatio graeca*)이 보여주듯이, 그리스인들은 오랫동안 여러 형태의 타민족의 신들을 자신들의 만신전(*Phantheon*)에 받아들일 준비를 해왔다. 여기서 팔레스타인 신들 또한 예외는 아니었다. 즉, 대개의 경우 이 땅의 새로운 지배자들은 옛 셈족 신들에게 그리스 이름들을 부여하였고,[27] 좀 드문 경우이기는 하지만 그 신들의 옛 이름을 부

p. 154, 170을 보라.

27) 이는 이미 알렉산드로스 이전 시대에서도 마찬가지였다: Herodotus 1, 105를 보라, 아프로디테 우라니아(Aphrodite Urania)였던 아스칼론의 아스타르테(Astarte), 또한 해적들에게서 구출된 감사표시로 델로스에 아스칼론 사람들이 새겨 놓은 흥미로운 비문은 ed. Clermont-Ganneau, *CRAI* 1909, 308 = *ZDPV* 36, 1913, 233: 'Ἀστάρτηι Παλαιστίνηι Ἀφροδίτηι Οὐρανίαι. 갈멜의 바알은 이미 기원전 345년 위 스퀴락크스(Ps. Skylax)의 글에서는 제우스로 나타난다: (Κάρμελος) ὄρος ἱερὸν Διός. C. Müller, *GGM* 1, 79와 K. Galling, *Studien zur Geschichte Israels*, 1964, 197, 203을 보라. 그는 이후에 헬리오폴리스-바알베크(Baalbek)의 제우스와 동일시된다. 제 4부 각주 244를 보라. 타보르의 바알은 알렉산드로스 훨씬 이전에 시실리의 로데스와 크리미아(Krim)에서 '제우스 아타비리오스'(Zeus Atabyrios)로 숭배되었다. O. Eissfeldt, *Kleine Schriften* 2, 1963, 29-54(32f.)를 보라. 알렉산드로스 후에 이러한 사상적 발전은 일반상식이 되었다. 이두매아의 신 코스(Kos)와 페니키아의 신 레셰프(Rešeph)가 아폴로라는 이름으로 변형되었고, 그런 이유로 아폴로 종교제의는 마리사(Marisa)와 아도라(Adora. 1권 p. 231f.를 보라), 해안평야의 많은 지역들에게서 그토록 빈번하게 출현했을 것이다. *Schürer* 2, 5ff., 31, 35f., 133; S. A. Cook, *Religion*, 113f., 129, 203ff.를 보라. 이집트의 이두매아 용병들조차 거기에서 그들의 신 코스(Kos)를 아폴로로 경배하였다. *OGIS* 737과 F. Zucker, *AAB* 1937, 1938, 6, 15번을 보라. 헤라클레스 제의 또한 티레의 신 멜카르트(Melkart)와 예전부터 동일시되어 긍정적이었으며 팔레스타인에서 매우 호감을 끌었다. *Schürer* 2, 31, 35, 39ff.; S. A. Cook, *op. cit.*, 69, 135ff., 168f.; 비교. C. N. Johns, *QDAP* 2, 1933, 45를 보라. 이 제의는 가자와 아코-프톨레마이스(Akko-Ptolemais, *Schürer*

름으로써 마땅한 경의를 표하기도 하였다.[28)]

그러나 그리스인들은 유대인이 철학적으로 훈련된 사고를 통하여 평범한 민족의 순진한 다신론적인 자연종교를 벗어나 형상 없는 하나님을 '정신적으로' 경배하는 것을 선으로 보면서도, 그들의 종교가 가지고 있는 특성을 결코 이해하지는 못했다: 분명 유대교는 다른 모든 형태의 종교성을 배제하고 확고부동하게 율법에 기초하고 있었으며,

---

2, 56f. 의 이 도시들의 건립전설들을 보라) 와 티레의 식민지가 있는 것으로 생각되는 라바트-암몬-팔라델피아(Rabbath-Ammon-Philadelphia) 에서 중요하다(이 책 제1부 각주 340을 보라). F. M. Abel, *RB* NS 5, 1908, 568-577과 *HP* 1, 58을 보라; Clermont-Ganneau, *RAO* 8, 1924, 121-125와 S. A. Cook, *op. cit.* 165와 비교하라.

디오니소스 또한 대단히 중요하게 생각되었다. 아마도 프톨레마이오스 가문들이 디오니소스 제의들을 촉진하였을 것으로 추측되는데, 이는 자신들을 그의 후예로 생각했기 때문이다. *Schürer* 2, 35, 38, 44f., 55, 56; S. A. Cook, *op. cit.*, 194ff. 를 보라. 스키토폴리스-뉘사(Skythopolis-Nysa) 와 다마스쿠스는 이 도시들의 건립전설들로 특별히 디오니소스와 연관되었다. 특히 나바테아인 두사레스(Dusares) 는 디오니소스와 동일시되었다. 제4부 각주 269를 보라. 전반적인 문제에 대해서는 *Schürer* 2, 27-47; S. A. Cook, *op. cit.*, 여러 곳, 그리고 특히 153-225를 보라. 또 팔레스타인과 시리아에 속한 다양한 지역의 바알신들의 헬레니즘화에 대해서는 T. Klausner, etc., *RAC* 1, 1066-1101을 보라. 그 문제에 대해서는 E. Bi(c)kerman(n), *Journal of the Warburg Institute* 1, 1937/38, 189ff.; *GM*, 95f.; D. van Berchem, *Syria* 44, 1967, 73ff., 307ff. 를 보라.

28) 예를 들어, 네오프탈모스(Neophthalmos) 의 아들 디오도토스가 기원전 2세기에 아코-프톨레마이스의 하다드(Hadad) 와 아타르가티스(Atargatis) 에게 헌정한 비문을 비교하라. 그는 자신의 가족과 마찬가지로 그리스인이었을 것이다. M. Avi-Yonah, *IEJ* 9, 1959, 1-12를 보라. 기원후 105/6년에 베뤼토스(Berytos) 의 2명의 노예들이 아타르가티스에게 제단을 봉헌했는데, 이 신은 동시에 아르테미스(Artemis) 와 비너스 헬리오폴리타나(Venus Heliopolitana), 데아 시리아(Dea Syria) 로 불렸다. *SEG* 14, 824를 보라. 그리스 세계에서 아타르가티스-아스타르테(혹은 하다드) 제의의 확장에 대해서는 P. Lambrechts/P. Noyen, *NClio* 6, 1954, 258-277을 보라. 또한 W. Fauth, *KP* 1, 1401ff. 와 비교하라.

유대민족과 역사에 밀접하게 결합되어 있다. 요세푸스의 《아피온 반박문》(아피온 반박 2, 258)에 의하면, 수사학자 아폴로니오스 몰론(Apollonios Molon, 기원전 81년에 로도스 섬에서 로마로 파견된 대사)은 그리스인들 자신에 대하여 비판하기를, "우리는 하나님에 관해 다른 견해를 주장하는 자들을 받아들이지 않는다"(ὅτι μὴ παραδεχόμεθα τοὺς ἄλλαις προκατειλημμένος δόξαις περὶ θεοῦ)고 하였다.[29] 그러므로 기독교가 출현하기 이전에도 비유대인이 《70인경》에 기록된 유대역사에 집중적인 관심을 가지게 되는 일은 결코 없었고, 도리어 거기에는 미신이라는 비난이 항상 따라다녔다.[30] 타키투스같이 유능하고 비평적인 역사가들조차도 유대인들의 역사와 율법을 극도로 왜곡하여 제시하였다.[31] 심지어 포세이도니오스까지도 자신은 그 당시의 사람들이 믿고 있던 유대종교를 미신으로 배격하였음을 분명히 보여주었다.

헬레니즘 시대에 '제신(諸神) 혼합숭배'(*Theokrasie*)를 통해 형성된 지식인들의 종교에 대한 보편적인 관점은 다양한 종교들이란 근본적으로

---

29) 아폴로니오스 몰론에 대해서는 W. Schmid, *PW* 2, 141ff.를 보라. 그의 동시대인 포세이도니오스와는 대조적으로 그는 철학에 대해서는 적대적인 태도를 취했다. 그는 유대적인 사고의 '철학적' 요소들을 이해하지 못했다.

30) 아피온 반박 1, 208ff.에서 언급되는 크니도스의 아가타르키데스(Agatharkides, 기원전 2세기); Cicero, *pro Flace.* 67(Reinach 238): *barbara superstitio*; 이와 유사한 Quintilian, *Inst, orat.* 3, 7, 21(Reinach 284). 또한 유대종교가 δεισιδαιμονία(역주. 미신 혹은 신들에 대한 두려움)로 되기까지의 후대 발전에 대한 포세이도니오스의 판단에 대해서는 3권 p. 22를 보라.

31) Tacitus, *Hist.* 5, 2-5, 비교. I. Heinemann, *PW Suppl* 5, 36ff. 일반적으로 그리스·로마 작가들이 성서의 역사를 취급하는 것에 대해서는 Liagre-Böhl, *op. cit.*, 105ff.와 비교하라. 이러한 반유대적인 그리스·로마 역사저술을 시작했던 작가는 마네토였다. 아피온 반박 1, 227-287, 또한 Apollonios Molon, *FGrHist* 728 F 1 = Euseb. Alexander Polyhistor에 따른 *Pr. Ev.* 9, 19(Reinach 60f.)를 보라.

단지 하나의 신적 존재를 표현하는 것으로 보았다.[32] 이미 헤카타이오스나 더 후대의 포세이도니오스 같은 사려 깊은 그리스인들은 유대교 신앙을 높은 수준의 정신세계를 왜곡되지 않은 형태로 표현하고 있다고 인식하고자 했다. 종교에 대한 관심을 가지고 있었던 그리스 철학 역시 이미 오랫동안 유일신론으로 가고 있었다.[33] 그렇지만 그들은 다른 모든 것들은 배제하고 오직 한 분 하나님에게서 오는 하나의 계시만을 구현해야 한다는 유대종교의 주장을 받아들일 수 없었다. 그들은 유대교 신앙 역시 그 상대적인 진리가 민족적이고 역사적으로 제한되지 않고, 단지 하나의 보편적인 방법으로 표현될 수 있다는 견해를 가지고 있었다.

우리는 이런 태도를 켈수스(Celsus, 기원전 2세기 후반)에게서 발견

---

32) 이것에 대해서는 M. P. Nilsson, *GGR*^{2} 2, 294ff., 573ff., *HTR* 56, 1963, 101-120을 보라. 또한 Tarn/Griffith, *Hellenistic Civilization*, 339f.; J. Kaerst, *Geschichte des Hellenismus* 2, ^{2}1926, 198ff., 233ff.와 비교하라.

33) M. P. Nilsson, *GGR*^{2} 2, 296ff., 569ff.; M. Pohlenz, *Die Stoa* 1, 96f.; 크세노파네스와 아낙사고라스(Anaxagoras) 등에서 처음으로 시작된 것에 대해서는 W. Jaeger, *Die Theologie der frühen griechischen Denker*, 1953, 50ff., 197f., 209f.를 보라. 전반적인 문제에 대해서는 E. Zeller, *Die Entwicklung des Monotheismus bei den Griechen*, *Vortr. u, Abhandlungen* 1, 21875, 1-29를 보라. 이런 사상적 발달은 가명의 아리스토텔레스의 글인 *De mundo*에서 절정에 달하는데, 이 글은 세부적으로는 유대의 창조신앙과 매우 가깝다. M. P. Nilsson, *op. cit.*, 2, 297ff. 각주 1(Lit.)과 *HTR* 56, 1963, 102ff.를 보라. Wilamowitz-Moellendorff, *Der Glaube der Hellenen* 2, ^{3}1959, 450f.는 포세이도니오스의 영향의 배후에는 이 "결정적인 유일신론"이 있다고 추정하였다. 베르나이스(J. Bernays)는 필로의 조카와 배교자인 티베리우스 율리우스 알렉산드로스(Tiberius Julius Alexander)까지도 그 글의 저자로 생각한 반면, 베르크(Bergk)는 헤롯의 동료인 다마스쿠스의 니콜라오스의 작품으로 돌렸다. 이것에 대해서는 E. Zeller, *Kleine Schriften* 1, 1910, 332f., 345f.와 H. Strohm, *Mus Helv* 9, 1952, 137-175를 보라. 이 책 제3부 각주 817과 비교하라.

하는데, 그는 후대에 자신의 전형적인 주장을 논쟁적이고 극단적으로 표현하였다:

> 그들은 한 분 하나님이 계시다고 믿었다. 그분을 '지극히 높으신 자'('Ὕψιστος)로 부르든, '주님'(*Adonai*) 혹은 '하늘에 계신 자'(Οὐράνιον) 혹은 '만군의 주'(*Sabaoth*)로 부르든, 그들은 어디서나 어떻게든 그 하나님을 '여기 이 세계'(τόνδε τὸν κόσμον)라고 부르기를 기뻐했다. 하지만 그 이상은 알지 못했다. …'모든 것 위에 계신 하나님'(τὸν ἐπὶ πᾶσι θεόν)을 그리스인들에게서 통용되었던 이름 '제우스'나 인도인들이 사용한 어떤 이름, 혹은 이집트인들이 사용한 어떤 이름으로 불러도 차이는 없었다." 셀수스는 다른 곳에서 헤로도토스(Herodotos, 1, 131)를 언급하며 다음과 같이 주장하였다: "하나님을 지극히 높으신 자('Ὕψιστος)라 부르든, 혹은 제우스나 주님, 만군의 주, 혹은 이집트인들처럼 암몬(Ammon)으로 부르든, 스키타이인들(Skythen)처럼 파파이오스(Papaios)로 부르든 차이는 없다. 이와 마찬가지로 그들(유대인) 역시 다른 사람들보다 분명히 더 거룩하지는 않다. 왜냐하면 그들은 할례를 행한다고는 하지만, 이집트인들이나 골키아인들(*Kolcher*)은 이미 그들보다 더 오래전부터 할례를 행했기 때문이다.[34)]

거의 동시에 코르넬리우스 라베오(Cornelius Labeo)가 보존한 〈클라로스(Klaros)의 신탁〉에서는 동일한 사상이 더욱 긍정적인 형태로 나타났는데, 이 신탁은 가장 지고한 신인 야오(Jao)를 하데스(Hades), 제우스, 헬리오스(Helios), 그리고 사계절을 구현한 디오니소스-야오(Dionysos-Jao)와 동일시하고 있다.[35)] 가장 다양한 신들을 한 신으로

34) Origen, *C. Cels*. 1, 24와 5, 41(45), ed. H. Chadwick, 1953, 23f., 297(299); 5, 34와 비교하라. 계속되는 글에 대해서는 M. P. Nilsson, *HTR* 56, 1963, 101-120을 보라.

35) Macrobius, *Sat*. 1, 18, 19f.; Reinach 70 각주 1; R. Reitzenstein, *Die*

결합시키고 역사적으로 형성된 그 이름들을 그저 무의미한 "소리와 연기"처럼 허망하게 생각하는 그런 '제신혼합숭배' 관념은 교양 있는 그리스인들에게는 새로운 것이 아니었다. 그러한 관념은 기독교 이전의 헬레니즘시대로 멀리 거슬러 올라간다. 우리는 이미 언급해온 기원전 1세기 전반의 시기에 테렌티우스 바로(Terentius Varro)에게서 그러한 관념을 발견한다. 그에게 있어 야오(Jao)와 요비스(Jovis, 역주. 주피터)는 하나의 신이다: "*nihil interesse censens quo nomine nuncupetur*"[36] (그가 어떤 이름으로 불렸든 상관이 없다). 여기서 다루어지는 점은 우연한 현상이라기보다는, 근본적인 과정이라는 것이 다시 아우구스티누스를 통해서 입증된다. 이 점에서 바로는 당대의 지식세계를 따랐고, 또 동방에 있던 자신의 스승들을 의존하는데, 이들은 스토아주의적인 플라톤주의 철학자 아스칼론의 안티오코스(Antiochos von Askalon)와 아파메아(Apamea)의 플라톤주의적인 스토아주의 철학자 포세이도니오스이었다:

> *hi omnes dii deaeque sit unus Iupiter, sive sint, ut quidam volunt, omnia ista partes eius sive virtutes eius, sicut eis videtur, quibus eum(sc. Iovem) placet esse mundi animum, quae sententia velut magnorum multumque doctorum est.*[37]

---

hellenistische Mystmenreligionen, [3]1927, 148ff. 비교: Ganschinietz, *PW* 9, 708; A. D. Nock, *Conversion*, 1933, 111f.; M. P. Nilsson, *GGR*[2], 477f.; Goodenough, *Symbols* 2, 207과 H. Kusch, *RAC* 3, 432ff.를 보라. 또한 *Julian Apostata*, ep. 89a(154f. Bidez)와 비교하라.

36) 제 4부 각주 21을 보라. 또한 Augustine, *De civ. Dei* 4, 9 = Varro fr. 158a, ed. Agahd, *op. cit.*, 163과 비교하라. 이것에 대해서는 E. Norden, *Festgabe A. von Harnack*, 1921, 299를 보라. *Antiquitates rerum humanarum et divinarum*는 기원전 60년과 50년 사이에 기록된 것 같다. H. Dahlmann, *PW Suppl* 6, 1178, 1230을 보라.

(이 모든 남신들과 여신들을 유일한 신 주피터라고 하자. 또 어떤 이들이 주장하듯이, 그 신들은 그의 일부 혹은 능력이라고 하자. 이는 그가 세계의 신이라고 주장하는 사람들의 견해인데, 특히 이른바 위대한 학자들이라는 사람들의 견해이다).

스콜라 철학자인 세르비우스(Servius)는 여기서 고대시대의 보편적 의식으로 넘어가는 스토아의 교의가 문제시 되고 있다고 한다: et sciendum Stoicos dicere unum esse deum, cui nomina variantur pro actibus et offciis(신은 유일하다는 것이 스토아학파의 생각이라는 점을 알아야 한다. 그 신의 이름이 다양한 이유는 행위와 직무가 다양하기 때문일 뿐이다).[38] 이 사상은 본질적으로는 스토아 철학의 창시자인 그

---

37) Augustine, *De cio. Dei* 4, 11 = Varro, fr. I 15a, Agahd. 또한 비교. 7, 13 = Varro, fr. 115c, Agahd, *op. cit.*, 149: "(Ad Iovem) ceteri referendi sunt … cum hic ipse sint omnes, sive quando partes eius uel potestates existimantur …"〔다른 신들은 모두 (주피터로) 환원된다. 왜냐하면 그 자신이 모든 것이기 때문이다. 적어도 모든 것들이 그의 부분들이거나 그의 권한들이라고 여겨지는 한에서 말이다〕. 이것에 대해서는 M. P. Nilsson, *HTR* 56, 1963, 107f. 를 보라. 아스칼론의 안티오코스는 바로(Varro)를 직접 가르친 스승이다. 대체로 그는 스토아주의에서 많은 영향을 받았기 때문에 포세이도니오스를 간접적으로나 알았을 것이라 추측된다. H. Dahlmann, *PW Suppl* 6, 1174f. 를 보라.

38) Servius, *ad Aen.* 4, 638(1, 574, ed. Thilo), 비교. *ad Georgica* 1, 5; M. P. Nilsson, *op. cit.*, 108f. 를 보라. 또한 이와 유사한 Cicero, *De nat. deor.* 2, 28, 71을 보라: "deus pertinens per naturam cuiusque rei, per terras Ceres, per maria Neptunus, alii per alia, poterunt intellegi qui qualesque sint"(신들은 각기 해당하는 영역의 본성을 통해서 그들이 어떤 이들인지 파악되고 이해될 수 있는데, 예컨대 케레스 여신은 땅을 통해서, 넵투누스는 바다를 통해서, 다른 신들은 각기 다른 고유한 것들을 통해서처럼 말이다). 공동자료는 여기서도 포세이도니오스의 것 같지만, 기본개념은 더 오래되었다; M. Pohlenz, *op. cit.*, 1, 96f. 와 2, 97과 I. Heinemann, *Poseidonios* 2, 135-143을 보라.

리스-페니키아인 제논(Zenon)으로 거슬러 올라갈 수 있을 것 같다: "다른 많은 이름들로 불리는 하나님과 영(靈), 운명, 제우스가 존재한다."39) 여기에 부연할 수 있다면, **오르페우스주의자들** 또한 다소 이른 시기에 이미 이와 유사한 사상들을 전파했고 일련의 찬가로 그것들을 표현했다는 사실이다. "유일신론적으로" 기울어지는 경향과 오르페우스주의의 비밀집회에서 시행된 엄격한 생활방식은 이들의 희생제사 없는 비의적(秘儀的)이고 교훈적인 가정예배와 더불어 일찍부터 이집트의 유대인 집단들에게 관심을 불러일으켰다. 이들은 아리스토불로스와 아르타파노스가 보여주듯이, 오르페우스를 모세의 율법에 나타난 진리를 증언하는 자로 묘사했다:40)

헬레니즘시대에 지속적으로 성장했고 대중철학에 의해 조성된 제

---

39) Diog. Laert. 7, 135에 따른 Zeno *SVF* 1, 28, Nr. 102. 또한 Chrysippos *SVF* 2, 269, 13ff. 행 Nr. 937; 305, Nr. 1021; 가다라(Gadara)의 필로데모스(Philodemos)에 따른 315, 1076번과 비교하라, 또한 M. P. Nilsson, *GGR*^{2} 2, 258을 보라.

40) M. P. Nilsson, *GGR*^{2} 2, 427ff. 와 *HTR* 56, 1963, 103ff. 무엇보다도 O. Kern, *Orphicorum Fragmenta*, ^{2}1963, 90-93 frs. 21과 21a = Plato, leges 716a/716a와 비교하라, 그리고 이것에 대해서는 K. Ziegler, *PW* 18, 1359ff. 를 보라. 아리스토불로스에 대해서는 2권 p. 176ff. 를 보라. 모세-무사에오스(Moses-Musaeos)를 오르페우스의 선생으로 만들고, 원래의 관계를 바꾼 아르타파노스에 대해서는 이 책 제2부 각주 254를 보라. 더욱이 O. Kern, *op. cit.*, 255-265 = Nr. 245-47번에 나타난 다양한 교정본들에 나오는 오르페우스의 "유언"을 보라. Nr. 248 = Clem. Alex., *Strom.* 5, 125, 1은 그들 가운데 포함될 수는 없지만, 똑같이 유대교적 기원을 갖는다. "유언"이 아리스토불로스에게서 유래되었다는 사실을 인정하지 않는 N. Walter, *Aristobulos*, TU 86, 1964, 103-115, 184ff., 202-261과 K. Ziegler, *PW* 18, 1398ff. 을 보라. 기원전 3세기에 나온 P. Gurob, Nr. 1 = O. Kern, *op. cit.*, 101ff., Nr. 31은 프톨레마이오스 치하의 이집트에서 오르페우스와 디오니소스의 신비제의들이 일찍이 출현했음을 보여준다. M. P. Nilsson, *op. cit.*, 2, 244f. 와 비교하라. 유대교와의 조우에 대해서는 M. Hengel, in: *Festgabe K. G. Kuhn*, 1971, 165를 보라.

신혼합숭배로 기우는 이런 경향은 유대교에도 영향을 미치지 않을 수 없었다. 그 예는 무엇보다도 기원전 139년 로마에서 유대인들이 출현하였다는 것을 보도하는 가장 이른 시기의 기록인데, 이 자료는 로마인 편찬가 발레리우스 막시무스(Valerius Maximus)가 보존하여 내려온다:

> Cn. Cornelius Hispalus praetor peregrinus. M. Popilio Laenate, L. Calpurnio consulibus, edicto Chaldeos citra decimum diem abire ex urbe atque Italia iussit, levibus et ineptis fallaci siderum interpretatione quaestuosam mendaciis suis caliginem inicientes. Idem Iudaeos, qui Sabazi Iovis cultu Romanos inficere mores conati erant, repetere domos suas coegit.
> (그나이우스 코르넬리우스 히스팔루스는 외국인 담당 법무관이었다. 마르쿠스 포필루스 레나이테스와 루키우스 칼푸르니우스가 집정관을 역임할 때에, 그는 갈대아인들에게 열흘 안에 로마와 이탈리아 밖으로 나갈 것을 명하는 칙령을 내렸다. 그들은 별자리들에 대한 해석을 통해서 돈벌이를 추구하며 경박하고 엉터리로 가득한 거짓말로 혼란을 일으켰던 자들이었다. 그는 유대인들에게도 마찬가지로 고향으로 돌아갈 것을 명했다. 왜냐하면 그들은 사바치오스 주피터를 숭배하는 방식으로 로마인들의 풍속으로 오염시키려고 시도했기 때문이다.)[41]

---

41) Valerius Maximus, 율리우스 파리스(Julius Paris)의 요약 1, 3, 3, ed. Kempf 16/17 = Reinach 258f.; 네포티아노스(Nepotianos)의 더 짧은 요약과 비교하라: "Iudaeos quoque, qui Romanis tradere sacra sua conati erant, idem Hispalus exterminavit arasque priuatas e publicis locis abiecit"(마찬가지로 히스팔루스는 로마인들에게 자신들의 신성함을 전하려 시도했던 유대인들을 또한 추방하였다. 그리고 공적 공간에서 그들의 사적인 제단을 쫓아내었다). 이것 역시 잡다한 유대의 혼합주의적인 종교제의를 암시할 수 있다. 1마카 1:55와 R. Reitzenstein, *Mysterienreligionen*, 105

여기에서 결정할 수 없는 것은, 무명의 〈연대기〉 편찬자와 발레리우스 막시무스를 인용하는 편찬자가 단순히 "만군의 야오"를 "이오비스 사바치오스(Iovis Sabazios)로 바꿨는지,[42] 아니면 구몽과 라이첸스타인, 노크(A. D. Nock) 등이 추정하였듯이,[43] 혼합주의적인 유대인들이 유대와 소아시아에서 행해진 자신들의 혼합제의를 이미 그 당시에 로마에 전파하려 했는가 이다. 후자의 가능성을 지지할 수 있는 다수의 특징들이 있기는 하다: 당대 혹은 그보다 다소 이른 시기에 로마의 원로원은 시몬 마카베오가 예루살렘에서 파송한 유대 대표단을 예우하였다. 이들은 로마 집정관인 루키우스〔Lucius, 칼푸르니우스 피소(Calpurnius Piso)?〕를 통하여 디아스포라 유대인이 있는 그런 헬레니즘 국가들에 보낼 많은 추천편지를 받아내었다. 그 편지들에는 대제사장 시몬에게 무엇보다도 그리스어사용 유대인 가운데 도망한 자들을 풀어주라는 요구를 하는 내용이 담겨 있다. 그리하여 라이첸스타인은 이단적인 유대인들을 로마에서 추방한 사건은 팔

와 비교하라: "2개의 발췌본은 상호보완적이다." 상세한 것은 E. Bickerman(n), *RIDA* 5, 1958, 144-153을 보라.

42) *Schürer* 3, 58f.; E. Meyer, *UAC* 2, 264 각주 3; 3, 460; Ganschienietz, *PW* 9, 714. H. Leon, *The Jews of Ancient Rome*, 1960, 3f.는 사바트와 사바치오스가 혼동되었다고 추측한다. 상세한 것에 대하여는 H. Vogelstein, *History of the Jews in Rome*, 1940, 10, 14와 비교하라. Leon, *op. cit.*, 4의 견해는 전혀 개연성이 없다. 그것은 유대인들에 관한 사항이 아니라는 J. B. Frey, *RSR* 20, 1930, 273f.를 비교하라. K. Latte, *Römische Religionsgeschichte*, 1960, 275는 여전히 미정이다.

43) F. Cumont, *CRAI* 1906, 63-79; 비교. *Musée Belge* 14, 1910, 55-60; *Die orientalische Religionen*, 58ff., 231 각주 60, 316 각주 25; R. Reitzenstein, *op. cit.*, 104ff.; H. Gressmann, *ZAW* 43, 1925, 16ff.; "Jewish Life in Ancient Rome," in *Jewish Studies in Memory of J. Abrahams*, 1927, 171f.; H. Lietzmann, *The Beginnings of the Early Church*, 1937, 161f.; O. S. Rankin, *The Origins of the Festival of Hanukkah*, 1930, 126ff., 142ff.; R. McL. Wilson, *The Gnostic Problem*, 21964, 11f.를 보라. M. P. Nilsson, *GGR*^{2} 2, 661-667 역시 훌륭한 개관을 제공한다.

레스타인 사절단의 방문결과로 일어났을 가능성을 주목한다. 비커만은 유대인들이 원래 남부이탈리아를 경유하여 이주해 들어왔고, 다시 그곳으로 추방되었다고 추정하였다.[44] 더욱이 기원전 200년에 안티오코스 3세가 바벨로니아의 디아스포라에서 온 유대인 2천 명의 가족을 식민지의 '할당지 보유자들'(*Kleruchen*)로 프뤼기아(Phrygia)에 정착시켰다는 증거를 가지고 있다. 기원전 188년에 아파메아의 평화협정 이후에 이 유대인들은 페르가몬 가문의 지배를 받고 있었는데, 이 왕조는 로마와 밀접히 연관되어 있었고 프뤼기아 지방의 토속적인 사바치오스 종교제의를 장려하였다.[45] 더 나아가서 비교적 초기단계에 유대적·이교적인 혼합제의들이 소아시아에서 발달하였

---

44) 1마카 15:15-24, 특히. 16절. K. D. Schunck, *Die Quellen*, 32-36이 보여주듯이, 이 편지의 진정성을 의심할 수 있는 증거는 없다. 이 책의 연대 설정에 대해서 *Schürer* 1, 250ff.; E. Meyer, *UAC* 2, 264; F. M. Abel, *Macc.*, 267: L. Calpurnius Piso, 139 BC; E. Bickermann, *GM*, 175와 Abel/Starcky, 207은 상이하다: L. Caecilius Metellus, 기원전 142년. 요세푸스가 연대를 잘못 설정한 유대고대사 14, 145-148의 원로원의 결정은 이 맥락에 속한다. 라이첸스타인(Reitzenstein)에 대해서는 *op. cit.*, 106f. 각주 1을 보라. Bickerman(n), *RIDA* 5, 1958, 146과 비교하라.

45) 유대고대사 12, 147-153: 제우크시스(Zeuxis)에게 보내는 편지. 그것의 진정성에 대해서는 A. Schalit, *JQR* 50, 1960, 298-318을 보라. 또한 *Schürer* 3, 12f.와 G. Kittel, *TLZ* 69, 1944, 11을 보라. 페르가몬 왕국에서 사바치오스 종교제의를 장려한 것에 대해서는 Schaefer, *PW*, 2 RI, 1544와 F. Cumont, *Orient. Rel.*, 193, 314 각주 4를 보라; *OGIS* 331, 34. 49행과 비교하라. 기원전 132년에 아탈로스(Attalos) 3세는 자신의 왕국을 로마인들에게 넘기겠다고 약속했다. 유대인들이 로마에 처음 등장한 지 80년 후에 키케로는 소아시아에서 온 유대인들이 대도시에서 엄청난 영향을 끼쳤음을 증언하였다. *Pro Flacco* 66-69(Reinach 237-242)를 보라; 엘리안(아노스) 에이스르(라에리테스)의 사바치오스의 비문; J. Keil/A v. Premerstein, "Bericht über eine 2. Reise in Lydien," *DAW* 54, 1911, 218번; 그것에 대한 G. Kittel, *op. cit.*, 16과 비교하라. 이것의 문제점에 대해서는 E. Bickerman(n), *RIDA* 5, 1958, 148ff.를 보라. 그러나 그는 이 유대인을 너무 정통적인 의미에서 해석한다.

는데, 여기에서 특히 유대인과 이방인 모두가 애호한 '지극히 높으신 자'(*Hypsistos*) 라는 칭호가 그 중심에 있었다(제 4부 각주 267-269를 보라). 전반적으로 마카베오시대 이전의 유대교는 종교적인 고난과 이에 대한 대응으로 일어난 이 독립투쟁 이후의 시대보다 비유대적인 환경에 더 개방적이었다. 그 영향은 디아스포라에도 미쳤는데, 이는 무엇보다도 하스몬 가문이 자신들의 영향력을 그곳에서 행사하려 했기 때문이었다(1권 p. 348f. 를 보라).

발레리우스 막시무스(Valerius Maximus)의 기록 배후에 일어났던 사건들이 무엇이든지 간에, 그 기록은 어떻게 로마인들이 — 아마도 로마인들뿐만 아니라 당대의 사람들도 — 유대인의 하나님을 동방세계적이고 열광적인 특성이 가미된 일종의 '제우스-주피터'로 간주할 수 있었는가를 보여준다. 이것과 유사성을 갖는 것은 고대 작가들에게서 계속 반복되는 '야웨-야오'와 디오니소스와의 일치다. 이것은 이미 프톨레마이오스 4세 필로파토르가 기원전 217년 라피아에서 승리한 후 유대인에 대한 그의 종교정책에 특정한 역할을 했을 것이다.[46] 우리는 더 후대에 타키투스와 플루타르코스에게서, 그리고 클라로스

46) 비교. 3마카 2, 29f. 비록 기원전후가 바뀌는 시점에 기록된 〈마카베오3서〉는 전설적이지만 말이다. V. A. Tcherikover, *ScrHieros*. 7, 1961, 1-21을 보라. 라피아(Raphia) 전투를 보고하는 부분에서 보여주듯이, 그것은 훌륭한 역사적 자료를 담고 있다(1권 p. 63f. 를 보라). 디오니소스 종교제의에 대한 필로파토르의 엄청난 관심은 논의의 여지가 없다. M. P. Nilsson, *GGR*[2] 2, 161f. 와 특히 중요한 파피루스 베를린(BGU VI, 1211 verso = SB 7266), *op. cit.*, 162 각주 2(Lit.)를 보라. 이보다 앞선 자료는 상세하지만 너무 일방적이다. P. Perdrizet, *RevEtudAnc* 12, 1910, 216-247을 보라. 또한 F. J. Dölger, *Antike und Christentum* 2, 1930, 103f. 와 J. Tondriau, *Aeg* 26/27, 1946/47, 84-95와 30, 1950, 57, 66과 비교하라. 또한 Tarn/Griffith, *Hellenistic Civilization*, 212f. ; T. A. Brady, *The Reception of the Egyptian Cults by the Greeks*, 1935, 25와 Volkmann, *PW* 23, 1689f. 와 비교하라. 더 상세한 것은, 이 책 제 3부 각주 611을 보라.

의 신탁(3권 p. 34 각주 35를 보라)과 요한네스 뤼두스(Johannes Lydus)에게서 그것에 대한 암시를 발견한다. 다른 신들, 예를 들어 크로노스-사투른(Kronos-Saturn)①과 하나님을 일치시키기도 했겠으나, 이것에 대해서는 더 이상 파악할 수 없다.47)

하지만 유대교의 하나님이 포함된 '제신혼합숭배' 경향은 그리스인들에서만 나타나는 것은 아니다. 그것은 몇몇의 유대교적인 증거자료에서도 발견된다. 프톨레마이오스 시대에 2개의 유대교 비문들이 상부 이집트의 아폴로노폴리스 마그나〔Apollonopolis Magna(Edfu)〕의 레데지에(Redesîeh)에서 발견되었다:

---

47) Tacitus, *Hist.* 5, 5는 동일시하지 않는다. J. Lydus, *De mens.* 4, 53(Wünsch 109, 111)도 이와 유사하다; 다른 한편 Plutarch, *Quaest. conv.* 4, 6(Reinach 142-147)은 긍정적이다. 이것에 대해서는 F. Cumont, *op. cit.*, 314 각주 7을 보라. 이 동일시는 사바오트-사바치오스의 혼합종교 제의와 밀접하게 관련된 것 같다. M. P. Nilsson, *GGR*[2] 2, 662f.와 R Reitzenstein, *op. cit.*, 105ff., 146ff.를 보라. 그러나 그의 추론은 너무 멀리 나갔다. 반면에 Liagre-Böhl, *op. cit.*, 120f.는 관련성을 왜곡했다. 또한 2마카 14:33과, 3권 p. 151을 비교하라. 아도니스(Adonis)와 유대교의 하나님의 명목상의 관련에 대해서는 H. Gressmann, *ZAW* 43, 1925, 17을 보라; A. Dahl, *Das Volk Gottes*, [2]1963, 105와 O. Rankin, *op. cit.*, 187ff., 아티스(Attis)와 비교하라. R. Reitzenstein, *op. cit.*, 145f.와 F. Cumont, *op. cit.*, 231 각주 60과 오시리스(Osiris)를 보라. Reitzenstein, *Poimandres*, 1904, 182ff.를 보라. 그는 근거를 거의 제시하지 못한다. 유대인들이 크로노스-사투른(Kronos-Saturn)을 경배했다는 주장에 대해서는 Tacitus, *Hist*, 5, 4와 Lydus, *De mens.* 4, 53(Wünsch 110)을 보라. 그 주장은 무엇보다도 사투른의 날 사바트(Sabbat)를 신성시하는 것을 전제하고 있을지 모른다(Tibullus, Eleg. 1, 3, 17f. = Reinach 247을 보라). 물론 그것은 유대인들의 하나님과 셈족의 최고의 천신(天神)을 동일시한 것과 관련될 수 있다: H. Gressmann, *op. cit.*, 19, 21, 또한 비교. Philo, Byblius, *FGrHist* 790 F 2 = *Pr. Ev.* 1, 10, 16: Kronos = 우라노스의 아들이요 휩시스토스(Hypsistos)의 손자 엘('El). 3권 p. 146f.를 보라. 또한 I. Heinemann, *PW Suppl* 5, 31과 비교하라.

하나님을 찬양하라, 도리온(의 아들) 테오도토스, 바다에서 구원받은 한 유대인
〔Θεοῦ εὐλογία / Θε(υ)όδοτος Δωρίωνος / Ἰουδαῖος σωθεὶς ἐκ πε/λ(άγ)ους〕,
디오니시오스(의 아들) 프톨레마이오스, 어떤 한 유대인이 하나님께 감사한다
(Εὐλογεῖ τὸν θεόν / Πτολεμαῖος / Διονυσίου / Ἰουδαῖος). [48]

하지만 이와 동일한 자료들은 어느 한 회당에서가 아니라 '범신'(汎神, *Pan*)의 성전에서 나온 것으로, 이곳에서는 프톨레마이오스 수비대의 군인들이 써넣은 것으로 보이는 많은 비유대인 비문들이 발견된다. 의미심장하게도 모두가 같은 식으로 기록된 이 비문들에게 이방인들은 하나님을 "판 유호도스"(Pan Euhodos)라는 이름으로 부르는 반면, [49] 2명의 유대인들은 하나님을 일반적으로 '테오스'(Theos)로만 부른다. 그럼에도 불구하고 그들에게서 이 '범신'(*Pan*)은 유대인들의 하나님과 동일한 것으로 생각된다. 벤 시라의 손자요 번역자는 과연 당대의 정신을 따라 하나님을 이와 동일하게 표현했다: "그는 모든 것이다"(τὸ πᾶν ἐστιν αὐτός. 시락 43:27b, 2권 p. 119와 122를 보라).

유대인의 하나님 개념이 그리스적이고 보편적인 신관념으로 동화되는 그러한 경향은 상부 이집트의 외딴 수비대에 복무했던 유대인들에게서뿐만 아니라, 혼합주의화 되었다거나 동화되었다고 의심받을 수 없는 유대인 집단들에서도 발견된다. 이 사실을 보여주는 것이 〈아리스테아스의 편지〉이다. 여기서 이 편지의 이른바 '저자'라는 인

48) *OGIS* 73, 74 = CIJ 2, 445, Nr. 1537-1538; 비교. *Schürer* 3, 50; Tcherikover, *HC*, 352.

49) *OGIS* 70-72, 37; 이것에 대해서는 W. Schwarz, *JbPhil* 153, 1896, 145-170이 조사한 사원의 비문들을 보라. 특별히 이집트에서 보편적 신으로 소개된 판(*Pan*)에 대해서는 F. Brommer, *PW Suppl* 8, 1005를 보라. 또한 *CH* 5, 11과 12, 22f. 와 비교하라.

물은 프톨레마이오스 2세 필라델포스(Philadelphos)에게 유대인의 보편적인 하나님 관념을 설명한다:

> 소신이 자세히 연구했던 바와 같이 그들에게 법을 주신 바로 그 하나님이 왕의 통치가 크게 번영하도록 지켜주신 하나님이기 때문입니다. 왜냐하면 그들은 모든 사람이 경배하는 바로 그 하나님을 만물의 주재자이며 창조자로 경배하기 때문입니다. 오! 왕이시여, 그러나 우리는 그분을 '제우스'나 '디스'(Dis)라고 (단지) 다르게 부르는 것입니다. 옛 선조들이 이렇게 한 것은 적절한 표현이었으니, 모든 것에 생명을 주시고 존재케 한 그분은 또한 모든 것을 운행하시고 다스리고 있습니다〔아리스테아스, 15/16〕.
>
> … τὸν γὰρ πάντων ἐπόπτην καὶ κτίστην θεὸν οὗτοι σέβονται, ὃν καὶ πάντες, ἡμεῖς δέ, βασιλεῦ, ποσονομάζοντες ἑτέρως Ζῆνα καὶ Δία· τοῦτο δ' οὐκ ἀνοικείως οἱ πρῶτοι διεήμαναν, δι' ὃν ζωοποιοῦνται τὰ πάντα καὶ γίνεται, τοῦτον ἁπάντων ἡγεῖσθαί τε καὶ κυριεύειν.

비록 이 편지의 저자인 한 유대인은 자신을 그리스인으로 가장하여 말하고 있지만, 여기에서 제시된 견해는 놀랍다. 그것은 분명히 두 집단을 동시에 대면하는 태도를 보여준다. 한편으로 그는 그리스 교육과 문화와 완전히 결별할 것을 요구하고, 모든 비유대인들을 비난하는 유대 급진주의자들을 대하고 있으며, 다른 한편으로는 점점 커져만 가는 유대인의 종교와 신앙에 대한 편견을 이성적인 그리스인들로서 어떻게 판단해야 하는가를 보여준다.[50] 여기서 저자는 철학적으로

50) 〈아리스테아스의 편지〉의 일반적 태도에 대해서는 V. A. Tcherikover, *HTR* 51, 1958, 59-85를 보라. *CPJ* 1, 37, 42f.와 HC, 351과 비교하라. 그러나 그는 이 편지의 수신자가 오직 유대인만이었다는 너무 일방적인 주장을 편다. 우리는 거기에 유대교에 관심 있는 모든 그리스인들을 포함시킬

교육받은 그리스인들이 — Δία와 Ζῆνα라는 스토아주의적 어원이 보여주듯이[51] — 오랫동안 참된 유일신 사상을 가지고 있었다고 주장한다. 그가 후에 우상숭배에 관심을 기울이는 것이 사실이지만, 이에 대한 저자의 판단은 동시대의 다른 유대 저술가들의 견해보다는 더 온건하다. 즉, 우상숭배란 어리석음과 무지에 근거한 배교의 표지로서, 게다가 이는 그리스인들보다는 이집트 원주민들에게서 더욱 비난받는 형태로 나타난다.[52] 이에 비하여 유대교는 윤리적 유일신론이라는 참된 "철학"으로 나타나는데, 이는 이성적인 그리스인들만이 동의할 수 있는 사상이라는 것이다. 이 점에서 유대인들을 '철학자들'로 본 몇몇 그리스 저자들의 초기시대의 견해가 근본적으로 받아들여졌고, 그것은 다음과 같은 하나의 원칙으로 세워졌다: "유대교는 보편적 철학과 유일신 사상의 조합이다."[53] 이로써 이 저작의 목적, 즉 "유대교와 헬레니즘 간의 종합"은 달성된다.[54]

이것은 단지 저자 한 사람의 견해가 아니라, 당시에 비교적 널리 퍼진 관점이었다. 이 사실은 좀더 앞서서 아리스토불로스가 유대적으로 각색된 오르페우스 유언과 아라토스의 구절들을 인용한 것에서 알 수

수 있다.

51) Chrysippos, *SVF* 2, 305 Nr. 1021 = Diog. Laert. 7, 142; 312의 Nr. 1062f.; 가다라의 필로데모스를 따르고 있는 315의 Nr. 1076. 에우헤메리즘적인 해석을 하는 *Sib.* 3,141을 비교하라.

52) Ps. Arist, 135-138. 이와 유사하게 지혜 15:14ff.에서 이집트의 동물숭배보다는 더 관용할 수 있는 요소들로서 13:1ff.의 (그리스의) 천체숭배가 발견된다.

53) V. A. Tcherikover, *HTR* 51, 1958, 71, 비교. *Ps. Arist.* 235, 256. 1권 p.316, 2권 173을 보라.

54) Tcherikover, *op. cit.*, 70. 아마도 이 시점에서 유대교적인 자의식은 가령 헤카타이오스의 판단과 같은 초기 그리스 작가들의 견해에 접목된 것 같다. F. Jacoby, *PW* 7, 2765f.를 보라.

있다. 이들 인용은 어쩌면 원래의 형태에서는 '디스'(Dis)나 '제우스'(Zeus)라는 이름들을 포함하고 있을지도 모른다. 아리스토불로스는 특별한 이유를 제시하며 그 이름들을 '테오스'라는 이름으로 대체하였다.[55]

> 마땅히 그래야 하듯이 우리는 이 시에서 나타나는 '디스'와 '제우스'를 제거하여 해석하였는데, 이는 그 이름의 의미가 하나님과 관련되었기 때문이다. 이런 이유로 우리는 그것을 그렇게 표현한다. 우리는 이것을 이미 제기한 질문들에 첨가하는 것이 그르지 않다고 생각한다. 왜냐하면 모든 철학자들은 사람이 하나님에 관한 거룩한 관념들을 가져야 한다는 데 동의하며, 이는 우리의 공동체가 가장 관심을 갖는 사항이기 때문이다.
> (Καθὼς δὲ δεῖ, σασημάγκαμεν περιαιροῦντες τὸν διὰ τῶν ποιημάτων Δία καὶ Ζῆνα· τὸ γὰρ τῆς διανοίας αὐτῶν ἐπὶ θεὸν ἀναπέμπεται, διόπερ οὕτως ἡμῖν εἴρηται ... πᾶσι γὰρ τοῖς φιλοσόφοις ὁμολογεῖται διότι δεῖ περὶ θεοῦ διαλήψεις ὁσίας ἔχειν, ὃ μάλιστα παρακελεύεται καλῶς ἡ καθ ' ἡμᾶς αἵρεσις. Euseb. *Pr. Ev.* 13, 12, 7f., GCS 43, 2, 195. ed. Mras.)

여기에서 아리스토불로스는 그리스 시인들과 철학자들이 "제우스"에 관하여 말할 때, 실제 하나님을 의미한다는 것을 인정하는데, 이는 아리스테아스와 일치한다. 그러나 그와 동시에 아리스토불로스는 비평

---

55) Ps. Justin, *De monarch.* 2 = O. Kern, *op. cit.*, 256ff. 245번에 보존된 원래의 교정(16행을 보라)은 제우스 이름이 유대교적으로 개정된 오르페우스 유언에 나타난다는 사실을 보여준다. 이런 이름의 변경 때문에 E. Norden, *Agnostos Theos*, 122가 아리스토불로스에 대하여 비평을 했다는 것은 근거가 없다. 그는 거기에 유대교의 다른 "위서"(僞書)에서 사용되는 방법들을 집어넣지는 않았다. N. Walter, *op. cit.*, 101은 아리스토불로스가 Ps. Aristeas를 이른바 "의존"했다는 주장을 받아들이지 않은 것은 정당했다. 또한 110ff. 와 비교하라.

적인 태도를 취하는데, 자신은 이 용어를 지지하지 않을 뿐더러 분명히 그것을 채용하지도 않는다. 왜냐하면 그는 유대인으로서 하나님에 대한 "순순한 개념"들을 사용하는 데 어떤 철학자보다 더욱 조심해야 했기 때문이었다. 아마 그는 하나님의 이름을 '이방적으로' 사용함에 있어 하나님에 대한 자신의 묘사가 왜곡될 위험성을 본 것 같다. 이러한 토론으로부터 추론할 수 있는 것은, 예루살렘과 알렉산드리아의 그리스 교육을 받은 유대인 집단에서 야웨가 제우스 올림피오스와 동일시되는 대략 그 시대에, 이스라엘의 하나님과 철학자들이 말한 '제우스' 간의 관계문제를 숙고하였다는 사실이다. 반면, 팔레스타인 사람과 제사장, 바리새인, 그리고 약 250년 후 〈아리스테아스의 편지〉를 자신의 책 《유대고대사》 12장에 추가한 그리스어사용 유대인 요세푸스는 하나님에 대한 그러한 표현형식과 자신의 사상이 충돌할 아무런 요소가 없었고, 오히려 다소 변형된 형식으로 그것을 반복했다:

> 이들(유대인들)과 우리는 모든 것에 질서를 부여하신 하나님을 경외한다. 우리는 그분을 어원적으로(ἐτύμως) 제우스(Ζῆνα)라 옳게 부르는데, 이는 그분이 모든 피조물들에게 생명을(ζῆν) 불어넣으셨다는 사실에 근거하여 그분에게 이름을 부여하는 것이다(12, 22).

무엇보다도 《아피온 반박문》은 요세푸스의 하나님 관념이 아리스테아스의 정신적인 지평과 그렇게 멀리 떨어져 있지 않았음을 보여준다:

> 나는 지금 그리스인들 가운데 가장 현명한 사람들이 하나님에 대해 생각하는 법을 어떻게 그 인물(모세)로부터 배웠는지 기술하지는 않을 것이다. 그러나 그들은 매우 멋지고 적당한 방법으로 하나님의 본성을 증언하다. 피타고라스와 아낙사고라스(Anaxagoras), 플라톤, 그를 추종했던 스토아주의 철학자들 그리고 참으로 거의 모든 철학

들은 하나님의 본성에 대해 그렇게 생각한 것으로 보인다.56)

요세푸스도 아리스토불로스나 아리스테아스처럼 철학자들의 하나님은 근본적으로 이스라엘의 하나님이라고도 생각한다.

물론 이것은 그리스 세계의 학문적인 하나님 관념에 대한 유대교의 주된 입장은 아니다. 그들에게는 부정적이고 분리주의적인 경향이 훨씬 더 강했다. 그러나 여기에서도 종교에 대한 헬레니즘적인 비판이, 대략 팔레스타인과 디아스포라에서 발견되는 에우헤메리즘(*Euhemerismus*)의 경우와 같이 사용되었는데, 그러한 비판은 익명의 사마리아인(1권 p. 309ff. 를 보라)과 랍비들에서도 독특하게 산재한다. 이것은 더 나아가 기원전 140년경 베로소스의 견해에 따라 해석된 헤시오도스의 신계보학(*Theogonie*)을 사용한 가장 초기의 유대인 시빌(Sibylle 3, 110-158)과 아르타파노스, 사마리아인 테오도토스, 필로, 그리고 다시금 요세푸스에게서 발견된다.57) 심지어 묵시적 공동체가

---

56) 아피온 반박 2, 168;《70인경》출 22:27의 번역이 의식적으로 히브리어 어법에서 벗어나고 있다는 것과 연관하여 언급하는 2, 160-163, 188f., 221, 237을 비교하라. 유대고대사 4, 207도 이와 유사하다. 아피온 반박 2, 255ff. 와 비교: 플라톤의 하나님에 대한 지식은 유대인들의 그것과 일치한다. 또한 아마도 요세푸스의 정치적 운명을 좌우했을, 상대적으로 민족적인 제한들이 많지 않은 하나님에 대한 보편적인 견해에 대해서는 A. Schlatter, *Wie sprach Josephus von Gott*, BFCT 14, 1910, 49-55, 68과 G. Delling, *Klio* 43-45, 1965, 263-269를 보라. 필로에 대해서는 *De provo.* II, 91, "제우스의" 외침!

57) 에우헤메리즘(*Euhemerismus*)에 대해서는 일반적으로 M. P. Nilsson, *GGR*[2] 2, 283ff. 를 보라. 유대교에 대해서는 A. Schlatter, *GI*[3], 199, 424 각주 185; Bousset/Gressmann, 305; K. Thraede, *RAC* 6, 882ff. 를 보라. 1권 p. 313f. 를 보라. 랍비들이 하와(Eva)와 이시스를, 요셉과 세라피스(오시리스)를 동일시하는 것에 대하여는 *AZ* 43a Bar. 을 보라. 요셉을 오사르시프(Osarsiph)로 지칭하고, 메네토를 통해서 그를 히크소스(Hyksos)의 지도자로 부른 것은 아마도 아피온 반박 1, 238, 250, 265,

선호한 이방종교들에 대한 "악령론적인"(*dämonolodisch*) 설명은 유대적인 기원만을 갖지 않고 헬레니즘적 사고에서 유사성을 갖는다.[58] 후대의 기독교 변증론자들과 초대 교부들은 이런 형태의 비평과 신과 성서의 하나님을 동일시한 철학자들의 관념을 물려받았다. 다른 한편으로, '야오'와 이방신들을 혼합주의적으로 결합한 것은 마술적인 파피루스에서 드러나는 대중종교에서 지속되었다.[59]

유대지역의 백성들 대다수가 — 디아스포라에서도[60] — 제신혼합숭배를 통하여 비 유대교적 신명(神名)과 신관념이 이스라엘의 하나님으로 이전되는 것을 용납하지 않음으로써, 원래의 신명 '야웨-야오'를 비밀스럽게 간직하고 억제하려는 경향이 점점 커져 초기 시대에는 상당히 독특한 결과를 초래하였다. 그것을 대체하기 위해 그리스 세계

286에 의존하고 있을 것이라 생각된다. 이는 Liagre-Böhl, *op. cit.*, 110을 보라. G. Kittel, *Die Probleme des palästinischen Spätjüdentums*, 1926, 168-194와 S. Lieberman, *Hellenism in Jewish Palestine*, 137 각주 87과 비교하라. Firm. Mat., *Err. prof. rel.* 13, 2는 세라피스를 Σάρρας παῖς = 요셉으로 해석한다.

58) Bousset/Gressmann, 305f.: 그것은 초기 묵시사상에서는 에녹 19, 1; 99, 7; 에센주의에서는 *Jub.* 11, 3f.; 19, 28; 22, 16f.; 디아스포라에서는 신 32:17, 시 95:5, 105:37《70인경》; *Sib.* 3, 547, 554; fr. 1, 22 ed. Kurfess 68과 고전 10:20에서 발견된다. 또한 H. J. Schoeps, *Aus frühchristlicher Zeit*, 73ff.와 비교하라. 그리스적인 병행자료에 대해서는 2권 p. 377 각주 803을 보라.

59) 비교. Preisendanz, *PGM* 1, 300: ἄγγελε πρῶτε 〔θε〕οῦ Ζηνὸς μεγάλοιο Ἰάω. 비교. 5, 471ff.; 3, 76ff.: 야오 미트라(Iao Mithra): 3, 211: πύρινον Διὸς ἄγγελον θεῖον Ἰάω 4, 1000, 1010: "야오, 발, 벨(Iao, Bal, Bel)" 등. 또한 Goodenough, *Symbols* 2, 191, 194f., 200f., 205f. 등. 그리고 L. H. Feldman, *JewSocStud.* 22, 1960, 233f.를 보라.

60) 유대교적·혼합주의적 혼합제의들은 소아시아의 유대교와 보스포로스(Bosphoros) 지역에서 더욱 강하게 출현하였던 것 같다. 제 4부 각주 45, 47과, 제 4부 각주 265를 보라.

에서 사용된 추상적이고 보편적인 용어들은 때로는 "퀴리오스"(Kyrios) 처럼 특별한 종교적인 의미를 갖지 않거나,[61] 혹은 "테오스"(Theos) 처럼 너무 비인격적이고 불분명한 용어가 사용되었다.[62] 사실 그리스 종교는 '테오스'라는 용어를 유대인과는 전혀 다르게 비인격적 존재, 서술적인 의미로 이해하였다. 이렇게 되자 유대인들의 하나님은 "이름이 없다"는 견해가 나고 하나님의 위엄이 떨어지는 결과를 낳게 되었다. 우리는 이 관념을 기원전 166년 안티오코스 4세(유대고대사 12, 261, 2권 43을 보라)에게 보낸 사마리아 공동체(혹은 세겜의 "시돈인들")의 편지에서 처음으로 만난다. 이런 특징이 유대인들에게 적대적이었던 그리스·로마 작가들의 작품들에서 등장하자, 유대인들은 이를 전화위복으로 삼고자 하여 참된 하나님은 이름이 없어야만 한다고 주장하였다.[63] 헤카타이오스가 이미 입증한 이른바 '하늘' 경배는 유대인의 '이름 없는' 하나님을 경배하는 것과 관련된 것인데, 그것은 후대의 풍자가 유베날(Juvenal)에 의해 구름 경배로 바뀌었다. 사실 아리스토파네스는 이미 소크라테스의 명확하지 않은 하나님 경배의 특성을 이와 유사한 방법으로 묘사하였다. 계속해서 기독교인들에게

---

61) W. Foerster, *TWNT* 3, 1049: 기원전 1세기 전에는 신이나 여신을 '퀴리오스'(Kyrios)나 '퀴리아'(Kyria)로 증거는 거의 없다. 이런 호칭은 신과의 개인적인 연관을 표현하는 것으로 비교적 초기에 이시스 종교제의에서 나타났다. 이 책 제3부 각주 647을 보라. 데메트리오스 폴리오르케테스(Demetrios Poliorketes)와 두리스(Duris)에 대한 찬양 *FGrHist* 76 F 13, p. 142, 12와 비교하라.

62) Wilamowitz-Moellendorf, *Der Glaube der Hellenen* 1, 17, 비교. M. P. Nilsson, *GGR*^{2} 1, 812ff.

63) 이것에 대해서는 E. Bickermann, *GM*, 92-6; *RHR* 115, 1937, 211ff.를 보라; *Journal of the Warburg Institute* 1, 1937/38, 187-196. 이전의 E. Norden, *Agnostos Theos*, 25-62와 비교하라. 83ff.와 115-124와 비교하라. 제4부 각주 234를 보라.

까지 영향을 미친 이러한 경향의 마지막 결론은 “무신론”이라는 비난이었다.64)

우리는 이런 문제들이 과연 그리스어를 사용하는 디아스포라에 국한되고 유대·팔레스타인에는 발생되지 않았는가를 물을 수 있다. 사마리아인들의 ‘이름 없는’ 하나님에 대한 언급은 상황이 이미 그와 같지 않았음을 보여준다. 오히려 시온의 하나님과 헬레니즘적이고 동방적인 환경의 하나님 관념 사이에 일어난 ‘제신혼합숭배’의 문제는 처음으로 예루살렘에서 첨예한 논쟁을 초래했다. 이는 기원전 175년과 163년 사이 그리스어사용 유대인의 개혁시도에서 일어났는데, ‘제신혼합숭배’ 경향은 유대인들이 헬레니즘 세계에 동화하려는 노력과 불가분의 관계가 있었다.

---

64) 헤카타이오스와 테오프라스토스, 스트라본, 포세이도니오스에 대해서는 3권 p. 13ff. 를 보라. 또한 Petronius, fr. 37(Reinach 266), Origen, *C. Cels.* 5, 6, GCS, Koetschau 2, 5f. 와 비교하라. 구름에 대해서는 Juvenal, *Sat,* 14, 97(Reinach 292)을, 소크라테스에 대해서는 Aristophanes, *nub.* 228ff., 253f., 264f. 등을 보라. 유대인이 “무신론”을 가졌다는 주장에 대해서는 다음을 보라: Manetho, 아피온 반박 1, 239; Apollonios Molon, 아피온 반박 2, 79, 148, 258(제 4부 각주 23을 보라); Posidonios, *FGrHist* 87, F 109, 2 = Diod. 34 fr. (Reinach 57): ἀσεβεῖς καὶ μισουμένους ὑπὸ τῶν θεῶν(불경하고 신들에 의해 미움을 받은 자들). Lysimachus, 아피온 반박 1, 309ff.; Plin. *Hist. nat,* 13, 4, 46: “gens contumelia numinum insignis.” 또한 다음을 비교하라: 이집트의 ἀνόσιοι Ἰουδαῖοι(거룩하지 않은 유대인들), *CPJ* 2, 84의 157번, 43과 49f. 행(78행의 avsebei/j); 2, 93의 Nr. 158a Col. 6, 14; 기원후 116~117년의 혁명의 시대로부터: 2, 238의 Nr. 438 4행; 2, 248의 Nr. 443 Col. 2, 4f. ἀθεότης(신들을 섬기지 않음) 때문에 클레멘스(Fl. Clemens)와 도미틸리아(Fl. Domitilia)가 비난을 받았을 때에 Dio Cassius 67, 14(Reinach 195f.), 여기서 τὰ τῶν Ἰουδαίων ἔθη(유대인들의 관습)이 도미티아누스 시대의 유대교 혹은 기독교로의 개종에 관한 것인지는 여전히 논란이 된다. 반면, 대략 같은 시기로 거슬러 올라가는 요세푸스의 불경(不敬)에 대한 비난을 방어하는 것에 대해서는 G. Delling, *Klio* 43-45, 1965, 265f. 를 보라.

제 3 장

예루살렘의 헬레니즘적 개혁시도와 실패

1. 토비아스와 오니아스 가문

에스라와 느헤미야의 개혁은 '반(半) 유대인'이라 할 만큼 종교적으로 해이했던 귀족집단들의 영향을 분명히 억제하였지만 제거할 수는 없었다. 그들은 경제적이고 문화적인 이유들로 사마리아인들을 포함한 비유대인 이웃에게 동화될 수 있어 보였다. 기원전 3세기 중반부터 이와 매우 유사한 경향을 지닌 영향력 있는 집단이 갑자기 다시 출현하였는데, 바로 토비아스 가문이었다.[65] 우리는 제논 파피루스에서 그들의 최고 우두머리인 영주 토비아스(Tobias)는 암마니티스(Ammanitis)에 있었던 프톨레마이오스의 점령지 사령관이었음을 발견한다.[66] 요세푸스에 따르면 그는 대제사장 오니아스 2세의 누이와

65) 이보다 앞선 문헌의 요약에 대해서는 R. Marcus, *Josephus* 7, LCL, 1943, 767f. 를 보라. 비교: J. Regner, *PW*, 2.R. 6, 129ff.; J. E. Bruns, *Scripture* 7, 1955, 2-5; B. Mazar, *IEJ* 7, 1957, 137-145; S. Zeitlin, *The Rise and Fall*, 1964, 60-67; M. Stern, *Tarbiz* 32, 1962, 35-47; V. Tcherikover, *HC* 70ff., 126-142, 458ff.

66) CPJ 1, 115ff., 118ff. 의 1번, 제 4부 각주 306을 보라. 그 성은 확실히 요르단 동쪽의 아라크 엘 에미르('Araq el Emir, Wadi es-Ṣir) 근교에서 발굴되었다. 거기의 아람어 비문 טוביה는 2개의 동굴에서 보존되었다: CIJ 2,

결혼하였다(유대고대사 12, 160). 추측컨대 그는 유대사회에서 대제사장과 함께 가장 영향력 있는 세도가였을 것이다. ②

> 그는 토비야(Ṭôbijjāh)의 후손일 가능성이 크다. 토비야라는 인물은 (대)제사장 엘야쉽('Eljāšîb)과 결혼하여 친척이 되었고 "암모니티스 출신 관료"로서 영향을 크게 행사해, 이미 느헤미야를 곤경에 처하게 했던 사람이었다.67) 이 사람이 느헤미야시대에 유대인이 된 암몬 자손인지 아니면 본래 유대인인지를 결정하기는 어렵다. 하지만 그는 가끔 추정되는 것처럼 제사장 가문 출신은 분명 아니다.68) 그의 이름은 매우 유대적이다. 기원전 3세기에 이 가문은 완전히 유대인이 되었고, 요세푸스에 따르면 주로 예루살렘에서 살았다고 한다(유대고대사 12, 160).

105의 868번(Lit.). 그 비문이 "토비야" 가운데 어떤 인물로부터 나왔는지 더 이상 결정하기는 거의 불가능하다. G. Dalman, *PJB* 16, 1920, 34f.를 보라. 그것은 아마도 묘비명에 관한 것으로 생각된다. K. Galling, *Die Welt des Orients* 2, 1, 1954, 4를 보라. 비르타(birta)의 위치에 대해서는 B. Mazar, *op. cit.*, 141 각주 21을 보라.

67) 느 2:10, 19; 4:1; 6:1ff. 등; 특히 6:17ff.와 13.4ff.를 보라. 그는 암몬 지역의 페르시아 총독이었을 것이다. H. Gressmann, *SAB* 1921, 665와 A. Ait, *Kleine Schriften* 2, 341을 보라.

68) B. Maisler(=Mazar), *Tarbiz* 12, 1940/41, 109-123과 *IEJ* 7, 1957, 142ff., 227ff.와 V. Tcherikover, *HC*, 430 각주 71은 토비아스 가문이 전적으로 유대 혈통을 가지고 있으며 포로기 이전 시대로 소급한다고 추측한다. 하지만 스 2:60=느 7:62에 나오는 토비아스 씨족의 이스라엘 혈통적 순수성 논쟁은 그것을 반대한다. W. Rudolph, *Esra und Nehemia*, 1949, 24와 비교하라. 그레스만(H. Gressmann)은 토비아스 가문을 "암몬에 사는 부유한 반(半)유대인들"로 간주한다, *op. cit.*, 666; E. R. Bevan, *A History of Egypt*, 1927, 72f.와 L. Finkelstein, *HTR* 36, 1943, 31도 이와 유사한 주장을 한다. 제사장 혈통이라고 추측하는 B. Maisler-Mazar, *Tarbiz* 12, 1940-41, 116과 *IEJ* 7, 1957, 230f., 234f.; S. Zeitlin, *op. cit.*, 62f.와 *PAAJR* 4, 1932/33, 215-219. 또한 V. Tcherikover, *GG*, 126, 156와 비교하라.

제논은 기원전 259년 4/5월 암마니티스에 있는 토비아스의 성을 방문할 때 스프라기스(Sphragis)라는 일곱 살 된 노예 소녀를 샀다. 토비아스의 재산관리인으로 크니도스(Knidos)에서 온 그리스인 니카노르(Nicanor)가 이 노예계약에 서명했다. 최소한 "… 아나니아스(Ananias)의 아들"이며 토비아스의 군인이었던 한 유대인이 증인으로 그 계약에 참석했지만(17행), 유대인 감정을 배려한 어떤 증거도 보이지 않는다. 시간을 기록한 양식에 따르면 날짜기입은 알렉산드로스 대왕의 제사장들과 종교적인 '형제 통치자'(Herrscherpaar, θεῶν ἀδελφῶν 2행, 13행)가 언급된다.[69] '종교적 형제들'(θεοὶ ἀδελφοι)을 언급한 것은 계약 자체가 2명의 그리스인 사이에서 체결되었기 때문이었다고 한다면, 제논이 방문하면서 진전되고 있는 토비아스와 재상(宰相, *Dioiketes*) 아폴로니오스 사이의 서신왕래는 대제사장의 매형이 법에 관해 매우 느슨한 견해를 갖고 있음을 보여준다. 제논은 전체적 형식에서 유대 영주의 자의식을 반영하는 한 편지에서[70] 이 재상에게 다음과 같은 글을 썼다:

당신과 당신의 모든 일이 잘되고 나머지 모든 것이 당신의(바람대로

69) CPJ 1, 119ff. Nr. 1. 크니도스의 니카노르는 14행에서 τῶν περὶ Τουβίου으로 묘사되었다. 마치 제논이 4행에서 τῶν περὶ 'Απολλώνιου에 속한 것처럼 말이다. 토비아스는 자신이 관할하는 식민지의 할당지 안에 마케도니아인(비교. 7과 18행)과 유대인 용병들을 고용했다(반면 17f. 행의 "페르시아인들"은 민족적인 의미로 이해할 수는 없다. 비교. *CPJ* 1, 13f., 51; 2, 187의 417, 5ff. 번 등). 이뿐만 아니라 그리스인도 가지고 있었는데, 이들은 그의 개인적 영역에서 복역하였다. 아마도 니카노르 또한 아폴로니오스의 대리인이었으리라 추측된다. Rostovtzeff, *HW* 3, 1403 각주 149를 보라.

70) CPJ 1, 125ff.의 4번(PCZ 59076), 1권 p. 224를 보라. 이것에 대해서는 H. Gressmann, *op. cit.*, 664와 비교하라: 인사말은 "토비아스는 아폴로니오스와 함께 걸으며 교제하십니다"였다.

된다면), 신들에게 많은 감사를 드려야합니다(πο)λλὴ χάρις τοῖς θεοῖς. 2행).

흠 잡을 데 없는 그리스어로 기록한 이 편지는 영주 토비아스의 그리스인 비서의 작품이지만, 그 내용의 출처는 토비아스였다. 물론 그는 내용의 강조점을 의식하고 결정하였다. 이와 유사한 어구가 혼합주의 영향하의 엘레판티네 군사 식민지에 있는 유대인들의 편지에서 나타나는 것은 우연이 아니다.[71] 편지의 도입부는 편지의 내용과 부합한다: 토비아스는 내시 한 명과 7~10살이 된 4명의 노예들을 보내고 있는데, 이 노예들 중 2명은 할례를 받지 않았다. 그가 그들을 가노(家奴)라고 분명히 규정하고 있기에, 그들은 적어도 얼마 동안 그에게 속하여 자랐을 것이라고 추측할 수 있다. 이와 같이 이미 토비아스는 — 물론 자신의 가노(家奴)도 포함하여 — 할례계명을 정확하게 준수하고 있지는 않아 보인다.[72] 이것은 80년 후 예루살렘에서 그에

71) A. Vincent, *La Religion des Judéo-Araméens*, 1937, 92f.의 개관을 보라. 또한 예루살렘에서 기록된 P. Cowley 21, 2와 그것에 대한 E. G. Kraeling, *The Brooklyn Museum Aramaic Papyri*, 1953, 84; P. Grelot, *VT* 4, 1954, 352ff.를 비교하라. 〈토비아스 편지〉에서처럼 이것은 "공손함의 표현형식"(*formule de politesse*)의 하나이다. 비록 그것이 어느 정도의 관용을 암시하지만 말이다. "샤마스"(Šamaš) 신이 등장하는 〈아히카르서〉(*Achikarbuch*)는 어떤 무례도 범하지 않는다. 토비아스의 편지에 대해서는 Tcherikover, CPJ 1, 127 각주 4와 *HC*, 71을 보라. 또한 J. Klausner, *Hist.* 2, 130과 W. Schubart, *AO* 35, 2, 1937, 9를 비교하라.

72) R. Meyer, *TWNT* 6, 77 15ff.행. 포로기 이전시대에 할례에 대한 명령은 강화되었다. 창 17:12ff. (P); 출 12:43ff.; *Jub.* 15, 13f.를 보라. 이것에 대해서는 J. Jeremias, *Jerusalem zur Zeit Jesu*³, 384f.=II B 221f.를 보라. 토비아스는 특별히 2명의 노예들이 할례받지 않은 사실을 강조했는데, 이들은 그리스인들의 눈에는 의미심장한 것이었다. 왜냐하면 그리스인들은 할례가 불쾌감을 주는 것으로 여겼기 때문이었다. R. Meyer, *op. cit.*, 6, 78의 13ff.행을 보라. 그들은 이집트에서 동성연애자 소년(*Lustknabe*)으로 이용

게 걸림돌이 되었다(제 4부 각주 135와 p. 528을 보라). 이방인 지역에서 유대인 노예들을 해외로 파는 것 또한 적어도 마카베오시대 이후에는 유대인에게 엄격히 금지되었다. 토비아스에 대하여 우리가 가지고 있는 얼마 안 되는 기록들에서 보이는 특이점은, 그가 얼마나 유대법에 개의치 않고 있는가 하는 것이다.[73] 그의 태도는 헤롯과 비교될 수 있겠다. 다만 헤롯은 율법을 엄격하게 준수해야 하는 자신의 주변 환경을 더욱 고려해야 했을 뿐이었다.[74]

우리는 요세푸스로부터 토비아스의 아들 요셉과 그의 손자 히르카노스의 찬란한 경력에 관해 더욱 많은 것을 알 수 있다.[75] 물론 이에 대한 요세푸스의 보고는 반드시 신중하게 사용해야 하지만, 제논 파피루스와 아라크 엘 에미르('Araq el Emir)에서 나온 고고학적인 연구들이 부분적으로 그것을 확증한다. 우리는 여기에서 그의 아들 요셉이 갑작스럽게 부상하여 '시리아와 페니키아'나 혹은 적어도 팔레스타인의 총징세도급관이 된 이유들에 관해서 상세히 다룰 필요는 없다(1권 p. 125f. 를 보라).

> 요세푸스가 전제하는 사건의 연대에서 반드시 수정되어야 하는 것은, 전체 이야기를 안티오코스 3세가 팔레스타인을 정복한 이후의 시대로 설정한 점이다. 이는 그 내용이 오로지 프톨레마이오스의 왕실을

되었을 것이다. Tcherikover, *Miz.*, 18을 보라. 욜 4:3과 비교하라.

73) 유대인 노예들을 비유대인들에게 파는 것을 금지하는 것에 대해서는 CD 12. 10f. 를 보라. 헤롯이 유대인 죄인들을 해외에 노예로 팔았기 때문에 백성들을 격분시켰던 것은 유대고대사 16, 2ff. 에 나온다. 또한 *Giṭ*. 4, 6과 *S. Deut*. 23, 16, §259를 언급하는 Jeremias, *op. cit.*, 386 각주 59를 보라.

74) 이것에 대해서는 M. Hengel, *op. cit.*, 325ff. 를 보라. 이를 테면, 카피톨 신전에서 그가 드린 제사와 비교하라. 유대고대사 14, 388 = 유대전쟁사 1, 285.

75) Joseph: 유대고대사 12, 157-185, 224; 히르카노스와 그의 형제들: 유대고대사 12, 186-222; 228-236.

지향하고 있다는 점에서 상충된다. 차라리 체리코버(V. Tcherikover)와 또 다른 사람들이 제시한 시간순서가 실제에 더 가깝다.[76] 이들의 견해에 따르면 오니아스 2세가 조공 바치는 것을 거절한 것은 세 번째 시리아 전쟁이 끝날 무렵으로 셀레우코스 2세 칼리니코스(Kallinikos)가 남쪽을 향해 처음 반격을 가하여 성공했던 때에 해당한다. 기원전 242/41년에 칼리니코스는 오르토시아(Orthosia)와 다마스쿠스(Damaskus)에 대하여 강화조치를 취할 수 있었다. 그러나 팔레스타인에 대한 그의 실제적인 공격은 실패하였고, 대략 이 상태를 그대로 유지한다는 것을 근거로 화친하였다(비교. 단 11:9). 요세푸스가 《아피온 반박문》 2, 48에서 기록한 3차 시리아 전쟁 이후 프톨레마이오스 3세 에우에르게테스(Euergetes)는 아마도 그곳 상황을 새롭게 정리하려고 예루살렘을 방문했을 것이라 추측된다. 그렇다면 요셉이 총징세도급관직을 수행한 20년 동안은(유대고대사 12, 186) 대략 기원전 239~217년이라고 보는 것이 가장 좋으리라 생각된다. 그때에 프톨레마이오스 2세 필로파토르(Philopator)가 라피아

76) 요세푸스의 자료 자체는 이 배열과 모순되는 것 같다: 유대고대사 12, 158에서 프톨레마이오스 3세 에우에르게테스(Euergetes, 기원전 246~21)가 언급된다. 니제(Niese)의 견해에도 불구하고(부록. ad. loc.) 이 이름은 거의 난외주석이 아니라, 본래의 역사적 연관성을 묘사하고 있다. 이것의 연대설정에 대해서는 Tcherikover, *HC*, 130f.; S. Zeitlin, *PAAJR* 4, 1932/33, 179와 *The Rise and Fall*, 60; 무엇보다도, M. Stern, *Tarbiz*, 32, 1962, 35-47을 보라. R. Marcus, *Josephus* 7, LCL, 82C는 에우에르게테스 통치하의 더 후대의 연대로 설정한다. 세 번째 시리아 전쟁에 대해서는 F. M. Abel, *HP* 1, 48ff.와, 1권 p. 62를 보라. 요세푸스가 잡고 있는 불가능한 연대 설정이 충분히 주목되지 않은 연구는: E. Cuq, *Syria* 8, 1927, 143-162; J. Regner, *PW*, 2 R. 6, 1929ff.와 Bo Reicke, *Neu Testament Zeitgeschichte*, 1965, 36f. 징세도급관 요셉이 셀레우코스 4세(기원전 187~75) 때에 죽었다는 요세푸스의 언급(유대고대사 12, 224)은 역사적 가치가 없다. 왜냐하면 바로 그 후에 요세푸스는 '의인 시몬'의 부친 오니아스 2세의 죽음에 대하여 언급하는데, 그는 그 당시에 죽은 지 이미 30~40년이 되었기 때문이다. 요셉은 팔레스타인의 통치가 프톨레마이오스 가문에서 셀레우코스 가문으로 바뀌기 전에 죽었을 것이다.

(Raphia)에서 승리를 거둔 후, 그 지역에서 오랫동안 머무르는 동안 행정을 새롭게 개편한 것 같다(1권 p. 64를 보라). 그러므로 요셉의 막내아들 히르카노스가 왕위 계승자의 탄생을 축하하기 위해 이집트로 파견되어 성과를 거두게 된 때는, 프톨레마이오스 5세 에피파네스가 태어난 기원전 210년으로 정해져야 한다. 그때에 히르카노스는 아랍인들과 대치하는 국경을 방어하기 위해 요르단 동쪽에 있는 식민지의 할당지를 관할하는 총사령관으로 임명받았고, 이 직위로 인하여 그는 아마도 예루살렘에 있는 자신의 가족들과 반목하게 된 것 같다.[77]

토비아스 가문의 요셉과 그의 아들들에 대한 이야기를 소설로 기록한 작품은 기원전 2세기 후반 알렉산드리아에서 나왔으리라 추측된다. 이 작품은 한편으로는 너무 심각한 오류들을 포함하고 있어서 기록된 사건들로부터 많은 시간이 경과되었다고 가정해야 하지만, 다른 한편으로는 정확한 정보도 담고 있다. 그래서 예컨대, 토비아스 가문의 연대기와 같은 훌륭한 자료들을 인용했다고 보아야 한다. 이 작품의 저자로는 헬레니즘화된 유대인을 상정할 수 있을 것인데, 그를 마카베오 봉기 이후 일어났던 종교적 갱신운동의 맥락에서 이해할 수는 없다.[78] 이 작품은 민족주의적인 특성을 갖는 완전히 세속적인 경향

77) 유대고대사 12, 196ff., 221f., 228ff. 히르카노스는 아라크 엘 에미르('Araq el Emir)에서 자리를 잡았는데, 그곳은 그의 조부의 옛 프톨레마이오스가 정복한 식민지의 할당지를 관할하는 암마니티스의 영역 안에 있었다. 그러므로 그가 형제들의 우위에 대항하여 그러한 입지를 마련한 것은 프톨레마이오스의 권력의 기반에서만이 가능했다.

78) Tcherikover, *HC*, 141f.; H. Willrich, *Die Juden und Griechen*, 1895, 99가 이집트에서 저자를 찾은 것은 정당하다. 그리고 그 저자를 유대인 작가들과 대조했는데, 이들은 아리스테아스처럼 "합법적인 대제사장 가족 왕실과 긴밀한 우의에 대하여 충분하게 설명할 줄은 몰랐다." 물론 그가 사마리아의 자료(*HC*, 100)를 가정한 것은 A. Büchler, *Die Tobiaden und*

을 갖고 있어서(유대고대사 12, 175-185), 히브리어로 기록된 에스더서에 가장 잘 어울린다. 중심 영웅 토비아스 요셉이 프톨레마이오스 궁정 특히 왕의 연회석에서 크나큰 인정을 받는 데 성공하였고, 게다가 엄청난 부를 누렸다는 이야기이다. 또한 궁정 이야기의 형태를 띤 다니엘서나 토비트서에도 중요한 역할을 했던 정결과 음식규정에 대한 저자의 안목은 거의 존재하지 않는다.[79] 이 법은 단지 두 번, 그것도 부차적으로만 언급되었을 뿐이다. 한 번은 요셉이 알렉산드리아의 무희(舞姬)와의 애정문제에 관련되었을 때였고, 다른 한 번은 히르카노스가 왕 앞에서 자신의 관대함을 칭송했을 때였다.[80] 그럼에도 불구하고 〈토비아스서〉 역시 특정한 경향을 가지고 있는데, 이 소설은 요셉의 죽음에 관해 이야기하며 이렇게 끝을 맺는다:

> 유대 백성을 빈곤과 참담한 상황에서 더 밝은 삶의 터전으로 이끌었던 고귀하고 관대한 사람.[81]
> ἀνὴρ ἀγαθός … καὶ μεγαλόφρων καὶ τὸν τῶν Ἰουδαιῶν λαὸν ἐκ πτωχείας καὶ πραγμάτων ἀσθενῶν εἰς λαμπροέτρας ἀφορμὰς τοῦ βίου καταστήσας.

여기에서 우리는 그리스어사용 유대인의 주요 모티브를 발견하는데, 이는 마카베오1서 1:11에서 간략히 묘사된 '프로그램'을 따른 것이라 추측된다: 비유대적인 헬레니즘 환경과 경제・정치・문화적으로

Oniaden, 1899, 88, 95가 그랬던 것과 동일한 오류였다.

79) 단 1장과 〈에스더서의 기도〉 4:17 《70인경》을 비교하라. 그것에 대한 A. Büchler, *op. cit.*, 85와 Tcherikover, *HC*, 460 각주 44를 비교하라. 다른 한편 〈아리스테아스의 편지〉 182-186, 293f. 의 타협을 비교하라.

80) 유대고대사 12, 187ff., 206: 여기에서 히르카노스는 하나님과 왕을 비교한다.

81) 유대고대사 12, 224; 그 이전에 이미 나타나고 있는 12, 160의 특징과 비교하라.

밀접하게 접촉하는 것만이 팔레스타인의 유대인의 상황을 증진시킬 수 있다. 그러므로 요셉은 뒤떨어지고 고립된 유대지역으로부터 더 넓은 세상으로 향하는 문을 열어 젖혀 백성에게 더 높은 수준의 삶을 소개함으로써, 경제적·문화적 진전을 가져온 사람으로 칭송된다.[82] 여기에서 화자(話者)는 모든 종교적인 모티브를 배제하고, 이집트에서 큰 재물을 모았던 인물 요셉의 윤곽을 동명이인(同名異人) 토비아스 요셉에게 옮겨 놓는다.[83] 그래서 〈토비아스서〉의 이야기는 완전히 헬레니즘화된 형태의 궁정 이야기를 제시한다(1권 p. 134ff. 를 보라). 밝게 빛나는 요셉의 영광과는 대조적으로 그의 삼촌 대제사장 오니아스 2세는 어두운 배경에서 등장하게 된다: 그는 반동적 보수성을 구현하고 자신의 야망과 노년의 완고함으로 백성을 재앙 직전까지 몰고 간 장본인으로 여겨지고 있다. 그러므로 그가 왕에 대하여 경제적, 정치적으로 백성을 대변하였던 직책, 즉 "백성의 수장"(προστασία τοῦ λαοῦ. 12, 161) 직은 당연히 더 영리한 자신의 조카와 적대자들에게 넘겨주어야 했다.[84]

눈에 띄는 특징은 젊은 요셉이 사마리아인 친구에게 빌린 돈으로 알렉산드리아로 가는 자신의 첫 여장을 꾸렸다는 점이다. 토비아스 가문은 느헤미야와 그들의 조상 토비아(Tobiah) 시대와 같이, 기원전 3세기에 북쪽의 지파들과 친족관계를 잘 유지하고 있었던 것 같다. 이것은 예루살렘의 종교집단이 갑작스런 반(反)사마리아 경향을 취한

---

82) Tcherikover, *HC*, 134, 140.

83) 여러 면에서 요셉 이야기는 바로 '궁정 이야기'에 영향을 주었다. 이 책 제 1부 각주 218을 보라.

84) 유대고대사 12, 161. 167의 토비아스 요셉의 성격묘사; 다른 한편 오니아스 2세의 부정적인 묘사를 보라: 158, 161f., 171. 오니아스가 자기 마음대로 "수장"(*prostasia*) 자리를 주었다는 것은 거의 개연성이 없다. 이 책 제 1부 각주 185를 보라.

것과는 반대되는 태도이다. 사마리아인들에 대한 종교적인 무관심과 친척관계가 명백하게 하나의 짝을 이룬 셈이다.[85]

더 나아가 요셉과 그의 가문은 최초의 유대인 은행가들이 되었다.[86] 그들은 알렉산드리아에서 다방면의 자본수익을 거두기도 하고 한 명의 노예를 재무관리자(οἰκονόμος)로 거느리고 있었다. 이 이야기에는 거기에서 3천 달란트의 현금을 예치했다는 것이 언급된다(유대고대사 12, 200). 왕과 권력자들에게 뿌린 많은 뇌물로 궁정과의 좋은 관계가 단절될 염려는 없었다. 이런 식으로 프톨레마이오스의 "거액의 재정"이 예루살렘에까지 흘러 들어갔다.[87] 이런 의미에서 토비아스 가문은 "통상적이고 새로운 헬레니즘적 유형의 친(親)그리스어사용 유대인(*Philhellenes*)이요 사업가들"이었고(로스토브체프, CAH 7, 160), 그들의 영향으로 예루살렘의 삶의 방식은 달라졌다. 벤 시라는 그들이 도입한 새로운 정신사조와 대결했던 것이 분명하다(2권 p. 130f. 를 보라).

이와 동시에 유대지역의 지도층 내부에서 분열의 조짐이 나타났는

---

85) 유대고대사 12, 168, 비교: 11, 306-312; J. D. Purvis, *JNES* 24, 1965, 88-94. 이 책 제1부 각주 375를 보라. 그러나 유대고대사 12, 156은 기원전 3세기 사마리아인들과 유대인들 사이에 영토의 경계선을 놓고 일어났던 분쟁을 보고한다. 또한 벤 시라의 증오(시락 50:26b)와 *Test. Levi* 6, 4ff.; 7, 2를 비교하라. 다른 한편, 헤롯과 사마리아인들과의 좋은 관계를 다시 주목해야만 한다. M. Hengel, *op. cit.*, 331 각주 4. 또한 행 8:1ff.의 초기 기독교인의 사마리아에서의 선교도 틀림없이 그런 종류의 조롱의 의미를 담아 묘사했으리라 생각된다.

86) A. Schlatter, *Die Theologie des Judentums nach dem Bericht des Josephus*, 1932, 270.

87) 유대고대사 12, 184, 199f., 203, 208. 선물들에 대해서는 12, 185f., 208을 보라. 프톨레마이오스 2세에게 보낸 이전의 토비아스의 편지와 이와 관련되어 있는 값비싼 동물들의 운송을 비교하라. CPJ 1, 178f. Nr. 5 = PCZ 59075와 비교하라.

데, 이는 그 이후 안티오코스 4세 때에 발생한 갈등에 결정적인 역할을 하였다. 그것은 바로 토비아스 가문과 대제사장 오니아스 가문 사이에 일어난 권력다툼이었다. 대제사장 가문을 마지막으로 대표했던 야손과 오니아스 4세의 경우가 보여주듯이, 대제사장 가문은 결코 헬레니즘 세력가들에 의해 요동하지 않았다(1권 p. 294f. 와 제 4부 각주 124를 보라). 하지만 토비아스 가문은 프톨레마이오스 궁정을 지원했고 또 후에는 셀레우코스 궁정을 후원하여 대제사장의 지위를 제한하고 위태롭게 할 수 있었다. 대제사장은 보수집단의 더욱 강력한 지지를 필요로 했다. 토비아스 요셉은 20년 동안 총징세도급관으로서 실제적으로 예루살렘의 권력을 잡은 자였을 것이다. 그러나 기원전 217년 라피아(Raphia) 사태③ 이후에 그가 이 직책을 잃었을 것이고, 마침내 210년 무렵(?)에는 자신의 아들 히르카노스와 형들 간의 불화가 공개적으로 터져 나오자, 대제사장 오니아스 2세의 정력적인 아들 '의인' 시몬 2세는—예컨대, 벤 시라 같은 사람이 속한 열성적인 종교그룹들의 도움을 받아—자신의 권좌를 강화하고 대제사장으로서의 강력한 지위를 차지하는 데 성공했던 것 같다:

> 그는 자신의 백성을 약탈로부터 보호하고, 자신의 도시를 적들로부터 강화하였다(시락 50:4).

셀레우코스 왕에 대하여 정치적으로 백성을 대표한다는 의미를 갖는 '보호자'(*prostasia*. 역주. 혹은 '백성의 수장') 직책은 이제 다시 대제사장의 손에 들어갔으리라. 한편 히르카노스는 요르단 동쪽에서 프톨레마이오스의 군사식민지를 배경으로 대제사장 가문에게 내려온 토지의 소유권을 주장하였고, 예루살렘에서도 자신의 기반을 마련하려고 하였다. 그러므로 친(親) 프톨레마이오스적인 성향의 히르카노스와 전투를 벌이는 대제사장 오니아스는 지금 셀레우코스 가문의 이익을 대변하는 요셉의 다른 아들들에게는 환영받는 동료나 다름없었다.[88] 비록 예루살렘이 제 5차 시리아 전쟁에서 두 번이나 점령자가 바뀌고 내부에서는 심각한 유혈당파싸움을 겪었을지라도(1권 p. 66f. 를 보라), 안티오코스 3세는 결국 파네이온(Paneion) 전투에서 최종적인 승리를 거두었다. 이는 시몬이 정치적 전망을 제대로 하고 있었음을 보여주었다. 당시 왕이 시행했던 사면(赦免)들에 대한 요세푸스의 기록을 보면, 시몬이 왕에게 감사를 표하는데, 그런 사면령들은 유대인 사절단의 교섭을 통하여 안티오키아에서 얻어낸 "왕의 호의표시"로서(2마카 4:11), 동시에 시몬 2세의 개인적인 성공으로 간주될 수도 있을 것이라 추측된다. 그 사면은 유대인들이 "조상들의 율법", 즉 토라와 이와 관련된 구전율법에 따라 살 권리가 있음을 확인하였다(πολιτευέσθωσαν δὲ πάντες οἱ ἐκ τοῦ ἔθνους κατὰ τοὺς πατρίους νόμος. 유대고대사 12, 142). 물론 그 율법들이 상세히 규정되지는 않았지만, 전체적으로 유대사회의 내부적인 자율성이 허용되었다. 마침내 원로회(*Gerusie*)와 '서기관들'을 비롯한 성전에 속한 사람들에게는(1권 p. 123을 보라) 완전한 세금면제가 선언되었고, 그리고 모두에게는 3년 동안의 세금이 면제되었으며, 유대지역의 '조공'은 3분의 1로 축소되었다(1권 p. 130을 보라). 왕은 희생제사와 성전의 회복을 위해서도 아낌없이 후원하였다.[89]

---

88) 유대고대사 12, 221f., 229: 요셉이 죽은 후에 대다수의 유대 주민들은 요셉의 나이 많은 아들들과 대제사장 시몬 2세를 따랐다. Tcherikover, *HC*, 80f., 154를 보라. 또한 단 11:14에 따른 예루살렘의 당파 싸움에 대해서는 1권 p. 66을 보라.

89) 요세푸스의 주장 유대고대사 12, 43. 157과는 달리 시몬 2세와 "의로운 자"를 동일시하는 *Ab.* 1, 1에 대해서는 G. F. Moore, *Judaism* 1, 34ff. 와 "Simeon the Righteous," in: *Israel Abrahams Memorial Vol.*, 1927, 348

이미 이 첫 사면령이 '의인' 시몬 2세의 지도 아래 보수적 집단들의 종교제의적, 법적인 이익을 충족시키는 방향으로 진행되었다면, 왕의 전권을 위임받아 제사장 자신이 작성했을 두 번째 법령은 그러한 경향을 한층 더 강하게 보여주는 것이라 하겠다: 거기에서 '조상들의 율법'은 비유대인들도 관계된 한 가지 사항에서 구체화되었다. 즉, 이방인들은 거룩한 구역을 밟지 못하며, 부정한 짐승들의 고기와 가죽의 수입, 피흘림은 금지되며, 다만 전통적인 '코셔'(*koscher*)를④ 기준으로 살육한 정결한 짐승들의 고기만이 먹을 수 있었다. 이런 종교제의적인 규정들은 토비아스 가문이 추구했던 상업중심적인 도시의 경제적 중요성을 제한하였다. 왜냐하면 이방상인들은 그런 제한규정이 실행되는 장소는 가급적 피했기 때문이다. 따라서 사면령은 간접적으로는 토바아스 가문의 경제적 실권을 견제하려는 의도를 가지고 있었을 것이라 추측된다.[90]

그러나 토비아스 요셉에 의해 시작된 헬레니즘화 경향은 중단될 수 없었다. 시몬 2세가 죽은 후, 보수적이기는 하지만 그렇게 강력하지는

-364를 보라. 그의 주장은 R. Marcus, *Josephus* 7, LCL, 732-736(Lit.)가 따른다. 이러한 추측은 이미 L. Herzfeld, *Geschichte des Volkes Israel* 2, 1855, 377에 나타난다. 또한 L. Finkelstein, *The Pharisees*[3] 2, 575ff., 581, 583과 비교하라. 그러나 그는 너무 비현실적으로 묘사하고 있으며, 시몬을 "하시딤적인 교리의 주도적인 주창자"로 만들었다. 이와 유사한 Tcherikover, *HC* 125를 보라. 시몬 2세에 대한 불충분한 기록을 고려할 때, 그런 결론들은 잘못 내려졌다. 그는 헬레니즘적 영향에 반대하여 민족주의적 정책을 실행함으로 유대의 자의식을 강화하였을 것이다. 시락서 50:1-24와 2권 p. 88ff.를 보라. 지도자적인 지위에 있는 제사장들에 대한 하시딤의 일반적인 비평 또한 그를 향하였다.

90) 유대고대사 12, 138-144; 이에 대해서는 이 책 제1부 각주 32와 33(Lit.), 192를 보라. 제사장의 칙령(유대고대사 12, 145f.)에 대해서는 E. Bi(c)kermann, *Syria* 25, 1496-1448, 67-85와 Tcherikover, *HC*, 84f.의 비평을 보라. 그 문제에 대해서는 *M. Kelim* 1, 8을 보라. 이와 유사한 사건을 들라면 느 13:15-22를 지적할 수 있으리라 생각된다.

않았던 오니아스 3세와, 더욱 현저하게 그리스어사용 유대인으로 경도된 그의 형제 야손간에는 불화가 생긴 것 같다. 벤 시라의 다양한 언급들은 대제사장의 권력이 심각한 위협에 직면했음을 가리킨다(2권 p. 88을 보라). 요셉과 동일하게 친(親)셀레우코스적인 성향을 가졌던 요셉의 아들들도 결국은 안티오키아 궁정에서 대제사장보다 더욱 자신의 발언권을 강화할 수 있었는데, 이는 자신들이 가진 부(富) 때문이기도 하였거니와 또한 그들이 율법의 모든 제한규정들에 대하여 자유로워졌기 때문이었다.

더구나 정치적 상황도 바뀌었다. 안티오코스 3세가 마그네시아(Magnesia)에서 로마인들에게 패하고 강화조약을 체결해 셀레우코스 왕조는 약해지고, 이제 나약한 셀레우코스 4세 필로파토르가 집권을 하자(기원전 185~175년) 프톨레마이오스 세력은 다시 강해지기 시작했다. 아마 대제사장조차 자신의 정치적인 진로를 변경하였을 것이라 생각된다. 사람들은 프톨레마이오스 가문이 다시 팔레스타인을 지배하기를 희망했을 것이다(1권 p. 70을 보라). 〈헬리오도로스의 전설〉(*Heliodorlegende*)은 이에 대한 암시를 준다: 그 이후 오니아스 3세는 예루살렘의 "시장(市場) 감독권" 문제로 성전의 재정관리자이며(2마카 3:4) 토비아스 가문의 제사장 대표 시몬[91]과 싸웠는데, 여기에는 예루살렘의 제의적 정결을 지키기 위해 만든 무역제한에 관한 포고가 관련되어 있는 것 같다. 그리하여 시몬은 트라세아스(Thraseas)의 아들이며 코일레·시리아와 페니키아를 관할했던 장군 아폴로니오스에게 대제사장이 불법적으로 성전의 돈을 감췄다고 밀고(密告)했다(2마카 3:5f.). 이어지는 전설적인 보고에 의하면 오니아스 3세는 서둘러 예루살렘으로 간 왕실 총독 헬리오도로스 앞에서, 이것은 단지 "과부

91) 그는 후에 대제사장이 된 메넬라오스의 형제였다. 3권 p. 88f. 와 제1부 각주 43, 167/8과 비교하라.

들과 고아들에게 귀속될 약간의 예치금"에 관한 문제이며 "매우 높은 지위에 있는 토비아스의 아들 히르카노스의 것도 상당액이 포함되었다"고 자신을 변호하였다(3:10f.). 이 기록에 따르면 오니아스는 동요르단의 토비아스 가문의 히르카노스와 사업적으로 밀접한 관계에 있었던 것 같다. 히르카노스는 팔레스타인이 안티오코스 3세에 의해 정복되기 이전에는 강력한 프톨레마이오스 지지자였다가 마그네시아 전투 이후에 다시 셀레우코스 가문으로 전향한 것 같다. 여기에 친프톨레마이오스적인 경향 때문에 받은 정치적 비난들이 관계되어 있다는 것은 다음과 같은 사실에서 나타난다. 오니아스는 시몬의 권유로 얼마 안가서 또다시 안티오키아로 가서 자신을 변호하게 되었고, 결국 다시는 돌아올 수 없었다.[92] 동시에 예루살렘 자체에서는 봉기와 유혈사태로 치달았던 것으로 보인다(2마카 4:3). 그러나 헬리오도로스가 왕을 살해하고 로마에서 귀국한 안티오코스 4세 에피파네스(Epiphanes)가 갑작스럽게 즉위하면서 이제 완전히 새로운 상황이 조성되었다.

보설(補說) 6. 요르단 동쪽의 히르카노스

요세푸스에 의하면, 히르카노스는 자신의 형제들과 아랍인들에게 저항할 수 있는 독립적인 통치영역을 요르단 강 너머에 세웠다고 한다. 그는 안티오코스 3세와 셀레우코스 4세로부터도 방해를 받지 않았는데, 이는 그들에게 공식적으로 굴복했기 때문인 것으로 보인다.

---

92) 2마카 4:1-6; 이 이야기는 호교론적인 특징으로 잘못 묘사되어 있다. Tcherikover, *HC*, 156ff.와 무엇보다도 O. Plöger, *Theokratie*, 15를 보라. 외부의 정치적 상황에 대해서는 1권 p.70f.를 보라.

안티오코스 4세 에피파네스가 권력을 잡자, 히르카노스는 그의 통제하에 들어가는 것이 두려워 목숨을 끊었다고 한다(유대고대사 12, 229-236). 그러나 히르카노스는 아랍인들과 자신의 형제들과 투쟁하는 것으로는 자신의 명예심을 채울 수 없었고, 거대한 동물형상으로 장식한 매우 큰 흰색 석조궁전(βαρῖς)을 세웠다고 한다. 이 건축물에 대한 사항은 고고학적 증거로 확인되었는데, 히르카노스의 건물은 와디 에스-시르(Wadi es-Ṣir)의 아라크 엘-에미르('Araq el-Emir)에 있는 콰스르 엘-아브드(Qasr el-'Abd)의 기념비적인 유적과 동일하다.[93] 프린스턴대학 탐사단과 더불어 처음으로 이 유적을 면밀히 조사한 버틀러(H. C. Butler)는 그 건물이 헬레니즘적 · 동방적인 양식으로 혼합되었음을 분명히 인식하여, 건물의 연대를 기원전 2세기 초로 추정하였다. 하지만 그는 더 이른 시기로 대략 프톨레마이오스 2세 필라델포스(285~247) 시대에 축조되었을 가능성도 남겨두었다.[94] 그것이 어떤 건물인지, 요새 혹은 궁정, 성전인지는 오래전부터 논란이 된 문제였는데, 이에 대하여서 그는 특정한 단서를 달기는 하지만 성전이라는 쪽으로 결정을 내렸다.[95]

비문들을 맡아 작업한 같은 탐사대의 리트만(E. Littmann) 역시 이것이 성전이라는 해석을 더욱 분명하게 지지하였다.[96] 그는 요세푸스

---

93) 이 건물은 여리고와 암만을 잇는 거의 일직선상 위에 있는데, 여리고 동쪽 29㎞ 암만 서쪽 17㎞에 위치하고 있다(P. W. Lapp, *BASOR* 165, 1962, 16을 보라). 그 유적은 1818년 2명의 영국 해군장교가 발견하였다: C. L. Irby와 J. Mangles, *Travels in Egypt and Nubia, Syria and the Holy Land*, 1852(再版. 필자는 1844년의 첫 판을 구할 수는 없었다).

94) *Syria, Princeton University Archaeology Expedition* 1904/5, Div. II, Sect. A, 1919, 1-25. 연대 설정에 대해서는 16f.를 보라. 또한 이보다 앞선 문헌이 거기에 인용되었다. 또한 M. Weippert, *ZDPV* 79, 1963, 165-169의 문헌조사와 비교하라.

95) Butler, *op. cit.*, 17: 하지만 상세한 발굴만이 완벽한 확실성을 줄 수 있다.

가 그 건물의 성격을 성전이라는 것에 대해 애써 침묵했을 것이라고 추정한다. 이 가설은 후에 빈센트(Vincent)가 이어받았는데,[97] 그는 이 유적을 제논 파피루스에 나오는 암몬의 "비르타"(Birta)와 관련시켜, 토비아스의 군사식민지에는 유대인 사령관이 지배하고 있었음에도 불구하고 이교도 성전이 존재했다고 믿었다. 그레스만(H. Gressmann) 또한 이 유적을 성소로 생각했는데, 자신이 메시아라는 주장을 했다는 히르카노스가 그것을 세웠다고 주장하였다.[98] 반면 토비아스 영역에 이러한 이교도의 성전 터 혹은 유대지역과는 분리된 유대교 성전 터가 세워졌다는 추측은 개연성이 부족하다고 판단되기도 하였다. 그리하여 비록 고고학적 증거로는 이 의견이 불리하지만 이 건물이 궁전이었다는 가설을 지지하는 사람들의 수가 점점 증가하였다.[99] 아직 이 문제는 부분적으로 여전히 해결되지 않고 있어 더욱 새롭고도 면밀한 고고학적 조사가 이루어져 한다.[100] 여기서 와칭거(Watzinger)는 알레산드리아와 멜레투스(Miletus), 사모트라케(Samothrake)에 있는 이와 유사한 형태의 건축물들을 지적한다.

올브라이트(Albright)는 하나의 절충안을 제안함으로써 이 문제를 해결하려고 하는데, 히르카노스는 토비아스 가문의 웅장한 건물형태의 묘(*Mausoleum*)를 세우기를 원했다고 주장한다.[101] 플뢰거는 버틀

---

96) *Op. cit.*, Div. III, sect. A., 5ff.

97) *RB* 29, 1920, 198ff.

98) SAB 1921, 665ff. 제 4부 각주 124를 보라.

99) E. Meyer, *Ursprung* 2, 134 각주 1; H. Willrich, *APF* 7, 1924, 64; G. Ricciotti, *History of Israel* 2, ^{2}1958, 210; Bo Reicke, *The New Testament Era*, 47, 51; 무엇보다도 유대적인 연구로서: Tcherikover, CPJ 1, 116; *HC*, 430 각주 69; J. Klausner, *Hist.* 2; 141f.; B. Mazar, *IEJ* 7, 1957, 141.

100) A. Momigliano, *op. cit.*, 174f.; Watzinger, *DP* 2, 14f.

101) *Archaeology of Palestine*, ^{3}1954, 149.

러의 주장들을 더욱 발전시켜 그 건물이 이집트 형태의 해양사원(*Seeheiligtum*)이었을 것이라고 추측하였는데, 이는 군사식민지의 성전 기능을 하는 건물이었으리라고 추측한다.[102] 렙(P. W. Lapp)이 1961년부터 3단계에 걸쳐 수행한 발굴들은 이 논쟁에 어느 정도의 명확성을 제공하였다.[103] 여기서 가장 중요한 결과는 우선 요세푸스가 잡고 있는 연대를 확증한 것이었다: 조사한 모든 건물들과 콰스르 자체, 아라크 엘-에미르 마을의 유적들, 동굴과 콰스르 사이에 있는 이른바 더 작은 "광장건물"은 기원전 2세기 초에 건축되었음을 암시한다. 따라서 군사식민지의 정착민들을 위한 특별한 성전이 있었다는 추측이 불가능하듯이 그것을 제논 파피루스에 나오는 토비아스의 "비르타"(궁전)와 동일시하는 것 역시 불가능하다.[104] 버틀러가 인식하기는 했지만 잘못 해석한 더 중요한 점은 콰스르의 건축물은 완전히 완성되지 못하였다는 사실이다. 사자모양의 프리즈(Löwenfries. 역주. 고대시대의 건축물 가운데 기둥머리가 받치고 있는 가운데 부분)와 주두(柱頭), 돌출된 돌로 된 장식 역시 매우 불규칙하게 지어졌다.[105] 히르카노스는 이 공사를 완성하지는 못했다.

더 나아가 고고학적 발굴들 또한 그 건물이 성전이라는 가설을 더욱 견고하게 하는데, 여기서 렙은 아미(R. Amy)의 기본적인 작업 위에 자신의 주장을 세울 수 있었다.[106] 아미는 로마시대의 많은 시리

---

102) *ZDPV* 71, 1955, 75f. 여기에서 플뢰거는 아므리트의 마베드(Ma'bed von 'Amrit)와 Lukian, *Dea Syria* 46을 지적한다.

103) *BASOR* 165, 1962, 16-34와 171, 1963, 5-39.

104) *BASOR* 165, 1962, 34와 171, 1963, 24: "요세푸스가 설정한 콰스르(Qasr)의 연대를 바꾸려는 것은 빗나간 시도이다." 또한 37ff.를 보라.

105) 이전의 Butler, *Syria*, 11과 19; 이것에 대한 P. W. Lapp, *BASOR* 171, 1963, 24f.를 보라: "히르카노스가 죽은 시점에 콰스르가 어느 정도 완성되지 않은 상태로 남았는지는 결정하기 어렵다."

아의 성전들을 조사했고, 그렇게 함으로써 일련의 통일된 구조적 요소들을 확인하였다. 그러한 요소로는 좁은 가장자리에 세워진 현관의 넓은 홀 측면에 위치한 탑처럼 생긴 구석방들이 있다. 적어도 이 방들 중 하나에는 탑과 화랑, 테라스로 들어가는 계단이 있다. 히르카노스의 건축물 또한 이런 전형적인 형태를 띤다.[107] 그래서 발굴자는 다음과 같은 결론에 도달한다: "콰스르는 헬레니즘시대의 옛 시리아 성전양식을 따르는 건축물을 보여주는 유일한 사례다."[108] 종교제의적 인상은 기념비적인 사자모양의 프리즈에 의해 더욱 강화되는데, 또한 대충 깎아놓은 내부에 있는 황소모양의 주두와 두 마리의 독수리 형상들, 더 나아가 반쪽 기둥들이 지지하는 바실리카 모양의 큰 내실(內室)을 가지고 있는 직사각형 건물의 크기(폭 37미터에 길이 18.5미터)와 정면 왼쪽에 있는 탑실(塔室)의 거대한 계단, 콰스르의 동쪽과 남쪽의 2개의 문들, 마지막으로 전체를 둘러싸고 있는 해자(垓字)를 통해서도 그런 인상을 받는다.[109] 이미 언급한 동물들의 형상 외에

---

106) *BASOR* 171, 1963, 29f.와 이것에 대한 R. Amy, "Temples à escaliers," *Syria* 27, 1950, 82-136; 비교. A. Alt, *Kleine Schriften* III, ^{2}1959, 100-115. 또한 F. M. Cross, *HTR* 59, 1966도 이에 동의한다.

107) Lapp, *op. cit.*는 특별히 다마스쿠스(Amy, *op. cit.*, 83ff.)와 슬렘〔Slem(*op. cit.*, 87ff = Butler, Syria, 356)〕, 에스 세나멘〔Es-Senamen(*op. cit.*, 91f. = Butler, Syria 316)〕 근처의 드메이르(Dmeir) 사원을 언급한다. 또한 아미(Amy)가 언급하지 않은 바알 샤멤(Ba'al-Šāmem) 사원의 정면과 더불어(Butler, Syria, 375) 모우스미에(Mousmieh)의 사원(*op. cit.*, 94)과 팔미라(Palmyra)의 델(Del) 사원(*op. cit.*, 99)을 포함시킬 수 있다. 또한 Amy, *op. cit.*, 122의 조사와 비교하라. 그는 콰스르(123)와 유사한 것도 언급했다. 그러나 그것이 비록 실제로 유일한 "민간 기념물"이지만, 사원가설의 정당성을 결정할 수는 없다. 콰스르의 재건에 대해서는 또한 M. J. B. Brett, *BASOR* 171, 1963, 39-45를 보라.

108) *BASOR* 171, 1963, 30.

109) Butler, *Syria*, 5, 11, 14, 16을 보라. 버틀러는 두 번째 문에 새겨진 독

도 반은 사자이고 반은 표범 형태인 커다란 살쾡이가 새겨진 부조(浮彫, 폭 2.05미터에 길이 1.50미터)가 발견됐는데, 이는 샘물이 나와 떨어지도록 만든 홈 주둥이 역할을 하기 위한 것이며 그리스적 형태를 모방하여 정교하게 만들었다.[110] 다른 한편으로는 인간을 묘사하는 장식들이 발견되지 않은 것은 의미심장하다. 마카베오시대 이후에 그토록 중요하게 된 출애굽기 20:4의 형상을 세우는 것을 금하는 계명이[111] 이 건축물을 세운 자에게는 불과 어느 정도만 의식되고 있었다. 전체의 건축물은 세부에 이르기까지 헬레니즘의 알레산드리아와 시리아·동방세계적인 양식에 의존한 것이 분명하다.

하지만 이 성전 건축물의 용도가 무엇인지는 여전히 의문으로 남아있는데, 이 건물이 이교도 성전일 수는 없다고 보아야 한다. 왜냐하면 그것은 히르카노스 자신이 동굴과 홀과 더불어 자신의 주거지로 사용하며 "티로스"(Tyros. 역주. 티레와 다름)라고 명명한 지역 한가운데 있기 때문이다.[112] 가장 확실한 것은 히르카노스가 이 콰스르 건물

수리 형태 중 하나를 발견했다. 또한 P. W. Lapp, *BASOR* 171, 1963, 29f. 와 비교하라. 고전 "바실리카"(Basilika)와 접촉했던 것에 대해서는 E. Langlotz, *RAC* 1, 1232f. 를 시리아의 사원들에 대해서는 1234f. 와 비교하라.

110) D. K. Hill, *BASOR* 171, 1963, 45-55.

111) 헤롯 성전에서 있었던 독수리와 연관된 에피소드와 기원후 66년 동물을 묘사한 이유로 티베리아스의 궁전이 파괴된 것을 비교하라. 또한 M. Hengel, *op. cit.*, 105ff., 195ff. 를 보라.

112) 유대고대사 12, 231, 233: 동굴은 연회뿐만 아니라, 생활하고 잠자는 용도와 함께 피난처로도 사용되었다. "티로스"(Tyros)는 성, 요새에 해당하는 히브리어 ṣwr(=아람어 bîrtā)에서 파생되었으며, 와디 에스-시르(es-Ṣir)라는 지명에 들어있을 것이다: CPJ 1, 116을 보라. 랩(P. W. Lapp)이 발견한 동굴들 중 하나는 아라크('Araq) 마을 바로 옆에 있으며, 다른 하나는 버틀러가 이미 연구했고 랩이 발굴한 "정사각형 건물"과 동일한 것 같다: Syria, 22ff. 와 *BASOR* 171, 1963, 33ff. 를 보라. 2개의 토비아스 비문이 나온 동굴들에 대해서는 제4부 각주 66을 보라.

을 예루살렘과 경쟁하기 위한 성전으로 만들어 엘레판티네와 레온토폴리스(Leontopolis), 그리심(Gerezim)과 필적하는 성소로 만들기를 원했다는 견해이다.[113]

> 이 건물은 레온토폴리스가 세워진 것과 대략 같은 시기에 안티오키아에서 회당 또는 성전과 같은 기능을 하였을 것이다. 또 "안티오코스 4세의 후계자"는 — 기원전 162~150년의 데메트리오스 1세 소테르 — 안티오코스가 성전에서 탈취한 청동그릇들을 회당에 선사했을 것이다. 후대의 왕들 또한 성장하는 안티오키아 공동체에 값비싼 헌물을 선사했으며, 그것들로 "성소는 장식되었다"(τὸ ἱερον ἐξελάμπρουναν)고 한다.[114] 아마 프톨레마이오스 가문도 셀레우코스 가문들처럼 자신들이 지배하는 영역에 "변절한" 예루살렘과 독립된 "중앙 성소들"을 지어 유대인 공동체가 사용하도록 하였으리라고 추측할 수 있다. 물론 이러한 노력이 실제 성공을 거둘 수는 없었지만 말이다.

히르카노스 또한 자신을 지지하는 유대인들이 종교제의적으로 셀

---

113) 따라서 이전의 E. Littmann, *Syria*, Div. III, 각주 5ff. A. Spiro, "Samaritans, Tobiads and Judahites," *PAAJR* 20, 1951은 Ps. Philo, 22, 1ff.; 38, 1-4에서 언급된 것을 근거로 토비아스 가문이 일찍이 그리심 성전에서 그랬던 것처럼(314f.) 요르단 동쪽에서 예루살렘 성전과는 분리되어 다른 제사가 드려졌다고 추측하였다. 하지만 그것에 대해서는 달리 어떤 증거도 제시하지 못했다. 토비아스 가문이 이미 3세기 중반이나 혹은 심지어 4세기에는 분파로 갈라졌고, 그들 가족은 당시 요르단 동쪽 분파와 예루살렘 분파로 갈라졌다는 것은 요세푸스의 보고와 상반된다(제 3부 각주 72). 예루살렘에 있었던 토비아스 가족들은 사마리아인들과 좋은 관계를 유지했다. 이와 유사하게 위험한 추측들이(2권 p. 235f.) 발견된다. 스피로(Spiro)는 그 글의 연대가 후기임을 간과하였다. M. Hengel, *Die Zeloten*, 169 각주 1과 O. H. Steck, *Israel*, 173ff.를 보라.

114) 유대전쟁사 7, 44f.; 비교. E. Bickerman(n), *Byzantion* 21, 1951, 73ff., 82.

레우코스 가문 지지자들이 장악하는 예루살렘 성전에 여전히 묶여 있다는 사실에서 어떤 위기를 느꼈던 것 같다. 종교제의를 통제해야 한다는 신명기의 계명(신 12장)은 예루살렘이 있는 유대지역에서조차, 아직은 중앙에서 분권적 세력들을 차단할 만큼 강력한 영향력을 주지는 못했다. 하지만 마카베오시대 이후 두 세기 동안 이러한 상황은 참으로 많이 변했다. 이는 기원후 70년 예루살렘 성전이 파괴된 후, 어떤 유대인 집단도 그것을 대체할 또 다른 성전을 세우려는 시도를 하지 않았다는 사실에서 드러난다.[115] 또한 건물들에 부속된 동물의 형상들은 어느 정도의 혼합주의적인 특색을 표출했다는 사실을 간과해서는 안 된다. 와칭거는 독수리 형상이 시리아의 가장 높은 하늘의 여신을 상징한다고 지적하였다. 다니엘서 9:27b에도 이것에 대한 암시가 있는 것 같다.[116] 헬레니즘 문명이 개방된 이 집단들에게 시리아의 비유대교적인 종교제의들로부터 어떤 분명한 경계를 그으려는 의도는 그리 두드러지지는 않았으리라. 이런 맥락에서 "분리주의적인" 성전을 중심으로 모여든 엘레판티네의 군사식민지 정착민들 가운데에서도 마찬가지로 특정한 혼합주의적인 영향들이 있었음을 언급해야 한다. 그런 경향들은 유대지역에서조차 완전히 결핍되지 않았고, 이것은 자주 논쟁이 되었던 예후드(Jehud) 주화에서 나타난다. 이 주화에는 트리프톨레모스(Triptolemos)의 형태를 지닌 날개달린 전차에

---

115) 당연히 이런 발전은 특히 회당제도와 회당예배로 거슬러 올라가야 한다. 로마에서 일어난 테우다스(Theudas) 분쟁에 관한 사안은, 종교제의의 중심이었던 성전의 어떠한 기능들도 디아스포라로 이전되지 않게 하기 위하여 팔레스타인의 랍비들이 얼마나 시기하며 감시하였는가를 보여준다: Bill. 3, 23. 다른 한편으로 이방인들은 제단에서 "가장 높으신 하나님"을 경배할 수 있었다. E. Bickermann, *RIDA* 5, 1958, 137-164를 보라. M. Hengel, in: *Festgabe für K. G. Kuhn*, 1971, 156ff.와 비교하라.

116) 단 2:14f. 또한 단 9:27b에 대한 A. Bentzen, *Daniel*, ^{2}1952, 68의 설명과 비교하라. 제4부 각주 241을 보라.

타고 있는 신의 형상이 새겨져 있는데, 후기 페르시아시대나 프톨레마이오스 왕조가 다른 '후계자'들과 경쟁했던 디아도코이시대 이전의 것으로 추정된다.117) 토비아스 가문의 종교적 변질로 보거나 요세푸스가 강조한 히르카노스가 받은 그리스 교육으로 보건대(1권 p. 224f.를 보라) 그러한 혼합주의적 정신은 히르카노스에게서도 우세하였을 것이고, 이러한 토대에서 예루살렘에서 이루어진 개혁시도는 착수되었으리라 생각된다.

요세푸스에 의하면 히르카노스의 통치기간은 요르단 동편에서 단지 7년간이었을 것이라고 하는데, 이는 "셀레우코스가 시리아를 통치한 기간 전체"였다고 한다(유대고대사 12, 234). 하지만 이것은 명백한 오류이다. 왜냐하면 셀레우코스 4세는 12년 동안을 통치했기 때문이다(기원전 187~175년). 그러므로 요세푸스가 말한 7년은 다른 식으로 해석해야만 한다. 히르카노스는 요르단 동편 식민지의 할당지와 그들이 사유하는 지역을 실제적으로는 더 이른 시기부터 다스리기 시작한 것이 틀림없다(기원전 210년 이후? 3권 p. 60을 보라). 앞서 말한 기념비적 건물 이외에도 거기에는 인공호와 거대한 홀, 공원시설과 확장된 암석동굴들이118) 포함되어 있고, 뿐만 아니라 요세푸스가 사실적으로 묘사한 아라크 엘-에미르('Araq el-Emir)에 있는 건축물들(유대고대사 12, 230-233)을 짓는 데만도 7년 이상이 소요되었을 것이다.

---

117) 이에 대해서는 A. Vincent, *La Religion des Judéo-Araméens d' Éléphantine*, 1937, 562ff. 여러 곳을 보라. 예후의 주화에 대해서는 S. A. Cook, *Religion*, T. xxxii의 훌륭한 모사(模寫)를 보라. 그러나 야후로 읽는 것은(47f.) 오류다. 이 책 제 1부의 각주 241을 보라; 올바른 해석은 E. L. Sukenik, *JPOS* 14, 1934, 178ff.에서 내린 יהו이다. 또한 H. Gressmann, *AOB*², 362f., 365번과 비교하라. 그러나 어떤 지나친 해석도 받아들이지 않아야 한다.

118) 건물의 홀과 동굴에 대해서는 제 4부 각주 112를 보라. 정원의 테라스와 저수지의 댐은 여전히 볼 수 있다.

마카베오2서 3:11에 의하면 셀레우코스 4세의 통치 말기까지 히르카노스가 대제사장 오니아스 3세와 좋은 관계를 계속 유지하여(3권 p. 68을 보라) 상당한 액수의 돈을 예루살렘 성전에 맡겼다고 해서, 히르카노스가 이 당시 이미 경쟁적인 성전을 짓기 시작했을 것이라고 추측할 수는 없다. 그러나 안티오코스 4세가 즉위한 직후 야손이 자신의 형제 오니아스 3세를 대제장직에서 몰아내고, 이로써 예루살렘의 성전이 그에게 적대적인 친(親) 셀레우코스적인 당파, 즉 자기와 대립적이었던 형제들의 손아귀에 떨어지자, 히르카노스는 예루살렘과 독립된 분리주의적인 성전을 세울 필요성을 느꼈을 것이다. 비록 그것을 완성할 수는 없었지만 말이다. 기원전 173년 오니아스 가문의 마지막 인물 야손 또한 대제사장직을 잃고 — 모미글리아노(A. Momigliano)가 이미 추측하였듯이 — "암마니티스"에 있는 히르카노스에게 망명했다.[119] 야손은 거기에서 대략 안티오코스 4세가 즉위한 지 7년 후였던 기원전 168년에 예루살렘을 공격했지만 결국 승리하지 못하고 요르단 동편으로 퇴각해야만 했다(2마카 5:5-9, 3권 p. 94f. 를 보라). 안티오코스 4세의 보복공격으로 이곳에 대한 히르카노스의 통치는 결국 붕괴된 것 같다. 늙은 히르카노스는 자살했고 야손은 나바테아로 피해, 후에는 이집트와 스파르타로 도주했다.[120] 그러므로 앞서 언급한 7년의 기간은 안티오코스 4세가 통치하는 동안에 있었던

---

119) 2마카 4:26f., 다음을 보라: A. Momigliano, *op. cit.*, 193; G. Ricciotti, *op. cit.*, 2, 212f., 220. 또한 Abel, *Macc.*, 339와 비교하라.

120) 2마카 5:9f.; 비교. 1:7. 1권 p. 160f. 를 보라. 히르카노스의 자살에 대해서는 유대고대사 12, 236을 보라. 그러나 이 기록은 요세푸스나 토비아스 이야기에 대한 그의 자료로부터 잘못된 연대로 산정되었다. Momigliano, *op. cit.*, 185와 Ricciotti, *op. cit.*, 223을 보라; 다른 한편, Tcherikover, *HC*, 468 각주 37은 히르카노스의 죽음을 전제하고, 암마니티스에 친 프톨레마이오스적인 경향이 여전히 존속하는 것일 뿐이라는 추측을 했다.

히르카노스의 통치시기로 설정하는 것이 가장 타당하며, 그것은 아마 원래의 성전건축에 걸린 시간과 관련되었으리라고 생각된다.

마카베오1서 5:13은 "토비아스 가문 치하에 사는"(οἱ ὄντες ἐν τοῖς Τουβίου) 유대인들이 그들 주위에 사는 시리아인들에게 공격을 받아 노예가 되거나 살해당했다고 보고하는데, 이는 반(反) 셀레우코스적인 경향의 유대적 거점이 요르단 동편 지역에도 있었음을 보여준다. 이곳은 요르단 강 건너 지역에 있는 유대인들의 거점들로, 토비아스가 받은 프톨레마이오스가 정복한 식민지의 할당지로 거슬러 올라간다. 반면 마카베오2서 12:17에 의하면 유다 마카베오는 "토비아스의 사람들이라 불리는 유대인들을"(τοὺς λεγουμένος Τουβιανοὺς Ἰουδαίους) 돕기 위해 그들의 요새 카라크스(Χάραξ) 로 진격하였다고 한다.[121] 제논 파피루스에 나오는, 예전 프톨레마이오스가 토비아스에게 할당한 지역출신의 유대인들은(ἐν τῇ Τουβίου CPJ 1, 123, 2d, 16번) 자신들만의 기병대를 소유했고, 적어도 일부는 그리스식 이름을 가졌을 것이다. 따라서 기병대 장교들인 소시파트로스(Sosipatros) 와 도시테오스

121) 이 구절들의 해석은 논란이 된다. 여기에서 종종 토브(Ṭob) 땅의 유대인들을 추측한다. 삿 11:3과 삼하 10:6을 보라(그러나 여기에서 고유명사로서 사용되는 《70인경》을 보라). 따라서 Wellhausen, *Israelitische und jüdische Geschichte*, [8]1921, 240 각주 1; H. Gressmann, *SAB* 1921, 669; E. Meyer, *UAG* 2, 134 각주 1과 Abel, *Macc.*, 93과 *Géographie* 2, 1938, 10: 보스트라(Bostra) 와 데라(Der'a) 사이에 위치한 현 에트 타이이베(et Taiyibeh). D. Baly, *The Geography of the Bible*, 1957, 288은 스키토폴리스의 동쪽으로 20㎞ 떨어진 북쪽 길르앗(Gilead) 의 토브를 제안한다. 거기에 두 번째 에트 타이에베(et Taiyibeh) 가 있다. 여호수아 벤 레위(Jehoshua b. Lewi, 기원후 3세기) 에 따르면, 그것은 수시타 힙포스(Susitha Hippos) 와 동일하다. jSheb. 36c, 51ff. 와 다음을 보라: S. Zeitlin/S. Tedesche, *The First Book of Maccabees*, 1950, 112. 그러므로 장소의 확정은 완전히 불확실하게 남아있다. 단지 제논 파피루스의 정보만이 더 상세한 정보를 제공한다. 제 4부 각주 122-123을 보라.

(Dositheos, 2마카 12:19, 24, 35: Δωσίθεος δέ τις τῶν Τουβιηνῶν) 는[122] 유다 마카베오를 강력하게 지원하였다.[123] 결과적으로 셀레우코스 왕조에 대항한 마카베오 가문의 투쟁은 종교적 동기로만 제한될 수 없었음에 틀림없다. 이 투쟁은 팔레스타인 유대인들 가운데 있었던 프톨레마이오스와 셀레우코스 당파 간의 오래된 정치적 대립에서도 그 배경을 찾을 수 있다.

히르카노스 같은 인물은 비록 유대교 신앙에서 떨어져 나가지는 않았을지라도, 유대적인 종교전통에 반대하는 매우 독립적인 자세를 취한 것으로 보인다. 그래서 모든 종류의 가설들은 그가 어떤 인물이었는가에 관련된다. 그레스만은 히르카노스가 죽어가는 메시아 벤 요셉으로서 랍비 전승에 들어갔다는 것을 근거로 메시아라는 주장들이 나왔다고 생각한다.[124] 클라우스너(J. Klausner)는 전도서 2:4-10에 근

122) 매우 견실한 근거를 가진 가장 본래적인 이본으로는 R. Hanhard, *Macc. liber* II, Septuaginta IX, 2, 1959, 101(12:35에 관한)을 보라. 부록과 F. Abel, *Macc.*, 440ff. 와 Abel/Starcky를 보라: Δωσίθεος δε τις τῶν Τουβιανῶν ἔπιπος. 토비아스가 관할한 식민지의 할당지에 소속된 기병대와 비교하라. CPJ 1, 119의 1, 6f., 13, 19번. τῶν Τουβίου ἱππέων κληροῦχος(토비아의 기병대의 할당지). 또한 헤롯이 트라코니티스(Trachonitis)에 정착시킨 후대의 유대인 "기병대"와 비교하라: 유대고대사 15, 34ff.; 16, 281ff. 등. M. Hengel, *op. cit.*, 30(각주 1)과 368을 비교하라. 2마카 12:35의 본문에 대해서는 또한 P. Katz, *ZNW* 51, 1960, 16을 보라.

123) 무엇보다도 H. Willrich, *APF* 7, 1924, 63f. 를 보라. B. Niese, *GGMS* 3, 226 각주 1은 이미 같은 견해를 주장하였다. 이와 유사한 L. H. Vincent, *RB* 29, 1920, 188 각주 5와 특별히 A. Deissmann, *Byzantinisch-Neugriechische Jahrbücher* 2, 1921, 276f. 를 보라. 그는 1마카 5:13과 2마카 12:17의 끝이 "한 인물에게 속한 것"임을 지적하였다. 상세한 것은 S. Klein, *BJPES* 3, 1936, 115; J. Klausner, *Hist.* 1, 126f.; B. Mazar, *op. cit.*, 139와 Abel/Starcky, 53, 121, 296과 비교하라. 1마카 5:13에 대해서는 무엇보다도 CPJ 1, 122의 Nr. 2b-2d과 비교하라.

거하여 그가 전도서의 저자라고까지 했고,[125] 플뢰거는 그가 광범위한 정치적 계획들을 세웠다고 생각하여, 이집트와 시리아 사이에 나바테아 왕국과 유사한 중립적이고 독립적인 완충국을 설립했다고 상상했다.[126] 마침내 체리코버(Tcherikover)는 모이그리아노의 주장을 따라 히르카노스를 초기 헬레니즘시대에 전형적 모험을 감행한 인물들 중의 하나로 이해하려고 하였고, 에우메네스(Eumenes)와 데메트리오스 폴리오르케테스(Demetrios Poliorketes), 퓌르후스(Pyrrhus)의 생애에서 플루타르코스를 묘사함으로써 히르카노스를 암시하고자 했다.[127] 그러나 우리는 그 당시의 유대교 자체 내에서 히르카노스라는 인물의 역할과 가장 유사한 점들을 발견한다: 그는 자신의 부친 요셉처럼, 분명 예부터 내려온 전통의 한계를 넘어서는 자주적이고 개성을 갖는 인물이었다. 아니 그런 인물이 출현하고 있다는 하나의 징표로서 그는 유대 통치자들과 학자들, 율법교사들, 종파의 창시자들, 헬레니즘과 로마시대의 배교자들의 광범위한 흐름 가운데에서 우리가 종종 만나게 되는 신중하고 열성적인 인물 중 하나로 존재한다: 이 흐름에 속한 사람들은 유다 마카베오로부터 알렉산드로스 얀나이오스(Alexander Jannai)에 이르는 하스몬 가문의 사람들과 '의의 교사', 시므온 벤 쉐타(Simeon b. Setah), 안티파터(Antipater), 헤롯(Herod)과 아그립바(Agrippa) 1세, 힐렐(Hillel)과 샴마이(Shammai), 요하난 벤 자카이(Johanan b. Zakkai), 아키바(Akiba)와 바르 코흐바(Bar Kochba)가 있었다. 그들과 또 다른 많은 사람들은 그 세기(世紀)에

---

124) SAB 1921, 668, 670ff.; 다른 한편 J. Klausner, *The Messianic Idea*, 489를 보라.

125) *Hist*. 2, 141 각주 58와 230f.

126) O. Plöger, *Theokratie und Eschatologie*, 14.

127) *HC*, 461 각주 50.

세계사적으로 가장 큰 영향력들을 행사한 유대민족의 넘쳐나는 생명력과 정신력을 표현했던 인물들이라고 하겠다.

2. 예루살렘의 헬레니즘적 개혁 : 기원전 167년 초 아크라의 건립까지

마카베오 봉기의 전사(前史)와 그것이 발생한 깊은 원인들에 대한 연구는 비커만의 대가(大家)다운 논문과 체리코버의 작품에서 철저하게 기술되었다. 그러므로 지금부터 언급하는 내용에서 우리는 포괄적으로 설명하는 데 관심을 갖기보다는, 학자들의 연구에서 오늘날도 여전히 상반되는 결과를 보여주는 사항에 집중하려고 한다.[128]

오니아스 3세는 안티오키아로 떠나감으로 예루살렘에 있는 자신의 적대자들의 술수에 넘어갔다. 그가 떠나자 자동적으로 그의 대리자로 앉게 된 그의 형제 예슈아-야손(Jēšûa' Jason)은[129] '그리스어사용 유대인'의 편으로 넘어가서 — 기원전 175년 9/10월에 안티오코스 4세가 즉위한 직후로 추정되는 — 이들의 지지로 대제사장직을 얻고, 예루살렘을 그리스식 폴리스로 전환할 준비를 실행하는 권한도 획득했다.

---

128) E. Bickermann, *GM*, 여러 곳과 V. Tcherikover, *HC*, 152-203. 비커만에 대해서는 다음의 논평들을 보라: K. Galling, *OLZ* 42, 1939, 225-228; F. M. Abel, *RB* 47, 1938, 441-446; J. A. Montgomery, *JBL* 59, 1940, 308f.; M. Burrows, *JR* 18, 1938, 219-221; J. Bonsirven, *RSR* 28, 1938, 612-614. 몇 개의 비평적인 논평들 말고 이것들은 전체적으로 긍정적이다. I. Heinemann, *MGW* 182, 1938, 145-172가 더욱 비평적이다. Zeitlin, *JQR* 31, 1940, 199-204의 거친 반론은 객관성이 결여되어 있다.

129) Tcherikover, *HC*, 466 각주 17; 비교. 2마카 4.29. 또한 유대고대사 11, 306과 비교하라.

오니아스 3세가 프톨레마이오스 가문 쪽으로 기운다는 의심, 그리고 그가 스스로 자발적으로 조공의 액수를 360달란트로 올린 것과 80달란트를 "별도로 납세"했던 것은 안티오코스 4세가 대제사장을 바꾸려는 정책을 시작하려는 충분한 이유가 되었다.[130] 하지만 그에게는 새로운 왕의 지위가 아직 완전히 보장되지 않았기에 그는 돈과 자신이 신뢰할 만한 지지자들이 필요했다. 왜냐하면 그가 보기에 프톨레마이오스 가문에 우호적인 그런 집단들은 — 포르피리오스의 보고에 따르면 — 처음에는 자기를 인정하지 않았기 때문이다.[131] 오니아스 3세가 다프네(Daphne, 역주. 나일 강 델타지역의 요새도시로 바빌로니아 침공 이후 유대인들의 이주지)의 아폴로와 아르테미스 신전의 성소로 도피한 것은 키레네의 야손이 주장했듯이, 그가 "율법에 매우 열성인" 사람이 아니었음을 암시한다. 오니아스 가문이 얼마나 헬레니즘 정신에 깊이 영향을 받았는가는 새로운 대제사장 야손뿐만 아니라, 물러난 오니아스 3세의 아들 오니아스 4세에게서도 드러나는데, 이 인물은 레온토폴리스에 있는 예루살렘과 분리된 성전의 건립자이기도 하다.[132] 안티오코스 4세는 새로운 폴리스 "예루살렘의 안티오키아" 건

---

130) 2마카 4:7-9; 비교. 단 11:21f., 3권 p. 88f.

131) 히에로니무스에 따른 *FGrHist* 260 F 49, 단 11:21f. 안티오코스는 로마에서 돌아오는 도중에 아테네에 있었는데, 여기서 그는 자신의 형제가 죽었다는 소식을 듣고 놀란다. 그는 페르가몬(Pergamon)의 에우메네스(Eumenes) 2세의 도움으로 왕위를 찬탈한 헬리오도로스(Heliodoros)를 가까스로 몰아낼 수 있었다. Appian, *Syr.* 45와 *OGIS* 248을 보라. 또한 M. Zambelli, *Riv di Filol. e di Istruzione classica* 38, 1960, 363-389를 보라. 그의 즉위 날짜에 대해서는 다음을 보라: Sachs/Wiseman, *Iraq* 16, 1954, 204, 208f.; R. Hanhart, *op. cit.*, 55f.; 기원전 175년 3월과 9월 22일 사이. 포르피리오스(Porphyrios)의 주석을 따른 E. R. Bevan, *CAH* 8, 498은 코일레·시리아의 광범위한 집단들에서 단 11:21의 부정적인 판단을 공유하였다고 추측하였다. O. Mørkholm, *Antiochus IV of Syria*, 1966, 38ff.와 비교하라.

립준비에 참여할 예루살렘의 귀족들과 새로운 우두머리의 기대에 기꺼이 부응하였다. 왜냐하면 만일 동방세계의 사람들이 그리스 관습들을 받아들여 그리스 사람이 된다면, 이는 다민족적인 셀레우코스 국가를 견고히 하는 데 도움이 되기 때문이다. 물론 셀레우코스 가문이나 안티오코스 4세가 의식적인 '헬레니즘화 정책'을 폈다고 말할 수는 없지만 말이다. 더욱이 이 왕은 보복할 기회를 노리고 있는 이집트인들과 대치중인 남쪽 국경지대가 안정될 수 있는 여건들을 갖추는 데 중요성을 두었고, 마침내 150달란트를 지불함으로써 그곳에 대한 자신의 호의를 보여주었다. 때문에 안티오코스 4세가 통치하는 동안 바벨론을 비롯한 18개의 도시들에도 이와 유사한 권리를 부여했다는 사실은 쉽게 이해할 수 있다.[133)]

---

132) 2마카 4:33; 2마카 3:16ff., 33f.; 4:1f.; 15:12의 오니아스 3세를 묘사하는 부분은 하나의 "성문서"(*Hagiographie*)에 해당한다. 이 책 제2부 각주 318을 보라. 역사성의 문제에 대해서는 Tcherikover, *HC*, 469 각주 40과 M. Stern, *Zion* 25, 1960/61, 1-15 Lit.를 보라. 키레네의 야손은 오니아스 3세를 "성문서적인 경향으로" 묘사하였기에, 대제사장이 다프네에 머물렀다는 것을 자기 자신이 지어내지는 않았을 것이다. 그러나 오니아스 가문은 엄격한 의미에서 정통성을 갖지는 않았다. 이전의 H. A. Redpath, *AJT* 9, 1905, 43; Tarn/Griffith, *Hellenistic Civilization*, 214와 L. Finkelstein, *The Pharisees*, [3]1962, 585를 보라. R. Hanhart, *op. cit.*, 87이 따르는 I. L. Seeligmann, *The Septuagint Version of Isaiah*, 1948, 94의 주장은 근본적으로 저자 자신의 견해와 모순된다. S. Krauss, *REJ* 45, 1902, 30f.는 이스라엘 유배지 세 곳 가운데 하나인 안티오키아의 다프네에 대한 랍비의 전승에 주의한다(*j.Sanh. 29c*, 63f., R. Šemuel b. Nahaman, 대략 기원후 300년).

133) Tcherikover, *HC*, 179, 471 각주 5와 *Hellenistische Städtegründungen*, PhilSuppl 19, 1, 1927, 176ff.와 A. H. M. Jones, *The Cities of the Eastern* …, 250ff., 452 각주 31. 이렇게 하여 안티오코스 4세는 오랜 침묵 뒤에 최초의 셀레우코스 왕조의 정책을 다시 취한다. 그의 부친이 설립한 도시들 가운데서는 소아시아의 2개의 도시들만이 전해지고 있다. H. H. Schmitt, *Untersuchungen zur Geschichte Antiochus d. Gr.*, 1964,

여기서 분명히 예루살렘의 그리스어사용 유대인이 주도권을 가지고 일을 시작했을 터인데, 그들은 실제로 모든 권력을 수중에 넣은 대다수의 제사장들과 평신도 귀족을 자신의 편에 두었던 것 같다(1마카 1:11. ἀνέπεισαν πολλούς, 비교. 단 11:23). 그들의 목적은 세 가지였다: 1. 이제까지 보수적인 그룹의 종교적 편견으로 말미암아 제재를 받았던 헬레니즘의 문명과 관습들이 이제 확장될 수 있는 길이 열리도록 해야만 한다. 그들이 비유대인 환경과 자유로운 경제적, 문화적 교류들을 할 수 없도록 만든 제한들은 폐지되어야만 한다(1마카 1:11, 1권 p. 267ff. 와 3권 154를 보라). 2. 이를 위해 '반동적인' 보수집단들을 정치적으로 무력화시켜, 더 이상 그들이 '의인 시몬' 통치하에서처럼 영향력을 행사해 법률적이고 의식적인 규정들을 제한하지 못하도록 해야 한다. 3. 이를 위한 전제조건은 안티오코스 3세가 공포한 "특별허가"를 폐지하는 것이다. 왜냐하면 그 법령은 오로지 전통적으로 지켜온 '조상들의 율법'을 통해서만 유대'민족'의 내부적인 질서를 세울 수 있게 하였고, 이는 전통적인 신정정치를 옹호하는 자들

104를 보라. 바빌로니아의 한 비문인 *OGIS* 253은 안티오코스 4세를 κτίστ(του) τῆς πόλεως(도시의 창설자)와 σωτῆρος τῆς 'Ασίας(아시아의 구원자)로 명명한다. W. W. Tarn, *The Jews in Bactria and India*, 1938, 194f. 은 안티오코스가 바벨론을 미래의 수도로 내정했다고 추측한다(187ff.). 또한 그 비문을 도시의 그리스 극장건립과 연관시킨 Rostovtzeff, *HW* 2, 1049와 3, 1586 각주 17과 비교하고 M. Zambelli, *op. cit.*, 374ff. 의 상세한 언급과 비교하라. 그곳의 김나시온은 이것과 연관될 것으로 추측된다. 이 책 제 2부 각주 109를 보라. 최초의 셀레우코스 가문의 정책과는 대조적으로 이것은 주로 헬레니즘화된 도시들, 가령 킬리키아(Cilicia)의 도시들과 같은 도시의 권리들을 이전하는 문제이지 새로운 정착지에 관한 문제가 아니다. 그것은 주로 화폐 주조권을 승인하는 것과 밀접한 관계가 있다(제 4부 각주 135를 보라). 때문에 이 도시들의 "자치"를 통해서도 지방분권적인 기능은 유지된다. O. Mørkholm, *op. cit.*, 115ff., 138과 비교하라.

에게 법적근거를 마련해 주었기 때문이다.

이 목적들이 가장 쉽게 성취될 수 있는 길은 예루살렘이 — 이와 함께 유대지역의 전 유대인이 — 그리스식 '폴리스'로 변형되는 것이다. 야손과 그의 동료들이 새로이 설립되어야 할 폴리스 시민권 부여권과, 김나시온과 청소년 과정(*Ephebie*)의 입학허가 재량권을 차지하게 되자, 대부분의 도시 빈민층과 지방의 주민들에게 의존하는 신실한 율법준수자들은 권력을 빼앗겨 자유민(*Periöke*) 신분으로 전락하였다(1권 p. 271을 보라). 성전제의는 희생제물과 함께 평소의 방식대로 계속되고 모세의 법 역시 결코 공식적으로는 철회되지 않아, 당장은 백성들의 관습으로서 효력이 지속되었다고는 하지만, 이제 그 법적인 근거들은 유대 '신정정치'에서 제거되었다. 정치질서와 의사결정은 더 이상 토라 혹은 제사장들과 '소페림'이 내리는 권위 있는 토라해석을 통해서 결정되지 않았다. 이제 앞으로 그것은 새로운 폴리스의 법적인 기관인 완전한 시민 '데모스'(Dēmos)와 원로회(Gerusie), 그들이 임명한 행정관들의 결의에 의존해야 했다. 이는 결국 제사장 귀족을 평준화시키는 결과를 초래하게 되었다.

제사장 귀족계급 안에서 그리스 관습들을 채택하려는 요구가 얼마나 강했는가는 사람들이 그것이 가져올 결과까지도 기꺼이 감수하려 했다는 사실에서 상징적으로 드러난다. 반면에 가장 강력한 평신도 집단인 토비아스 가문은 그러한 결과를 환영했으리라고 생각된다. 왜냐하면 이제까지의 권력다툼에서 자신들이 제사장 혈통이 아니라는 사실은 그들에게 하나의 걸림돌이 되었기 때문이다. 율법의 규범은 이제 더 이상 구속력을 가지지 못했다. 율법준수가 얼마나 심하게 헤이해졌는가는, 몇몇 유대인 청년들이 할례의 흔적을 제거하는 수술(*Epispasmos*)을 받은 사실에서 입증된다(1권 p. 267을 보라). 이는 김나시온의 경기에 참여하는 외국인들을 의식한 처사였을 것이다. 티레에서 헤라클레스를 위한 제사가 성공하지 못했던 사건 또한 총체적으로 보면 동화주의적인 경향의 표시로 간주될 수 있었다.[134)]

---

134) Bickermann, *GM*, 59ff. 와 Tcherikover, *HC*, 159ff., 404ff. 와의 부조화는 이렇게 해결될 수 있으리라: 논란이 되는 2마카 4:9c "τοὺς ἐν Ἱεροσολύμοις Ἀντιοχεῖς ἀναγράψαι"는 비커만의 번역처럼 다음과 같이 해석될 수 있을 것이다: "예루살렘에서 안티오키아 시민들의 명단을 작성하다." 그러므로 명단작성이란 기획하고 있었던 폴리스의 시민이 될 예루살렘 주민들의 선발을 의미한다. *HC*, 161에서 체리코버 또한 "장작을 패고 물을 긷는 사람들" 모두가 시민명단에 올라갔던 것은 아님을 강조하였다. 그러나 비커만은 이 '국가'(*koinon*)나 '자치체'(*politeuma*, 또한 비교. H. Bengtson, *Die Strategie* 2, 1944, 175와 *GG*[3], 483), 혹은 이들과 옛 예루살렘의 "동맹"(*Symbiose*)이 건립되어야 할 폴리스의 주민들(*Demos*)을 준비한다는 의미로 과도기적인 특징만을 지녔다는 사실을 간과했다. 동전 비문에서 "가자의 셀레우코스 사람들"(*die Seleukäer*)과 "프톨레마이스의 안티오키아인들"(*op. cit.*, 62 각주 1, 2)에 대한 비커만이 제시한 유사성은 "자치체들"(*Politeumaa*)과 관련된 것이 아니고 진짜 폴리스들(*poleis*)의 주민들(*Dēmoi*)과 관련된 사항이다. Tcherikover, *HC*, 443 각주 12와 447 각주 51을 보라; Bi(c)kermann, *Inst.*, 231, 234와 또한 L. Kadman, *The Coins of Akko Ptolemais*, 1961, 18, 43f. 와 비교하라. *SEG* 12, 511, 기원전 140년경에 Antiochenes ad Pyramum(Magarsus)를 통해 드러난 Antiochenes ad Cydnum(Tarsus)에 대한 경외와 *Schürer* 1, 157의 힙포스(Hippos)의 "안티오키아인들"을 보라. Tcherikover, *HC*, 407은 또한 폴리테우마, 코이논 등의 개념들은 무엇보다도 인종적인 그룹들에 대하여 사용되었다고 지적하였다. 가령, Sidon, *OGIS* 592의 카우니아인들(*die Kaunier*), 베레니케(Berenike)의 유대인들, *SEG* 16, 931을 보라. 또한 피레우스(Piräus)의 시돈인들의 코이논, *KAI* 60; 마리사(Marisa)의 시돈인들, *OGIS* 593(1권 p. 180과 234를 보라); 니코폴리스(Nikopolis)의 철광산의 그리스인들과 비교하라. L. Robert, *Hellenica* 11/12, 1960, 288f. 등. 또한 2마카 4:9의 순서를 주목하라: 1. 김나시온, 2. 청소년 과정, 3. 시민명단. 그러므로 김나시온과 청소년 과정의 설치는 폴리스 구성의 전제가 된다. 유대고대사 12, 240도 역시 그것의 종국적인 목적을 가리킨다: "καὶ τὴν Ἑλληνικὴν πολιτείαν ἔχειν"(그리스 시민권을 가지는 것). 동시대 유대지역에서 협회와 같은 종교적인 집단구성에 대해서는 2권 p. 408f. 와 제 3부 각주 866-868을 보라.

지금까지는 단지 비교적 피상적인 방법으로만 헬레니즘화되었던 예루살렘과 같은 도시에서 이런 식의 급격한 혁신이 진행되는 데는 물론 많은 세월이 걸렸으리라. 따라서 우리는 이른바 새로운 '안티오키아'의 시민들이 본래의 폴리스를 건립하기에 앞서 일종의 '협회'를 형성했다는 비커만의 주장을 쉽게 거절할 수는 없다. 이 협회의 중심에 김나시온이 존재했고, 대제사장 야손은 그 김나시온의 교장이요 협회장이었다(1권 p. 267의 각주 129를 보라). 그리스어사용 유대인은 적어도 도시의 주민들 중에서 지주와 상인, 장인들에게서 상당한 지지를 받은 것 같다. 경제적 향상에 대한 기대와 함께 도시 자체가 주화주조의 권리까지도 소유할 수 있으리라는 기대도 있었던 것 같다.[135] 야손이 임명된 지 약 2년 반 후에 안티오코스 왕이 예루살렘을 방문했을 때, "야손과 도시(민)는 화려하게 그를 영접하였고 횃불행진과 환호성으로 안내하였다"(2마카 4:22). 체리코버가 추측하듯이 과연 이 "창건자"(*Ktistēs*)의 방문이 공식적으로 새로운 폴리스를 완성하였고, 그 준비기간이 이제 종결되었는가는 여전히 매우 불확실하다.[136]

하지만 이렇게 긍정적인 느낌을 주는 상황의 발전은 얼마 안 가서

---

135) 안티오코스 4세는 많은 도시들에 독자적인 동전 주조권을 허락했다. 14곳의 장소를 거명하고 있는 E. Bickermann, *Inst.*, 231ff. 를 보라.

136) *HC*, 164f.; 이것의 연대 설정에 대해서는 468 각주 26을 보라. 또한 Abel/Starcky, *op. cit.*, 244f. 와 비교하라. W. Otto, *Zeit des* 6. Ptolemaers, AAM NF II, 1934, 15ff. 와 H. Volkmann, *PW* 23, 1704는 175/74년을 추측한다. 원칙적으로 아크라가 건립되기 이전에는 폴리스가 완전히 구성되지는 않았을 가능성을 반드시 고려해야만 한다. 새로운 행정관이나 주민(*Dēmos*)에 대한 암시는 없다. 2마카 4:4의 원로회(*Gerusie*)가 이미 새로운 폴리스의 원로원이었는지는 여전히 의심스럽다. 장정의 숫자가 3천 명에 달하는 리시마코스(Lysimachus)의 호위병이 그곳 주민일 가능성은 거의 없다(Tcherikover, *HC*, 162). O. Mørkholm, *op. cit.*, 138f. 와 비교하라.

돌연 중단되었다. 야손이 대제사장으로 임명받은 지 약 3년 후인 대략 기원전 172년 말, 혹은 171년 초에 메넬라오스(Menelaos)는 조공을 3백 달란트 더 바치겠다고 제안하여 안티오코스 4세로부터 대제사장직을 매수하는 데 성공했다. 그는 "성전의 재정관" 시몬의 동생이며 그의 후계자였을 것이다.[137] 로마에 바칠 돈이 체납되어 어디서든 돈을 구해야 하는 왕에게 이런 대제사장직 매수행위는 별 문제가 되지 않았으리라 생각된다. 그리스 세계에서 제사장직은 빈번히 매매되었고 심지어 도시의 행정장관도 계속해서 교체하여 임명되었다. 더욱이 안티오코스는 "창건자"(*Ktistēs*)로서 자신의 이름으로 건립된 도시의 중요한 직책을 자기 마음대로 임명할 권리가 있었음을 주장했을 수 있다.[138] 그러나 그 사건은 예루살렘에 심대한 여파를 가져오는 결정이었다. 야손은 수세기 동안 세습으로 대제사장직을 차지한 사독계 출신의 오니아스 가문의 한 사람이었다. 그런데 이제 제사장 빌가(Bilgā) 가문 출신의 메넬라오스가 비사독계로서는 처음으로 대제사장이 된 셈이다.

마카베오2서 3:4의 그리스어 사본들은 빌가(Bilgā)를 일관되게 "벤야민"(Benjamin)으로 읽는데, 이에 따르면 메넬라오스와 시몬은 제사장계 출신일 수 없다. 하지만 이것은 사실이 아니다. 원래의 본문은 그것을 발게아(Balgea)로 읽는데, 이는 고대 라틴어 사본들과 아르메니아어 사본들에 보전되어 있다.[139] 이 전승은 오래된 《미쉬나》를

137) F. M. Abel, *HP* 1, 116.

138) 헬레니즘시대에 그리스 제사장직을 최고 입찰자에게 파는 것에 대해서는 M. P. Nilsson, *GGR* 2 1, 732 각주 5와 F. Sokolowski, *JJurPap* 3, 1949, 139를 보라. 2마카 11:2f.의 뤼시아스의 위협과 이에 대한 Tcherikover, *HC*, 170f.를 보라. 연대 설정에 대해서는 R. Hanhart, *op. cit.*, 63 각주 14, 88을 보라.

통해서 보완되었는데, 여기에는 제사장 가문 빌가(Bilgā)가 안티오코스 4세 통치하에 있었던 종교적 박해 때에 자신들의 행위로 인하여 "영원히"(לעולם) 제사에 참여할 수 없게 되었다는 내용을 담고 있다: "제물을 묶어두는 그들의 고리는 채워졌고 제단의 벽감(壁龕)은 폐쇄되었다"(Sukkah 5, 8c). 《바라이타》(*Baraita*)의 한 구절은 이 처벌을 두 가지 방법으로 설명한다: 한 견해에 따르면, 미리암이 제사장 빌가 가문에서 떨어져 나오게 되어 그리스 관료와 결혼하였는데, 이 관료는 제단을 더럽히고 하나님을 모독하였다고 한다. 다른 견해에 의하면, 이제 빌가의 반차(班次, *Ordnung*)를 통해서는 제사장직을 수행하지 못하도록 처벌되었다고 한다. 이 두 가지 비난 모두는 더욱 심한 고소내용을 숨기는 것 같은데, 처벌의 일회성과 중요성만이 그 고소와 부합된다. 즉, 기원전 167년의 성전모독사건에 대해 주요 책임은 그들에게 있다는 말이다. 클라인(S. Klein)에 의하면 빌가 가문의 제사장 반차(班次)는 엘리아자르 카리르(Eleazar Kalir)시대(기원후 7세기)에도 예바노트(יונית), 즉 여전히 "그리스 여자"라고 비하하는 별명이 따라다녔다.[140]

---

139) 이에 대해서는 de Bruyne, *Les anciennes traductions latines*, Anecdota Maredsolana 4, 1932, X, 118f. 를 보라. 그의 추측은 R. Hanhart, *Maccabaeorum liber II*, Septuaginta IX, 2, 1959, 26, 34와 55(3:4에 대한)가 받아들였다: "Σιμων δέ τις ἐκ τῆς Βαλγεα φυλῆς." 빌가의 제사장 반열에 대해서는 느 10:9; 12:5, 18; 대상 24:14를 보라. 《70인경》에는 생소한 용어 φυλή(반열)는 이집트의 제사장 권한이 φυλαί(반열들)로 분리된 사실과 관련된 것 같다. W. Otto, *Priester und Tempel* 1, 23ff. 를 보라. 이렇게 읽는 것은 E. Bickermann, *GM*, 65 각주 1이 채택한다. 그러나 그는 자신의 견해를 또다시 *AIPHOS* 7, 1939-1944, 8 각주 22에서 변경하였다; Tcherikover, *HC*, 403f. ; F. M. Abel, *Macc.*, 316; Abel/ Starcky, 234; G. Jeremias, *Der Lehrer der Gerechtigkeit*, 70 각주 6. H. H. Rowley, *Studia Orientalia J. Pedersen*, 1953, 303-315는 초기의 다양한 해석들을 연구하였다. 그러나 그 자신은 발게아(Balgea)=빌가(Bilga)로 읽는 것을 반대했는데, 그 이유는 불충분하다.

140) *T. Sukk.* 4, 28(l. 200) ; 이것에 대한 S. Liebermann, *Tosephta Ki-Fshutah*,

메넬라오스 배후에는 토비아스 가문이 있었는데, 이는 셀레우코스에 관한 자료들로 거슬러 올라가는 요세푸스의 보고에 부합한다. 토비아스 가문은 야손이 실각하자 마침내 자신들이 싫어하는 오니아스 가문을 그 주도적인 지위에서 몰아냈다.[141] 메넬라오스와 시몬은 토비아스 가문과 결혼함으로써 인척관계가 되었고, 이들의 말을 잘 듣는 대리인이었을 것이라고 추측할 수 있다. 야손은 암마니티스의 히르카노스에게 도피했고, 야손의 적들은 마침내 자신들이 예루살렘의 권력을 장악했다고 생각했다.

그러나 바로 이 사건들이 예루살렘에서 헬레니즘적 개혁시도를 실패로 이끌었다. 진척되고 있는 동화(同化)프로그램을 견디어냈던 친(親)그리스적인 상류층이 분열되고, 야손의 지지자들은 다시금 종교적으로 보수집단화되는 것이 분명했다. 이들은 오랫동안 '예루살렘의 안티오키아'라는 새로운 폴리스를 설립하는 실험에 대해 부정적인 태도를 견지했던 자들이었다. 따라서 도시에서 진척되는 헬레니즘화를

IV장, 1962, 277f.; 유사한 병행구로서는 *j.Sukk.* 55d; 40ff. 와 *b.Sukk.* 56b의 주석들을 보라. 또한 유대전쟁사 6, 280과 Kalir에 대해서는 S. Klein, *Die Barajta des 24 Priesterabteilungen*, 1909, 70ff. 그리고 *MGWJ* 73, 1929, 73을 보라. 제사장들과 이방 여인들과의 결혼에 대해서는 *T. Levi* 14:6을 보라: 이 모든 것은 동화의 결과였다.

141) 2마카 4:23-32. 이것에 대해서는 유대고대사 12, 237ff. 와 비교하라. 요세푸스는 변증적인 이유로 상황을 호도하는데, 대제사장직 계승이 적법하다는 것을 보이기 위하여 메넬라오스를 시몬 2세의 셋째 아들이며 야손의 형제로 만들었다. 야손이 폐위된 이유는 왕이 격노했기 때문이었다고 한다. 아마 야손은 성전보화를 왕에게 양도하라는 요구를 거부했을 것 같다. 요세푸스가 마카베오2서를 전혀 알지 못했기에 유대전쟁사 1, 31과 유대고대사 12, 237-241의 이야기는 그 영향을 받지 않았을 것인데, 이것은 다마스쿠스의 니콜라오스를 거쳐 셀레우코스 자료로 거슬러 올라갈 것이라 추측된다. 여기서는 왕이 개입한 이유를 그보다 앞서 발생한 유대인의 반란으로 설명한다. Tcherikover, 170ff. 와 Bickermann, *GM*, 150, 163f. 와 166f. 와 비교하라.

견인할 수 있었던 토대는 축소되어, 이제 셀레우코스 가문의 지속적인 지원으로만 겨우 유지될 수 있는 소수자들에게로 이전되었다. 메넬라오스로서는 왕이 요구하는 금액을 오직 성전금고에 의지하여 만들어낼 수밖에 없었는데, 이것은 상황을 악화시켰다. 이러한 행동의 실행은 필연적으로 대다수의 예루살렘 주민들로 하여금—그들이 동화주의를 선호하든 좋아하든 혹은 보수주의적이든—특별히 메넬라오스에 대한 분노를 자아내게 하였을 것이다. 그가 왕에게 최소한 그 금액의 일부라도 지불하기 위해 안티오키아로 떠나있는 동안, 그의 권한대행인 동생 리시마코스(Lysimachos)는 상당한 경호원들이 있었음에도 불구하고 성난 군중에게 살해당했다. 마카베오2서 4:40은 당시 3천 명의 경호원이 있었다고 말하는데, 이는 아마 과장된 보고였을 것 같다. 한편 메넬라오스는 안티오키아에서 셀레우코스 고위관료의 도움으로, 자기에게 위험한 존재가 될 수도 있었을 오니아스 3세를 살해하는 데 성공하였다.[142] 예루살렘에서 발생한 이 돌발사건을

142) 2마카 4:27-38. 이것은 단 9:26a; 11:22; 에녹 90,8에서 언급된다. E. Meyer, *UAG* 2, 150 각주 1; A. Bentzen, *op. cit.*, 75, 77, 81; 단 9:26a에 대한 O. Plöger, *Daniel*, 134와 141, 163; 상세하게 다룬 것으로는 R. H. Charles, *Daniel*, 1929, 246f.를 보라. 오니아스 3세가 살해된 것의 역사성에 대해서는 제4부 각주 130을 보라. 안드로니코스(Andronikos)에 대한 왕의 보복행위를 단지 이전의 대세사장을 살해한 결과로 묘사하는 4:36-38은 비역사적이다. 이것은 아마 에피파네스의 조카이며 섭정자인 셀레우코스 4세의 아들, 안티오코스를 살해한 것을 보복했던 보고가 영향을 끼친 것 같다. Diod. 30, 7, 2f.; Johannes Antiochenus, FHG, Müller, 4, 558 fr. 58과 셀레우코스 가문의 목록, ed. Sachs/Wiseman, *Iraq* 16, 1954, 208f. 이면(裏面) 12: 기원전 170년 8월 왕의 명령으로 안티오코스와 (함께 통치했던) 섭정자를 처형함. 다음과 비교하라: E. Bi(c)kerman(n), *Inst.*, 19, 218; R. Hanhart, *op. cit.*, 63 각주 15, 74 각주 33, 88과 2명의 조카들을 죽인다는 것은 거의 불가능하다고 가정하는 Abel/Starcky, 248. 다프네 지역의 보복 면책권(*Daphne-Asyle*)에 대한 역사성을 반대하는 논거를 여기에서 유추할 수는 없다. 아마 키레

티레에서 조사하고 있었던 안티오코스 왕은 예루살렘 원로회에 속한 3명의 의원들의 불평에도 불구하고 메넬라오스 편을 들어주고 이들을 처형하였다. 또한 토비아스 가문의 대리인은 중요한 관료들에게 뇌물을 주어 왕에게 영향을 끼치도록 손을 써 두었다. 결국, "그와 셀레우코스 당국 간의 동맹은 공동의 재정적 이익이라는 확고한 기초에 근거하고 있었던 것이다."[143] 왕이 첫 이집트 원정을 마친 후 귀국길에 두 번째 예루살렘을 찾아가서 성소에 들어가 제의에 사용하는 도구들을 훔치고, 성전 전체를 철저하게 약탈했다는 것은 정황에 부합할 수밖에 없었다: "그는 모든 것(금)을 벗겨 가져갔다"(2마카 1:22). 당시에 그의 수중으로 모두 합쳐 약 천8백 달란트가 들어간 것으로 알려졌다.[144] 어쩌면 당시 메넬라오스는 또다시 조공을 체납한 상태

네의 야손은 1년 간격으로 발생한 두 건의 살해들을 보고했을 것이고, 이것의 '요약자'는 효과적으로 그것들을 축약했으리라 추측할 수 있겠다. 유대전쟁사 1, 33과 7, 423을 교정하는 유대고대사 12, 387이 보여주듯이, 레온토폴리스 성전은 대제사장으로 알키모스(Alcimos)가 임명된 후(이미 기원전 163년 유파토르 치하에서, 2마카 14:3, 7: 유대고대사 12, 385f. 와 W. Molleken, *ZAW* 65, 1953, 213ff.를 보라) 살해된 자의 아들인 오니아스 4세가 세웠다. 젤리히만(I. L. Seeligmann)의 추측은 설득력이 적다. *op. cit.*, 91ff. 야손이라면 결코 분리주의적인 사원의 창설자를 찬양하지는 않았을 것 같다.

143) E. Bickermann, *GM*, 67; 비교. 2마카 4:24, 27ff., 32, 39ff., 50: 메넬라오스는 πλεονεξία τῶν κρατούντων(권력에 대한 집착) 때문에 권력을 유지하였다. Sulpicius Severus, 2, 19, 6, CSEL 1, 75, ed. Halm, über 유대고대사 IV: cogebatur pecunias rapto quaerere neque ullam praedandi causam omittere. 비교. O. Mørkholm, *op. cit.*, 139f.

144) 2마카 5:21. 아피온 반박 2, 83은 이 최초의 약탈행위가 전적으로 평화의 시기에 일어났다는 것을 입증하고 있다: egestate pecuniarum ad hoc accessit, cum non esset hostis et super nos auxiliatores suas et amicos adgressus est(그는 돈이 부족하자, 비록 자신의 적이 아님에도 우리의 후원자들과 친구들을 공격하기까지 하였다). 비교. 단 11:28과 유대고대사 12, 246. 그러나 셀레우코스 자료는 성전을 약탈한 사건과 그후

에 있었으리라. 하지만 이러한 성전약탈은 셀레우코스 가문에게는, 엘리마이스(Elymais)의 벨(Bel) 성전의 습격에 실패하여 목숨을 잃었던 안티오코스 3세 이후로 거의 상습적인 행위가 되었다. 동시대인 폴리비오스(Polybios)는 에피파네스에 관해서 이렇게 말했다: ἱεροσυλήκει δὲ καὶ τὰ πλεῖστα τῶν ἱερῶν(31, 4, 9 = 30, 26, 9: 그는 성전의 거의 대부분을 약탈했다). 헬레니즘적 통치자에게 이러한 행동은 자신의 절대적인 통치력을 분명히 표현하는 것으로 보일 수 있지만, 동방세계의 신하들에게는 용서할 수 없는 성물절취(聖物截取) 행위였다.[145)]

그가 뿌린 씨앗은 다음 해에 싹이 텄는데, 이때는 포필리우스 라에나스(C. Popilius Laenas. 역주. 로마의 장군)가 안티오코스를 저지하고,

---

1년 뒤에 발생한 봉기를 진압한 사건을 결합시킨다. Bickermann, *GM*, 160f.를 보라.

145) 안티오코스 3세 이후에 성소들을 약탈한 것에 대해서는 B. Niese, *GGMS* 3, 89, 215, 218; W. Otto, AAM *NF* II, 1934, 78 각주 1, 2; F. Altheim, *Weltgeschichte Asiens* 2, 49f.; E. Bickermann, *GM*, 66f.; *Inst.*, 121f.; H. H. Schmitt, *op. cit.*, 102, 107 각주 1을 보라. 엘뤼마이스(Elymais)의 '아르테미스'(Artemis) 혹은 나네아(Nanea) 성소에 대한 안티오코스 4세의 변론에 명백히 모순되는 보고들(2마카 1:13, 비교. 9:2ff.와 1마카 6:1)의 역사적인 가치는 적다. W. W. Tarn, *The Greeks in Bactria and India*, 214, 463ff., 두 번째 판의 부록, 530을 보라. 하지만 이 보고들 배후에는 *Polybios* 31, 9(11)와 Appian, *Syr.* 66과 유사한 이야기들이 보여주듯이, 어렵기는 하지만 재구성할 수 있는 실제 배경이 있음을 보여준다. Rostovtzeff, *HW* 2, 695f.와 3, 1489 각주 115를 보라. 히에라폴리스(Hierapolis)의 디아나(Diana) 사원(Granus Licinianus, ed. M. Flemisch, 1914, 5를 보라)과 이집트의 성소들 또한 약탈되었다. W. Otto, *op. cit.*, 79 각주 2와 H. Volkmann, *PW* 23, 1710을 보라. 그러나 안티오코스는 단지 반(反)셀레우코스 당파의 재정적 기반을 파괴하려고 했다는 H. L. Jansen, *Die Politik Antiochos' IV*, 1943, 33의 주장은 개연성이 적어 보인다. 이런 식의 조치들은 제국의 기초를 견고하게 하는 것이 아니라 제국의 분리를 초래하기 때문이다.

야손은 안티오코스 왕이 죽었다는 소문을 듣고 암마니티스에서 온 천 명의 용사들과 함께 예루살렘을 공격하여 메넬라오스를 내성으로 몰아넣었다(2마카 5:5-7; 3권 p. 77을 보라). 요세푸스의 《유대전쟁사》 1, 31과 《유대고대사》 12, 239에서 개작된 셀레우코스에 대한 자료에 따르면, 안티오코스 왕은 대다수의 백성들에게 지지를 받았고 마침내 메넬라오스와 토비아스 가문을 도시에서 쫓아냈다고 한다. 그들은—아마 이집트로—도망가서 왕에게 지지를 요청했다. 셀레우코스 군대의 공격에 대처하지 못한 야손은 아마 안티오코스가 도시를 다시 정복하기 전에 암마니티스로 도망간 후, 나바테아를 통과해 이집트로 갔을 것이다. 안티오코스 왕과 그를 지지한 유대인들이 가한 보복은 가혹하였다. 도시는 전시법에 따라 다루어졌고, 수많은 주민들이 살해당했으며 그 밖의 많은 사람들이 노예로 팔렸다.[146] 체리코버는 야손은 이미 율법에 충실한 평민계층의 하시딤으로 이루어진 유대의 제 3당에 의해 축출당했고, 이것이 왕의 처벌을 초래했다고 주장하는데, 이는 자료를 통해서는 어떤 근거도 찾을 수 없다. 그러한 견해는 분명 '경건한 자들'의 태도조차 오해함으로써 나왔을 것이다. 왜냐하면 이들이 독자적으로 무장봉기의 주도권을 잡지는 않았

146) 연대 설정에 대해서는 이 책 제 1부 각주 47을 보라. Tcherikover, *HC*, 186, 473 각주 20은 단 11:28, 30을 언급하여 기원전 168년에 왕이 친히 예루살렘을 점령하고 처벌하였고(비교. 2마카 5:11-23과 유대고대사 12, 246f.), 이 징벌을 위한 원정은 아폴로니오스의 행동과 같지 않다는 사실을 입증했다(1마카 1:29ff. 를 보라). 이전의 B. Niese, *GGMS* 3, 231f. 와 또한 Abel/Starcky, 63, 252ff. 와 비교하라. 1마카 1:29에 언급된 시기 역시 이 결과를 뒷받침 한다: 아폴로니오스가 그러한 행동을 착수한 연대는 기원전 169년 성전이 약탈된 지 2년 후(=기원전 167년 봄) 였다. 세부적인 사항도 2마카 5:24ff. 와 일치한다. 왕은 아마 기원전 168년 말경에 암마니티스에 있는 히르카노스의 반(半)독립적인 통치권을 종결시킨 것 같다. O. Mørkholm, *op. cit.*, 141f., 192f. 와, 이 책 제 1부 각주 48과 비교하라.

을 것이기 때문이다.[147] 그러나 셀레우코스의 관점에서 진술한 《유대전쟁사》 1, 32의 해석은 주목할 만하다: 왕은 "무력으로 도시를 점령하여 프톨레마이오스의 지지자들 가운데 수많은 사람들을 죽였다." 옛 안티오코스 3세 투쟁으로 말미암아 생긴 당시의 당파적 상황이 이 소요에서 되살아났다. 유대인들은 그보다 얼마 후에 발발한 마카베오 봉기에서 전반적으로 이집트로부터 강한 동기부여를 받았다.

프뤼기아인 필립포스(der Phryger Philippos)는 토비아스 가문을 지지하기 위해 수비대와 더불어 잔류했다. 그러나 그들 역시 아직도 사태를 장악하지 못했기에, 기원전 167년 초 두 번째로 일군의 부대를 유대지역으로 파견해야 했다. 이 부대의 사령관 "뮈사르크" 아폴로니오스(Mysarch Apollonios)는 강경책을 썼다. 그는 안식일에 예루살렘을 점령하였고,[148] 또다시 전시법을 선포하고 도시의 성벽들을 무너트려 다윗의 도시에—아마 성전 산 남쪽이었을—이른바 "아크라"(Akra)라 하는 거대하고 강력한 요새로 구축한 작은 내성을 세웠다.[149] 비유대인 군사정착민들은 수비대로서 그곳에 배치되었다:

---

147) *HC*, 187f., 192, 196f. 하시딤은 하나의 종교운동이다. 슈테게만(H. Stegemann, 이 책 제3부 각주 481), 243은 그들의 형성을 오니아스 3세의 살해와 관련시킨다.

148) 2마카 5:24ff.; 비교. 1마카 1:29ff. 안식일에 예루살렘을 점령한다는 오래된 주제에 대해서는 M. Hengel, *op. cit.*, 293을 보라. J. Wellhausen, *NGG* 1905, 129는 유대인들이 왕이 떠난 후에 또다시 반란을 일으켰고, 이로 인해 아폴로니오스는 두 번째 징벌을 위한 원정을 필요로 하게 되었다고 추측하였다.

149) 1마카 1:33ff. 다음과 비교하라: 단 11:29(《70인경》)와 E. Bickermann, *GM*, 70ff.; *Inst.*, 85; Tcherikover, *HC*, 189f., 194. 아크라의 위치에 대한 논쟁은 L. H. Vincent, *RB* 43, 1934, 205-236과 *Jérusalem de l'Ancien Testament* 1, 176-192; 그를 올바르게 반박한 W. A. Shotwell, *BASOR* 176, 1964, 10-19를 보라: 서쪽 언덕이 아닌 남동쪽이다. 새로운 발굴이 이루어지기 전에는 둘레의 길이를 더 이상 결정할 수 없다.

"그들은 신앙 없는 백성, 율법을 모르는 자들을 배치하였다… 그들로 인하여 예루살렘의 주민들은 도망가고, (예루살렘은) 이방인 거처가 되었다"(1마카 1:34, 38; 비교. 3:36). 이제 앞으로 몇십 년간 '아크라'는 유대지역에서 셀레우코스의 권력을 확고하게 하는 기반을 형성하게 되었다. 이렇게 하여 예루살렘과 유대지역 역시 고대시대에 도시나 지방에서 반란이 일어나면 받게 되는 일반적 형태의 처벌을 받았다: 오니아스 가문을 지지한, 아마도 실제로는 야손의 반역에 가담한 모든 친(親) 프톨레마이오스 사람들의 재산을 몰수하여 군사식민지 정착민들과 토비아스 가문의 지지자들에게 나누어주었을 것이다.[150] 여기서 '아크라'는 '예루살렘의 안티오키아'라는 전통을 이어갔고, 시민들의 근본적인 계층변화가 일어났을 것이라 추측된다. 메넬라오스의 수많은 적들은 당연히 시민으로서의 권리를 잃어버렸고, 어차피 주민의 일부는 사막으로 도망갔다. 고대에서 이러한 "후퇴"(*Anachōrēsis*)는 수동적 저항의 방식으로 선호되었던 행동이었다.[151] 이방인으로 구성된 식민지의 할당지 보유자들이 "반역자"의 자리에 들어서게 되자, 도시는 순수한 유대교적인 특징을 잃어버리고 혼합된 주민으로

---

150) 비교. 단 11:39b(그리고 이것에 대해서는 제 4부 각주 215-217); 1마카 3:36의 왕이 리시아스(Lysias)에게 위임하는 것과 유대고대사 12, 159의 프톨레마이오스 3세의 위협. 팔레스타인의 프톨레마이오스의 군사식민지들에 대해서는 1권 p. 82ff.를 보라. 안티오코스 3세가 프뤼기아(Phrygia)에 불안정한 상태로 정착시킨 바빌로니아에서 온 2천 명의 군사이주자들(유대고대사 12, 147ff.)과 헤롯이 트라코니티스(Trachonitis)에서 정착시킨 군사이주자들(제 4부 각주 122)을, 그리고 E. Bi(c)kerman(n), *Inst.*, 85f.와 비교하라.

151) 1마카 1:38; 2마카 5:27과 11:29ff.의 돌아오라는 권유; 이것에 대해서는 Tcherikover, *HC*, 192, 475 각주 27. 또한 유대고대사 12, 261과 이것에 대한 I. Heinemann, *op. cit.*, 168과 Preisigke/Kiessling, *Worterbuch*, 1, 113과 4, 149와 비교하라.

이루어진 "유대 · 이방계 식민지"[152] 가 되었다. 유대지역은 식민지 도시지역이 되고, 그곳의 주민이었던 '유대민족'은 대부분 시민으로서의 권리가 없는 거주민이 되었다. 물론 아직도 반역의 불꽃은 이글거리는 상태였지만 유대 및 이방인으로 이루어진 아크라 주민, "아크라의 아들들"[153] 은 무엇보다도 군사적인 '평화유지'를 주된 임무로 하였을 것 같다.

이런 의미에서 체리코버의 명제는 정당성을 가질 수 있다: "그것은 박해에 대한 반응으로 일어난 반란이 아니라, 반란에 대응하여 일어난 박해였다."[154] 그러나 체리코버의 주장에 대하여 추가하여 단서를 단다면, 반란이 일어난 초기 이후로 '경건한 자들'은 친(親) 프톨레마이오스적인 오니아스 가문보다 더 적었다고 말해야 한다. 또한 안티오코스의 종교칙령 이후에야 비로소 발생한 마카베오 가문의 개입, 그 이전에는 조직화된 반역이 있었다고 말할 수 없다. 있었다 해도 그것은 주로 광야로의 "후퇴"와 그것과 결부된 납세거부에 관한 문제였을 것이고, 적극적인 게릴라 전투는 부차적으로나 일어났을 것이라 추측된다. 때문에 아크라의 최고 권력자는 우리가 전혀 아는 바 없는 폴리스의 평범한 행정관들이 아니라, 왕실 "특별총독"(*Kommissar*, 즉 ἐπιστάτης 총독)으로서 이미 언급한 필립포스였다.[155] 메넬라오스 역

---

152) E. Bickermann, *GM*, 73, 비교. 80: "Jewish-pagan polis." 비교. 유대고대사 12, 252.

153) H. Lichtenstein, *Die Fastenrolle*, HUCA 8/9, 1931/32, 286f., 327과 1마카 4:2, 비교. 4:41; 6:18; 10:7; 11:41; 13:21, 49: "οἱ δὲ ἐκ τῆς ἄκρας ἐν Ἰερουσαλήμ"(예루살렘에 있던 아크라에서 나온 자들). 그들의 군사적인 역할에 대해서는 E. Bickermann, *GM*, 71 각주 3을 보라.

154) *Op. cit.*, 191, 이와 유사한 201. 그러나 체리코버는 종교박해가 시작되기 이전 유대인들의 투쟁준비를 너무 강조하였다. 하시딤의 일반적이고 조직화된 반란을 언급할 수는 없다.

155) 2마카 5:22; 비교. 6:11과 8:8. 제목에 대해서는 F. M. Abel, *Macc.*,

시 여전히 중차대한 역할을 하였다(2마카 5:23; 비교 11:29ff. ; 13:3f.). 그는 아직도 유대"민족"의 수장이었고 대제사장이었다.[156] 예루살렘이 유대인이 손으로 되돌아갔던 후대에도 아크라 자체는 여전히 셀레우코스의 '폴리스'로 간주되었다는 사실이, 기원전 139년 안티오코스 7세 시데테스(Sidetes)가 시몬 마카베오에게 보낸 대사가 말한 질책에서 입증된다:

> 너희는 욥바와 게제르(Gezer)를, 그리고 예루살렘의 아크라를 장악하고 있다. 그것들은 나의 왕국의 도시들이다(πόλεις τῆς βασιλείας μου). 너희는 그 영토를 황폐하게 만들었고 그 땅에 큰 손해를 입혔다." 그러자 시몬은 특히 아크라 점령에 관한 합법성을 주장함으로써 자신을 변호하였다: "우리는 어떤 이방 땅도 이방 자산도 점유하지 않았다. 우리는 단지 한때 적들이 부당하게 빼앗은 우리 조상의 유산을 되찾은 것뿐이다.[157]
>
> 아크라에 있는 군사식민지와 가장 유사한 것은 마케도니아 사령관이 사마리아인들에게 살해당한 후, 알렉산드로스 대왕이나 혹은 페르디카스(Perdikkas)가 사마리아에 세운 마케도니아의 식민지 주민 정착지이다. 그러나 사마리아인들은 사마리아에 온 이주자들과 엄격하게 분리되었고, 그들은 세겜을 새로운 중심지로 건설하였다. 처음부터 유대인과 "그리스" 시민들이 거주했고 동시에 거대한 유대지역의 대도시가 된 폴리스가 있었으니, 이는 헤롯 안티파스(Herodes Antipas)가 세운 티베리아스(Tiberias)였다. 그가 재건한 셉포리스-아욱토크라토리스(Sepphoris-Auctocratoris)의 상황은 그것과 유사했다.[158]

355와 E. Bi(c)kerman(n), *Inst.*, 162f., 163 각주 5를 보라.

156) E. Bickermann, *GM*, 75f. O. Mørkholm, *op. cit.*, 145, 156.

157) 1마카 15:28, 33. 다음과 비교하라: F. M. Abel, *RB* 35, 1926, 518ff. ; *Macc.*, 271; *HP* 1, 123과 M. Smith, *Der Hellenismus*, *Fischer-Weltgeschichte* 6, 1965, 259.

대제사장 메넬라오스가 책임을 지는 성전 역시 새로운 유대 및 이방인으로 이루어진 시민의 공유재산이 되었다. 농촌지역의 불안정한 유대인들이 예루살렘에서 일어난 새로운 사건들을 통렬한 적개심을 가지고 바라보았기에, 토비아스 가문과 그들의 지지자들이 유대인 동포들과 타협을 통하여 평화롭게 후퇴할 수 있는 길은 열리지 않았다. 만약 그들이 예루살렘과 유대지역의 지배권을 행사하려 한다면 남은 가능성은, 가차 없이 무력을 사용함과 동시에 자신들을 지지하기 위해 아크라에 주둔하고 있었던 비유대인으로 구성된 식민지의 '할당지 보유자'와 긴밀하게 연합하는 길 뿐이었다. 바로 여기서 완전한 동화를 추구하려 했던 자신들의 목적과 유대인과 비유대인 사이의 장벽폐지가 실제적으로 전부 성취되었다. 하지만 이는 기원전 175년 그리스어사용 유대인이 기대하는 것과는 다른 방식이었다.

3. 종교칙령과 안티오코스 4세, 유대의 변절자들

기원전 167년 초 아크라가 설립되고 유대인과 이방인으로 혼합된 아크라 이주민들이 성전을 점유하자—이미 유대 종교가 금지되기 전부터—성전에서 행해졌던 유대교와 혼합주의의 혼합제의가 민감

---

158) E. Bickermann, *GM*, 73, 79. 사마리아에 대해서는 이 책 제1부 각주 69를 보라. 티베리아스에 대해서는 유대고대사 18, 36ff.; 생애(요세푸스) 32ff. 와 G. Hölscher, *PW*, 2. R. 6, 779f. 를 보라. 셉포리스(Sepphoris)와는 대조적으로 티베리아스는 처음부터 그리스식 헌법을 가지고 있었고 자신의 동전을 주조할 권리를 가졌다. G. F. Hill, *Catalogue of Greek Coins of Palestine*, xiff., xiiiff. 를 보라. 세포리스에 대해서는 유대고대사 18, 27을 보라. *Schürer* 2, 210ff. 와 비교하라. 그 도시는 내륙의 갈릴래아와는 달리 기원후 66년의 유대인 봉기에 동참하지 않았고, 그로 인해 갈릴래아인(人)들의 미움을 샀다. 생애(요세푸스) 38f.

한 사안으로 떠올랐다. 마카베오1서 1:37, 39에 의하면 아폴로니오스의 보복원정으로 그 "거룩한 구역"은 이미 더럽혀졌고 "광야와 같이 황폐화되었다"(ἠρημώθη ὡς ἔρημος). 이는 매일 드리는 타미드 제사(*Tamidopfer*)가 늦어도 그때부터 중단되었음을 의미한다. 이것은 분명 안티오코스 자신이 명한 것은 아니다. 다니엘서 또한 이를 암시하는데, 타미드 제사의 중단은 성전에 대적하여 자행된 저 사악한 조치의 초기에 일어났을 것이라 추측된다: "그의 군대가 나타나 성소, 즉 성을 더럽히고, 매일 드리는 제사를 폐하며 …."[159] 그러나 미리암(Mirjām)에 관한 전설적인 《바라이타》는 메넬라오스 치하에 있던 극단적인 그리스어사용 유대인 역시 율법을 따라 희생제사를 드리는 것에 대한 모든 관심을 잃어버렸다는 사실을 보여주는데, 미리암은 제사장 반차(班次)에 드는 빌가 가문 출신(메넬라오스 또한 이 계열 출신이다)으로서 배교하여 셀레우코스 관료와 결혼하였다:

> "이방인이 성전에 들어오자 그녀가 와서 신발로 제단의 모퉁이를 차며(*b. Sukk.* 56b) 그에게 말했다: 이 늑대, 늑대야, 네가 이스라엘의 재물을 탕진하고(כמה אתה מכלה ממונן של ישראל) 이스라엘이 필요한 때에 이스라엘을 지지하지 않는구나!" 타미드 제사가 무가치했다는 사실이 이보다 더 노골적으로 표현될 수는 없었다. 이 전설이 후에 티투스(Titus)에게 전해졌다는 사실은 그 연대가 오래되었다는 것을 보여준다.[160]

유대인들과 비유대인 군사이주자들이 함께 사는 것 그 자체가 새로

159) 단 11:31. 제로임(זְרֹעִים)=전투력의 표현에 대해서는 11:15, 22와 비교하라.

160) *T.Sukk.* 4, 28. S. Lieberman, *Tosephta Ki Fshutah*, 1962, IV, 277f. 병행구: bab. 56b; jer. 55d를 따른 본문. 티투스(Titus)로 전해졌다는 사실에 대해서는 'AbRN 1, ed. Schechter, 4를 보라.

운 것이 아니었다. 이는 이미 기원전 3세기 이집트와 토비아스 가문이 관할하는 식민지의 할당지에서 발견되기는 한다. 하지만 그러한 거주형태가 하나의 종교제의 공동체를 이루어 살아감을 의미하지는 않았다(제 1부 각주 82-91을 보라). 따라서 이론적으로는 이방인 이주민들이 점령지에 자신들만의 성소들을 세웠다고 생각할 수 있다. 예루살렘에 살았던 프톨레마이오스와 셀레우코스의 관료들과 군인, 페니키아의 상인들도 이미 사적으로 자신들만의 가정제의(*Hauskulte*)를 실행했듯이 말이다.[161] 시온에 있는 성소는 다양한 출신의 비유대인으로 구성된 식민지의 할당지 보유자들에게[162] 열리고 유대인의 하나님 경배가 셈족의 최고의 천신(天神) 제의에 동화되었다. 그렇다면 이것은 토비아스 가문과 그들을 지지하는 유대 소수파가 주도했다고 생각할 수 있다. 이들은 참으로 결판이 날 때까지 기꺼이 동화될 각오를 하고 있었다. 헤라클레스에게 제사를 드리려다 실패했다는 사실은 근본적으로 이미 이런 동화(同化)의 길에 접어들었음을 의미한

---

161) 이 책 제 3부 각주 330(이시스 종교제의)을 보라. 그 이전의 왕상 11:4와 비교하라. 마카베오시대 이후에 유대인들은 이 점에 대해 대단히 민감하였다. M. Hengel, *op. cit.*, 222를 보라. 프뤼기아에 주둔한 유대인 정착민들은 특정한 이방민족의 영향을 받은 것 같다. 제 4부 각주 45를 보라.

162) Tcherikover, *HC*, 194는 자연스럽게 이것들은 '시리아 지역군'이라 가정한다(188과 비교하라). 물론 예루살렘의 점령군 가운데에는 키프리아인(Kyprier, 2마카 4:29)과 소아시아 출신〔5:24 뮈사르키아인(Mysarch); 5:22 프뤼기아인〕의 병사가 있었다. Polyb. 31, 3, 3f. 에 따르면 다프네의 군대에는 다양한 사람들이 섞여 있었다. 1마카 6:29와 유대고대사 12, 366과 비교하라; 이것에 대해서는 F. Altheim, *op. cit.*, 2, 96을 보라. 안전을 이유로 먼 지역에서 온 군사이주민들을 사용하는 것이 가장 좋은 관례였다. 그리고 이외에도 시리아 군인들은 신뢰할 수 없다는 평판이 나 있었다. 이 책 제 1부 각주 87을 보라. 더욱 개연성이 없는 주장은, "정착한 그리스인"(*griechische Colonisten*) 혹은 "마케도니아의 수비대"가 거기에 주둔했다는 가설이다(U. Wilcken, *PW* 1, 2472). 군사이주민의 기원문제는 여전히 논란이 된다.

다(1권 p. 268과 3권 91을 보라).

이런 경향이 아직은 효력을 발휘하기 시작한 것은 아니지만, 대체로 마카베오1서 1:41f. 에서 묘사된 새로운 조치를 취함으로써 그러한 경향은 강화되었다:

> 그리고 왕은 온 제국에 조서를 내렸다: '모든 사람은 한 백성이 되어야 하고 누구나 자신의 관습을 버려야 한다'(ἐγκαταλιπεῖν … τὰ νόμιμα αὐτοῦ). 그러자 모든 백성들은 왕의 말에 복종하였다.

마카베오1서에서 이른바 셀레우코스 제국 전체를 향한 이 명령은, 곧이어 선포된 유대종교를 금지시키는 왕의 칙령의 근거가 된다. 이 칙령 역시 제국 전체에(1:51) 반포되었다고 한다.[163] 물론 이 기록의 역사적인 가치는 물론 상당히 논란이 된다. 초기의 역사가들은 이 자료에 결정적인 중요성을 부가하는 반면,[164] 비커만은 이것이 비역사적이라는 입장을 표명하였는데,[165] 그를 비평하는 하이네만(I.

163) 1마카 1:44-64, 비교. 2마카 6:1-11; 단 11:31-35.

164) E. R. Bevan, *The House of Seleucus* 2, 1902, 155; *GAH* 8, 507f., 622; W. Otto, AAM *NF* 11, 1934, 85. 그는 왕의 "절제하지 못하는 태도"를 근거로 하여, 그 칙령을 심리학적으로 설명하려고 하였다. 다른 한편 타른(W. W. Tarn)은 그를 긍정적으로 묘사한다. *op. cit.*, 183ff.; F. Hampl, *Gnomon* 15, 1939, 622도 이와 유사하다. E. Meyer, *UAG* 2, 143f. 는 1마카 1:41f. 가 왕의 의도를 올바르게 묘사하고는 있지만, 예루살렘 외부에서는 어떤 칙령도 필요하지 않았다고 주장한다. 그 이유는 제국의 나머지 지역이 그가 추구하는 헬레니즘화를 자발적으로 따랐기 때문이라고 한다. I. Heinemann, *MGWJ* 82, 1938, 161은 더 나아가 이보다 앞선 문헌들을 제시한다. H. Herter, in E. Kiessling, *Der Hellenismus in der deutschen Forschung* 1938-1948, 1956, 63f. 역시 E. Bickermann, *GM*에 대한 그의 부정적인 판단을 따른다. 그러나 O. Mørkholm(제 4부 각주 131을 보라), *op. cit.*, 132 각주 53; 146 각주 36과 비교하라.

165) E. Bickermann, *GM* 127; 이전의 B. Niese, *GGMS* 3, 233 각주 2와

Heinemann) 조차도 "기록자가 많은 것을 덧붙였다"고 비커만의 견해를 인정해야만 했다. 여기서 하이네만은 마카베오1서 1:41이 "왕이 바라던 특정 규례들을 추천하는 회람서신"이라고 주장한다.[166] 안티오코스 4세의 "종교정책"에 관한 다니엘서의 진술은 왕의 그런 주도권에 동조하고 있다:

> 그는 자기 조상들의 신들을 멸시하며, 여자들이 사모하는 신들과 모든 신을 멸시하고, 모든 것보다 자신을 높일 것이다. 그러나 그는 그 신들 대신에 요새를 지키는 신을 공경하고, 그의 조상이 알지 못하던 하나의 신을 금과 은과 보석과 진귀한 것들을 바치며 섬길 것이다. 그는 강력한 요새에 대항하고, 이방신의 백성을 강력한 요새에 투입할 것이다.[167]

물론 마카베오1서 1:41처럼 어두운 예언형식을 취하는 이 묘사는 매우 제한된 유대주의적 관점에서 기록되었을 수 있다. 하시딤적인 저자가 왕의 종교정책을 셀레우코스적인 틀에서 파악하고 있었을 가능성은 거의 없다. 오히려 저자는 전적으로 유대지역의 경악할 만한

비교하라: "게다가 어떤 증거도 없고 개연성도 없는 과장."

166) I. Heinemann, *op. cit.*, 162f. 여기에서 그는 1마카 1:41f. 의 "제국 전체"에 선포된 칙령과 1:44의 "예루살렘과 유대지역의 여러 도시에 보낸 사신들을 통한" 칙령 간의 차이점을 강조하지만, 1:51에 따르면 이것 역시 "그의 제국 전체"에 해당되어야 한다는 사실을 간과했다.

167) 단 11:37-39a. 마지막 후반절에서 대부분의 주석가들처럼 우리는 '임(עַם)…'대신에 '암 엘로아 네카르'(עַם אֱלוֹהַּ נֵכָר)로 읽어야 한다: Bickermann, *GM*, 173; Tcherikover, *HC*, 474 각주 24. W. Baumgartner, *TR* 11, 1939, 206f. 는 비커만이 단 11:37f. 를 "무시하고" 1마카 1:41f. 를 "다소 너무 가볍게" 다룬다고 비평한다. A. Bentzen, *op. cit.*, 82가 그의 주장을 따른다. 문제는 묵시주의자들이 왕의 이른바 '종교정책'을 실제 객관적으로 묘사할 수 있는가이다.

상황을 중심으로 현재 진행되는 사건을 보고 있다. 그러므로 "요새의 하나님"은 찰스(R. H. Charles)나 다른 학자가 추정하듯이, 왕이 안티오키아에 사원으로 세운 주피터 신전(Jupiter Capitolinus)의 제우스는 아니고[168] "아크라의 하나님"이었다. 이 신을 경배하는 행위는 변절자들(*Abtrünnige*) 그리고 그들을 도운 셀레우코스의 측근들에 의해 더 큰 요새화된 지역에도 이식되었다. 이 "요새의 하나님"이라는 개념의 유래를 설명할 수 있는 자료는 스키토폴리스(Skythopolis)에서 새롭게 발견된 비문일 것인데, 이것은 "산 정상" 내지 "아크라"의 제우스인 "제우스 아크라이오스"(Zeus Akraios)에게 헌정된 비문이다.[169] 유대 전향자들(*Renegate*)과 이방인 군사이주자들이 그 신을 경배하도록 강제로 행한 모든 처사는 왕의 인준하에 일어났다. 그리하여 묵시주의자의 눈으로 보기에 안티오코스 4세는 당시 시작된 박해의 실제적인 장본인이 될 수밖에 없었다. 왜냐하면 무엇보다도 그는 묵시적인 묘사에서 이를테면, 배교자(*Apostate*) 메넬라오스보다 더욱더 효과적으로 신을 대적하는 인물로 투영될 수 있었기 때문이었다. 다른 한편으

168) Livius 41, 20, 9를 언급하는 R. H. Charles, *Daniel*, 1929, 316. 또한 I. Heinemann, *op. cit.*, 163 각주 38과 F. M. Abel, *HP* 1, 125와 비교하라. 사원건립은 그의 친로마 경향과 관련된다. F. Reuter, *Beiträge zur Beurteilung des Konigs Antiochus Epiphanes*, 1938, 38f. 를 보라. Granus Licianus, ed. M. Flemisch, 1914, 5에 따르면, 그는 주피터 카피톨리누스(Jupiter Capitolinus)와 제우스 올림피오스(Zeus O1ympios)의 거대한 상을 세웠다고 한다. 제 4부 각주 185를 보라.

169) E. Bickermann, *GM*, 115f. E. Meyer, *UAG* 2, 159 각주 1은 이미 '엘로아 마우즈짐'(אֱלֹהַּ מָעֻזִּים)을 '풀리지 않은 수수께끼'로 묘사했다. 비문에 대해서는 B. Lifshitz, *ZDPV* 77, 1961, 186ff. 와 H. Seyrig, *Syria* 39, 1962, 207f. 를 보라. 또한 A. B. Cook, *Zeus* II, 2, 871 각주 3과 색인을 비교하라. 스키토폴리스에서는 제우스 올림피오스의 증거 역시 나타나는 반면, 피에리아(Pieria)의 셀류키아(Seleukia)에서는 제우스 올림피오스와 제우스 코리파이오스(Zeus Koryphaios)가 연관되었다. 제 4부 각주 190을 보라.

로 "왕의 종교정책들"과 마카베오1서 1:41ff., 다니엘서 11:37f.의 진술들을 비교하면, 그 정책이 시행되었음을 지지할 수 있는 어떤 일치된 그림이 나오지 않는다.

> 다니엘서의 저자를 추론하는 데에 가장 잘 부합하는 것은 동전에 주조된 왕의 형상과, 동전 이미지가 전통적인 아폴로에서 올림포스의 제우스로—부분적으로—변화된다는 사실이다. 여기서 기원전 173/2년부터 왕위에 앉은 인물이 동전의 뒷면에 나타나다가, 기원전 169/8년부터 나타나는 안티오키아에서 주조된 동전에서는 수염 난 왕의 초상이 안티오코스 왕의 두상을 대체하고 있다.[170] 그러나 제우스 올림피오스 초상이 담긴 동전수집에서 나온 증거를 결코 과대평가해서는 안 된다. 왜냐하면 앞면의 아폴로의 초상과 동시에, 뒷면에는 아폴로 키타로이데스(Apollo Kitharoides) 입상이 새겨진 또 하나의 동전이 주조되어 나타나고 있기 때문이다. 또한 제우스의 초상을 안티오코스 왕의 얼굴과 동일시하려는 주장은 자주 제기되었지만, 이것을 해명할 수는 없다.[171] 게다가 기원전 170~168년에 아코-프

170) O. Mørkholm, *Studies in the Coinage of Antiochus IV of Syria*, 1963, 11ff.를 보라. 실제적인 변화는 기원전 173/172년에 안티오코스가 확립한 두 번째의 연속적인 화폐주조로 시작되었다. 그러나 비록 제우스 모티브가 우세하기는 했지만 옴팔로스(Omphalos)에 아폴로를 전통적으로 모사(模寫)하는 것과 또한 다른 모티브들 역시 계속되었다. 우선 왕의 초상은 항상 앞면에 새겨졌고, 시간이 지남에 따라 더욱더 단순화되었다(56ff.). 좌정한 제우스의 형태가 아폴로의 것과 매우 유사했기에 변화가 크게 두드러졌던 것은 아니었다.

171) *Op. cit.*, 24ff., 31ff., 34. 제우스 초상에 대해서는 58ff.를 보라. 유사한 초상화에 대한 잘못된 추측이 매우 많았고 그것을 대단히 중요하게 생각하였다. E. R. Bevan, *GAH* 8, 508; H. Thiersch, *NGG* 1932, H. 1, 69f.; M. Rostovtzeff, *Mélanges Dussaud* 1, 1939, 294; F. M. Abel, *HP* 1, 128; A. Bentzen, *op. cit.*, 83; E. Pax, *RAC* 5, 846과 L. Cerfaux/J. Tondriau, *Le Culte des Souverains*, 1957, 243f.를 보라.

톨레마이스(Akko-Ptolemais)에서 가장 가까운 주조 장소였던 유대 지역에서는 아직도, 앞면에는 왕의 초상이 있고 뒷면에는 좌정한 아폴로가 새겨진 동전들만을 주조했으며, 이는 기원전 168년에서 164년까지 얼마간 계속되었다. 거기에서 나온 동전들에는 제우스의 초상이 전혀 나타나지 않았다.[172] 티레(Tyrus)에서 주조된 셀레우코스 제국의 동전들 또한 전통적인 아폴로 형상만을 지닌 채 나타난다.[173] 이렇게 안티오코스 4세가 처음으로 여러 도시에서 지방의 구리동전 주조를 허락했다는 증거는, 결국 비커만이 올바르게 강조하였듯이 이 왕이 이른바 제국 전체에 단일한 종교정책을 시행했다는 주장에 정면 배치된다. 왜냐하면 이 구리동전들에는 필수적으로 왕의 초상을 새겨야 하고, 이와 함께 거의 대부분 그들의 다양한 지역 신들과 종교제의적 상징들도 묘사했기 때문이다. 페니키아 도시들은 그들의 토속어로 주화에 관한 설명을 첨가하기까지 하여 자신들의 국가전통을 강조하였다. 바로 여기서 각 지방이 독립을 추구할 징조들이 보이는데, 후에 그것은 본질적으로 셀레우코스 왕조의 몰락에 기여하였다.[174]

---

172) O. Mørkholm, *op. cit.*, 44ff. 바로 이 특별한 화폐주조가 팔레스타인에서 더욱 널리 보급되었다. 또한 E. Bickermann, *GM*, 116 각주 2를 보라. 메르크홀름(Mørkholm)은 안티오키아와 프톨레마이스의 화폐주조만을 연구했다. 동방의 보수적인 화폐주조에 대해서는 G. le Rider, *Suse sous les Séleucides*, 1965, 62ff., 37ff.와 O. Mørkholm, *Museum Notes* 16, 1970, 31ff.를 보라.

173) E. T. Newell, *The First Seleucid Coinage of Tyre*, 1921, 21, 25ff.와 *The Seleucid Coinage of Tyre*, 1936, 12ff.

174) E. Bickerman(n), *Inst.*, 228ff., 231ff. 이중언어로 된 화폐주조는 예루살렘에서 '헬레니즘화 시도'가 절정을 향해 움직이는 때인 169/68년에 시작되었다. 기원전 139년 안티오코스 7세 시데테스 통치하에 셀레우코스 가문은 "예루살렘의 안티오키아"라는 폴리스에 화폐주조권을 승인하지 않고, 시몬 마카베오 통치하에 있는 유대민족에게 승인하였다. 그러나 이 권한을 처음 사용한 것은 그의 아들 요한 히르카노스였다. 1마카 15:6과 B. Kanael, *BHHWB* 2, 1251과 비교하라.

다른 한편으로 다니엘이 왕의 교만을 그토록 강조한 이유는,[175] 다른 원인도 있겠지만 화폐주조정책 때문으로 볼 수도 있다. 왜냐하면 이 왕은 통치자 제의를 위한 호칭으로 사용하기 위해 정교하게 치장한 자신의 칭호 전체라는 동전의 설명부호를 삽입한 첫 번째 셀레우코스 통치자였다:[176] "바실레오스 안티오쿠 테우 에피파누스" (ΒΑΣΙΛΕΩΣ ΑΝΤΙΟΧΟΥ ΘΕΟΥ ΕΠΙΦΑΝΟΥΣ, 역주. "위대한 신 안티오코스 왕"). 이 주화제조는 기원전 173/2년부터 시행되었고, 169/8년부터는 거기에 "니케포루"(ΝΙΚΗΦΟΡΟΥ, "승리를 가져오는 자")도 첨가되었다.[177] 그러나 여기서도 결코 완전히 통일된 주화가 지배적

---

175) 단 7:8, 20; 8:10, 24; 11:36. "그가 큰 것을 말하였다"는 것은 신들의 별칭(別稱)들과 연관될 수 있는데, 이는 그의 화폐들을 이전 왕들의 것과 완전히 구별할 수 있게 한다.

176) O. Mørkholm, *Coinage*, 68ff. 안티오코스는 에피파네스라는 칭호를 채용하는 데 있어 그의 자형(姊兄) 프톨레마이오스 5세 에피파네스(기원전 204~180년)의 모델에서 영향을 받은 것 같다. 그는 안티오코스 누이인 클레오파트라 1세와 함께 비문들에 이 칭호를 사용하였다: *OGIS* 95, 97-100: Cerfaux-Tondriau, *op. cit.*, 240을 보라. 또한 F. Taeger, *Charisma* 1, 1957, 318과 비교하라: "에피파네스는 자신이 신이라는 주장을 은폐하지 않고 세상에 선포하여, 소테르(Soter) 때로부터 자신의 집안의 모든 왕들이 지금까지 넘어서지 않은 한계를 더 이상 인정하지 않았다는 사실에는 의심의 여지가 … 없다." 대략 같은 시기에 동방의 박트리아 왕국의 왕들이 채용한 '에피파네스'(Epiphanēs) 칭호의 중요성에 대해서는 F. Pfister, *PW Suppl* 4, 306ff.를 보라. 이 칭호가 동시에 출현한 것은 기원전 2세기에 시작된 헬레니즘 세계의 일반적인 종교변화의 표시인 것 같다. 2권 p. 325f.를 보라. O. Mørkholm, *Antiochus*, 113, 131f.와 비교하라.

177) O. Mørkholm, *Coinage*, 68f.; E. Bi(c)kerman(n), *Inst.*, 240f.; F. Taeger, *op. cit.*, 1, 318f. '니케포로스'(Nikēphoros)라는 별명은 일련의 신들과 여신들이 언급되면서 나타나는데, 그들 가운데에는 제우스가 있다. F. Münzer, *PW* 7, 310ff.를 보라. 안티오코스 4세는 니카토르(Nicatōr)라는 최초의 셀레우코스 왕의 명칭을 모범으로 지칭하는 것을 따라 '니케

으로 사용된 것은 아니었다.

기원전 166년에 사마리아인들은 이 왕에게 "위대한 신"(Θεὸς Ἐπιφανής, 유대고대사 12, 258)이라는 칭호를 요청했는데, 왕은 이에 대하여 단지 짧은 형태의 "안티오코스 왕"(βασιλεὺς Ἀντίοχος. 유대고대사 12, 262)만을 포함하고 있었다. 이것은 왕의 문서에서 흔히 사용되는 것으로서 더욱이 이것은 대부분의 지방에서 동전을 주조할 때도 사용되었던 칭호였다.[178] 시락서와 다니엘서, 유딧서가 보여주듯이, 유대인들은 이제 처음으로 헬레니즘적인 통치자 제의를 논박하기 시작했다. 사실 그들은 이미 오래전부터 그것을 알고 있었다.[179] 다른 한편으로, 결코 안티오코스 왕이 자신과 제우스 올림피오스를 직접적으로 동일시했다고 말해서는 안 된다.[180] 왕이 제우스 올림피오스

포로스'라는 명칭을 채용한 것 같다. 이에 대해서는 H. Seyrig, *Syria* 20, 1939, 298f. 를 보라. 이 칭호가 비문들에서는 전혀 나타나지 않고, 단지 후대의 화폐들에서나 나타난다. 그의 계승자들은 자신들의 권력이 사라지고 있음에도 불구하고 이 명칭들, 그리고 이와 유사한 신의 칭호들을 유지하였다.

178) E. Bickerman(n), *Inst.*, 231, 233.

179) 단 3:1ff. ; 4:17, 19; 6:8; 유딧 3:8, 비교. 6:2와 임종하는 에피파네스의 마음의 변화, 2마카 9:12; 이것에 대해서는 F. Taeger, *op. cit.*, 1, 434ff. 를 보라. 이집트에 대해서는 Cerfaux/Tondriau, *op. cit.*, 218ff. 를 보라. 이 점에서 마카베오 이후의 유대교의 태도는 본질적으로 더욱 신랄해졌다. M. Hengel, *op. cit.*, 103-111을 보라. 시락 36(G. 33):12에는 이미 언급된 내용이 있다. 2권 p. 135를 보라.

180) O. Mørkholm, *Coinage*, 74; *Antiochus*, 130f. 안티오코스 4세가 제우스와 동일하다는 주장은 무엇보다도 W. W. Tarn, *op. cit.*, 191이 강조하였다; 다른 한편, 이전의 A. D. Nock, *HTR* 45, 1942, 209 각주 82=Essays 2, 755를 보라. 후에 헤롯은 가이사레아(Caesarea)의 아우구스투스 사원에 있는 황제의 조상(彫像)을 건축가 피디아스(Phidias: 역주. 아크로폴리스에 파르테논을 축조한 그리스 고전시대의 건축가)가 제우스 올림피오스를 따라 만들었다. 유대전쟁사 1, 414.

종교제의를 장려했다는 것은 주화주조에서 이를 다양하게 묘사하는 사실에서 이미 나타나는데, 이는 다른 보고들에서도 드러난다:

> 그러므로 그는 아테네에서 페이시스트라토스 가문(*die Peisistratide* 역주. 기원전 546~527년의 아테네의 전제군주 페이시스트라토스와 그 아들)이 완공하지 못한 채 남겨둔 제우스 올림피오스 사원을 완공하였고,[181] 올림피아의 제우스 사원에 화려한 커튼을 선사한 것 같다.[182] 동시에 그는 델로스(Delos)의 아폴로에게도 아낌없는 경의를 표했다.[183] 폴리비오스 역시 안티오코스 왕이 올림피아의 제우스를 더 좋아한다고 말하지는 못했지만, 이 왕이 — 그리스 모국에 있는 도시들을 향한 — 신들에 대한 존경심을 표시함에서는(ἐν ταῖς πρὸς τοὺς θεοὺς τιμαῖς) 헬레니즘 왕국들의 모든 왕들을 능가한다고 포괄적으로 말하였다(폴리비오스 26, 1, 10). 그는 "왕실의 주요 성소"인 다프네(Daphne)의 아폴로 사원[184]을 확장시켰고, 거기에다 올림피아의 피디아스(Phidias)가 만든 제우스 상을 본뜬 형상을 두었다.[185] 그는 다프네의 화려한 "폼페"(Pompē)에서 "사람들이 그 이름을 지어 경배한 모든 신들이나 신적 존재들"을 전시하였다(폴리비오스 30, 25, 13). "신들의 형상의 수는 헤아릴 수 없었다." 우리는 기원전 2세기 후반부 스키토폴리스와 사마리아에서 올림피아의

---

181) Polyb. 26, 1, 11; Liv. 41, 20, 8: Granus Licinianus, ed. M. Flemisch, 1914, 6; Velleius Paterculus 1, 10, 1. 이것은 그리스 도시들 모두에게 주어진 풍부한 하사품들과 관련되었다. Liv. 41, 20, 5ff.와 비교하라. 이것에 대해서는 F. Reuter, *op. cit.*, 41f.를 보라: 그 배후에 '통치자의 허영심'이 존재했다. O. Mørkholm, *Antiochus*, 58f.와 비교하라.

182) Pausanias 5, 12, 4, 또한 A. Pelletier, *Lettre d'Aristée*, 1962, 145 각주 3.

183) *OGIS* 249-251, 비교. Polybius 26, 1, 11; O. Mørkholm, *op. cit.*

184) M. P. Nilsson, *GGR*^{2} 2, 165.

185) Ammian Marc. 22, 13, 1과 이것에 대한 A. B. Cook, *Zeus* 11, 2, 1940, 1188ff. 그러나 이 입상(立像)이 안티오코스를 나타내려 했을 것이라는 주장은 개연성이 없다.

제우스를 숭배한 증거를 가지고 있는데, 여기서 통치자 제의와 깊은 연관성이 드러난다.[186] 더 후대에 에피파네스가 두라 에우로포스(Dura Europos)[187]와 게라사(Gerasa)에서도 통치자 제의를 창설하

---

186) 스키토폴리스에 대해서는 제우스 올림피오스의 제사장들과 통치자 제의를 언급하는 A. Rowe, *The Topography and History of Beth-Shean* 1, 1930, 44 = SEG 8, 33과 R. Mouterde, *MU SJ* 17, 1933, 180f.의 상세한 서술을 보라. 그는 그것을 사마리아에서 나온 더욱 손상된 비문과 비교한다. G. A. Reisner etc., *Harvard Excavations at Samaria*, 1908-1910, 1924, 1, 250 = SEG 8, 96을 보라. 그는 이 비문을 사마리아의 제우스 올림피오스 숭배와 통치자 제의가 실행되었다는 증거로 확대해석한다. 모우테르데(Mouterde)는 이 비문을 기원전 145~140년과 129~25년의 데메트리우스 2세 니카토르 시대에 생겨났다고 주장한다. 왜냐하면 거기에는 통치자의 이름이 새겨져 있고, 후대에 적어도 사마리아에서는 이 이름이 또다시 기입되었기 때문이다. 안티오코스 4세가 이 제의를 제정했는지는 그리 확실하지가 않지만, 셀류키아에서 실행된 제의와 같이 이미 상당히 오래되었을 것이라 추측된다. M. Rostovtzeff, *JHS* 55, 1935, 60f.를 보라. 스키토폴리스에는 카라칼라(Caracalla) 통치하에서도 아직 제우스 올림피오스 숭배에 대한 증거가 남아있다(Watzinger, *DP* 2, 20f.를 보라). 거기에서 발견된 두상은 헬레니즘시대의 거대한 입상(立像)의 일부분으로, 특별히 스키토폴리스-뉘사(Skythopolis-Nyssa)와 밀접히 관련된 디오니소스풍으로 만들어져 있는데, H. Thiersch, "Ein hellenistischer Kolossalkopf aus Beisan," *NGG*, 1932, 52-76은 이것을 알렉산드로스 대왕과 흡사한 제우스의 청년상으로 추측한다. 그러나 그것은 안티오코스 4세 자신을 표현하기 위한 것으로 생각해야 한다. 이 가설들에 대해서는 Watzinger, *DP* 2, 21과 O. Mørkholm, *op. cit.*, 63f.의 비평을 보라. B. Lifshitz, *ZDPV* 77, 1961, 186-190은 기원후 156년에 기록된 제우스 아크라이오스(Akraios)를 기리는 비문을 출판했다. 제우스 아크라이오스는 제우스 올림피오스의 변형일 것이며, 또 다른 변형으로는 제우스와 디오니소스를 혼합한 제우스 박코스(Bakchos)가 있다. 물론 이러한 비문해석을 비평하는 H. Seyrig, *Syria* 39, 1962, 207-211과 L. Robert, *REG* 75, 1962, 207을 보라.

187) M. Rostovtzeff, *Mélanges Dussaud* 1, 294f.와 *Dura Europos and its Art*, 1938, 59f. 또한 F. E. Brown, *AJA* 45, 1941, 94의 짧은 주석을 보라. 또한 O. Eissfeldt, *AO* 40, 1941, 108, 114, 120f., 126f.와 *Kleine Schriften* 2, 180f.와 비교하라. 도시 자체는 셀레우코스 1세가 세웠

였을 수도 있는데, 왜냐하면 그것은 "크뤼소로아스(Chrysoroas)의 안티오키아"라는 이름을 가졌기 때문이다.[188] 페니키아 역사가 디오(Dio)에 따르면, "제우스 올림피오스"의 사원이 티레에 오랫동안 있었으며, 비블리오스의 필로는 "그리스인들의 제우스"를 "바알 샤멤"(Ba'al-Šāmēm)과 동일시하였다고 한다.[189] 그러나 시리아에서 제우스 숭배의 역사는 안티오코스 4세보다 더 이전시대로 거슬러 올라간다. 그러므로 셀레우코스 4세 통치하에 피에리아(Pieria)의 셀류키아(Seleukia)의 제사장 명단에는 제우스 올림피오스와 제우스 코리파이오스(Zeus Koryphaios), 아폴로 제의와 함께 통치자 제의에 대한 증거가 있다.[190] 아마 여러 면에서 안티오코스 4세를 모델로 묘사하였을, 왕조의 창건자 셀레우코스 1세 니카토르는 카시온(Kasion) 산의 유명한 바알을 제우스 카시오스(Zeus Kasios)로 경배했다는 사

다. 여기에는 바알 샤멤/제우스 올림피오스로 동일시되는 일련의 많은 신들이 있다. 그러나 후대의 '제우스 메기스토스'(Zeus Megistos)가 가장 문제시 되는데, 그의 사원 밑에는 원래 제우스 올림피오스 사원이었을 사원 하나가 도시의 내성 곁에 서 있었을 것으로 추측된다.

188) C. H. Kraeling, *Gerasa*, 1938, 373-382: 제우스 올림피오스는 거기에서 단연코 가장 빈번하게 언급되는 신이다; 2-7, 10, 13, 14번을 보라. 가장 초기의 비문은 기원후 22/23년의 것인데, 크뤼소로아스(Chrysoroas) 강가에 있는 안티오케네스인(die Antiochener)에 대해서는 461f., 251을, 그리고 안티오코스 4세가 세운 시설에 대해서는 30f.를 보라. 이 비문은 그것이 페르디카스(Perdikkas)가 지은 첫 시설임을 배제하지 않는다. 이 책 제1부 각주 69를 보라. 또한 O. Eissfeldt, "Tempel und Kulte," *AO* 40, 1941, 16-20과 비교하라. 그는 하다드나 바알 샤멤과 같은 초기의 셈족신이 바알벡(Baalbek)과 팔뮈라(Palmyra), 두라(Dura)에서처럼 제우스 상 뒤에 서있다고 생각하였다. *Kleine Schriften* 2, 1963, 310ff.에 따르면, 기원전 200년경에 코스(Kos)의 한 게라세네인(Gerasener)이 헬리오스(Helios)에게 바친 제물 역시 또한 바알 샤멤과 연관될 수 있다.

189) 아피온 반박 1, 113, 118; 유대고대사 8, 147; Philo, Byblius, *FGrHist* 790 F 2, 7 = Euseb. *Pr. Ev.* 1,10,7; 이것에 대해서는 O. Eissfeldt, *Kleine Schriften* 2, 1963, 174를 보라.

190) *OGIS* 245 = IGLS 3, 1184, 또한 비교. 1185.

실을 보여준다.[191] 이는 피에리아에서 있었던 셀류키아의 건립과 관련된 전설에 따른 것이다. 그는 이미 셀레우코스 "제우스 니카토르"(Zeus Nikatōr)로 불렸고, 그의 아들 안티오코스 1세는 "아폴로 소테르"(Apollōn Sōtēr)로 불렸다. 그런데 여기서 안티오코스 4세를 포함한 셀레우코스 통치자들의 신적인 칭호들은 시간과 장소에 따라 바뀌었다는 것을 주목해야 한다.[192]

---

191) I. Malalas, 8장 p. 199ff., ed. Dindorf, 비교. Strabo 16, 2, 5(750)와 Appian, *Syr.* 58; Adler, *PW* 10, 2265를 보라. 이 이야기는 제우스 보티아이오스(Zeus Bottiaios)와 연관된 안티오키아 설립 전설과 유사한 특징을 지녔다. 안티오코스 4세가 후에 주피터 카피톨리누스의 사원을 세운 안티오키아 곁의 실피온(Silpion) 산 위에 있는 이란의 한 성소는 "제우스 케라우니오스"(Zeus Keraunios)의 성소로 간주되었다. A. B. Cook, *Zeus* 3, 1940, 1187f.를 보라. E. Bi(c)kerman(n), *Inst.*, 250f.와 Abel/Starcky, 69f. 생각건대 이와 유사한 성소들은 그 지역의 바알 신들의 옛 종교제의들을 계승했다. 상세한 것은, 제 4부 각주 244를 보라. 초기 셀레우코스 가문들의 신적인 호칭들에 대해서는 E. Bi(c)kerman(n), *Inst.*, 243ff.; M. P. Nilsson, *GGR*^{2} 2, 166f.; 제 4부 각주 190에서 언급된 비문을 보라.

192) 셀레우코스 가문의 통치자 제의 일반에 대해서는 E. Bi(c)kerman(n), *Inst.*, 236-257; Cerfaux/Tondriau, *op. cit.*, 229-240; F. Taeger, *op. cit.*, 1, 309ff.와 M. P. Nilsson, *op. cit.*, 167-171을 보라; 비교. *JHS* 55, 1935, 56-66을 보라. 안티오코스 3세는 이미 어떤 회람 편지에서 통치자 제의를 조직하기 위하여 이미 특별한 노력을 기울였던 것으로 기록되는데, 그 회람 편지의 한 부는 프뤼기아에서 다른 한 부는 수사(Susa)에서 발견되었다. M. P. Nilsson, *op. cit.*, 168 각주 7; F. Taeger, *op. cit.*, 1, 314ff. 안티오코스 3세 이후로 모든 폴리스와 모든 군사거주지에는 왕조의 신들을 위해 적어도 한 명의 제사장이 배치되었고, 또한 그곳을 '창설한 신들'(*progonoi*)과 군림하는 통치자를 위해서 한 명 혹은 2명의 제사장을 둔 것 같다. M. Rostovtzeff, *JHS* 55, 1935, 61을 보라. 후대의 셀레우코스 가문의 통치자 제의에 대해서는 기원전 130/129년경에 프톨레마이오스에서 안티오코스 7세 시데테스와 그의 배우자인 클레오파트라 테아(Kleopatra Thea)를 기리는 비문을 보라: ed. Y. H. Landau, *IEJ* 11, 1961, 118-126과 B. Lifshitz, *RB* 70, 1963, 75-81.

그러므로 처음부터 제우스와 아폴로는 "셀레우코스 가문의 양대(兩大) 신들"이었고, 이들은 통치자 제의와 매우 밀접하게 관련되었을 것이라 추측된다.[193] 그러나 첫 셀레우코스 가문의 종교정책이나 통치자 제의가 제국 전체에 통일되게 관철되었다거나 목표지향적인 태도를 취했다고 말할 수 없다. 프톨레마이오스 가문의 종교적 관심은 이집트의 전통에 따라, 확실히 더 컸을 것으로 보인다.[194] 따라서 안티오코스 4세는 올림피아의 제우스에 대한 특별한 관심을 가지고 있었지만, 이는 단지 산발적으로만 발견되기에 분명 너무 강조되어서는 안 된다. 또한 그가 도시들을 건립함에서 첫 셀레우코스 가문의 초기 전통을 따랐다고 해야 한다. 종교에 무관심한 그가 그러한 정책을 추진했던 배후에는 전적으로 정치적인 이유들이 존재했다.[195] 그는 셈족계통과 이란에서 나온 천신(天神)과 그리스 전통의 제우스를 통일하는 혼합주의적인 '제국의 제의'라는 이상적 형태를 구상했으리라 생각된다. 그러나 그는 이 구상을 일관되게 진척시키지도 못했고, 프톨레마이오스 1세와 비교되거나 세라피스 종교제의를 도입한 것과 비교될 만한 성공을 거두지도 못했다.[196] 이런 방향으로 그가 노력을

---

193) M. P. Nilsson, *op. cit.*, 167f.

194) 프톨레마이오스 가문의 통치자 제의에 대해서는 다음을 보라: *op. cit.*, 154-165; F. Taeger, 1, 287-308; Cerfaux/Tondriau, *op. cit.*, 189-218과 H. Volkmann, *Historia* 5, 1956, 448-455. 그는 이 제의를 통해 키프로스(Zypern)에 있는 페니키아 도시들이 어떻게 점점 더 헬레니즘화되는가를 표현할 수 있다고 본다. 팔레스타인에 대해서는 기원전 217년 프톨레마이오스 4세가 라피아에서 승리를 거둔 후 세운 욥바와 마리사의 비문을 보라. B. Lifshitz, *ZDPV* 78, 1962, 82-84와 통치자 제의의 제사장; M. L. Strack, *APF* 2, 1902, 544 = Clermont-Ganneau, *GRAI* 1900, 536-541; 그 밖에도 F. M. Abel, *HP* 1, 82f.를 보라. 안티오코스 4세 훨씬 이전에 통치자 제의는 팔레스타인에서 확실한 제도로 정착되었다.

195) E. R. Bevan, *GAH* 8, 498f. 이 책 제2부 각주 218과 비교하라.

196) 그러므로 세라피스(Serapis) 종교제의와 프톨레마이오스 1세를 비교하는

다한 결과는 근본적으로 예루살렘 개혁의 실패가 가져온 역사적 기억에서만 남아있다.

그러므로 마카베오1서 1:41의 칙령과 다니엘서 11:37ff. 가 통치자의 종교적 태도를 묘사함에서는 주로 팔레스타인의 편협한 관점에 의해 영향을 받았으며, 이러한 관점이 타당성을 가지려면 상당히 많은 조건을 전제할 때에나 가능하다. 그럼에도 불구하고 칙령의 역사성을 고수하려 한다면, 칙령은 그저 "원래는 악의가 없었던 공정한 칙령"(*Loyalitats-erlab*) 이라고만 해야 한다.[197] 이것은 통치자 제의와 관련하여 셈족 최고의 천신과 동일시되는 제우스 올림피오스 숭배를 도입할 것을 아주 비강제적인 방법으로 추천되었다(*empfehlen*). 그런 칙령이 제국 전체에 반포되었을 개연성은 적다. 이미 메이어(E. Meyer)는 마카베오1서 1:41ff. 를 원래의 왕의 금지령이 변경된 문안(文案)으로 이해해야만 한다고 제안하였고,[198] 아벨(F. M. Abel)은 이와 유사한 온 제국에 반포된 "종교적 · 정치적" 특징을 지닌 다니엘서 3:4ff. 와 6:8ff. 의 칙령을 지적하였다.[199] 그러므로 이 종교적 칙령에는 전설적인 유대주의적 경향의 애국문학의 주제가 다루어지고 있다. 하이네만이 바로 이 점에서 출발하여 비커만을 비평한다면, 그 근거는

것은 정당하지 않다. 따라서 Rostovtzeff, *Dura Europos*, 36f. ; *HW* 2, 704와 A. Bentzen, *op. cit.*, 82의 주장에 반대해야 한다. O. Mørkholm, *Antiochus*, 131ff. 가 유보적인 태도를 취한 것은 정당하다.

197) K. Galling, *OLZ* 42, 1939, 228.

198) E. Meyer, *UAG* 2, 158; 그의 주장을 A. D. Nock, *HTR* 45, 1952, 209f. 가 따랐다.

199) F. M. Abel, *Macc.*, 19; 비교. Abel/Starcky, *op. cit.*, 91. 또한 에 3:8-15; 3마카 3, 12-30을 보라. 1마카 2:18f. 는 1:41f. 가 저자의 스타일을 따랐다는 것을 보여준다. J. G. Bunge, *Untersuchungen zum zweiten Makkabäerbuch*, 1971은 다프네(Daphne)의 폼페(Pompe)로 초청한 것으로 추측한다.

매우 불확실하다.

그 결과 곧바로 이어진 왕의 두 번째 칙령은, 이른바 "헬레니즘화 정책"의 맥락에서 보면 더 이상 왕이 주도권을 가지고 시작했다고 볼 수 없다.[200] 이 칙령은 유대지역에 한정하여 유대종교를 폐하고 성전에 드리는 헌물을 '제우스 올림피오스'에게 바치라는 명령을 담고 있다(비교. 1마카 1:44ff.; 2마카 6:1ff.). 여기서 명백히 허구적인 진술이기는 하지만, 마카베오1서 1:51a에서 디아스포라 지역은 관계되어 있지 않다.[201] 체리코버는 율법에 충실한 유대인들이 이미 셀레우코스 통치에 대항하여 공개적인 반란을 일으켰기 때문에 왕이 종교칙령을 반포하였다고 주장하지만,[202] 이 가설 역시 만족스러운 설명은 될 수 없다. 왜냐하면 첫째로, 다루기 힘든 주민들을 지배하기 위해 명백하

---

200) 극단적인 논쟁거리가 되는 왕과 그의 정책에 대한 판단은 F. Reuter, *op. cit.*, 여러 곳; F. Hampl, *Gnomon* 15, 1939, 619-623과 H. E. Stier, *Roms Aufstieg zur Weltmacht*, 1937, 16f.를 보라. 그러므로 이러한 판단은 유대지역의 사건들을 판별하는 데 기여할 수 없다. 에피파네스는 최소한 마케도니아 태생일 뿐만 아니라 페르시아 태생이기도 하였다는 C. A. Kincaid, *Oriental Studies for G. E. Pavry*, 1933, 209f.의 언급은 주목할 만하다. 가장 최근의 연구로 F. Kiechle, *Geschichte in Wissenschaft und Unterricht* 14, 1963, 159-170이 이 왕을 판단한 것은 너무 긍정적인 측면을 보여준다.

201) E. Bickermann, *GM*, 120ff.와 I. Heinemann, *op. cit.*, 169의 설득력 없는 반박들. 어쨌든 2마카 6:8은 예외로 간주되어야 한다. 여기서 Πτολεμαίων = Πτολεμαιέων이 루키아노스의 개정판과 불가타 역, 아르메니아 사본과 시리아 사본에 따라 프톨레마이스의 주민들을 뜻하는지, 아니면 알렉산드리아 사본 Πτολεμαίου(비교 8:8)에 따라 코일레·시리아의 사령관 프톨레마이오스를 뜻하는지는 상관이 없다. 이 칙령 또한 지역적인 특징을 가지고 있어서, 오직 "인접하는 그리스 도시들"만 해당되었다. 시리아와 안티오키아, 바빌로니아에 있는 유대인 공동체는 이 칙령에 대하여 아무런 이의가 없었다. J. Neusner, *A History of the Jews in Babylonia* 1, 1965, 13과 비교하라.

202) Tcherikover, *HC*, 196ff.

게 종교적·정치적인 조치들을 취했던 고대시대의 사례가 없고, 둘째로 단순히 폭력을 사용하는 흔한 방법이 아닌, 종교를 금지시키는 이 전무후무한 방법으로 유대의 반란을 진압해야 된다는 유대지역의 '종교적·정치적' 상황을 왕에게 보고한 사람이 누구인지를 확정하기가 어렵기 때문이다. 왕은 물론이고, 당연히 유대인들에게 진심어린 관심을 두지는 않았던 '왕의 측근들'도 유대교 내부의 상황에 대한 정보를 추정하는 그런 기이한 생각은 하지 않았으리라. 이렇게 되면 오히려 비커만의 주장이 가장 개연성을 갖게 된다: 유대지역의 사건들을 이렇게 가장 극단적으로 강화하려는 충동은 예루살렘의 극단적인 그리스어사용 유대인에게서 나왔다.[203)]

동방과 헬레니즘 세계에서 유대교는 이방신들을 숭배하는 것을 근본적인 배교행위로 간주하여 사형에 처할 수 있는 유일한 종교였다.[204)] 예루살렘의 이 그리스어사용 유대인은 '신실한 율법준수자들'과 '자유로운 율법준수자들' 사이에 오랫동안 존재했던 심각한 긴장에서 어쩔 수 없이 소수당을 형성했다. 보수주의자들은 이방인 왕을 지지하려는 그리스어사용 유대인에게 적대적인 태도를 취하고 있었다. 이들의 열성은 마타티아스(Mattathias)가 피네하스(Phinehas)의 후계자를 자극해 배교자들을 죽일 정도였다.[205)] 하지만 그리스어사용 유

---

203) O. Plöger, *Theokratie und Eschatologie*, 9-16은 비커만의 견해에 가깝다. 또한 T. H. Gaster, *Evidence* 4, 1952, H. 29, 27-33; W. F. Albright, *From the Stone Age to Christianity*, 1940, 353; John Bright, *A History of Israel*, [2]1972, 420ff.; M. Smith, *Hellenismus*, Fischer-Weltgeschichte 6, 1965, 257ff.와 K. Galling, *RGG*[3] 3, 982와 비교하라. 현재는 O. Mørkholm, *Antiochus*, 145ff.를 보라.

204) 이것은 이미 포로기 이전시대, 부분적으로는 북왕국에도 해당한다: 왕상 18:40에 대한 K. Galling, *Geschichte und Altes Testament, A. Alt zum 70 Geburtstag*, 1953, 122ff.의 언급을 보라. 또한 1마카 2:58과 비교하라.

205) 1마카 2:24-28, 50, 54, 58. 또한 M. Hengel, *Zeloten*, 152ff.를 보라.

대인이 보수주의자들에게 갖는 반감은 이들의 '열성주의' 못지않게 강렬했다. 왜 이 변절자들은 그들의 적대자들을 무력화시키지 못하는가? 적대자들은 구약성경의 규정들을 뒤집어가며 사형이라는 위협을 통해서라도 율법을 신실하게 준수하도록 하고 있지 않은가? 완전히 동화된 유대의 전향자들은 결국 전통적인 유대 종교전승을 무력으로 근절시켜야만 예루살렘에서 자기들의 통치권이 확보된다는 것을 잘 알고 있었다. 왜냐하면 신실한 율법준수자들은 유대종교의 비타협적인 특징을 고수하였기에, 그들이 변절자들과 융화되는 것은 불가능하기 때문이다. 게다가 아크라의 건립은 그리스어사용 유대인에게 확고한 법적 근거를 주었다: 모든 사람이 지켜야 할 법은—한때 안티오코스 3세의 칙령에서 그러했듯이—이제 더 이상 모세의 토라가 아니라, 자신들이 개정한 종교적 조항들을 포함하여 에피파네스가 인가한 새로운 폴리스의 법령들이다.[206]

자료들 자체도 다양한 방법으로 그리스어사용 유대인의 결정적인 역할을 직접적으로 암시하고 있다. 비록 그 자료들이 왕의 협력을 너무 강조하는 경향이 있기는 하지만 말이다. 여기에서 우선 다니엘서 9:27을 주목할 수 있으리라: וְהִגְבִּיר בְּרִית לָרַבִּים שָׁבוּעַ אֶחָד. 본문을 변경하지 않고 이를 가장 문자적으로 번역하면 이렇다: "그가 많은 사람들과 한 이레(의 해) 동안 강력한 언약을 체결하였다." 여기서 "언약"이라는 단어는 왕의 밀접한 이익공동체로서 극단적인 그리스어사용 유대인, 즉 "많은 사람들"과 체결한 '동맹'을 의미할 것이다. 그들은 기원전 172년 말 혹은 171년 초 메넬라오스가 임명되면서부터 대략 기원전 165년경 저자의 시대에 이르는 7년, 즉 "한 이레"의 기간 동안 예루살렘을 지배하고, 마카베오1서 1:11에 의하면 이방인들과 계약을

206) E. Bickermann, *GM*, 73, 80.

(διαθήκην μετὰ τῶν ἐθνῶν) 체결하려 했던 사람들이다.[207] 더 상세한 암시는 군사식민지가 세워지고 성소가 훼손되었다는 보고가 있기 직전의 시기에서 나온다: "그(안티오코스 4세)는 (이집트에서) 돌아오는 동안에 거룩한 언약을 버린 사람들을 주목할 것이다"(וְשָׁב וְיָבֵן עַל־עֹזְבֵי בְּרִית קֹדֶשׁ 단 11:30b).[208] 히에로니무스는 포르피리오스(Porphyrios)의 해석을 따라 다음과 같이 설명하였다: "postquam eum de Aegypto pepulerunt Romani, indignans venerit contra Testamentum sanctuarii, et ab his invitatus sit qui derelinqueranti Legem Dei et se caeremoniis miscuerant ethnicorum"(로마인들이 그를 이집트에서 몰아내자, 그는 분개하며 거룩한 언약을 대적하기 위하여 돌아올 것이다. 그는 하나님의 법을 폐기하고 이방인의 제의를 그 법과 혼합하는 사람들에 의해서 초대받았다).[209] 요세푸스에 따르면, 여기서 토비아스 가문이 문제시되었다고 한다. 또 다른 중요한 암시는 그들의 대리인 메넬라오스에 대한 일치된 판단인데, 그는 박해와 그 박해로 인한 유대인들의 봉기에

207) 비교. O. Plöger, *Daniel*, 135 ad loc. 그러나 그는 "계약"을 주제로 생각하여 해석을 어렵게 만들었다. 또한 Theodotion, ad loc. 과 비교하라: καὶ δυναμώσει διαθήκην πολλοῖς ... (많은 사람들과 계약을 체결할 수 있었다). "많은 사람들"에 대해서는 1마카 1:43과 3권 p. 121을 비교하라.

208) 단 11:30b와 R. H. Charles, *op. cit.*, 307: "안티오코스는 안티오키아로 돌아와 유대인 배교자들과 계속해서 연락을 취했다. 국가를 헬레니즘화하려는 시도를 시작한 것은 안티오코스가 아니었다." 이어지는 내용에 대해서는 E. Bickermann, *GM*, 26ff. 를 보라.

209) Hieronymus in: *Dan*. 11, 30, *PL* 25, 568. 비교. 유대전쟁사 1, 32의 그리스 자료. 거기에서 "토비아스 가문의 아들들"이 "안티오코스가 유대지역을 공격할 때 자신들을 지도자로 세워달라"고 그에게 부탁한다. 유대고대사 12, 241은 이 보고를 1마카 1:11ff. 와 관련시킨다. 그에 따르면 토비아스 가문은 "자신들은 조상들의 율법과 그것이 규정한 삶의 방식을 버리고 왕의 법과 그리스적인 삶의 방식을 따르기를 원한다"고 왕에게 전했다. 단 9:27과 비교하라.

실제적인 책임이 있다고 본다:

> 마카베오2서 13:3ff.에 따르면 메넬라오스는 기원전 163년에 안티오코스 5세 유파토르(Eupator)와 리시아스(Lysias)와 함께 유대지역으로 갔고, 또한 마카베오 가문이 통치하는 예루살렘에서 다시 자기의 직위로 복귀하려 하였다고 한다. "리시아스는 저(메넬라오스)가 모든 악의 원흉이라고(αἴτιον τῶν κακῶν εἶναι πάντων) 왕에게 고하자," 왕은 그들에게 그를 데려가 죽이라고 명령했다. 이것과는 별도로, 요세푸스의 《유대고대사》 12, 384에는 동일인물 리시아스가 왕에게 조언한다: "그(왕)가 만약 유대인이 잠잠해지고 또 자신에게 짐이 되지 않기를 원한다면 반드시 메넬라오스를 죽여야 하는데, 왜냐하면 메넬라오스는 자신의 아버지(안티오코스 4세)를 설득시켜 유대인으로 하여금 억지로 자신들의 전통적인 하나님 경배를 포기하도록 함으로써 혼란을 야기했기 때문이다"(τὸν Μενέλαον ἀνελεῖν εἰ βούλεται τοὺς Ἰουδαίους ἠρεμεῖν καὶ μηδὲν ἐνοχλεῖν αὐτῷ τοῦτον γὰρ ἄρξαι τῶν κακῶν πείσαντ' αὐτοῦ τὸν πατέρα τοὺς Ἰουδαίους ἀναγκάσαι τὴν πάτριον θρησκείαν καταλιπεῖν). 《유대고대사》에는 그의 처형을 보고 한 후에 대제사장의 특징적인 묘사가 이어진다(12, 385): "그리하여 그는 자신이 다스릴 수 있도록 하기 위하여, 백성들이 자신들의 법을 어기도록 강요하였다"(καὶ ἵνα αὐτὸς ἄρχη τὸ ἔθνος ἀναγκάσαντα τοὺς ἰδίους παραβῆναι νόμους).

이런 판단은 메넬라오스 배후에 있는 토비아스 가문에 적용해도 될 것이라 추측된다. 서로 독립된 2개의 자료들이 명백하게 진술하는 것들은 의심할 만한 어떤 이유도 없다.[210] 마카베오2서 5:23은 아폴로

210) 요세푸스는 마카베오2서를 알지 못한다(제 4부 각주 141을 보라). 따라서 키레네의 야손의 작품과 요세푸스의 저작, 특히 다마스쿠스의 니콜라오스의 그리스어 자료들은 각기 독립적인 역사적 상황으로 거슬러 올라가는데, 이는 하이네만(I. Heinemann)이 시도했듯이 단순한 '문학적 허구'로만 평

니오스의 침입과 아크라를 건립하기 바로 직전의 대제사장을 같은 방법으로 묘사한다:

> 그(메넬라오스)는 유대인 동족들에 대한 적개심이 가득하여(ἀπεχθῆ… διάθεσιν). 다른 누구(즉, 셀레우코스의 사령관들) 보다도 백성들에게 불손하게 행동하였다.[211]

그러므로 박해의 칙령을 일으킨 장본인들은 메넬라오스와 그를 지지한 토비아스 가문이라 생각된다. 아마도 이들이 필요한 정보를 왕에게 제공하여 유대종교를 무력으로 말살시키는 칙령을 발효시킨 것 같다.[212] 이때는 아크라가 건립되고 아테네의 의원들(*Geron*)이 그 칙령을 예루살렘으로 가져온 직후인 기원전 167년 여름이었다. 이 칙령은 유대인 및 이방인으로 이루어진 시민이 새로이 함께 설립한 폴리스의 기본법의 일부였으리라고 생각할 수 있다. 비록 이미 마카베오1서 1:41f.의 배후에 좀더 이른, 그래서 아직 완전한 구속력은 없는 왕의

가 절하할 수는 없다. 메넬라오스를 찾아내어 끔찍하게 처형한 것에 대해서는 2마카 13:4ff.를 보라. 또한 F. M. Abel, *Macc.*, 451은 메넬라오스가 정말로 유대지역의 절망적인 상황의 주요 장본인으로 간주되었음을 보여준다. 또한 단 3:32(LXX)와 에녹 90, 16, 26과 비교하라.

211) 메넬라오스와 그의 지지자들이 유대 백성들에 대하여 가졌던 적개심에 대해서는 2마카 4:39ff., 50을 보라: πολιτῶν ἐπίβουλος. 5:15: "율법과 민족을 배신한 자"인 그는 안티오코스 4세를 성전으로 이끌고 성전의 보화를 그에게 넘겼다. 또한 13:3과 비교하라. 마카베오1서와 다니엘서가 메넬라오스나 토비아스 가문을 언급하지 않고 단지 막연히 "변절자들"이라고 말함에 따라, 이두자료에서 개혁의 실제배경을 해명하는 것은 제한된 범위 안에서나 가능하다.

212) 2마카 6:1, 비교. 1마카 1:44: 왕은 "사신들을 통해 편지를" 전했는데, 이 전달자들에 대한 인물정보로부터는 칙령의 발단과 칙령작성의 장본인에 대한 어떤 결론도 내릴 수 없다. 이름에 대해서는 J. G. Bunge(제 4부 각주 199), 473과 M. Stern, *Kirjath Sepher* 46, 1970/1, 99를 보라.

주도권이 나타난다 할지라도, 이것이 그 칙령에 모순되지는 않는다. 왜냐하면 1:43에 의하면 "이스라엘의 많은 사람들"(πολλοὶ ἀπὸ Ἰσραήλ)은 종교적 압력이 가해지기도 전에 이미 새로운 폴리스의 관습에 동의하였고, "우상에게 제사를 드리고 안식일을 어기도록" 왕이 추진하는 하나님 예배의 형태에 충성을 맹세했다(εὐδόκησαν τῇ λατρείᾳ αὐτοῦ)고 전해지기 때문이다. 많은 사람들이 헬레니즘적 개혁을 따랐다는 이 설명은 자료들에 자주 나온다. 이미 마카베오1서 1:11은 그리스어사용 유대인이 많은 사람들을 설득하여 비유대인들로 동화되는 '프로그램'에 참여하도록 하는 데 성공하였음을 언급하고 있다(1권 p. 267을 보라). 그 당시 김나시온의 유대인 청소년 생도들이 자신들의 할례 흔적을 제거하려고 했다는 것은, 그들이 이미 율법을 완전히 버렸음을 의미한다(1마카 1:15). 다니엘서 9:27에 따르면 왕은 "많은 사람들과 강력한 언약을" 맺었다고 한다.

〈희년서〉 15,33f.는 마카베오시대에 분명 많은 사람들이 흔하게 할례를 이행하지 않거나 할례의 자국을 제거하고 있다는 것을 묘사하는데, 이는 명백히 율법의 언약을 파기하는 것이요, 하나님의 명령을 거역하는 것이요, 신성을 모독하는 것이었다. 따라서 그들은 하나님의 진노를 사게 되어, "이 땅에서 쫓겨나고 멸절될 것이다." 이것은 후대의 배교자들이 죽거나 해외로 도망가야 하는 운명을 의미할 것이라 추측된다.

마카베오1서 1:52는 왕의 종교금지령의 결과로 "백성들 가운데 많은 사람들이 그들(즉, 왕의 칙령으로 임명된 아크라의 감독자들)에 합세했으니, 이들은 모두가 율법을 배반한 자들이었다"고 증언한다. 모데인(Modein)에서는 "이스라엘의 많은 사람들이" 왕의 관료들 앞에서 제사를 드리기 위해 나왔다(2:16). 이 언급을 마카베오 가문을 더 높게 칭찬하려는 것으로 보려는 체리코버처럼 "적개심과 경외심이 모두 많은"이라고 해석하는[213] 사람은 없으리라 생각된다. 후에 대제사장이 된 알키모스(Alkimos)는 "봉기의 때에 스스로가 더럽혀"(ἑκουσίως δὲ μεμολυμμένος ἐν τοῖς τῆς ἀμιξίας χρόνοις)졌기에 더 이상 제단에 합당하지 않다고 질책을 받았다. 그럼에도 불구하고 율법에 충실한 하시딤은 그를 대제사장으로 받아들였는데, 아마도 당시에 선택의 여지는 많지 않았을 것이다.[214] 반면 시의원 라치스(Razis)의 경우, 그 당시에 그가 "유대교"(Ἰουδαϊσμός, 1권 p. 43을 보라)를 위해 결단하고 의연하게 유대교를 지지했다고 분명히 강조되고 있었는데(2마카 14:37f.), 왜냐하면 적어도 도망가지 않은 예루살렘의 주민들에게는 그러한 행동은 하나의 드물었던 예외를 표명해주기 때문이었다. 다니엘서 11:32 또한 "그리스어사용 유대인"이 완전한 배교라는 최종적인 결과를 꺼려하지 않았다는 것을 보여준다: "그는 언약을 어기는 자들을 데려와 감언이설로 배교시킬 것이다"(יַחֲנִיף בַּחֲלַקּוֹת).[215]

> 왕의 "감언이설"이 어떤 형식으로 배교를 강요할 것인가는 11:39b에 나타난다: "그가 이방 신을 인정하는 자들 모두에게 명예를 주고, 많은 사람들의 지배자로 삼고, 토지를 보상으로 나누어 줄 것이다." 신실한 율법준수자들은 반역자로 취급되어 재산을 몰수당하는 반면, 배

---

213) Tcherikover, *HC*, 478 각주 38.

214) 2마카 14:3. 다른 한편 1마카 7:12ff. 와 비교하라. 직접적인 위협으로 "실수한 자들"(*die Lapsi*)이 너무나 많아졌던 것으로 보여서 그들을 더 이상 "위법자들"(*Belastete*)이라고 볼 수 없다. 대제사장 알키모스(Alkimos)에 대해서는 또한 제 4부 각주 142(끝)를 보라.

215) 이것에 대해서는 R. H. Charles, *op. cit.*, 308f. 를 보라: '아첨들'(חֲלַקּוֹת 할라코트)에 대해서는 11:21, 34와 비교하라. 배교자들과 왕은 밀접한 "이권공동체"(*Interessengemeinschaft*)를 이루고 있었다. 1마카 2:18과 비교하라. *Ass. Mos.* 5 또한 예루살렘의 이런 형국을 언급하는 것 같다.

교자들은 재산을 받을 것인데, 이 토지는 시리아 농부들처럼 권리를 박탈당하고 지주에게 반노예 상태로 예속되어 살아야 하는 농민들이 경작하였을 것이라 추측된다.[216] 같은 사건이 반복되었던 때는 기원전 160년 유다 마카베오가 죽은 후였다. 승리를 거둔 박키데스(Bakchides) 장군은 "이스라엘 산악지역에 사는 율법을 저버리는 자들"과 "타락한 사람들"을 강력하게 지지하여, 그들을 "그 땅의 주인이 되게 했다."(1마카 9:23ff.). 물론 기원전 152년 유다의 형제 요나단이 알렉산드로스 발라스에 의해 대제사장이 되었을 때, 그는 태도를 바꿔 "하나님을 거역했던 폭력 행사자들의 재산을 빼앗아 모았다"(ויגזול ויקבוץ הון אנשי חמס אשר מרדו באל).[217]

여기에서 우리는 또한 유대지역에서 일어난 사건들의 강력한 사회적 배경을 볼 수 있다.

유다 마카베오가 놀랄만한 군사적 승리를 거둔 기원전 167년 말부터 기원전 164년 초까지 계속된 전쟁은 더 넓게는 신실한 율법준수자들과 변절자들 사이의 내전이 되었다.[218] 때문에 유대법을 준수하는

---

216) 이것은 Tcherikover, *HC*, 168ff., 192ff., 197ff. 등이 올바르게 강조한 명백한 사회적 구성요소들을 가리키는데, 벤 시라 당대의 사회적 긴장에서 미리 볼 수 있다. 이에 대해서는 2권 p. 97f. 를 보라(비교. 1권 p. 123ff.). '시리아의' 주민에 대해서는 1권 p. 107ff. 와 170f. 를 보라. H. Kreissig, *Studii Clasice* 4, 1962, 143-175는 마카베오 혁명을 교리적이고 마르크스주의적인 방법으로 해석하면서 이 측면을 극단적인 방법으로 주장한다.

217) 1QpHab 8.11: 여기에서는 분명 유대인들을 지칭한다. 왜냐하면 유대인들에게서만이 "하나님에 대한 거역"이 의미를 갖기 때문이다(이 책 제3부 각주 747을 보라). 다른 한편 9.4f. 는 마카베오의 성공적인 정복전쟁을 가리킨다. 이미 상황변화를 묘사하는 1마카 6:24와 9:73을 비교하라: "καὶ ἠφάνισεν τοὺς ἀσεβεῖς ἐξ Ἰσραήλ"(그는 이스라엘의 타락한 자들을 멸하였다).

218) Tcherikover, *HC*, 212f.; O. Mørkholm, *Antiochus*, 149ff.; O. Plöger, *Aus der Spätzeit des Alten Testaments*, 134ff.; 비교. 1마카 2:44, 46f.; 3:5, 8, 15; 4:2; 6:21ff.; 7:5; 비교. *Jub.* 23,20ff.

것을 금했던 포고령은 3년도 지속되지 못하고 기원전 164년 3월에 왕(혹은 그의 아들?)이 내린 문서로 폐지되었다. 여기에서 또다시 메넬라오스가 대사로 등장한다. 그는 자신의 강압정책이 실패하였음을 인정하고 아직도 구할 수 있는 것들을 구하기 위해 리시아스(Lysias)에 의해 안티오키아로 파견되었을 것이다. 또한 반란군과 직접 담판을 지었던 리시아스 자신은(2마카 11:14ff.) 그리스어사용 유대인과 종교를 힘으로 강요하는 그들의 정책에 그렇게 호의적인 태도를 보인 것 같지는 않다.[219] 그러나 메넬라오스와 그의 지지자들이 일으킨 율법저항운동은 더 이상 멈출 수가 없었다. 기원전 163년 말경에 에피파네스 아들인 안티오코스 5세 유파토르는, 기원전 164년에 유다가 이미 되찾은 성소를 아크라의 관할권에서 정식으로 떼어내어 유대인들에게 넘겨줘야만 했다.[220] 물론 유대 배교자들이 유대 백성과 유대교 제의

219) E. Bickermann, *GM*, 83과 F. M. Abel, *HP* 1, 140f. 다른 한편 Tcherikover, *HC*, 482f. 각주 23은 안티오코스 4세의 흔적을 동방에서 찾아볼 수 없으므로, 후대의 왕의 아들인 안티오코스 5세 유파토르(Eupator)가 그 글을 쓴 것으로 추측한다. 또한 E. Meyer, *UAG* 2, 216ff.와 비교하라. 그 경우에는 리시아스(Lysias)가 이것의 저자가 될 것 같다. 그러나 리시아스가 오직 그리스어사용 유대인과 담판을 지었을 것이라는 Tcherikover, *HC*, 215ff., 483 각주 24의 주장은 거의 지지를 받지 못한다. 아다르(Adar)월 28에 '금식두루마리'(*Fastenrolle*)에 담긴 메시지에 대해서는 H. Lichtenstein, *op. cit.*, 279와 350을 보라. 그것은 화친(和親)을 제의했음을 의미한다.

220) 2마카 11:22-26의 편지 또한 당연히 제국의 대리인 리시아스가 보낸 것 같다. 왕의 죽음을 언급한 것은 잘못된 정책이 종결되어야 한다는 것을 강조한다. 메넬라오스 처형 또한 이것과 부합한다. 제 4부 각주 210을 보라. 또한 2마카 13:19-26과 1마카 6:48-63과 비교하라. Tcherikover, *HC*, 236ff.는 성전이 회복되어 "폴리스" 아크라는 끝났고 군사식민지가 해산되었다고 주장했다. 그러나 이 주장은 1마카 15:28과 모순된다. 제 4부 각주 157, 또한 1마카 10:12와 비교하라. 박키데스(Bakchides)는 후에 이방인 정착을 강화시키기까지 했다. 1마카 9:23ff.와 10:13f.를 보라. 그래서 유

공동체로 돌아가는 일은 없었다. 알키모스는 그리스어사용 유대인과 심각하게 타협했지만 여전히 대제사장직을 유지하고 있었다. 하지만 그들은 좋건 싫건 아크라의 이방인 군사식민지와 결합되어 있었기에 자신의 동족들과 진정한 평화조약을 체결하는 것을 받아들이지 않았다. 아마도 이것은 그들이 종교적 고통을 초래한 정신적인 장본인들로 동족들에게 알려졌기 때문일 것이라 추측된다. 빌가 가문이 제사장 반차(班次)로부터 "영원히" 제사에서 제외된 것 또한 이러한 경향을 암시한다(3권 p. 88f., 100f. 각주 131f., 160을 보라).

종교법령들이 폐지된 후에도 아크라에 있는 전향한 유대인들은 지속적인 정치적 위협으로 남게 되었다. 기원전 163년 초 유다가 아크라를 공격하기 시작했을 때, 수비대의 일부가 포위대의 포위망을 뚫고 탈출했고, "이스라엘의 사악한 폭도들 한 무리가 그들에게 가담하여" 봉기를 일으킨 동족에 대해 안티오코스 5세 유파토르에게 불평했다:

> 당신은 언제까지 우리 동포를 심판도 복수도 아니 할 것입니까? 우리는 기꺼이 당신의 아버지를 섬기고 그가 명한 대로 살았으며 그분의 법령을 따랐습니다. 이런 이유로 우리 백성들의 자손들이 성(아크라)을 에워싸고 우리의 적이 되었습니다. … 당신이 신속히 막지 못하면 … 당신은 그들을 통제할 수 없을 것입니다.221)

후에 알렉산드로스 발라스와 데메트리오스 1세 간의 분쟁으로 요나단이 재량권을 갖게 되어, 예루살렘 성벽을 재건하고 아크라의 점

대인 배교자들은 새로운 후원을 받았다.

221) 1마카 6:18, 21-27. 리시아스와 안티오코스 5세에 대한 이런 불평은 셀레우코스 가문이 그리스어사용 유대인에게 싫증나기 시작했음을 보여준다. 9:57-71에 따르면 이들은 나중에 박키데스에게 도움을 요청했지만, 이것이 실패한 후에 그는 그들과 평화조약을 맺었다.

령군에게 인질들을 내어 놓으라고 요구했을 때, 유대지역의 더 작은 요새들에 있는 이방인(ἀλλογενεῖς) 군사이주자들은 도망쳐 "각각 자신의 고향으로 돌아갔다." "오직 베트 추르(Beth-Zur)에만 율법과 계명을 저버린 자들이 남아 있었는데, 이는 그곳이 피난처였기 때문이다"(1마카 10:14). 유대 변절자들은, 비유대인 군사이주자들이 부분적으로 그들을 버리고 떠난 후에도, 여전히 마카베오 가문에 대항하여 베트 추르의 요새를 지키고 있었다. 얼마 후 이들 측 대표단이었던 "율법을 저버린 이스라엘의 범법자들"이 알렉산드로스 발라스에게 요나단을 고소하였다. 하지만 발라스는 이를 받아들이지 않았는데, 요나단의 도움이 필요했기 때문이었다(1마카 10:61). 같은 장면이 기원전 145년 데메트리오스 2세 앞에서 반복되었다: 요나단이 아크라를 포위하기 시작하자, 또다시 "그 백성을 미워하는 몇몇 율법을 저버린 자들이" 그를 고소하였다. 요나단은 왕 앞에서 자신을 변호해야 했으나, 선물로 왕의 마음을 바꿀 수 있었다(11:20ff.). 이 요새가 세워진 지 26년이 지난 후, 기원전 141년 4월 6일 시몬은 기아전법(飢餓戰法)을 사용하고, 또한 포위된 자들의 자유로운 퇴각을 보장함으로써 아크라 점령에 성공하였다. 그는 또한 베트 추르도 정복할 수 있었다(1마카 13:49-51).[222] 유대인 변절자들은 이제야 비로소 백성들에게 위협적인 존재가 되지 못했다. 집정관 칼푸루니우스 피소(L. Calpurnius Piso)가 로마에 보낸 유대사절단 보호요청의 편지에서, 많은 그리스 국가들이 유대의 도망자들을 대제사장 시몬에게 넘겨서 "그가 율법에 따라 그들을 처벌해야 한다"고 종용하였던 것은, 무엇보다도 해외로 도망간 유대 배교자들과 연관된 사안이었을 것이다(1마카 15:21ff.).

헬레니즘적 개혁의 시작으로부터 셀레우코스 점령군이 추방되고

---

222) 또한 1마카 11:41; 13:21. 이야르('Ijjâr)월 23일에 대한 '금식 두루마리'에 대해서는 H. Lichtenstein, *op. cit.*, 286f.와 327과 비교하라.

아크라와 베트 추르에서까지 유대인 변절자들이 쫓겨남으로써 최종적으로 그 흔적이 청산되었던 저 35년 동안, 팔레스타인의 유대교는 자신의 틀을 만들어 내었다. ― 그리고 이 틀은 신약시대에까지 여전히 유지될 수 있었다. 저 소수파는 30년 이상이나 예루살렘 내부에서, 모세의 율법을 폐지하고 이방인의 환경에 완전히 동화되는 것을 최고의 목적으로 삼았고 극단적으로 진력(盡力)했고 유대 백성들은 이를 막아내야 했다. 만일 사실을 주목하지 못한다면, 우리는 왜 그들이 필사적인 열성으로 율법의 절대적인 타당성과 성전의 거룩성을 위해 지속적으로 투쟁해야 했고, 율법에 대한 어떤 비평도 배교로 낙인찍어야 했는지 도저히 이해할 수 없을 것이다. 그 옛날 다윗의 도시의 땅에 서 있었던 성전의 남쪽 언덕 위의 그 요새 아크라는 말 그대로 '육체의 가시'였다.

4. '반율법적 열성'과 새로운 하나님 경배, 배교의 이데올로기

만약 유대종교를 금하는 왕의 칙령이 급진적인 "개혁적 유대교" 측의 주도로 시행되었던 것으로 결론내릴 수 있다면,[223] 그에 대한 근거 칙령과 그것이 시행되는 방법에서 발견할 수 있어야만 한다. 마카베오1서 1:44-51은 이에 대해 몇 가지 암시들을 보여준다. 또한 마카베오1서 1:52-54와 마카베오2서 6:6-11은 그것이 실행된 결과를 묘사한다. 기원전 100년경에 기록된 마카베오1서는 전체적으로 유대지역의 사건들을 단지 매우 피상적이고 일방적으로 묘사하지만, 그럼에도 불구하고 종교법령들과 이것이 실행된 분명한 역사적 배경을 가지

223) 그 용어에 대해서는 E. Meyer, *UAG* 2, 120-166, esp. 144f. 와 W. Kolbe, *Beiträge zur syrischen und jüdischen Geschichte*, 1926, 150을 보라.

고 있다. 이 기록에는 근본적으로 2개의 경향들이 나타난다:

1. 칙령의 주요 목적은 모세의 법과 그 계명들, 금지조항들을 완전히 폐지하는 것이었다. 여기서 눈에 띄는 규정들로는 가령, 거룩한 안식일 준수와 절기들, 할례, 특정한 육류(肉類)에 대한 부정의 규정 등을 폐지하는 것에 특별히 주목할 수 있는데, 이들은 유대교적인 신앙고백의 특성을 보여주는 규정들이다. 칙령의 목적은 유대인들이 "율법을 버리고 그들의 모든 거룩한 규정들을 폐지"하는 데 있었다(1마카 1:49). 이런 칙령을 근거로, 사람들이 손에 넣을 수 있는 모든 율법두루마리는 파기되고 율법을 소유하는 것만으로도 사형에 처해졌다(1:56f.). 개인이 순교를 당한 경우들이 있지만, 가장 큰 희생은 사막으로 도망간 사람들이 안식일에 대량학살당한 사건이었다. 이러한 사건이 발생된 이유는 신실한 율법준수자들이 안식일 동안에는 스스로를 방어하는 것조차 하지 않았기 때문이었다.[224] 마카베오 가문이 적어도 독립투쟁 초기에 "율법에 대한 열성"으로 이끌렸듯이 말이다. 이렇게 유대 변절자들은 '반율법적인 열성'으로 이끌렸다고 말할 수 있으리라.

2. 이와 밀접히 연관된 것은 아크라에 부속된 성소뿐만 아니라, 유대'민족' 전체가 관여하는 제의(祭儀)를 단호히 개혁하는 것이었다. 율법이 규정한 "번제와 희생, 제주(祭酒)"를 폐지한 상태(1:45)란 아폴로니오스가 침입한 이래 존재했던 것만을 용인한 상태였을 것이라 추측된다(3권 p. 99f. 각주 159f를 보라). 성전과 제사장직의 신성함을 보호하기 위한 규정의 폐지도 마찬가지였다(1:46). 여인들도 전에는 들어갈 수 없었던 성소의 안 뜰에도 들어갈 수 있었다.[225] 여기서 결정적

224) 1마카 1:57, 61ff.; 비교. 2:29-38; 2마카 6:9-11, 18ff.; 비교. 단 11:33, 35. 후의 이야기들은 과장된 경향이 있다. 예를 들어 *Ass. Mos.* 8과 비교하라.

인 중요성을 가졌던 것은 신명기에서 규정된 '제의의 중앙화'를 폐지하는 것이었다: "제단과 성전, 신당들이 지방에도 세워져서" 더럽혀진 성소에서 멀리 떨어진 곳에서 살던 농민들은 이곳에서 새로운 종교제의를 준수하도록 강요를 받아야 했다(1:47, 54b). 사람들은 예루살렘의 거리에서 드리는 분향으로 만족하지 않고, "대문 앞에서 제사를 드렸다"(55절): "모든 유대인들은 새로운 신앙의 강요를 받을 수밖에 없었다."[226] 그러므로 칙령의 배후에는 저 그리스어사용 유대인의 명백한 "개종에 대한 열성"이 있었고, 주도면밀한 계획이 있었다. 그들은 분명 폐지되어야 할 유대법이 무엇인가를 알고 있었다. 왜냐하면 정확하게 율법이 금했던 바로 그것을 행하도록 지금 의도적으로 규정하고 있었기 때문이다. 이집트인과 아랍인, 시리아인들에게서 대체로 실행된 할례가 지금 유대인들에게 금지되고 있으며, 널리 확산된 셈족의 관습과도 반하는 돼지를 잡아 봉헌하게 했던 것이다. 왜냐하면 율법에 신실한 유대인들은 돼지를 부정한 짐승으로 여겨 거절했던 관습을 가지고 있었기 때문이다.[227] 그러므로 왕의 종교적 칙

---

225) 2마카 6:4. 마르헤샤반(Marḥešwān) 월 23일의 '금식 두루마리'에 대해서는 H. Lichtenstein, *op. cit.*, 273, 337과 비교하라. 그러나 과연 종교적인 매춘이 성전에 도입되었는지는 의심스럽다(Bickermann, *GM*, 114의 주장과 대립). 6:4는 단순히 성소에서 자유분방한 축제의 연회를 열었던 것에 대한 암시일 수 있다. 유대전쟁사 4, 560ff.; *Test. Levi* 14:6과 비교하라. 제4부 각주 275를 보라.

226) E. Bickermann, *GM*, 119.

227) *Op. cit.*, 118. '계몽된' 유대인들 중에서는 할례를 혐오한 자들이 오랫동안 존재했던 것 같다. 제4부 각주 68과 제2부 각주 138을 보라. 할례를 추구한 것과 할례를 불이행한 것에 대해서는 1마카 1:15, 60; 2:46; 2마카 6:10을 보라. 돼지를 제물로 드린 것에 대해서는 1마카 1:47을 보라; 2마카 6:5와 유대고대사 12, 253, 엘리아자르(Eleazar)의 순교, 2마카 6:18ff.; 7:1과 비교하라. 또한 Posidonios, *FGrHist* 109, 4(Reinach 58); 그것에 대한 Abel/Starcky 75f.를 비교하라. 돼지고기를 금하는 것에

령은 "이제까지의 관습을 폐지한 것만이 아니라 새로운 율법을 도입하였다."228) 새로운 것은 여러 면에서 옛 것의 반전(反轉)을 의미했다: 예전에 금지되었던 것이 지금은 의무가 되었다.

율법 폐지와 종교제의 '개혁', 그리고 "그리스 관습들"(τὰ Ἑλληνικά, 2마카 6:9; 11:24)이라 여겨지는 것들의 도입에서 나타나는 치밀한 논리 정연성은 아마 안티오코스 왕에게서 나온 것도 아니었고, 안티오키아에 있는 이 왕의 관료들에게서 나온 것도 아니었음에 틀림없다. 왜냐하면 만일 그렇다면 거기에는 근절되어야 할 "미신"에 대한 상세한 지식을 가지고 있어야 했는데, 그렇지 못했기 때문이다. 그러므로 오히려 이 모든 것의 배후에는 '단호한' 유대 개혁가들이 존재했다고 추론해야 한다. 마카베오1서 1:11에 의하면 그들은 이미 기원전 175년에 "주변 국가들과 언약"을 맺으려고 노력하였다. 극도로 예민한 정치적·사회적 상황에 근거하여, 이제 그들은 폭력을 통하여서만이 그들이 추구했던 완벽한 동화에 이를 수 있고 동시에 전통적 믿음을 가진 강력한 반대자들을 제거할 수 있다고 여전히 믿고 있었다. 심지어는 성전약탈에 있어서조차 대다수의 동족들과는 다른 견해를 표명

대해서는 레 11:7; 신 14:8을 보라; 사 65:4와 비교하라. 그리스에서 돼지는 거의 전적으로 지옥의 신들에게만 드려지는 제물이었다. Orth, *PW*, 2R. 2, 811ff.를 보라; 제논 파피루스에 의하면 프톨레마이오스의 이집트에서는 돼지는 아리지노에(Arsinoe) 축제와 데메테르(Demeter) 종교제의에 드려진다. C. Préaux, *L'Économie royale des Lagides*, 222를 보라. Rostovtzeff, *HW* 1, 292, 358; R. de Vaux, *Von Ugarit nach Qumran, Festchrift O. Eissfeldt*, 1958, 250-265의 세부적인 것과 P. R. Arbesmann, *Das Fasten*, RGVV 21, 1929, 41-45와 비교하라. 페니키아인들은 돼지를 희생으로 드리는 것을 받아들이지 않았고, 이는 동방세계에서 드물었다. D. v. Berchem, *Syria* 44, 1967, 86ff., 99f.와 Sil. Ital. *Pun*. 3, 21ff.와 비교하라.

228) E. Bickermann, *GM*, 119, 비교. R. de Vaux, *op. cit.*, 261.

했던 이 유대의 "반율법적인 열성을 가진 자들"229)은 틀림없이 친(親)프톨레마이오스적인 반역의 봉기가 일어날 충분한 소지가 있다고 안티오코스 왕을 설득시켰고, 이 왕은 그들에게 칙령을 재가(裁可)했다. 아마도 왕은 전통적인 믿음을 가지고 있는 자들을 견제하고자 그들에게 전폭적인 지지를 보냈을 것이다. 그리하여 개혁가들은 "왕의 이름으로" 처신할 수 있었는데, 이는 그들의 계획 배후에 왕의 칙령이 있었고, 그들이 추구하는 것을 수행하는 도구로 왕의 관료들과 군인들을 움직일 수 있었기 때문이었다.

사건들을 이렇게 해석할 수 있는 간접적인 증거는, 비커만이 상세히 설명한 것과 같이230) 사마리아에서 개혁의 양상이 아주 다른 방향으로 진행되었다는 사실이다. 왕의 관료들은 사마리아와 유대지역 주민 간의 경계가 종종 애매하다는 사실과 종교관습들도 거의 유사하다는 사실들을231) 고려하기 시작했다. 이는 특히 유대지역과 사마리아가 이원형 통치자가(*Meridiarch*)가 다스리는—사마리아에 통치소를 가지고 있었던—단일 행정구역 안에 있었기 때문이었을 것이다.232) 이미 기원전 167년 초에 안드로니코스(Andronikos)는 예루살

229) F. Kiechle, *Geschichte in Wissenschaft und Unterricht* 14, 1963, 168은 '반모세적인 열광주의'를 언급한다. M. Avi-Yonah, *IEJ* 21, 1971, 169는 서쪽 언덕에 제우스 사원이 있었을 것이라고 추측한다.

230) 사마리아인들의 요청과 왕의 답변에 대해서는 유대고대사 12, 257-264와 E. Bi(c)kerrn.an(n), *RHR* 115, 1937, 188-221; *GM*, 123-126을 보라. 그는 그것의 진정성을 입증했는데, 이것은 이미 B. Niese, *Hermes* 35, 1900, 520이 논쟁하였다. 이보다 앞선 문헌에 대해서는 R. Marcus, *Josephus* 7, LCL, 774를 보라.

231) 1마카 11:34에 따르면 사마리아에 속한 3개의 소군주국이 종교제의적 경향으로는 예루살렘을 지향하고 있었고, 이들은 데메트리우스 2세에 의해 유대지역에 합병되었다고 한다. 또한 Ps. Hecataios, 아피온 반박 2, 43의 비역사적인 보고와 A. Alt, *Kleine Schriften* 2, 346-362; H. G. Kipperberg, *Garizim und Synagoge*, 1971, 85ff.와 비교하라.

렘 주민들과 사마리아인들 모두를 위해 왕실 특별총독으로 임명받았다(2마카 5:23). 기원전 166년 사마리아인들은 마침내 왕에게 진정서를 올렸는데, 여기에서 그들은 자신들을 "세겜의 시돈인들"233)로 묘

---

232) H. Bengtson, *Die Strategie* 2, 1944, 170f.; 비교. E. Bickermann, *GM*, 123 각주 4.

233) E. Bickermann, *RHR* 115, 1937, 204ff.은 '시돈인'이라는 용어를 '페니키아인'이라는 용어보다 더 적합한 표현으로 해석하는데, 이와 마찬가지로 '시돈인'보다 '가나안인'이 더 자주 사용되었다. 예를 들면, 창 10:15와 비교하라: 시돈의 부친 가나안; 안티오코스 4세 때의 "시돈인들의 도시인 티레"(לצר אם צדנם)라는 비문이 새겨진 티레의 주화들. B. V. Head, *Historia numorum*, [2]1911, 800과 비커만의 더 상세한 예들을 보라. 《70인경》은 종종 '가나안'이나 '가나안 사람'을 '페니키아인'이나 '페니키아'로 번역한다. 출 6:15; 수 5:1, 12; 욥 40:30을 보라. 반면 사 23:2는 '시돈'(צִידוֹן)을 '포이니케'(Φοίνικες)로 신 3:9는 '시도님'(צִידֹנִים) '포이니케스'(Φοίνικες)로 옮긴다; Susanna 56 θ: σπέρμα Χανααν, ο': Σιδῶνος(ed. J. Ziegler). 유대고대사 11, 344에서 사마리아인들은 알렉산드로스에게 자신들을 "세겜의 시돈인들"이라고 소개하였다: Strabo 16, 2, 34(760)에서 사마리아와 갈릴래아, 여리고, 필라델피아의 주민들은 이집트인과 페니키아인, 아라비아 종족들의 혼합으로 간주된 반면, 유대인들은 이집트인들의 후손으로 생각되었다. 이것을 반대하는 M. Rostovtzeff, *GAH* 7, 11f.와 *HW* 3, 1401 각주 137과 M. Delcor, *ZDPV* 78, 1962, 36ff.는 "마리사의 시돈인들"을 지적한다(이 책 제1부 각주 339와 제2부 각주 32를 보라). 그러나 이 둘은 서로 배타적이지 않다. 페르시아시대에 시돈인과 티레인은 팔레스타인에서 정치적이고 문화적인 영향력을 장악하였다. 시돈인들은 이두매아의 마리사에서처럼 세겜에서도 무역식민지를 가졌을 것으로 추측된다. 시돈인들이 곤경에 빠지자, 사마리아인들은 그들의 편을 들었다. 왜냐하면 무엇보다 그들은 이른바 '가나안인'으로서 그들과 친족관계를 형성했고, '시돈인들'로서 그리스인들에게 더 존경받았기 때문이었다. 델코르(Delcor)와는 반대로 회고록들(*Hypomnēma*) 배후에 시돈의 작은 자치체들(*Politeuma*)뿐만 아니라, 사마리아인들 전체 '민족'이 존재했다는 사실은 성전에 대한 상세한 묘사에서도 나타난다. 사마리아인들과 페니키아인들의 밀접한 관계는 이미 익명의 사마리아인의 아브라함 전승에서 입증되었다(1권 p.309ff.를 보라). H. G. Kippenberg(제4부 각주 231), 74-85와 비교하라.

사하였다. 자신들은 특별히 "시돈인들"로서 이를 테면 유대인들처럼 안식일을 지키기는 하지만 유대인들과 친족관계가 없으므로 유대인들에게 제기되었던 비난과는 아무런 관계가 없다고 주장하였다. 그러니 왕의 관료들이 자기들을 괴롭히지 말게 해달라고 부탁했다. 또한 그리심 산의 "이름 없는 성소"(12, 259: ἱδρυσάμενοι δὲ ἀνώνυμον ἐν τῷ Γαριζείν ⋯ ορει ἱερόν)를 "제우스 크세니오스"(Zeus Xenios) 라는 이름으로 부르기를 원했다(2마카 6:2; 유대고대사 12, 261. 263: "제우스 헬레니오스").[234] 왕은 자신의 측근들 가운데서 사마리아인 사절

234) "익명의" 성소의 명명에 대해서는 제 4부 각주 63과 267을 보라. 또한 E. Bi(c)kerman(n), *RHR* 115, 1937, 212f. 와 M. Delcor, *ZDPV* 78, 1962-39를 보라. 이 두 학자 모두는 대다수의 셈족신들은 실제로 그리스인들에게 '익명'으로 남아 있기에, 특별히 '그리스적 해석'에 적합하다고 강조하였다. '제우스 헬레니오스'(Zeus Hellenios, 이것에 대해서는 Jessen, *PW* 8, 176f. 를 보라)는 '제우스 크세니오스'(Zeus Xenios)에 비하여 덜 중요하였으리라 생각된다. J. A. Montgomery, *The Samaritans*, 1907, 77 각주 11은 게리짐(גְּרִזִים)이라는 처음 2명의 급진주의자들의 이름을 가르(גר)에서 이끌어내려고 한다('익명의 사마리아인'의 저작에서 나타나는 적지 않은 부정확한 어원에 대해서는 이 책 제 2부 각주 239를 보라). S. A. Cook, *Religion*, 188과 O. Eissfeldt, *Kleine Schriften* 2, 196, 각주 2는 그것을 삿 9:4의 바알 베리트(בַּעַל בְּרִית)와 관련시킨다. M. Delcor, *op. cit.*, 40f. 는 창 35:4와 수 24:23을 거명하며 이방신들을 받아들이지 않은 반면, 시돈인들은 '환대의 신'(*ein Gott der Gastfreundschaft*)에게 제물을 올리며 기원을 드렸다고 가정한다. 그러나 여기서 다루는 것은 사마리아 '민족' 전체이다. 명백하게 시온의 제우스 올림푸스와는 구별되지만, 또 다른 측면에서 아브라함이 그리심을 방문했을 때 그에게 제공된 환대도 거명될 수 있다(ξενισθῆναι). '익명의 사마리아인'에 대해서는 *FGrHist* 724 F 1, 5 = Euseb. *Pr. Ev.* 9, 17, 5를 보라. 더욱이, 일반적으로 '제우스 크세니오스'는 '제우스 히케시오스'(Zeus Hikesios)나 '필리오스'(Philios)와 연관되었고 약자와 외국인, 보호를 구하는 자들을 돕는 자비로운 신으로 나타난다. A. B. Cook, *Zeus* II, 2, 1097 각주 1, 1101f., 1177 각주 2와 M. P. Nilsson, *GGR*^{2} 1, 419를 보라. Homer, *Odyssey* 6, 207f. 와 비교하라: πρὸς γὰρ Διός εἰσιν ἅπαντες ξεῖνοί τε πτωχοί τε. 비교. 9,

단이 올린 이 청원을 승인했는데, "이는 그들이 유대인들이 받을 비난과는 아무런 관계가 없었기 때문이었다." 즉, 자신들은 율법에 신실한 유대인들처럼 반역자들이 아니었다는 말이다. 이 이방인 왕에게 만족스러웠던 것은, 그리심 산에서 경배된 "가장 높으신 하나님"이 앞으로는 "제우스"로도 불릴 수 있다는 사실이었는데, 이는 "그들이 그리스 관습을 따라 살기를 원한다"(유대고대사 12, 262f.)는 증거였다. 모세의 토라를 따른 그들의 생활방식을 폐지하는 문제나, 시온산의 성전예배와 거의 같은 수준으로 토라에 따르고 있는 현재의 그리심 산의 종교제의를 '개혁'하는 것은 그리 많이 언급되지 않았다. 모세의 토라나 이에 관련된, 이를 테면 안식일 준수와 같은 종교적 관습들은 세겜에서는 계속 유효한 반면, 예루살렘에서는 사형처벌로 금지되었고 위반시 피의 박해가 따랐다. 안티오코스 4세는 동방에 있는 자신의 신하들이 "헬레니즘화"되는 것에 그저 일반적인 관심이야 가졌지만, 구체적인 세부사항들이나 종교관습과 법령의 변경에는 별 관심이 없었을 것이다. 사마리아인들은 비록 유대인만큼 이방인 이웃들과 구분되지는 않았을지라도 율법과 종교제의를 지켰다.[235] 물

269f. 따라서 성경의 회상도 틀림없이 그것의 배경이 될 수 있으리라. 신 10:17-19와 출 22:20-23을 비교하라.

235) 여기서 경배된 신과 그 종교제의는 동일하다. E. Bi(c)kerman(n), *RHR* 115, 1937, 214f.를 보라. *GM*, 90ff.와 비교하라. 이전의 J. A. Montgomery, *op. cit.*, 78과 비교하라: 사마리아인은 유대인과 같은 어떠한 급진적인 헬레니즘적 당파를 가지지 않았다. I. Heinemann, *op. cit.*, 167f.의 제물에 대한 해석은 사마리아에서는 율법이 여전히 유효했다는 사실을 결정적으로 간과하고 있다. 사마리아인의 청원서에는 "그리스 관습에 따라 살려는" 용의가 있다는 내용이 빠져 있다는 점은 특징적인데, 그것은 왕이 니카노르에게 보낸 편지에서만 나타난다. 그 편지는 왕이 "그의 측근들 가운데서" 사마리아의 사신들과 대화를 나눈 것을 근거로, 단순히 왕의 개인적인 인상을 토대로 하고 있다. 왕은 진정한 "개혁"보다 사마리아의 안정과 규칙적인 납세(유대고대사 12, 261)를 더욱 중요하게 생각했다. 이

론 그리심 성전을 제우스의 이름으로 부르는 것을 염두에 두지는 않았는데, 그것은 오직 그리스인들에게만 의미가 있었고 또 구속력이 있지도 않았기 때문이었다. 아리스테아스조차도 성경의 하나님을 제우스로 부르게 했다(3권 p. 44f. 를 보라). 따라서 만일 유대지역의 박해가 지역적이고 유대"민족"에게 국한되었다면, "그것은 그 지역 당국에 의해 추진되었다고 가정하는 것이 마땅하다."[236] 그래서 종교칙령의 실제적인 난관은 시온의 하나님에 그리스 이름을 부여하는 것에 있었던 것이 아니라, 율법을 급진적으로 제거하려는 '반율법적인 열성'과 완전히 새로운 형태의 종교제의 도입에 있었다. 예루살렘의 극단적인 그리스어사용 유대인과는 대조적으로 사마리아인들 중 어느 누구도 율법과 종교제의를 제거하려고 생각하지는 않았으며, 여기서 안티오코스 왕 역시 어떤 개혁조치도 실행하지 않았다.

비커만은 유대지역 주민들에게 강요된 새로운 형태의 하나님 경배 또한 훌륭하게 분석하였다:[237] 예루살렘의 성전을 "제우스 올림피오스"의 이름을 따라 부르는 것이(2마카 6:2) 결코 그리스적인 "제의형태"를 도입하는 것을 의미하지는 않는다. 왜냐하면 역사적 가치를 가지지는 않는 것으로 판단되는 후대의 포르피리오스의 보고가 나오기까지는, 신이 사람의 모습을 한 종교제의용 형상이 성전에 세워졌다는 징후는 나타나지 않기 때문이다.[238] 기원전 167년[239] 기슬레우

런 종류의 타협을 방해한 것은 유대지역에서 왕의 "문화투쟁의 의지"가 아니라(I. Heinemann, *op. cit.*, 169), 유대의 변절자들이었다.

236) E. Bickermann, *GM*, 126.

237) *Op. cit.*, 90-116. 또한 O. Eissfeldt, *Kleine Schriften* 2, 171-198과 Tcherikover, *HC*, 195와 비교하라.

238) Hieronymus, in *Dan.* 8:5, *PL* 25, 536: "in templo dei simulaerum statuit"와 11:31, *PL* 25, 569, 거기에서 "Antiochi statuitas"가 첨가되었다. E. Bickermann, *GM*, 102f., 105 각주 1과 비교하라. H. H.

(Chislev) 월 15일(12월 6일) 성전에 세워진 “파멸의 가증스러움”은 오히려 큰 번제단 위에 놓인 두 번째 제단을 묘사하는 것으로, 이는 페니키아·시리아 환경에서 널리 퍼진 거룩한 돌 맛세베(Massebe) 나 베퉐(Betyl) 과 같은 의미를 지닌 것 같다: “이 제단(*Aufsatz*) 이란 하나님을 예배하는 대상인 동시에 장소였다.”[240] 이 제단에는 비문이나 상징적

Rowley, *Studio Orientalia J. Pedersen*, 1953, 310ff. (Lit.) 는 불충분한 근거들을 사용하며 신들의 형상이 세워졌다는 주장을 지지한다. 단 12:11을 인용하는 *Taan*. 4, 7과 *Gemara bab*. 28b는 자료로서는 가치가 없다. 다른 한편, 우리는 왕의 동상이 이 거룩한 구역(*Temenos*) 에 전시되었다고 생각해야만 한다. E. Bickermann, *GM*, 104 각주 1을 보라.

239) 1마카 1:54, 비교. 단 8:13; 9:17; 11:31; 12:11. 용어에 대해서는 F. M. Abel, *Macc.*, 38f. 를 보라. 연대에 대해서는 R. Hanhart, *op. cit.*, 64를 보라. 그렇지만 아직 오지 않은 종말이 시작되기까지의 3년 반의 기간에 대한 상이한 언급들(2권 p. 265를 보라) 이 마카베오1서의 정확한 연대를 ‘교정’하는 데 사용되어서는 안 된다. Hanhart, *op. cit.*, 83f. 는 다니엘서를 약 1년 후로 설정함으로써, 그것이 기원전 166년 말 왕의 동방 출정에 대해서는 아직 아무것도 모른다는 사실을 간과했다(이 책 제 3부 각주 460을 보라).

240) 1마카 1:54, 59: “τὸν βωμόν ὃς ἦν ἐπὶ τοῦ θυσιαστηρίου”(번제단 위에 세운 희생제물). 비교. 유대고대사 12, 253과 1마카 4:43의 성소 정화: “καὶ ἦραν τοὺς λίθους τοῦ μιασμοῦ εἰς τόπον ἀκάθαρτον”(그들은 더럽혀진 돌들을 부정한 곳으로 치웠다). E. Bickermann, *GM*, 105ff. (109를 인용) 와 다음을 비교하라: F. M. Abel, *Macc.*, 29; O. Eissfeldt, *Kleine Schriften* 2, 195 각주 10; O. Plöger, *Daniel*, 126; Abel/Starcky, 66ff. 또한 K. Galling, RGG^3 1, 254와 비교하라: “돌로 된 함마님(ḥammanmîm) 의 형태를 따른 올려놓는 제단”, 즉 옛 산당제의(*Höhenkulte*) 에 사용된 분향단의 형태, 비교. 대하 14:4; 34:4, 7; 레 26:30과 *BRL*, 20. “거룩한 돌”에 대해서는 또한 다음을 비교하라: 16f. 와 RGG^3 6, 348ff., S. A. Cook, *op. cit.*, 160f. : 주랑(柱廊) 으로 이루어진 홀로 봉쇄된 거룩한 구역으로 둘러싸인 제단 위의 원추형으로 된 신성한 돌(*Betyl*). 마세바 제단들(*Massebenaltäre*) 의 경우에 대해서는 K. Galling, *Der Altar*, 1924, 67f. 와 T. 13, 37-42를 보라; 마세바와 제단의 근본적이고 본래적인 결합에 대해서는 58f. 를 보라. 가장 많이 보급된

표현도 담고 있었던 것 같다. 비블리오스의 필로에 의하면 "혼을 불어 넣은 돌들"인 베틸은 "엘룐 휩시스토스"(Elyon Hypsistos)의 아들 "우라노스"(Uranos) 신의 발명품이라 한다.[241] 또 성소 자체는 문들이 파괴된 후 나무들이 있는 거룩한 숲으로 변했지만, 원래의 사원 건물은 빈 상태로 서있다.[242] 나무를 심은 것과 맛세베(Massebe) 양자(兩者) 모두는 신명기 16:21f.에 정면으로 대립되는 사상이 된다. 지방에서 만들어진 제단과 숲은 어느 정도는 옛 번제단 위에 거룩한 돌을 가지고 있는, 시온에 세워진 거대한 성소(*Temenos*)에서 파생된 형태를 지니고 있었다. "이렇게 새로운 예배가 분향되었던 제의장소는 옛 셈족 형태의 성소와 일치하는데, 벽으로 에워싸여 있고 나무가 심어져 있어

제단형태인 뿔 제단 역시 마세바 제단이 더 발전된 형태이다. 65-67을 보라.

241) 여기에서 제우스와 바알 샤멤의 상징적 동물인 독수리나 날개달린 태양을 생각할 수 있다. 이것에 대해서는 O. Eissfeldt, *FF* 18, 1942, 298f. = *Kleine Schriften* 2, 431ff.와 연결하여 단 9.27b에 대한 A. Bentzen, *op. cit.*를 보라. 또한 *op. cit.*, 2. 179f.와 콰스르 엘 아브드(Qasr el-'Abd)에 있는 토비아스 히르카노스의 독수리 조상(彫像)들과 비교하라. 제4부 각주 109를 보라. 황도십이궁 헬리오스와 4개의 바람을 상징적으로 표현한 원추형 조상에 대해서는 H. Seyrig, *Syria* 40, 1963, 17-19를 보라. 상징적인 조상(彫像)이 바알 샤멤의 제단은 필라델피아에서 발견되었다. 제4부 각주 255를 보라.

242) E. Bickermann, *GM*, 109ff. 성전 경내의 문들을 파괴한 것과 식물을 재배한 것에 대해서는 1마카 4:38을 보라. 문들은 유대 배교자들이 파괴한 것 같다. 그들을 화형으로 처벌하는 것을 묘사하는 2마카 8:33을, 또한 1:18과 비교하라. 이 "거룩한 구역"(*Temenos*)은 창살 격자를 통해 분리되었을 것이다. H. Lichtenstein, *op. cit.*, 273f.와 337을 보라. 리사니아스(Lysanias) 당대에 아빌라(Abila)에서 "크로노스 퀴리오스"(Kronos Kyrios)를 기리는 조림(稠林)과 R. Savignac, *RB* NS 9, 1912, 536을 보라. 그리고 페니키아의 아라도스(Arados)의 "제우스 크로노스"(Zeus Kronos)에 대해서는 R. Savignac, *RB* 25, 1916, 579와 부가적으로 L. Robert, *Mélanges Dussaud* 2, 1939, 729-731, "가장 높으신 하나님"의 명령으로: "ὁ πάντων ἐυεργεστα[τος θεός ..."(모든 자들 가운데 가장 뛰어나신 하나님).

지붕 없이 제사를 지내는 곳이었다."[243] 가장 유명하고 숭엄해 보이는 팔레스타인과 시리아의 성소들은 헬레니즘시대에도 이런 형태를 지니고 있었다. 예를 들면, 셀류키아(Seleukia) 근처의 카시온(Kasion) 산의 성소, 마므레(Mamre) 성소, 헤브론 근방의 옛 아브라함 성소, 그리고 무엇보다도 옛 엘리야와 아합시대에 야웨와 티레인의 신 바로가 패권을 다툰 갈멜 산의 성소가 그런 것들이다.[244] 타키투스(Tacitus)

---

243) E. Bickermann, *GM*, 111. 비교. Ps. Hecataios: 아피온 반박 1, 199. 그러나 작은 숲은 없다.

244) *Loc. cit.*. 제 4부 각주 27, 191을 보라. 가나안과 페니키아의 기원을 가지고 있는 산당의 옛 성소들에 대해서는 O. Eissfeldt, *Kleine Schriften* 2, 43-51과 비교하라. 이는 Philo, Byblius, *FGrHist* 790 F 2, 9 = Euseb. *Pr. Ev.* 1. 10, 9를 언급하고 있다: 카시온(Kasion)과 레바논(Lebanon), "아타비리온 타보르"(Atabyrion Tabor)인 안티레바논(Antilebanon)과 '브라티'(Brathy). 카시온 산에 대해서는 O. Eissfeldt, *Baal Zaphon*, *Zeus Kasios*, Beiträge zur Religionsgeschichte des Altertums 1, 1932, 30ff. 와 M. H. Pope, *WM* 1, 256ff.를 보라. 헬레니즘시대의 제우스 종교제의에 대해서는 A. B. Cook, *Zeus* II, 2, 981ff., 여기서 제우스 카시오스를 향하는 성스러운 원추형을 묘사한 그림 880-4번 셀류키아의 동전들을 보라. O. Eissfeldt, *op. cit.*, 32에 따르면 그것은 "세계의 중심축"이라는 뜻으로 중심(*Omphalos*, 역주. 반원형 돌)이라는 의미를 갖는다. 비교: *Jub.* 8, 19에 따르면 시온 역시 동일한 의미를 갖는다. 정상 자체에는 사원이 없고 단지 제단만 있는 것으로 보인다는 것은 의미심장하다. 하드리아누스 황제의 것으로 보이는 경구(*Anth. Gr.* 6, 332, ed. Beckby 1, 620)는 제우스 카시오스를 보편적의 의미로 "신들의 주"로 부르는데, "인간의 주"인 트라얀누스(Trajan)가 그에게 경배하고 있다. 갈멜(Carmel) 산에 대해서는: O. Eissfeldt, *Kleine Schriften* 2, 135-149는 이 산의 바알을 티레의 신들인 바알 샤멤과 동일시하는 반면, K. Galling in: *Geschichte und Altes Testament, A. Alt zum 70 Geburtstag*, 1953, 105-125는 이 산에만 속한 바알이 멜카르트(Melkart)나 티레의 신들인 바알 샤멤과 단순하게 동일시될 수 없음을 지적한다. 이 바알신은 로마시대에 와서야 비로서 헬리오폴리스-바알벡(Heliopolis-Baalbek)의 제우스와 동일시되었는데, 이 지역이 정치적으로 도시 프톨레마이스 지역에 속했기 때문인 것 같다. M. Avi-Yonah, *IEJ* 2, 1952, 118-124를 보라; W. Röllig, *WM* 1, 270, 272

는 하나님 경배의 고대적 형태를 다음과 같이 묘사한다: "nec simulacrum deo aut templum-sic tradidere maiores: ara tantum et reverentia"〔신에게 올리는 모상(模像)도 사원도 없었다. 조상들이 전하는 말에는 이렇게 오로지 제단과 신에 대한 경외심만이 있었다. Hist. 2, 78〕. 여기에서 고대의 셈족과 그리스 관습이 만난다. 올림포스의 정상과 크레타(Kreta)의 이다(Ida) 산, 제우스를 모신 다른 산들의 모든 꼭대기에도 단순한 제단이 존재했다. 사원들을 가지고 있는 다른 신들과는 달리, 페르가몬(Pergamon)의 장엄한 아크로폴리스(Akropolis) 역시 단 하나의 제우스 제단을 가지고 있었다. 물론 그 제단의 규모는 매우 크지만 말이다.[245] 지중해 전체가 그렇듯이 그리스에서도 거룩한 돌들을 숭배했던 증거는 많이 있다. 파우사니아스(Pausanias 7, 22, 4)는 한때 모든 그리스인들이 신들의 형상 대신 다듬지 않은 돌들을 숭배했었다고 기록하고 있다.[246]

> 헤로도토스는 페르시아인들 사이에 부분적으로는 유사하고 "고대적"으로(*archaisch*) 보이는 하나님 경배가 있었다고 기록했다: "그들이 신들의 형상과 사원, 제단을 세우는 것은 흔하지 않았다. 그들은 이

와 비교하라.

245) A. B. Cook, *Zeus* 1, 102f., 117f., 124. 예를 들어, 로데스 섬과 시실리, 크리미아의 제우스 아타비리오스(Zeus Atabyrios) 종교제의는 이미 매우 초기단계에서 제우스와 바알이 동일시되었음을 보여준다. 제 4부 각주 27을 보라. 더 나아가서 그리스와 소아시아의 제우스 산당의 제의들의 다양성에 대해서는 *op. cit.*, II, 2와 890ff.를 비교하라. 그리고 킬리키아 키프로스(Cilicia Cypros)와 시리아, 페니키아, 팔레스타인의 헬레니즘시대에 대해서는 또한 D. v. Berchem(제 4부 각주 227), 97f.를 보라.

246) M. P. Nilsson, *GGR*^{2} 1, 201-207과 W. Fauth, *KP* 1, 806: 원추형 성상숭배(*Baetylolatrie*)는 특히 서부 셈족의 아라비아 지역에서 널리 퍼졌다. 또한 야만인들의 산과 나무, 돌 숭배에 대한 판단으로는 Dio Chrysostom, 12, 61(비교. 53)과 비교하라.

> 것을 행하는 자는 누구든지 바보라고까지 단언하였다. 내가 보기에 그들은 그리스인들처럼 신들이 인간의 형태를 지녔다고 믿지 않았다. 그들은 여러 산 위에서 제우스에게 제사를 드리고, 온 하늘을 제우스로 부르는 것에 익숙했다."[247] 태고시대 로마의 경건하고 철학적인 왕 누마 포필리우스(Numa Popilius) 역시 형상과 신전 없이 신들을 경배했다: "nondum tamen aut simulacris aut templis res divina apud Romanos constabat"(그러나 로마인들이 그때까지도 모상을 새기거나 사원을 지어서 신들을 모시지는 않았다는 것은 잘 알려진 사실이다.) 그리고 키티온(Kition)의 제논은 자신의 첫 작품에서, 신들에게 사원들을 지어주고 형상을 만들어 바치는 것은 어리석다고 설명하였다.[248]

그러므로 전향한 유대인들과 그들의 셀레우코스 측 동맹자들은 시온에서 시행한 새로운 종교제의가 "보편적"이고 고대적이고 합리적이라는 주장을 했을 가능성이 있다. 고대적이라는 것은 당시 진리를 보여주는 증거라고도 생각되었기 때문이다. 그러한 종교제의는 아크라 정착자들의 관습과 일치하며, 동시에 "철학자들의 종교"와도 부합된다.[249] 어떤 면에서 그것은 사도행전 7:48의 스테판의 계몽적이고 논쟁적인 설교를 앞서 보여주었던 것이라 하겠다: ἀλλ᾽ οὐχ ὁ ὕψιστος ἐν χειροποιήτοις κατοιχεῖ(그러나 지극히 높으신 이는 손으로 지은 곳에 계시지 않는다).

다니엘서 당시의 판단에 따르면 이 새로운 형태의 하나님 경배는

---

247) 1, 131; 이것에 대해서는 G. Widengren, *Die Religionen Irans*, 1965, 124f.를 보라.

248) Tertullian, *Apol*. 25; 다음을 보라: E. Bickermann, *GM*, 132 각주 2. 또한 K. Latte, *Römische Religionsgeschichte*, 1960, 150 각주 1을 보라. 제논에 대해서는 *SVF* 1, 264-267번을 보라.

249) E. Bickermann, *GM*, 132f.; 무엇보다도 133 각주 3(Lit.)을 보라.

아크라에 거하는 자들이 부르던 "요새의 하나님", 즉 "이방신"에 집중되었다(제 4부 각주 158/9를 보라). 따라서 이는 분명 예루살렘 성전이 제우스 올림피오스의 이름을 따라 불렸다는 사실에 대한 묵시적인 암호이다(τὸν ἐν Ἱεροσολύμοις νεὼ καὶ προσονομάσαι Διὸς Ὀλιμπίου, 2마카 6:2). 그러나 헬레니즘시대에 올림피오스는 단지 "하늘과 동의어"였다(*GM*, 96). 만일 제우스 올림피오스 제의와 관련되어 이미 안티오코스 4세 이전에 존재했던 강제적인 통치자 제의를 제외한다면, 예루살렘에서 그 밖의 다른 신들을 경배했다는 언급은 없다(제 4부 각주 177-180을 보라). 마카베오2서 6:7에 따르면 유대인들이 "담쟁이넝쿨로 엮은 관을 쓰고 디오니소스를 찬양하는 행렬에 어쩔 수 없이 참가하여 걸어야만 했다"고는 하지만, "디오니소스"가 "올림피아의 제우스" 혹은 시온의 제우스 종교제의와 관련되었다는 언급은 어디에도 없다.

비커만이 "아크라의 신들"에 대하여 언급하지만(*GM*, 111-116), 이러한 주장은 특정한 부분에서는 다니엘서와 마카베오1서의 진술들과 상충된다. 이 진술에서는 체리코버가 올바르게 강조했듯이, 새로운 종교제의를 선전하는 데 있어 "유일신적인 정책"이 나타나고 있다(*HC*, 182). 훨씬 후대에 비잔틴시대의 연대기를 저술한 말라라스(Malalas)는 예루살렘에서 제우스 올림피오스와 더불어 아테네 여신(*die Athene*)도 경배하였다고 보고하는데, 비커만은 그 여신의 배후에 셈족의 신 알라트(Allat)가 있다고 보았다. 하지만 말라라스가 거기서 안티오코스 4세 치하의 사건들을 혼란스럽게 보고한 것을 감안한다면, 이것은 자료로서의 가치는 전혀 없다.[250] 그래서 후대에 헬리오

---

250) J. Malalas, ed. *Dindorf*, 1831, 207; 이것에 대한 E. Bickermann, *op. cit.*, 112f. 와 *Byzantion* 21, 1951, 63-83. 아테네에 대한 메모기록은 "l'imagination d'un sacristain"(성전관리인의 상상)이다.

폴리스 바알벡(Heliopolis Baalbek)에서 경배되었던 것과 같은 어떤 삼신(三神) 종교제의가 예루살렘에서 있었다고 가정해야 하는지는 매우 의심스럽다.[251)]

다니엘서와 마카베오1서가 예루살렘 개혁에 대해 보고하면서 "유일신화되는 특징"을 언급하는데, 이것의 원인이 왕의 일관된 종교정책에 있지는 않았다. 그런 정책은 단지 주변적인 것이었다. 또 "유일신론자들"인 유대의 신실한 율법준수자들이 유대지역 사건들을 이런 식으로 해석했다고도 볼 수 없다.[252)] 그들은 이미 열왕기서의 므낫세(왕하 21:1-18)에게서 발견되는 것처럼, 명백하고 격렬한 다신론을 신랄하게 비난했으리라. 논쟁의 중심이 되었던 점은 율법금지와 신실한 율법준수자들에 대한 박해, 율법에 모순되는 새로운 형태의 종교제의로 성소를 모독하는 것이었다. 마카베오1서와 다니엘서는 마치 제국 전체의 종교를 통일화하고 왕이 특별히 호감을 갖는 "이방신"을 선전하는 것과 같은 인상을 준다. 물론 이러한 묘사를 하는 역사적 배경이 전혀 없는 것은 아니다: 그러한 인상은 왕에게 자신들의 쇄신책을 지지해달라고 결연하게 호소한 예루살렘의 개혁가들의 종교적 선전에서 나왔을 것이다.

오랜 연구를 통해서 인정되는 바는, 다니엘서에는 "파멸의 가증스러움"을 암시하는 다양한 명칭들이 나온다는 점이다: 하페샤 쇼멤(הַפֶּשַׁע שֹׁמֵם 8:13)과 쉬쿠짐 메쇼멤, 알 쇼멤(שִׁקּוּצִים מְשֹׁמֵם, עַל־שֹׁמֵם 9:27), 핫쉬쿠스 메쇼멤(הַשִּׁקּוּץ מְשֹׁמֵם 11:31), 쉬쿠스 쇼멤(שִׁקּוּץ שֹׁמֵם 12:11). 여기 각각에서 첫 단어는 바알(בַּעַל)의 변형이고 두 번째 단어는 샤멤(שָׁמֵם)을 표현하는데, 이와 같이 "아크라"에서 경배된 하나님을 셈족의 이름으로 재현되었던 것이다.[253)] 바알 샤멤(Baʻal Šāmēm) 또는 아람어

251) 이 삼신(三神)에 대해서는 H. Seyrig, *Syria* 10, 1929, 314-356을 보라.
252) Tcherikover, *HC*, 187.

형태인 베엘 세민(Be'el-Šemīn)은 적어도 그의 후대 형태에서는 "온 세상을 다스리는" 동시에 "개개인의 경배자들과 특별히 친밀한 관계를 맺고 있는" 신으로서, 헬레니즘시대에 영향력을 행사하는 신으로 인정되었다.[254] 왜냐하면 바알 샤멤 숭배는 그 시대의 개별적이고 보편적인 경향들 모두에 부합되었기 때문이다(2권 p. 42f. 와 305f. 를 보라). 우리는 기원전 1000년 초에서부터 기원후 2세기 중엽까지 이 신을 경배하였던 자취를 추적할 수 있다. 그 범위는 사르디니아(Sardinia)와 카르타고에서 아르메니아, 메소포타미아 동쪽과 아라비아에까지 이른다. 좀더 이른 시기에는 특히 페니키아가 미쳤던 영향력의 범위에서 바알을 경배하였고, 거기에서 비블리우스의 필로(Philo von Byblius)는 바알을 제우스(그리고 헬리오스)와 동일시하였음이 입증된다: τοῦτον(τὸν ἥλιον) γάρ (φησίν) θεὸν ἐνόμιζον μόνον οὐρανοῦ κύριον Βεελσάμην καλοῦντες, ὅ ἐστι παρὰ Φοίνιξι κύριος οὐρανοῦ, Ζεὺς δὲ παρ' Ἕλλησιν〔즉, 그들은 이(헬리오스)를 하나님이라고(말하고) 여기며, 유일한 하늘의 주 베엘 사메스라고 부르는데, 이는 페니키아인에게는 하늘의 주(主)요, 그리스인에게는 제우스이다〕.[255]

---

253) 이런 연관은 E. Nestle, *ZAW* 4, 1884, 284가 발견하였는데, 그는 2마카 6:2를 페쉬타(Peschita, 역주. 시리아역 성서)를 통하여 ܒܥܠܫܡܝܢ ܐܘܠܘܡܦܝܘܣ는 '제우스' 올림피오스로, ܒܥܠܫܡܝܢ ܟܣܢܝܘܣ는 '제우스 크세니오스'로 번역한 것에 기초 하고 있다. *Libri Veteris Testamenti apocryphi Syriace*, ed, P. de Lagarde, 1861, 227을 보라. 세부적인 것은 O. Eissfeldt, *Kleine Schriften* 2, 171-198, 특히 191f. 를 보라.

254) *Op. cit.*, 2, 180, 비교. 183.

255) *FGrHist* 790 F 2. 7 = Euseb. *Pr. Ev.* 1, 10, 7. 바알 샤멤의 보급에 대해서는 O. Eissfeldt, *op. cit.*, 2, 169-183을 보라. 또한 "Tempel und Kulte," *AD* 40, 1941, 79f., 90ff.; R. Dussaud, *La Pénétration des Arabes en Syrie*, [2]1955, 46, 57ff. 의 나바테아인들과 98-101의 팔미라(Palmyra)와 비교하라. 특별히 또한 J. Fevrier, *La Religion des*

또한 바알은 "제우스 올림피오스"와 동일시된 것 같다. 기원전 2세기의 페니키아 역사를 기술한 2명의 작가 메난드로스(Menander)와 디오(Dio)에 따르면, 이미 히람 왕 시대에 티레에 성소를 가지고 있었던 "제우스 올림피오스"는 솔로몬의 친구이며 장인으로 알려졌다.[256] 제우스 올림피오스에 대한 증거는 기원전 1세기부터 늘어났고, 무엇보다도 나바테아인들에게서는 하우란(Hauran)과 사파(Safa), 팔미라(Palmyra), 두라 에우로포스(Dura Europos), 하란(Haran)과 니시비스(Nisibis)를 거쳐 하트라(Hatra)의 비문에 이르는 아라비아-시리아-메소포타미아의 경계지역들에서 나타난다. 그러나 제우스 올림피오

Palmyréniens, 1931, 103ff., 120ff. 를 보라; 하우란(Hauran)에 대해서는 D. Sourdel, *Les Cultes du Hauran*, 1952, 19-31을 보라. 또한 W. Röllig, *WM* 1, 273; M. Höfer, *WM* 1, 425, 427f., 429f. 와 W. Fauth, *KP* 1, 793f. 를 보라. 가장 중요한 비명자료는 KAI에 있다: 페니키아의 것은 Nr. 4, 3의 기원전 3세기 중반의 예히밀크(Jeḥīmilk) 비문과 Bd. 2, 6f.; 26 각주 II, 18은 기원전 720년의 카라테페(Karatepe); 78, 2는 기원전 3세기(?)의 카르타고(Karthago)의 비문; 64, 1은 기원전 3세기경의 사르디니아(Sardiniein) 비문 등이다. 또한 서방의 것으로는 "balsameni" Plautus, *Poen.* 1027과 비교하라. 아람어 비문들은 Nr. 202 각주 3, 11ff. B 23(기원전 800년경), 하마트(Hamath)의 왕 ZKR의 비문; 266, 2의 파라오 네코(Pharao Necho) 2세에게 보낸 팔레스타인의 속국 왕의 편지(기원전 700년경); 259, 3의 킬리키아(기원전 4~5세기); 241과 244-248의 앗수르(Assur)의 북서쪽의 하트라(Hatra)에서 온 모든 자료들(기원후 1~2세기). 또한 바알 샤멤의 사원도 거기에서 발견되었다. *op. cit.*, 2, 294. 또한 기원후 1~3세기 사이에 암만(옛 라바트-암몬-필라델피아)에서 나온, 독수리와 황소, 그리고 빛의 화관으로 장식된 흉상을 가진 태양과 달에게 봉헌된 제단은 *RB* 69, 1962, 85. f. 를 보라. 또한 F. Cumont, *Syria* 8, 1927, 163-168이 논의한 페니키아의 제단과 비교하라. 팔뮈라(Phalmyra)에 대해서는 P. Collart, *Mélanges K. Michalowski*, 1966, 325-337과 J. Texidor, *Syria* 45, 1968, 358f. 를 보라.

256) Menander, *FGrHist* 783 F 1 = 아피온 반박 1, 118(단지 제우스)과 Dio 785 F 2 = 아피온 반박 1, 113과 유대고대사 8, 147.

스 경배가 이렇듯 갑자기 확장된 이유가, 아이스펠트(O. Eißfeldt)가 추정하듯이 "(셀레우코스) 왕실 혹은 그들과 가깝게 지내거나 그들의 추천을 중요하게 여기는 모든 사람들이 그것을 열광적으로 촉진시켰기" 때문이라고 주장할 수 있는지는 의심스럽다. 차라리 제우스 경배가 확장된 이유를 그 시대의 종교적 필요로 규정하는 것이 더 타당성이 있을 것이다. 즉, 제우스 숭배는 점점 확장되어 최종단계에서는 후기 고대시대의 유일신주의의 최고의 천신 혹은 태양신 숭배에 이르렀다고 말이다.[257] 셀레우코스시대에 바빌로니아의 고대도시 우룩(Uruk)에서도 하늘의 신 아누(Anu)가 갑자기 전면에 강력하게 부상하였는데, 그 이유는 지금까지 설명할 수 없다. 그는 만신전에서 제일 높은 위치에 올랐지만, 그전까지는 이른바 '한가한 신'(*deus otiosus*)이라는 소극적인 역할만을 담당하였었다.[258]

이두매아의 마리사(Marisa)나 사마리아의 세겜에서처럼, 그리스인들과 우호적인 귀족계급이 페니키아인들과 경제적·문화적으로 밀접하게 접촉하였다는 사실은 유대지역에서는 중요한 의미를 갖는다. 페니키아인들은 페르시아시대로부터 팔레스타인에서 주도적인 역할을 해왔고 또한 헬레니즘 문명의 전달자로서 중요한 역할을 했다. 이는 무명의 사마리아인이나 유대 '역사가' 에우폴레모스(Eupolemus)가 티레의 축제들에 참석했다는 것만 생각해도 알 수 있다. 에우폴레모스에 따르면 솔로몬이 히람에게 준 황금기둥이 제우스 바알 샤멤(Ba'al

---

257) 이것에 대해서는 M. P. Nilsson, *GGR*² 2, 513ff., 707f.를 보라. 제국의 시대에 바알 샤멤은 마침내 Jupiter summus exsuperantissimus(최고의 걸출한 주피터)가 되었다. F. Cumont, *Drientalische Religionen*, 117f., 174f.; *ARW* 9, 1906, 236-336; *Syria* 8, 1927, 164ff.를 보라. 또한 J. Kaerst, *op. cit.*, 22, 216f.와 비교하라.

258) A. Falkenstein, *Topographie von Uruk*, L, *Uruk zur Seleukidenzeit* 2, 1941, 비교. 8f. 또한 S. Morenz, *RGG*³ 3, 331을 보라.

Šāmēm)의 사원에 세워졌다고 한다.[259] 그러므로 예루살렘의 그리스어사용 유대인에게 바알 샤멤(Ba'al Šāmēm)은 무엇보다도 그들이 그토록 자주 모델로 삼았던 페니키아인들의 보편적인 천신(天神)이었을 것이라 추측할 수 있겠다.

물론 우리는 전향한 유대인들이 시온의 하나님을 이런 익숙지 않은 이름으로 불렀는지는 알 수 없다. 오히려 셀레우코스 군사이주민들이 묵시주의자들과 논쟁을 불러일으키기 위해, 그들이 아는 이름으로 하나님을 경배했다고 보는 것이 좀더 나을지도 모른다. 유대인들은 페르시아시대에 야웨의 공인된 칭호를 "하늘의 하나님"으로 부르는 것을 기꺼이 허용했다. 비록 그것은 그 당시에 페르시아의 아후라 마츠다(Ahura Mazda)와, 그리고 싫든 좋든 셈족의 바알 샤멤(Ba'al Šāmēm)과 동일시되는 것을 암시할지라도 말이다.[260] 헬레니즘 초기

259) 마리사에 대해서는 1권 p. 151, 180, 231f. 를, 세겜에 대해서는 제 4부 각주 233을 보라; 페니키아 문화의 영향에 대해서는 1권 p. 144ff., 328f. 를, 익명의 사마리아인에 대해서는 1권 p. 328f. 를; 유폴레무스(Eupolemus)에 대해서는 p. 173f. 를 보라.

260) "하늘의 하나님"이라는 용어는 스 1:2; 5:11f.; 6:9; 느 1:4, 5; 2:4, 20 등에 나오는데, 이 가운데 오직 창 24:7만이 포로기 이전의 것이다. 그 용어는 헬레니즘시대까지 여전히 널리 사용되었다. 단 2:18f., 37, 44; 에녹 106,5; 토빗 10:11; 유딧 5:8; 6:19를 보라; A. Bentzen, *op. cit.*, 22와 더 나아가서 A. Vincent, *La Religion des Judéo-Araméens*, 1937, 100-142를 보라. 엘레판티네(Elephantine)의 증거에서 특히 P. Cowley 30, 15 יהו מרא שמיא를 보라. 또한 토빗 10:11Sin. ὁ κύριος τοῦ οὐρανοῦ (하늘의 주)를 보라. 하나님에 대한 칭호를 '아후라 마츠다'(Ahura Mazda)와 동일시하는 것에 대해서는 116ff. 를, 바알 샤멤에 대해서는 119ff. 를 보라. 다양한 '하늘의 신들'에 대한 혼합숭배 경향은 이미 아케메니아인들(*die Achämenide*)에서 발견된다. 또한 G. Lanczkowski, *Saeculum* 6, 1935, 227-243, 특히 231ff. 를 보라. E. G. Kraeling, *The Brooklyn Museum Aramaic Papyri*, 1953, 84에 의하면 엘레판티네의 "하늘의 하나님"은 무엇보다도 "공식적인 신의 칭호"가 되었다. '하늘'이라는 단어 자체 또한 신의

시대에는 야웨의 이름을 "언급할 수 없게" 되었기에 그와 관련된 하나님 명칭인, (엘) 엘룐(אֵל עֶלְיוֹן) =(θεὸς) ὕψιστος(가장 높으신 자)가 세겜[261]에서와 같이 예루살렘[262]에서도 큰 호감을 끌었다. 비록 페니키아의 만신전에서 이 명칭은 거의 바알 샤멤(Ba'al Šāmēm)과 동일시된 하나님을 의미하여,[263] 이에 상응하는 그리스어 '횝시스토스'

이름을 우회적으로 표현하는 용어가 되었다. 단 4:23; 마 21:25; 눅 15:18, 21; Bousset/Gressmann, 314; Bill. 1, 862ff.를 보라.

261) 익명의 사마리아인에 대해서는 *FGrHist* 724 F 1,5 = Euseb. *Pr. Ev.* 9,17,5를 보라: 멜기세덱은 "ἱερὸν Ἀργαριζιν, ὅ εἶναι μεθερμηνευόμενον ὄρος ὑψίστου"(가장 높으신 자의 산이라고 번역될 수 있는 하르가리진 성전)의 도시에서 아브라함을 손님으로 영접하였다(비교. 창 14:19). 이에 대해서는 E. Bi(c)kerman(n), *RHR* 115, 1937, 211f.와 *GM*, 91f.를 보라. 이 전승은 세겜이 로마식민지 플라비아 네아폴리스(Flavia Neapolis)로 전환된 후에도 보존되었다. 네아폴리스의 마리노스(Marinos)는 기원후 5세기에도 여전히 그리심 산 위의 "Διὸς ὑψιστου ἁγιώτατον ἱερόν, ᾧ καθιέρωτο Ἀβράμιος"(아브라함이 봉헌한 가장 높으신 제우스의 성전)를 언급한다. Damascius, *Vit. Isid.*, in Photius, *Bibl.* 345b Bekker. 또한 F. Cumont, *PW* 9, 445와 비교하라.

262) 이 용어는 구약성경, 그 중에서도 특히 시편에서 나타난다. 그러나 그곳을 제외하고는 아주 빈번하게 나타나지는 않는다. 그러므로 벤 시라가 그것을 종종 사용한다는 것이 더욱더 놀랍다. R. Smend, *Griechisch-syrisch-hebräischer Index*, 1907, 236, 그리고 M.에서보다는 G.에서 더욱 자주 나타나는 것을 보라. 그것은 또한 단 3:26, 32; 4:14, 21f., 29; 5:18, 21; 7:25에서 나타난다. 복수로는 7:18, 22, 25, 27; *Gen. Apo.* 12, 7; 20, 12. 16; 21, 2. 20; 22:15. 16. 21; *Jub.* 7,13; 13,16. 19; 16,27; 20,9; 21,20. 22ff. 외 자주; 에녹 9:3; 10:1; 77:1; 94:8; 98:7; 99:3, 10; 100-4; 101:1, 6; 유딧 13:18; 토빗 1:4, 13 그리고 11Q, *DJDJ* IV, 64 col. 18.1, 6f. 12; 87 col. 22, 15; 91 col. 27, 11에서 나온 시편 두루마리와 비교하라. 반면 이 용어는 에센파의 주요 문헌들에서는 희박해진다. K. G. Kuhn, *Konkordanz*, 164를 보라. 대제사장 칭호에 대해서는 *RH* 18b와 유대고대사 16, 163을 보고, E. Bickerman(n), *RIDA* 5, 1958, 147 각주 29와 비교하라. 현재로는 G. Bertram, *TWNT* 8, 613ff.를 보라.

(ὕψιστος)는 제우스를 부르는 쉬운 호칭으로 널리 퍼졌지만 말이다.[264] 의미심장하게도 디아스포라의 바로 초기 증거에서 특별히 자

263) Philo, Byblios, *FGrHist* 790 F 2.15 = Pr. Ev. 1,10,15: "Ἐλιοῦν καλούμενος ὕψιστος"(가장 높으신 자로 불리는 엘리운). 다음과 비교하라: A. B. Cook, *Zeus* II, 2, 886f.; M. H. Pope, *WM* 1, 283f.와 Mesnil du Buisson, *MUSJ* 41, 1965, 6-9, 24-27. '하늘의 주'와 '가장 높으신 하나님' 사이의 관계는 오래되었다: 기원전 720년경 카라테페(Karatepe)의 2개 언어로 된 페니키아-히타이드 비문, בעל שמם ואל קן ארץ가 나란히 나타나는 반면, 창 14:19(אל עליון קנה שמים וארץ)의 하늘의 하나님 엘론('Elyon)과 땅의 창조주인 엘('El)은 단일하게 연결되었다. R. O'Callaghan, *Archiv. Orientdlni* 18, 1/2, 1950, 361ff.를 보라. 이 형식 여전히 유대교에서 남아있다는 사실은 유대인의 '18기도문'의 첫 번째 기원에서 나타난다. W. Staerk, *Altjüdische Gebete*, KIT 58, ^{2}1930, 11, 14를 보라. 반면 기원후 2세기의 하트에서라(Hatra) 비문인 KAI 244, 3과 또한 A. Caqot, *Syria* 40, 1963, 15f.의 בע(ל) שמין קנה די ארעא 가장 높으신 하늘의 하나님으로서의 베엘 셰민(Be'el Šemin)은 전능한 창조주이며 동시에 땅의 "소유주"이시다. 더 자세한 사항은 F. Cumont, *PW* 9, 445f.와 *Orientalische Religionen*, 117, 225를 보라. 팔뮈라의(Palmyrene) 2개 언어로 된 비문([Διὶ ὑ]ψίστῳ καὶ ἐπηκόῳ, לבעלמין רבא ו[ר]חמנא)은 시사하는 바가 많다. J. Cantineau, *Revue d'Assyrologie* 27, 1930, 35; 이것에 대해서는 J. G. Février, *La Religion des Palmyréniens*, 126f.와 익명의 신 '제우스 히피시스토스'에게 봉헌한 것을 보라. 또한 기원후 208년 아라도스(Arados)의 비문 *SEG* 14, 823을 보라. 그것은 R Mouterde, *MUSJ* 31, 1954, 334의 독법을 따르고 있다: [θε]ῷ ὑψίστῳ οὐρανίῳ ὑπ[αι]θρα ὁ βωμὸς ἐκθιστ[η]. 그리고 E. Schürer, *SAB* 1897, 1, 210의 비블리오스의 비문을 보라. "엘 엘룐"('ēl 'elyōn)과 페니키아의 바알(ba'al) 간의 본래의 밀접한 관계들은 R. Lack, *CBQ* 24, 1962, 44-64가 강조하였다. p. 47을 형용사구 '리'('ly)가 '브올'(b'l)에 적용되는 우가릿 문헌과 비교하라. p. 53에서는 로마시대의 그리스어로 쓰인 2개의 페니키아의 비문들이 더 나타난다. 물론 각주 91의 비문은 모우테르데(R. Mouterde, *op. cit.*)를 따라 변경되었을 것이다. R. Rendtorff, *ZAW* 78, 1966, 282, 291에 동의한다면, 여기에서 '미트라'(Mithra)는 언급되지 않았다고 볼 수 있다.

264) A. B. Cook, *Zeus* II, 2, 875-890. 특별히 에게 해(海)와 소아시아, 시

주 나타나는 "휩시스토스"라는 명칭[265]은 소아시아와 흑해의 유대인과 이방인의 혼합제의들의 출발점이 되었다.[266] 시온 산 위에서 경

리아에서 증거자료들이 늘어나는데, 상세한 것은 Nock/Skeat/Roberts, *HTR* 29, 1936, 39-88을 보라; M. P. Nilsson, 56, 1963, 101ff.와 비교하라. *SEG* 16, 185; 19, 225. 226. 748. 847. 852; 20, 10. 724에 나오는 더 새로운 사례들을 보라. 비문들은 주로 기독교 이후의 것이며, 순수한 이방적인 비문 가운데에서 종종 유대교의 영향을 받은 것과 유대교의 것을 구별하기는 어렵다. 대개 유대교의 증거자료들이 시기적으로 더 앞서고, 부분적으로는 기원전후의 전환기의 것들이다. 또한 E. Bickerman(n), *RIDA* 5, 1958, 153ff.와 L. Robert, *Anatolia* 3, 1958, 112-120; *GRAI* 1968, 594와 비교하라.

265) Marcus, *PAAJR*, 1931/32, 1932, 115의(요세푸스와 필로 이외의) 문학적 자료수집과 이집트의 기독교 이전의 유대교 비문들은 *CIJ* 2, Nr. 1433, 1443, 1532; 프뤼기아(Phrygia)의 아크모니아(Acmonia)의 비문은 Nr. 769; 델로스의 비문은 *CIJ* 1, Nr. 727-730; 기원전 100년경의 레네이아(Rheneia)가 드린 복수의 기도를 보라. 하나님에 대한 공식적인 칭호인 '휩시스토스'는 로마시대에서도 비유대인 통치자들과 연관된 것으로 보인다. Philo, *Leg. ad C.* 157(M. 2, 569), 278(586), 317(592); 유대고대사 16, 163; Tacitus, *His.* 1, 5, 5, unumque numen … summum illud et aeternum(유일한 신의(神意) … 그것이야말로 최고이고 영원한 것). 배교자 율리아누스가 유대인들에게 보낸 서신 *Epist, et leges,* ed. Bidez-Cumont, 134 = Lydus, *De mens.* 4, 53: "τὸν ναὸν τοῦ ὑψίστου"(높으신 자의 성소)를 보라. 반면 회당에서 사용된 어법에서 그 구절은 혼합주의적인 오해를 받을 위험에 처하자 희박하게 등장하고, 로마의 비문들에서는 전혀 나타나지 않았다. 그것은 신약성경에서 초자 비교적 드물게 나온다: 막 5:7과 행 16:17은 악령 들린 이방인의 입에서 나온 전형적인 표현인 것 같다. 또한 M. Hengel, *Festgabe K. G. Kuhn*, 1971, 167 각주 43; 175 각주 46과 비교하라.

266) E. Schürer, *Die Juden im bosporanischen Reich*, SAB 1897, 1, 200-225; A. B. Cook, *Zeus* II, 2, 884f.; M. P. Nilsson, *GGR*^{2} 2, 662ff.와 E. R Goodenough, *JQR* 47, 1956, 221-244. 그는 보스포로스(Bosporos)의 비문들이 진정한 유대공동체에서 나온 것이라고 추측한다. 이 용어의 혼합주의적인 특징에 대해서는 H. Gressmann, *ZAW* 43, 1925, 16ff.; *in Jewish Studies in Memory of J. Abrahams*, 172; R.

배되었던 신이 '가장 높으신 자'이든, 페르시아시대 혹은 그 이후에서처럼 "하늘의 하나님"이든, 아니면 "하늘의 주", 즉 바알 샤멤(Ba'al Šāmēm)이나 "제우스 올림피오스"이든, 급진적인 개혁가들에게 이것들은 아마도 모든 것을 포괄하는 하나의 신적 존재에 필적하는 이름들일 뿐이었으리라. 따라서 그들은—아마 세겜에서처럼 오랫동안 익명으로 간주되었을[267] —시온의 성소를 그런 공적인 칭호로 부른 것에 별다른 어려움 없이 동의하였다. 즉, 시온의 성소(*Temenos*)와 제단들은 보편적인 하늘의 한 분 신에게 바쳐졌다. 그러므로 이런 관념은 헤카타이오스와 테오프라스토스, 포세이도니오스, 바로가 유대인의 하나님에 대하여 말한 것과 놀라울 정도로 유사하다(3권 p. 13ff. 를 보라): ἀλλὰ τὸν περιέχοντα τὴν γῆν οὐρανὸν μόνον εἶναι θεόν(땅을 두르는 하늘은 하나님 한 분이시다). 이런 의미에서 시온의 새로운 종교제의가 "옛 셈족" 형태였음에도 불구하고 이러한 '제신(諸神) 혼합숭배'를 통해서 새로운 하나님 경배는 '헬레니즘화'되었다고도 말할 수 있다(3권 p. 32ff. 를 보라).

사람들이 그 밖의 다른 신들도 경배하였든지, 만약 그랬다면 어디까지 했는지, 또 비커만처럼(*GM*, 116) 이 새로운 종교제의를 "다신론적"이라고 표현할 수 있는지는 여전히 의문으로 남는다. 그 종교제의는 분명 '혼합주의적'이었지만, 자료에 따르면 원래 '다신론적인 특성을 갖는 것'이었다고 확실히 말할 수는 없다. 다니엘서에서 '이방신'을 일방적으로 강조하는 것은 오히려 그것과 정반대였음을 암시하

MeL. Wilson, *The Gnostic Problem*, 1964, 12f., 24를 보라. 이와 유사한 경향을 보여주는 것으로 후대 북아프리카의 '켈리골레'(Caelicolae)에 대해서는 A. Torhoudt, *RAC* 2, 817ff.; M. Simon, *RHPR* 26, 1946, 108ff. 를 보라.

267) E. Bickermann, *GM*, 92ff., 제 4부 각주 63과 각주 234를 보라.

고 있다. 하나의 예외인 마카베오2서 6:7에 나오는 디오니소스 축제 의식에서 우리는 "디오니소스"가 제우스 올림피오스와 더불어 독립적인 신으로 등장한 것인지 — 비커만은 이것과 관련하여 나바테아의 신 두사레스(Dusares)를 생각한다[268] — 혹은 단지 디오니소스적인 하나의 "현현형태"로 간주해야 하는지 물을 수 있다. 리프쉬츠(B. Lifshitz)가 발표한 비문 가운데 2개는 후대의 스키토폴리스(Skythopolis)에서 제우스는 한편으로는 하늘의 천신(天神) 혹은 산신(山神)인 "제우스 아크라이오스"(Zeus Akraios)로, 그리고 디오니소스 형태로는 "제우스 박코스"(Zeus Bakchos)로 경배되었음을 보여주는데, 그곳에서는 디오니소스와 제우스 올림피오스 종교제의는 병존하고 있음이 입증되고 있다.[269] 초기단계에서 유대인의 하나님과 동일시된 사바치오스(Sabazios, 제 4부 각주 48-50을 보라)는 제우스와 디오니소스 모두와 연관되었다.[270] 이미 벨하우젠(J. Wellhausen)은 디오니소스 찬양행렬은 기슬레우 월(月) 25일에 있었던 제단의 제물봉헌과 결합되어야 한다고 제안하였는데, 이는 하지(夏至)축제로 거행되었고, 마카베오 가문이 성전을 정화하고 성소를 다시 봉헌한 후에는 하지와는 반대의 징후를 갖는 "빛의 축제"(φῶτα, 유대고대사 12, 325)로서 계속 실행되었다:[271]

---

268) *GM*, 113; 비교. Herodot 3, 8과 Arrian, *Anab.* 7, 20. 두사레스(Dusares)에 대해서는 T. Klauser, *RAC* 1, 1087; C. Colpe, *KP* 2, 184f.; D. Sourdel, *op. cit.*, 59-68을 보라. 그러나 나바테아인들이 기원전 167년의 그리스어사용 유대인의 모델이 되었는가는 의심스럽다. 더욱이 그는 바알 샤멤과 관련되었다. *op. cit.*, 28f., 64를 보라.

269) *ZDPV* 77, 1961, 186-190; 그러나 그 독법(讀法)은 매우 논쟁이 되는 사안이다. 제 4부 각주 186과 M. Stern(제 4부 각주 212를 보라), 99를 보라.

270) Schäfer, *PW*, 2 RI, 1542; M. P. Nilsson, *GGR*^{2} 2, 660ff.

271) 또한 2마카 10:7의 성전 봉헌 때에 쓰던 바쿠스의 지팡이(*Thyrsosstäbe, Lulab?*)와 2마카 1:9의 "기슬레월의 초막절" 칭호. 전체에 대해서는 J.

예루살렘의 축제를 통해서 기리게 된 디오니소스가 제우스 올림피오스와 매우 다르다는 것은 의혹의 여지가 있다. '하늘의 주'(벨샤민)는 전자와 후자 모두와 부합하지만, 다른 한편으로 이 신은 유대인들이 고대의 하나님 야웨를 불렀던 것과 같이 '하늘의 하나님'과 대등한 신이라고도 할 수 있다.[272]

마카베오2서 14:33에 따르면 니카노르가 성전을 파괴하겠다고 위협하고, 그 장소에 디오니소스 성소를 세우라고 위협한 사실 역시 이런 해석을 지지할 수 있다. 이것은 시온의 하나님 역시 디오니소스와 관련될 수 있었을 것이기 때문이다.[273] 마카베오2서 6:4가 논쟁적 주

Wellhausen, *NGG* 1905, 131f.를 비교하라. E. Meyer, *UAG* 2, 209 각주 5; W. O. E. Oesterley, *History of Israel* 2, 307과 비교하라; 상세한 것으로는 O. S. Rankin, *The Origins of the Festival of Hanukkah*, 1930, 여러 곳을 보라. 또한 T. Gaster, *Evidence*, 4 Jg, H. 28, 1952, 31ff.와 비교하라. 태음·태양력을 사용하는 유대인들에게 하지축제는 불가능하다는 반대 주장은(S. Aalen, *Die Begriffe Licht und Finsternis*, 1951, 130-150을 보라) 에센파가 태양력을 사용했다는 증거로 반박되었다. 이것 역시 원래의 365일 형태로 거슬러 올라가며 그리스어사용 유대인이 사용한 것 같다. 비교. 단 7:25에서 왕은 "때와 법"을 바꾸었다. 유대교의 절기 달력은 물론 천사들의 해를 새롭게 계산하는 것을 통해 가장 효과적으로 고양되었다. 2권 p. 381과 각주 289를 보라.

272) J. Wellhausen, *NGG* 1905, 131. 비교. M. Avi-Yonah(제 4부 각주 229), 169.

273) 야오와 디오니소스를 동일시하는 것에 대해서는 제 4부 각주 46f.를 보라. 종교사적인 문제에 대해서는 Tarn/Griffith, *Hellenistic Civilization*, 338ff.를 보라: "그리스 이외의 지역에서 오랫동안 가장 중요하게 여겨진 그리스 신은 단연코 디오니소스였다." 그는 사바치오스(Sabazios)뿐만 아니라, 제우스와 비견되는 세라피스(Serapis) 등을 위시한 많은 신들과 동일시되었다. 철학적인 기초를 갖는 전형적인 제신혼합숭배에 관한 사항이 디오니소스에 대한 정의인데, 이는 피타고라스주의에 속하고 제우스에 대한 스토아주의적인 어원을 상기시킨다: Lydus, *De mens*. 4, 51, Wünsch 108에서 디오니소스를 "Διὸς νοῦς"(제우스의 이성) 혹은 "ἡ τοῦ κόσμου ψυχή"(세

제에 관한 것이 아니었다면, 성전에서 일어났던 축제시에 자행된 방종에 대한 언급은 디오니소스 축제와 왕의 생일을 월별로 축하하는 축제와 그런 축제들의 특징은 그 보다 20년 앞서 로마에서 베일이 벗겨진 바쿠스 축제(Bacchanalia)가 보여준다.[274]

비커만은 헬레니즘적 개혁의 "정신사적" 배경인 "박해의 이데올로기"를 설명하려 했기 때문에 가장 신랄한 비판을 받았다.[275] 하이네만과 체리코버는 "그리스어사용 유대인"을 단지 부와 권력, 사치스러운 삶에만 관심 있는 퇴폐적인 귀족계급의 대표자들로 보았다. 그래서 예루살렘의 '개혁적 유대인들'에게서는 "동방세계의 아류 그리스인"(*Graeculi*)에서 나타나는 바와 같이 "헬레니즘의 지식과 유대의 경건 사이의 진지하고 고통스러운 투쟁에 관한… 어떤 흔적도 찾을 수 없었다"고 말한다.[276] 그러나 여기서 역사적 실상은 과도하게 단순화되고 있다고 하겠다. 우리는 기원전 2세기와 1세기 해변의 라오디케아(Laodikea)에서 시돈과 티레, 프톨레마이스를 거쳐 팔레스타인의 아스칼론에 이르는 페니키아의 해안도시들에 활동했던 중요한 철학자들과 또 다른 학자들을 거명할 수 있을 뿐만 아니라, 요르단 동쪽의 가다라와 같은 내륙도시조차도 기원전 3세기로 거슬러 올라가는 그리스 교육의 중요한 전통을 발견할 수 있다(1권 p. 292ff. 를 보라). 페

계의 영혼)로 묘사한다. 이미 Kleanthes, *SVF* 1, 546번과 "스토아주의자들" *SVF* 2, 1093번과 비교하라. 또한 E. Bickerrnan(n), *RIDA* 5, 1958, 149f. 와 비교하라.

274) 2마카 6:7f. : σπλαγχνισμόν(이방제의). 바카날리아(Bacchanalia)에 대해서는 K. Latte, *Römische Religionsgeschichte*, 1960, 270ff. 를 보라. 시돈의 안티파터의 바쿠스 여제사장들(*Bacchantinnen*, 기원전 2세기 중반), *Anth. Gr.* 9, 603과 마리사의 음악가들, Peters/Thiersch, *Painted Tombs*, p. xvi = Goodenough, *Symbols* 2, 14번과 비교하라.

275) E. Bickerrnann, *GM*, 134-136의 표제와 5장 전체, 117-139를 보라.

276) I. Heinemann, *op. cit.*, 159, 비교. V. Tcherikover, *HC*, 185.

르시아와 헬레니즘시대의 팔레스타인 유대교의—무엇보다 학식 있는 상류층이 생산한—다양한 문학작품들이야말로 기원전 2세기 1/3의 기간동안 예루살렘의 헬레니즘에 경도된 귀족계급에게는 지적인 관심이 결여되었다는 일반적인 주장을 불가능하게 한다. 개혁가들이 야손 때까지도 개혁에 대하여 매우 적극적인 태도를 취했던 저 개혁가들의 영향력으로 보나, 멀리 3세기로 거슬러 올라가 그리스 언어와 문명을 수용하려는 관심으로 보나, 그들이 정신적 영역 혹은 문학적인 방면에서 어떤 근거도 없이 율법과 전승을 비평했다고는 도저히 생각할 수 없다.

비커만은 자신의 주장을 마카베오1서 1:11 그리스어사용 유대인의 '프로그램'을 나타내는 이미 여러 번 인용된 구호에서 시작한다: "가서 우리의 주변 민족들과 언약을 맺자. 왜냐하면 우리가 그들과 분리된 이래로 많은 곤경에 처했기 때문이다." 여기서 물론 백성의 잘못된 행동에 대한 형벌로 역사에서 재난이 일어났다는 전통적인 견해가 확인되기는 하지만, 이제 그 내용은 거꾸로 뒤집힌다. 즉, 과거 역사에서 큰 재난이 일어난 것은 이방인들과 그들의 우상을 모방해서가 아니라, 그들과 분리되었기 때문이라는 말이다.[277] 유대인들이 ἀπάνθρωπόν τινα καὶ μισόξενον βίον(사람을 멀리하고 생명을 미워함)라는 태도는 이미 가장 초기시대의 연대기 작가 헤카타이오스에게 인상적으로 남았고, 고대시대 반셈족주의의 주요 요인으로 작용했다.[278] 에라토스테네스(Eratosthenes, 기원전 275~194년)에 따르면 "외국인

---

277) E. Bickerrnann, *GM*, 128ff. 이 구절의 표현은 렘 44:17에 근거한 것 같다. I. Lévy, *Semitica* 5, 1955, 16과 비교하라.

278) 압데라(Abdera)의 헤카타이오스(Hekataios) *FGrHist* 264 F 6.4 = Diod. 40, fr. 3. 그러나 그는 이집트인들이 경험한 추방(ξενηλασία)을 통해 그것을 납득시킨다.

혐오"는 야만인들의 전형적인 특징이었다고 한다: κοινὸν μὲν εἶναι τοῖς βαρβάροις πᾶσιν ἔθος τῆς ξενελασίας(모든 야만인들에게 공통적인 것은 추방의 에토스이다).[279] 스토아주의를 통하여 정신적인 일반상식이 된 교양인의 이러한 이상은 진기한 관습을 갖는 민족종교 안에서 폐쇄되고 마는 것이 아니다. 그들의 진정한 이상은 세계시민주의였다:[280] 가다라의 팔레스타인 작가 멜레아게르(Meleager)는 자신의 독자들에게 μίαν, ξένε, πατρίδα κόσμον ναίομεν(이방인이여! 우리는 오직 단 한 번 세계라는 조국에서 살아간다)라고 호소했다(제 4부 각주 222를 보라). 이와는 반대로 변증적이고 관용적인 관점을 취하는 아리스테아스의 판단으로는, 유대인이 주변세계로부터 분리될 수밖에 없다는 사실을 이방인에게 이해시키기는 대단히 어려운 것이었다. 그런데도 자신은 철학자들의 신 제우스와 이스라엘의 하나님을 동일시하였다(3권 p. 44f. 를 보라). 또한 이상(理想)에 부합하여 유대인을 당대의 "신의 명령을 연구하는 데 온 삶을 바치기 위해" 모든 외부의 것으로부터 초연한 "철학자들"이라고 묘사함으로써 유대인의 분리주의적 성향을 변호하려 했다.[281] 개혁가들은 과거의 정치적 재앙은 물론 유대민족의 경제적이고 정치적, 지적인 고립이 분리에 대한 '징벌'이라고 느꼈을지도 모른다: 토비아스 요셉이 그 고립을 극복하는 데 성공하자, 보수적인 집단들은 대응책으로 새로운 방호벽들을 세웠다.[282] 하이네만의 주장을 따라, 야손시대에 존재했던 이 노력은 이

---

279) Strabo, 17, 1, 19(802)를 따름. 제 4부 각주 26과 비교하라.

280) M. Mühl, *Die antike Menschheitsidee*, 1928, 46f.; H. C. Baldry, *The Unity of Mankind*, 1966; Tarn/Griffith, *Hellenistic Civilization*, 79f.; M. Hadas, *HCu*, 11-19. 제논의 세계국가에 관한 사상에 대해서는 *SVF* 1, 262번을 보라: "πάντες ἀνθρώπους ἡγώμεθα δημότας καὶ πολίτας" (우리 모두는 사람과 주민들과 시민들을 인도하여야 한다).

281) Ps. Arist. 141, 비교. 139-169; 1권 p. 133f.

른바 오로지 안티오코스의 작품이라고 생각되었던 후대의 박해와는 아무런 상관이 없다는 주장을 반박할 수 있는 것도 사실이다.[283] 그러나 마카베오1서 1장의 이야기에 따르면, 예루살렘의 일련의 사건들은 그 도시의 당파싸움과 왕의 정치적 부조리, 야손의 파면, 성전 약탈과 이로 인해 더욱 거세어졌던 신실한 율법준수자들의 저항이 결국 무장 폭동으로까지 치닫게 되는 하나의 논리 정연한 상승과정을 보여준다. '반율법적인 열성'과 '율법에 대한 열성'은 이렇게 서로를 공격하였고 마침내 쓰라린 내전을 초래했던 것이다.

비커만은 그리스어사용 유대인이 "이방민족으로부터의 분리라는 관념을 알지 못했던 태고의 시대가 있었다"고 믿었고, 그래서 그들은 "그리스적으로 계몽된 생각을 동족들에게 적용했다"고 가정하는데(*GM*, 128), 이 견해는 이해가 간다. 여기서 비커만은 태고시대의 위대한 율법제정자들과 그 이후의 변질에 대한 포세이도니오스의 이론을 언급하였다. 포세이도니오스는 이 변질이 유대인들의 역사에서 발생했다고 생각하여, 모세의 훌륭하고 단순한 법률이 후대에 미신적이고 강압적인 제사장들을 통해서 왜곡되었고, 이들은 진기한 규정을 통해서 창시자의 단순하고 진실한 하나님 경배를 그와는 반대의 성격으로 변질시켰다는 것이다.[284] 물론 자료들에서 헬레니즘적 개

---

282) 유대고대사 12, 244와 1권 p. 202, 3권 66ff.를 비교하라.

283) *Op. cit.*, 146ff., 156ff.

284) I. Heinemann, *op. cit.*, 157이 생각하듯이, 유대인들에 대한 포세이도니오스의 교의가 "단순히 무지에 근거한 것이다"라는 판단을 이 포괄적인 사상가에 대입하기는 어렵다. 그의 설명 이면에는 편견이 있다. 이는 무엇보다도 그가 다른 곳에서도 유대의 "미신"이라고 생각되는 것을 공격했기 때문이다. 제 4부 각주 14-20과 Seneca, *Epist.* 95, 47(Reinach 263f.)을 보라. 이것에 대해서는 I. Heinemann, *Poseidonios* 1, 1920, 119를 보라. 포세이도니오스가 언급한 유대인들이 안식일 등불을 사용하는 것에 대한 논쟁은 이곳으로 거슬러 올라간다. 그의 활동장소인 로도스 섬에는 이미 1

혁의 더 깊은 이유를 찾을 수는 없기에 여기에서는 단지 추론적인 가설들만을 제시할 수 있겠다.

약 100년 후, 기원전 63년 폼페이우스가 예루살렘을 정복한 후에야 비로소 포세이도니오스(기원전 135~51년경)는 유대인들에 관한 학술적인 글을 썼다. 하지만 유대인의 태고시대는 완전했고 그 이후에 쇠퇴했다는 이론은 당시에 이미 널리 퍼진 관념이었다. 이것은 이미 헤시오도스에게서 나타나고, 다른 형태로는 야웨문서와 제사문서에서 발견되는데, 그런 사상들은 충분히 암시되어 있었다(제 4부 각주 14를 보라). 타키투스(역사 5, 4f.)나 그가 의존한 자료들에 따르면, 유대인들을 분리시킨 종교제의적인 계명들은 이웃하는 민족들의 불건전한 요소들이 첨가되어 유대국가체제로 들어가게 되었는데, 이런 방식은 모세 이후의 시대에서야 비로소 구성되었다고 한다. 우리는 이렇게 원래는 훌륭했던 모세의 법이 변질되었다는 이 이론이, 그리스어사용 유대인에게서 유래된 것은 아닌지 물을 수 있겠다.

현재 형태로 된 율법은 그렇게 오래되지 않았고, 또 순수한 모세의 작품만은 아니라는 것을 여전히 어렴풋이 인식했던 사람도 예루살렘의 특정 귀족가문들 가운데에서는 있었으리라. 그런 비평적인 관념들이 팔레스타인의 유대교에서 계속되었다는 것은 기원전 1세기 초 사두개인들과 초기 논쟁을 하는 과정에서 기록된 《미쉬나》〈산헤드린〉(*Sanh.* 10. 1)이 암시하고 있다. 이 구절은 "하늘로 부터(즉, 하나님으로부터) 온 토라는 없다"고 주장하는 자는 어느 누구도 장차 올 세상의 분깃을 받을 수 없다고 진술하고 있다. 필로 역시 알렉산드리

세기 전반기에 유대인 식민지가 있었다(제 4부 각주 337을 보라). 동시에 반(反)셈족 수사학자인 아폴로니오스 몰론(Mollon) 역시 거기에서 그와 함께 활동했다. 비록 포세이도니오스가 몰론의 적대적인 표현을 모방하지는 않았지만 말이다(제 4부 각주 29와 64를 보라).

아에 있는 그리스 교육을 받은 유력한 유대인 집단에서 토라에 대한 다방면의 비평이 존재했다고 보고한다: “그들은 자신들이 태어나고 자라온 율법을 어기는 친척이나 동료들을 천하다고 평가하는데, 왜냐하면 이들은 정당한 비난을 찾을 수 없는 조상들의 관습을 변경하고 그 관습에서 떠났기 때문이다.”〔모세의 생애(*Vit. Mos.*) 1, 31, M2, 85〕. 그는 또 다른 구절에서 “조상들이 제정한 법에 불쾌감을 나타내며 율법에 대한 비판과 고소를 끊임없이 입에 오르내리는 자들”과 오경의 우스운 우화들(μῦθοι)을 비방하는 자들을 공격한다.[285)]

유사한 방법으로 우리는 예루살렘에서 조차 “계몽된” 귀족계급의 율법비판이 존재했다고 생각해야만 한다. 더 나아가 ‘호크마’를 민족전승과 관련시키고 그것을 토라와 일치시키기 위해 작업한 지혜학파뿐만 아니라, 지혜의 범세계적·이성적 성격에 견고히 기초하여, 그리스적 계몽을 적극적으로 수용했던 사람들도 예루살렘에서 활동했다고 생각할 수 있다. 이러한 사상적 발전의 초기단계와 ‘전도자’가 관련되었을 가능성은 열어두어야 한다. 최소한 그가 초기 헬레니즘시대의 종교비평과 접촉했었다는 것은 진실과 다르지 않다. 또한 이 완고한 지혜교사의 ‘계몽된’ 해석작업은 최소한 후대의 전통적이고 정통적인 노선에서 교정될 수 있을 만큼 그렇게 어렵지 않았다(2권 p. 73ff.를 보라).

그러므로 마카베오시대 이전의 예루살렘에서는 종교제의에 관한 율법을 속박하고 제한하는 것을 ‘미신’이라고 비난하는 영향력 있는 자들이 있었다고 생각할 수 있다. 이러한 경향을 가진 자들은 보수적인 그룹들이 우세를 점하는 동안은 어쩔 수 없이 경건의 협약에 마지

---

285) Conf. ling, 2f. (M. 1, 404); 전반적인 문제에 대해서는 I. Heinemann, *Philons griechische und jüdische Bildung*, 1962, 454ff.와 H. A. Wolfson, *Philo*, 1, 1948, 82ff.를 보라. 또한 제4부 각주 311을 보라.

못해 복종했지만, 그들은 그야말로 율법의 멍에를 벗어던질 수 있는 그 순간만을 고대하고 있었다. 벤 시라가 "율법을 부끄러워하는" 자들과 "가장 높으신 분의 율법을 저버리는" 자들과 공개적으로 논쟁하는 것은 그 시대에 정신적인 투쟁이 얼마나 활발히 진행되고 있었는가를 보여준다. 시락서의 '선조들 찬가'는 그리스어사용 유대인이 비평적으로 본 유대백성의 믿음의 역사를 위대한 선조들을 통하여 찬양함을 의미했다. 이스라엘 역사가 그 중심에 존재하는 보편적인 묵시적 역사관도(그 중에서도 특히) 유대교의 저 거대도시 예루살렘의 특정한 '세계주의적인' 경향에 대한 대답이었을 것이다(2권 p. 94f. 를 보라).

물론 '개혁적인 유대인'에게 본질적인 것은 이스라엘 종교의 역사가 아니라, 아브라함과 모세 같은 원시시대의 조상들이 "최초의 창안자들"(*prōtoi heuretai*)과 세상의 참된 시민들로 찬양받을 수 있는 그런 유대인의 특징들이었다. 우리는 그런 특징들을 익명의 사마리아인과 에우폴레모스, 아르타파노스, 클레오데모스 말코스와 그 밖의 다른 사람들에게서도 찾을 수 있었다(제 2부 각주 132와 262를 보라). 아브라함을 넘어 더 태고 시절부터 존재해왔던 스파르타인과 유대인 간의 친족관계, 티레의 히람 왕의 딸과 솔로몬의 결혼, 이 도시에 있는 바알 샤멤(Ba'al Šāmēm) 사원에 솔로몬이 선사한 황금기둥에 대한 전설이나 두 사람이 수수께끼를 통해 대결했다는 전설도 이 집단에서 온 것 같다(제 2부 각주 124와 287을 보라). 무엇보다도 아브라함은 이들에게 관심이 있었던 것으로 보이는데, 이것은 특별히 그에 관한 가장 독특한 보고들이 당시에 유포되었기 때문이다: 이미 베로소스(Berossos)가 아브라함을 언급하였다고 하고, 아브라함은 페르가몬인들과 화친을 맺고 일정 기간 다마스쿠스 왕으로 통치했다고도 한다. 무엇보다도 그는 이집트로 가서 거기에 있는 제사장들의 말을 들었고, 신들에 관해서 그들과 자신의 견해를 비교했다고 한다.[286] 이런 산발적인 보고들 모두가 기원전 175년 이전에 예루살렘의 '그리스어 사용 유대인'로부터 유래한 것이라고 말해서는 안 되겠지만, 그것들은 초기 헬레니즘시대 유대교가 아브라함과 그 밖의 다른 조상들에 관한 특정한 견해를 가지고 있었음을 보여준다. 이 견해에 담긴 '세계주의적 폭'은 이를테면 벤 시라가 아브라함에 대해서 강조하였던 것과는 근본적으로 달랐다:

> 그는 가장 높으신 자의 계명을 지켰고
> 그분과 계약을 맺었다.
> 그는 자기 육체에 계명(의 표시)을 새겼고
> 시험받았을 때에도 신실한 자임이 드러났다(시락 44:20).

아브라함을 이렇게 세계주의적이 아니라, 오히려 그 율법중심적으로 서술하는 당시의 저술경향은 〈희년서〉에서 정점에 도달하는데, 이에 따르면 아브라함은 이미 모세 이전에 토라의 모든 근본적인 계명들을 성취했다고 한다(1권 p. 319와 2권 p. 186을 보라). 이것과는 정반대의 극단적인 보고는, 후대의 것이기는 하지만 기원후 5세기 사마리아인 마리노스(Marinos)가 신플라톤주의에 귀의하면서 그 이유를, 자신의 사마리아인 동료들 모두가 더 후대의 혁신들(καινοτομίαν)로 인해 아브라함의 본래 가르침에서 떠났기 때문이라고 해명했다.[287]

286) 유대고대사 1, 158-161, 비교. 165-169; 159-160은 다마스쿠스의 니콜라오스(Nicolaos)에게서 나온 것으로 더 앞선 자료들을 취한 것처럼 보인다. 그와 동시대인인 트로구스 폼페이우스〔Trogus Pompeius, 그에 대해서는 Justin, *Epit.* 36, 2(Reinach 251)를 보라〕 또한 그것을 알았다. 페르가메네스(Pergamenes)에 대해서는 제 4부 각주 128을 보라. 전체에 대해서는 A. Büchler, *Die Tobiaden und Oniaden*, 1899, 131을 보라. 물론 그가 이 아브라함 전승들을 사마리아 자료에 할당한 이유는 호교론적인 목적 때문이었다. 또한 L. H. Feldman, *TAPA* 59, 1968, 145-156과 비교하라.

이는 포세이도니오스의 '멸망이론'과 놀라울 정도로 유사하다. 그리스어사용 유대인도 이와 유사하게 이스라엘의 족장들에게서 '자연스럽고' 원래적이며, 아직 '미신적인' 관습으로 왜곡되지 않은 '이성적인' 종교의 이상을 추구하지 않았을까? 불행하게도 자료의 부족으로 우리는 이에 대한 명확한 답변을 할 수가 없다.

우리는 벤 시라의 논박(論駁)을 통해서 '개혁가들'의 '하나님 관념'에 대해서도 특정한 결론들을 내릴 수 있을 것이다. 시락서 16:17-23에서 벤 시라는, 하나님이 개인에게는 관심을 가질 수 없으며 명백하고 정당한 보응은 결코 없다고 믿는 개혁자들을 공격한다. 또 15:11-17에서는 인간에게는 무엇을 결정할 자유가 없고 인간의 잘못된 행동은 오히려 하나님 자신에서 비롯된 것이라고 주장하는 자들을 공격한다(2권 p. 104f. 를 보라). 악을 포함하여, 인간과 관계된 창조의 완전한 목적성을 입증하려는 그의 신정론조차 그것과 대립되는 정반대의 주장들을 반박하기 위한 것 같다(2권 p. 116ff. 를 보라). 하나님의 전능하심과 그 측량할 수 없는 운명은 서로 충돌하기에, 모든 것을 포괄하는 '하늘의 하나님'이 근본적으로 '별들이 정한 운명'(*Sternenzwang*)과 동일시되는 그런 하나님 관념 같은 것이 그리스어사용 유대인에게서 지배적이었는가? 유대인 집단이 천문학에 대한 높은 관심을 가졌다는 사실에 대해서는 우리는 또다시 익명의 사마리아인과 아르타파노스(1권 p. 311f. 를 보라), 에센파(2권 p. 387ff. 를 보라)까지도 거명할 수 있다. 더 나아가 쿠몽과 그레스만은 바알 샤멤에서 나타나는 강력한 성신(星辰)의 특징들, 혹은 헬레니즘시기의 셈족 최고의 천신(天神)

---

287) Photios, *Bibl.* 345b, ed. Bekker를 따르는 Damascius, *Vit. Isidor*, 가령 Euseb. *Demonstr. Ev*, 1, 5, GCS, ed. I. A. Heikel, 6, 20과 비교하라: 기독교는 옛날 모세 이전에 존재한 종교의 갱신이라고 하는데, 하나님의 벗 아브라함이 이 종교에 따라 살아갔다고 한다. 마리노스(Marinos)에 의하면 이것은 그 후의 신플라톤주의였을 것이라 추측된다.

을 그러한 사례로 지적한다.

> 인간적인 존재와 신적인 존재를 갈라놓는 간격은 셈족에게서 훨씬 더 컸다. 그리고 점성술은 그것의 교훈적인 근거를 마련하고 학문적 의상을 입힘으로써 그 간격을 더욱 부각시킬 수 있을 뿐이었다.[288]

그러므로 기원전 167년 기슬레우월 25일에 제단 위에 바친 봉헌은 "혐오스러운 벨샤민(Belsamin)의 하지(夏至) 축제로서" 이해될 수 있는데, 그것은 마카베오의 승리 이후에 빛들의 축제와 성전봉헌으로 더 지속되었다.[289] 무조건적인 동화(同化)를 지지하는 자들이 아직 비교적 원시적 형태를 가지고 있었던 아라비아·나바테아의 다신론을 모방했다는 주장은 개연성이 적어 보이는데, 여기에서 비커만은 자신의 견해들과 어느 정도는 모순된다. 동화를 지지하는 자들의 모델은 차라리, 민족적 전통을 고수하는 측면과 무조건적인 헬레니즘 문명을 수용하는 것을 결합할 줄 알았던 '진보적인' 페니키아 도시들이었다. 이곳에서 기원전 2세기 중반경에 완고한 스토아주의 철학자였던 시돈의 보에토스(Boethos)는, 하나님과 세계가 동일하지 않으며 하나님은 완벽한 궁창에 그의 처소를 가지고 있다고 가르쳤다: "θεοῦ τὴν ἀπλανῶν σφαῖραν"(하나님의 고정불변의 궁창). 그 역시 셈족 최고의 천신이 천체의 영역에 존재한다는 관념에 영향을 받은 것 같은데,[290] 이는 셈족 계열과 그리스인들 모두에게서 발견되는 관점이

288) F. Cumont, *Die orientalischen Religionen*, 118, 비교. 116ff. 기원전 2세기 점성학의 비약적인 발전에 대해서는 2권 p. 386ff. 를 보라.

289) H. Gressmann, *Die hellenistische Gestirnreligion*, BAO 5, 1925, 19, 또한 in: *Jewish Studies in Memory of I. Abrahams*, 1927, 172와 비교하라.

290) *SVF* 3, 265 Nr. 3, 비교. Nr. 2: Βόηθος τὸν αἰθέρα θεὸν ἀπεφήνατο. 또한 F. Cumont, *Syria* 8, 1927, 163-165와, 2개의 페니키아 제단들과

다. 만약 '변절자들'이 가령 통치자 제의나 디오니소스 경배 같은 특정한 다신론적인 형태들을 수용했다면, 그것은 자신들이 '계몽된' 그리스어사용 유대인으로서 다양한 종교형태를 이성적으로 '해석할' 위치에 있다고 믿었기 때문이었을 것이다.

이러한 추측들은 '배교의 이데올로기에 대한 고려'에 불과하기는 하다. 그들의 '개혁시도'는 최종적으로는 유혈 박해로 변질되었다. 하지만 이 실패한 당파는 아쉽게도 그 개혁시도의 더 깊은 동기를 설명해 주는 어떠한 직접적인 자료도 남기지 않았다.

관련하여 Somnium Scipionis, Cicero, *De re pub.* 6, 17과 크니도스의 아가타르키데스(Agartharchides-des von Knidos)의 글을 인용한 증거를 보라. 또한 *ARW* 9, 1906, 331ff.를 보라. 예를 들면, Lydus, *De mens.* 4, 53, 111이 내린 행성들을 창조한 조물주로서의 '사바오트'(Sabaoth)에 대한 정의; *Sib. fr.* 3, 3 παλυπέρτατος; 비교. 12, 132. 보에토스(Boethos)에 대해서는 이 책 제2부 각주 221을 보라.

제4장

요약: 개혁시도와 좌절, 유대교적 반작용의 방대한 결과

유대인이 형상 없이 영적인 하나님을 경배하는 것은 그리스인에게 이성적으로 보였다. 이를 통해 헬레니즘 초기시대 몇몇 그리스 작가들은 유대인에 대한 긍정적 관심을 가졌고, 유대인을 특수한 비(非)그리스인(*barbarisch*) '철학자들'로 간주하게 되었다. 그것은 알렉산드라아는 물론 여타 지역에서도 그리스적 교육을 받은 자들이 이해하고 또 자신의 목적에 맞게 변화시킨 사상이었다. 반면 유대인들이 자신의 종교적 진리를 배타적으로 주장하는 것과 종교제의적 율법규정을 통해서 유대교 밖의 주변세계와 분리되는 것은 점점 더 부정적인 영향을 주었다. 이로부터 그들은 '미신적'이고 관용적이지 못하며, 참으로 '불경'하다는 비난을 듣게 되었는데, 이것은 유대교가 진지한 고대 역사가들에게 심하게 왜곡되는 결과를 초래했다. 그들은 유대인의 하나님을 하늘이나 우주와 동일시하여 한편으로는—가령 헤카타이오스와 포세이도니오스, 바로(Varro)와 같이 — 철학적 의미로 해석하였다. 또 다른 한편으로는 사바치오스(Sabazios)나 디오니소스, 혹은 제우스 신과 같이 유대교의 하나님은 제신혼합주의를 통해서 다른 신들과 동일시되는 길을 가게 되었는데, 이러한 과정은 유대인들조차 항상 똑

같이 절대적으로 거부하지는 않았던 길이었다.

여기서 가장 위험했던 사건은 안티오코스 4세 치하에 유대 귀족층 가운데 한 당파가 일으켰던 기도(企圖)였다. 그들은 안티오코스 치세하에서 강압적인 동화정책을 통해, 그것도 예루살렘에서 유대교의 하나님 신앙과 시온 산의 종교제의를 헬레니즘 환경에 혼합주의적으로 동화시켰다. 벤 시라와 하시딤, 에센파 사람들에게는 이방의 영향이 무의식적으로 작용했다면, 그들은 의식적으로 더욱 철저하고도 개방적으로 완전한 헬레니즘화를 달성하려 했다. 유대지역에서의 동화주의적인 경향은 오랜 역사적 배경을 가지고 있었을 것인데, 이는 기원전 3세기로 거슬러 올라간다. 유대의 가장 강력한 평신도 가문인 토비아스 가문은 이미 기원전 3세기 중반에 그리스인들과 매우 밀접하게 접촉했을 것이다. 토비아스 요셉은 프톨레마이오스 왕조 치세하에서 징세도급의 수장이 되었고, 경제·문화적으로 유대교 밖의 환경과 더 밀접히 접촉하는 데 기여했다. 그러나 당시 강력한 보수적 성향을 가진 대제사장 '의인 시몬'은 일시적으로나마 토비아스의 아들들의 영향력을 제어하는 데 성공했다. 대제사장직 오니아스 가문과 토비아스 가문 사이의 권력투쟁은, 기원전 175년 안티오코스 4세가 왕권을 승계한 이후 실제 예루살렘에서 발생한 개혁시도의 역사적 배경이 된다: 자유로운 성향을 가졌던 히르카노스는 자신의 조부 토비아스가 관할했던 암마니티스의 프톨레마이오스 할당지를 반(半)독립적 통치지구로 분리시키고, 마침내 예루살렘과 경합하는 혼합주의적 색채를 갖는 유대인 성전을 건립하기에 이르렀다. 이 기간 동안 예루살렘에서는 개혁을 열망하는 귀족층이 오니아스 3세를 폐위하여 우세를 점하고, 왕의 전권을 부여받아 김나시온을 세우고 시민들의 명단을 공포하여 예루살렘을 그리스 폴리스로 바꾸려는 준비를 했다. 게다가 오니아스 가문의 마지막 대제사장 야손이 폐위되고 그 자리에 토비아스 가문과 밀접히 교류했던 메넬라오스가 앉게 되었다. 이 상황은 이 급진적인 개혁세력들에게는 큰 힘이 되었다. 하지만 자신들을 따르는 세력이 줄어들면서 그들은 셀레우코스 통치자의 지원에 더욱더 의존하게 되었다. 그러자 안티오코스 4세는 그 지원의 대가를 얻기 위해 성전 금고에 손을 대었다. 개혁세력은 야손이 반란을 일으키려 했으나 실패로 끝나자 평범하고 보수적인 주민들의 증오에 찬 태도를 고려해야 했다. 그리하여 메넬라오스를 수장으로 한 급진적인 개혁가들은 왕에게 칙령을 선포하여, 유대교의 법을 완전히 폐지하라고 조언했다. 왜냐하면 이 법은 자신들에게 매우 낯설었고 자신들의 적대자들의 기반이 되었기 때문이다.

그들을 지지하기 위해 셀레우코스의 '할당지 보유자'들이 새롭게 건설된 성전 남쪽의 아크라에 정착했고, 그들은 이 새로운 폴리스의 의회를 구성하였다. 왕이 마련한 칙령은 율법을 강제로 폐지하고 신실한 율법준수자들을 박해할 근거를 마련해주었다. 성전제의 또한 혼합주의적인 방법으로 '개혁'되었는데, 이것의 모델은 더욱 강력하게 헬레니즘화된 페니키아인들의 제의였던 것 같다. 거대한 소제단(燒祭壇) 위의 작은 제단은 이제 단지(역주. 다른 제의 처소에도 존재했던) 하나의 '거룩한 뜰'로 변한 성전 앞뜰 내에 있으면서도 시온의 참된 제의의 중심을 형성했다. 그들은 무엇보다도 '지극히 높으신 하늘의 하나님'에게 경배를 올렸는데, 이 하나님은 혼합주의적이고 보편적인 방법으로 해석되어, 페니키아인들의 바알 샤멤(Ba'al-Šāmēm)과 그리스인들의 제우스 올림피오스와 동일시되었다. 급진적인 개혁가들은 그리스적 '계몽'의 영향을 받았을 것이고, 하나님을 경배함에서 '미신적으로' 왜곡되지 않은, 원초적이고 '이성적인' 형태를 회복하려 했을 것이다. 동시에 그들은 유대교의 독특한 것들을 해체하고 헬레니즘적·동방세계적인 환경에 철저하게 동화하고자 노력했다. 그러나 마카베오 봉기가 성공을 거두고 이와 더불어 계속된 셀레우코스 제국이 약화되자 유대교는 이 예루살렘의 개혁이라는 절대절명의 위협을 물리치고, 참으로 수십 년간 지속된 투쟁을 거친 후 기원전 142년 데메트리오스 2세의 칙령을 통해(1마카 13:31-42) 국가의 독립을 얻는 데 성공했다. 1년 후에는 아크라 역시 무너졌다. 물론 이러한 승리에도 불구하고 심각한 '집단적 트라우마'가 하나의 후유증으로 남게 되었고, 이것은 계속될 유대교의 역사적 과정에 중대한 영향을 끼쳤다.

예루살렘에서 기원전 175년 이후 시작되고, 기원전 167년과 164년 사이에 절정에 달했던 대결은 율법을 위한 투쟁이었다. 유대교의 배교자들은 바빌로니아로의 유배 이후 유대인들이 살아왔던 관습을 강압적으로 되돌리려 했다. 하지만 다니엘서나 마카베오1서 1장에서 나타나는 신실한 율법준수자들이 투쟁의 근거를 일방적으로 토라에만 두었던 것도 아니었다. 그들은 더욱 포괄적이고도 구속사적인 용어를 사용했다.[291] 즉, 그들은 "거룩한 계약"(다니엘 11:28, 30)을 옹호했다.[292] 유대 묵시사상의 창시자들은 하나님이 그 백성과 함께한 역사란 '계약체결'에 근거한 것이었음을 아직도 생생하게 인식하고 있었다.[293] 물론 그 계약의 가장 중요한 요소는 율법이었다. 그래서 토라

---

291) 단 11:28, 30; 비교. 9:4; 11:32; 9:27에서(제4부 각주 207을 보라)는 "거룩한 계약"에 대항하는 왕과 배교자들과의 "계약"을 의미하는 것 같다. 또한 1마카 1:15, 63을 보라; 비교. "계약의 책"인 율법 1:57; 2:20, 27, 50; 4:10; 2마카 7:36; 8:15. 전반적인 문제에 대해서는 A. Jaubert, *La notion d'alliance dans le Judaïsme*, 1963, 73ff., 77ff.를 보라. 계약이 하나님의 선택에 근거한 것이라는 생각은 무엇보다도 에센파에서 계속 유지되고 있었다(1QS 4.22). *op. cit.*, 182ff.를 보라.

292) 다니엘서에서 그 용어는 비교적 드물게 나온다. 6:3과 7:25. 원래 독립적인 참회기도인 9:4f., 10f., 13은 예외이다. 또한 1마카 1:49, 52, 57; 2:26f., 42, 48, 50, 58, 64, 67f. 등과 비교하라.

293) *Op. cit.*, 80f. H. J. Schoeps, *Paul*, 1961, 213ff.는 율법과 계약의 본래

에 대항하는 전향자들의 증오에서 나온 율법에 대한 공격은 이에 대응하는 반작용을 불러일으켰다. 직접적으로 말하자면 전자는 '율법에 대항한 열성'이요, 후자는 '율법을 위한 열성'이라 할 수 있겠다. 그 결과로 일어난 유대교의 정신적 변화는 현저하게 토라에 집중되었다. 이 변화를 일차적으로 전수했던 바리새인들은 마카베오시대 유대 독립투쟁의 정신적 엘리트였던 하시딤의 직접적 승계자들이었다. 이들은 봉기발발 약 50년 후인 히르카노스 때에 하스몬 가문과 결별했다. 왜냐하면 하스몬 가문은 바리새인들의 율법의 결의론적 해석 율법해석(*Gesetzeskasuistik*)과 토라에 첨가된 구전전승을 수용하지 않았기 때문이다. 바로 이 결별로 백성들 상당수가 바리새인들 편으로 갔다는 사실은 의미심장한데, 이는 무엇보다도 바리새인들이 회당 제도를 관장하며 일반 백성들의 교사가 되었고, '율법에 대한 열성'이라는 호전적인 이상이 백성들에게 깊이 뿌리내리게 되었기 때문이었다.[294] 기원전 175년 이후 형성된 유대교 위기의 영향은 163년 말 성전이 공식적으로 반환됨으로 매우 제한적으로나마 종결되었지만, 기원전 141년 아크라가 정복되기까지 다 사라지지 않았다. 그것의 의미는 이후 계속된 유대교의 역사, 그리고 간접적으로는 기독교의 형성에서 간과할 수 없었고, 많은 측면에서 유대인의 정치적이고 정신적인 발전에 하나의 새로운 방향을 제시하였다.

1. 율법과 성전을 지배하려던 통치권력의 명백하고도 부당한 간섭에 대해 팔레스타인의 유대교가 가졌던 저 **극도의 민감함**이란 새롭게

적 관계를 강조했지만, 계약사상이 그리스어를 말하는 디아스포라뿐만 아니라, 랍비들에게서도 토라 존재론으로 제한되었다는 사실을 간과했다.

294) 유대고대사 13, 171ff., 288ff. 또한 M. Hengel, *Die Zeloten*, 154ff., 181ff., 190ff., 211ff., 229ff.를 보라. 이런 열성주의는 그 종말론적인 특징을 통하여 최후의 국면에 이르렀다. 233f.

각성된 '열성주의'(*Eifer*)의 열매였다. 이것은 이미 에센파 사람들이 요나단을 공격한 행동과 바리새인들이 요한 히르카노스를 비판한 사건에서 예고되었고,[295] 알렉산드로스 얀나이오스와 헤롯, 아르켈라오스와 로마의 지방 총독[296] 치세하의 대중들의 난폭한 시위에서 표현되었다. 이 열성주의는 거의 무정부적 특징을 가졌다고도 볼 수 있는데, 이는 한편으로는 유대인들이 유대 통치자들이나 이방 통치자들에 의해 지배를 받는 것을 극도로 어렵게 했다. 다른 한편으로 이러한 부담은 유대인 자신들에게도 향하게 되었다. 왜냐하면 유대교 내의 대립적인 그룹들이 때때로 서로를 '율법의 배교자'로 정죄하게 되기에 정치적인 위기 때에도 자신들의 '통일된 행동'을 거의 불가능하게 만들기 때문이다. 그러나 특별히 팔레스타인의 유대교의 이 '무정부적인 급진성'은 로마시대에는 디아스포라로 확대되어 강력하고도 민족적 · 종말론적인 미래 대망으로 표현되었고, 끊임없이 계속되었던 유대의 반란들과 기원후 66~70년, 116~117년, 132~135년에 일어난 유대인들의 처참한 재난의 주요 원인들 중의 하나가 되었다. 이러한 일련의 발전과정들을 중지시키기에 온건한 세력들은 너무 약했다. 안티오코스 4세 치세의 박해로부터 발전되어 나온 묵시적 모티브들 가운데에는 '마지막 전제군주'(*Endtyrann*)나 '적그리스도'라는 형상이 있었고, 또 거룩한 도시와 성전 혹은 그 일부분이 '이방인들에게 의해 짓밟혀졌다'라는 관념들도 있다. 따라서 처음부터 이러한 도식으로부터 로마의 통치자들을 비난하는 것은 자연스러웠으며, 이와

---

295) 유대고대사 13, 288-298; 비교. *Kidd.* 66a. 에센파에 대해서는 2권 pp. 346-372를 보라.

296) 알렉산드로스 얀나이오스에 대해서는 유대고대사 13, 372-376, 379-383을 보라; 헤롯 아르켈라오스(Archelaos)와 지방 총독에 대해서는 M. Hengel, *op. cit.*, 107-110, 196, 326ff., 332ff., 348f.를 보라.

동시에 항상 자신들이 소속된 공동체에서도 '배교자들'을 압박했을 것이라는 추측은 가능하다.[297]

2. 강압적인 동화정책에 저항하는 동안 비유대인들로부터 분리되는 경향은 더욱 강해졌다.[298] 이러한 경향은 팔레스타인에서 하스몬 가문이 정치적으로 힘을 얻고, 더 후대 프톨레마이오스 가문 치세하에서 유대인들이 정치적·군사적으로 우세한 지위를 차지하게 됨에 따라 고대의 '반셈족주의'를 불러일으켰다. 이제 유대인들에 대한 이방인들의 긍정적인 견해들은 부정적인 견해로 바뀌었다. 이런 변화는 포세이도니오스에게서 분명히 나타난다. 새로운 반셈족주의의 정치적 모델은 안티오코스 4세였다. 유대인들에 대한 그의 행위를 그렇게 반셈족주의적으로 해석하는 것은 포세이도니오스와 아피온, 포르피리오스,[299] 그리고 특히 타키투스에게서 볼 수 있다.

> Rex Antiochus, demere superstitionem et mores Graecorum dare adnisus, quo minus taeterrimam gentem in melius mutaret, Parthorum bello prohibitus est(안티오코스 왕은 미신들을 몰아내고 그리스인들의 풍속을 심으려고 노력했다. 이를 통해서 그는 가급적이면 가장 혐오스러운 종족을 보다 나은 방향으로 개선시키려고

---

297) *Op. cit.*, 204ff., 229ff. 적(敵) 그리스도에 대해서는 *op. cit.*, 309ff.를 보라; 성전에 대해서는 190 각주 3과 4, 그리고 211ff., 215ff.를 보라.

298) 유대고대사 13, 254ff., 274-281, 324ff., 356ff., 393ff. 이집트에서 유대인들의 태도에 대해서는 유대고대사 12, 387ff.; 13, 284ff., 349, 354ff.; 14, 99와 아피온 반박 2, 64를 보라. 또한 1권 p.87ff.와 Tcherikover, *CPJ* 1, 19-25를 보라.

299) 포세이도니오스에 대해서는 제 4부 각주 17을 보라. 아피온(Apion)에 대해서는 아피온 반박 2, 80f.를 보라. 히에로니무스의 다니엘 주석에 보존된 포르피리오스의 작품에서 나온 단편 "그리스도인에 대항하여"에 대해서는 *FGrHist* F 49-58을 보라. 안티오코스 4세에 대한 헬레니즘적·반(反)셈족주의적 평가에 대해서는 또한 E. Bickerrnann, *GM*, 21ff.를 보라.

했으나, 파르티아의 전쟁으로 이 일은 성취할 수 없었다. *Hist*. 5, 8, 2).

안티오코스가 취한 정책의 동인(動因)에 대한 이 일방적이고 편향적인 설명은 더 후대에 로마황제들을 자극하여, 이와 유사한 반유대교적인 조치를 강화시켰을지도 모른다. 이 동기는 칼리굴라의 정책과 그가 예루살렘 성전에 자신의 형상을 세우려고 한 그의 행동에서도 작용했을 것이고, 또한 베스파시아누스와 티투스가 성전을 파괴해야만 하겠다는 결단에 영향을 미쳤으리라. 더 나아가 주피터 신전(Jupiter Capitolinus)에 바치는 유대인 인두세(*fiscus Judaicus*)를 도입하고, 하드리아누스는 할례를 금하며, 예루살렘에 제우스 신전(Aelia Capitolia)을 건설하고, 시온과 그리심에 주피터의 신전들을 세우는 데 영향을 주었을 수도 있다. 그후 하드리아누스는 바르 코흐바의 폭동에 대해서 안티오코스 4세의 전례를 따라 유대교의 율법실행을 금지하는 것으로 응수했다.[300]

3. 안티오코스의 박해와 마카베오 봉기의 승리는 팔레스타인에 강력한 종교적 세력뿐만 아니라, 정치적 세력이 형성되는 계기를 주었다. 이 양자는 고대 유대교에서 거의 분리될 수 없다. 하스모니아 왕조하에서 유대인의 국가가 사마리아인들과 요르단 동편의 대부분, 해안 평지에 있는 아스칼론을 제외한 모든 '그리스' 도시들까지 정복하고 갈릴래아의 이투래인(Ituräer)과 남쪽의 이두매인들을 강제로 개종시킨 것은 이방인의 통치하의 유대인들에게는 기적적인 사건으로 보였던 것이 틀림이 없다. 그리하여 그들은 요한 히르카노스를 성공적인 장군이요 대제사장으로, 카리스마적이고 메시아적인 특색을 지닌

---

300) *Schürer* 1, 674ff.; N. N. Glatzer, *Geschichte der talmudischer Zeit*, 1937, 38ff. 포세이도니오스에 이어 안티오코스 7세의 고문이 된 시데테스(Reinach 56)를 보라.

인물로 받아들일 수 있었다.[301] 이를 통해 유대교는 팔레스타인에서 민족의식을 엄청나게 강화했다. 유대종교는 비록 유대교의 확장과 선교의 성공에도 불구하고 일차적으로는 하나의 '민족적인' 종교로 남아 있었고, 대다수의 유대인들에게 종말론적인 희망은 정치적으로 강하게 채색되었다. 그러면 그럴수록 기원전 63년에 다시 유대민족이 자유를 상실하게 된 사건은 더 가혹하게 느껴졌다. 자유를 되찾으려는 그들의 계속된 노력은 이방인의 통치란 자신들이 율법을 준수하지 못하게 하는 하나의 위협이라고 느끼게 했고 '마카베오의 기적'이 다시 찾아오게 될 것이라 믿게 하였다.[302] 유대교의 선교조차 정치적 색채를 띠었다. 이미 에스더서 8:17에 의하면 왕의 칙령 이후에 "유대인들에 대한 두려움이 엄습하여 많은 민족들이 유대교를 받아들였다"(M. מִתְיַהֲדִים, LXX: περιετέμοντο)고 한다. 유딧서 14:6-10에는 유딧이 암몬인 아키오르(Achior)에게 홀로페르네스(Holofernes)의 머리를 보여주자, 아키오르는 이스라엘의 하나님을 믿어 할례를 받게 되고, "그는 이스라엘 집의 일원이 되었다"고 보도한다. 이렇게 민족과 종교를 연관시키는 것은 고대시대에 '선교활동을 하는' 종교들 가운데에서는 유일했고, 흩어진 디아스포라 지역의 유대교에 놀라운 지속성을 부여했지만, 실제로 획기적이고 영속적인 선교의 성공을 거두지 못하게 했다. 물론 아디아베네(Adiabene) 왕실이 유대교로 개종했던 것과 같은 몇몇의 예외가 있었고, 또 부분적으로는 그리스어 사용권의 개방된 디아스포라에서 민족과 종교의 결합을 강화하려고 했지만 말이다. 고

301) 유대고대사 13, 299 = 유대전쟁사 1, 68f. 이에 대한 E. Bammel, *TLZ* 79, 1954, 352-356과 비교하라.

302) 마카베오 가문의 승리가 백성들 가운데 어느 정도로 살아남아 지속되었는지 '금식 두루마리'(*Fastenrolle*)에 기록된 이 시기의 상대적으로 많은 기념일들이 보여준다. H. Lichtenstein, *HUGA* 8/9, 1931/32, 273-290을 보라. 또한 M. Hengel, *op. cit.*, 176ff. 와 비교하라.

대에서 유대인이 되는 것은 결코 단순한 종교적인 결단만은 아니었다. 그것은 동시에 항상 정치적 결단, 즉 이방인은 개종을 통해 유대 '민족'(*Ethnos*)의 구성원이 됨을 의미했다.[303] 이런 점에서 로마제국이 유대교 선교를 위험하게 보고 종종 그것을 제한하려고 했던 것은 이해가 된다.[304] 예루살렘은 로마의 대척점(對蹠點)이 되었다. 또한 디아스포라 유대인들과 완전한 유대교로 완전히 개종한 사람들은 두 드

---

303) 이것을 가장 잘 보여주는 예는 아디아베네(Adiabene)를 통치하던 가문이 유대교로 개종한 사건이다. 그들은 로마인들과 싸우며 예루살렘을 방어하는 사람들이었다. 유대고대사 20, 17-96(또한 비교. Gen. R. 46, 10)을 보라. 유대전쟁사 2, 388, 520; 6, 356. 유대교 선교에 대한 세네카의 판단이 전형적이다(아우구스티누스에 따르면 *Cio. Dei* 6, 10: Reinach 262f.): "victi victoribus leges dederunt"(정복당한 자들이 그들의 법을 정복한자들에게 주었다). 비교. Juvenal 14, 100(Reinach 292). 전반적인 문제에 대해서는 또한 K. G. Kuhn, *TWNT* 6, 730-745를 보라. 완전한 개종자는 "모든 면에서 이스라엘인이었다." Yeb. 47b: כשראל הוא לכל דבריו 기원후 70년 후에 유대인세(*fiscus Judaicus*)는 할례받은 모든 유대인들, 심지어는 개종자들에게도 징수되었다. 이는 본질적으로 반항하는 유대인 '민족'에 대한 이른바 '징벌적인 세금'(Suetonius, *Domitian* 12, 2: *posita genti tributa*를 보라)이었다. 개종자들 또한 유대인들에게 '종교적인 연합'으로 영향을 미쳤다. J. Juster, 2, 282ff., Tcherikover, *CPJ* 1, 80ff.를 보라. 이 둘은 분리될 수 없다. 당시 전반적인 유대인 선교와 후대의 선교에 대해서는 M. Simon, *Verus Israel*, 1949, 315-355를 보라. 그는 온전한 개종자들과는 대조적으로 "하나님 경외자"(*metuentes*)는 결코 완전히 인정받지 못하였다고 한다: "그들은 항상 교회 앞뜰에서 세례를 원하는 사람들처럼 남아있다"(323, 331). 또한 327과 비교하라: "유대교로 개종한다는 것은 세상과 단절함을 의미한다."

304) 이것이 유대인들이 로마에서 자주 축출되는 배경 중의 하나이다. Valerius Maximus, 제4부 각주 41과 H. Leon, *The Jews of Ancient Rome*, 1960, 17ff. 그리고 유대인들을 다루는 도미티아누스의 격렬한 태도는 *op. cit.*, 33ff.를 보라. 안토니우스 피우스(Antoninus Pius)가 할례금지를 주장하여 개종을 간접적으로 금지시킨 것에 대해서는 J. Juster, 1, 266ff.; Moore, *Judaism* 1, 351f.와 K. G. Kuhn, *TWNT* 6, 738f.를 보라. 디아스포라 유대교의 정치력에 대해서는 H. Hegermann, *UU* 1, 302f.를 보라.

라크마를 납세하게 됨으로써 예루살렘과 밀접히 연결되었는데, 이들에게도 저 '거룩한 땅'은 세계의 참된 중심이었다. 할례와 율법에 대항하여 싸운 바울의 투쟁은 그의 유대주의적인 적대자들의 눈에는 특히 그것이 초래할 "민족적이고 정치적인 결과"로 인해 "유대교에 대한 배신"을 의미했다.[305]

4. 이방세계로 동화되는 명백한 혼합주의적인 경향이 유대 본토에서부터 저항을 받은 것은 사실이지만,[306] 지속적으로 사마리아와 요르단 동편,[307] 그리스어 사용 디아스포라에서는 더욱 영향을 미쳤

305) 그는 롬 9:1ff. 에서 이런 비난에 대해 자신을 변호한다. 이것에 대해서는 O. Michel, *Der Brief an die Ramer*, [12]1963, 223을 보라: "회당은 그를 '배교자'와 '이단자'로 간주했다." 즉, 그는 그들에게 안티오코스 4세 통치하의 예루살렘의 배교자들과 비견된다.

306) 그러나 또한 유대지역에 대해서는 다음과 비교하라: *Sanh.* 10, 1; *T. Sanh.* 13, 5 혹은 *Sanh.* 111b *Bar.* ("하늘의 멍에를 벗어던지고자 하는 자들"), 그리고 탈무드 전통에서 배교에 대한 상세한 논의는 K. Kohler와 R. Gottheil, *JE* 1, 12f. 를 보라.

307) 사마리아에 대해서는 도시테오스(Dositheos, 이 이름을 가진 자가 둘인 것 같다)와 시몬 마구스(Simon Magus), 메난드로스(Menander)와 같은 인물들을 보라. 그들은 영지주의 발달에 지대한 영향을 끼쳤다. A. Hilgenfeld, *Die Ketzergeschichte des Urchristentums*, 1884, 155ff., 163ff., 187ff. 를 보라; 더욱 최근의 논의에 대해서는 R. McL. Wilson, *ZRGG* 9, 1957, 21-30; T. Caldwell, *Kairos* 3, 1962, 105-117; K. Beyschlag, *ZTK* 68, 1971, 395-426을 보라. 요르단 동쪽에 대해서는 〔가령 만데아인들(der Mandäer)의 기원,〕 C. Colpe, *RGCF* 4, 711f.; K. Rudolph, *Die Mandäer* 1, 1960, 52ff.; 246-255; S. Schulz, *TR* 26, 1960, 314ff., 318f., 323, 325f., 334의 요약을 보라. 또한 엘카사이파(Elkesaiten)를 보라. 그들은 유대교의 세례운동에서 직접적으로 유래하였을 것이고, 그들이 서방으로 침투했을 때 단지 피상적으로만 "기독교화" 되었을 것이다. J. Thomas, *Le mouvement baptiste*, 1935, 140ff. 를 보라. 혼합주의적·영지주의적인 집단들의 이름은 Justin, *Dial. c. Tryph.* 80, 2와 Hegesippus in: *Euseb.* HE 4, 22, 7의 유대교 종파들의 목록에 들어 있다.

다. 우리는 유대교적·이교적 혼합제의들에 대한 증거를 소아시아의 다양한 비문들에서 발견한다. 예를 들면, 튀아티라(Thyatira)의 삼바테이온(Sambatheion)과 킬리키아에서 하나님을 경배했던 '삽바티스테스'(Sabbatistēs), 이집트의 나우크라티스(Naukratis)의 '쉰호도스 삼바티케'(Synhodos Sambatikē), 보스포로스(Bosphoros) 왕국의 휩시스토스(Hypisistos) 경배자들, 소아시아에 있는 후대의 휩시스타리아인들(Hypsistarier)이 그 예이다. 비록 이런 증거들은 단지 아우구스투스 황제시대로부터 나타나기 시작되었지만 기독교시대 이전의 이집트 밖에 있는 소수의 유대교 비문들은 그런 혼합제의가 실행된 연대가 그보다 더 앞섰음을 암시한다.[308] 혼합주의적 경향들을 연구함에서 때로는 전적으로 이방적이고, 때로는 매우 유대적이라는 오락가락하는 판단이 내려진다는 것 자체가, 유대주의화되는 이방인들과 이교도화되는 유대인을 구별하는 것이 실제로 불가능한, 그런 모호한 특징이 존재한다는 사실을 반증한다.[309] 사도행전 19:3 대적·혼합주의적인 그룹들의 존재를 암시할 수 있다.[310]

필로의 급진적 알레고리를 통해 율법의 문자적 의미를 박탈했던 그리스 교육을 받은 유대인들과, 율법을 날카롭게 비평한 또 다른 유대인들이 있었음을 보여준다.[311] 더욱이 우리는 그의 저서와 마카베오

---

308) Tcherikover/Fuks, *CPJ* 3, 45ff., 또한 R. McL. Wilson, *The Gnostic Problem*, ²1964, 9-17. H. Gressmann, *ZAW* 43, 1925, 1-32의 연구는 여전히 근본토대가 된다. 소아시아에 대해서는 G. Kittel, *TLZ* 69, 1944, 16을 보라.

309) Tcherikover, *loc. cit.*는 유대인의 관습들을 모방하는 순전한 이교도 그룹들이 있음을 주장한 반면, 굿이너프(Goodenough)는 보스포로스 왕국의 휩시스토스 경배자들이 유대인이라고 주장한다. 제4부 각주 266을 보라. M. Hengel, *Festgabe K. G. Kuhn*, 1971, 173ff., 179와 비교하라.

310) 이것에 대해서는 G. Bornkamm, *Das Ende des Gesetzes*, 1952, 139-156을 보라.

3서, 비명(碑銘) 자료들에서 유대교의 배교자들에 대한 많은 언급들을 발견한다.[312] 그러므로 영지주의로 가는 첫 단초가 비정통적인 유대・사마리아 그룹에서 시작되었을 가능성은 매우 높다. 유대교의 '반율법주의'(*Antinomismus*) 또한 이 그룹에서 계속해서 영향을 끼쳤을 수 있다. 마지막으로, 유대교 마술이라는 넓은 분야에서도 혼합주의를 받아들이게 된 것이 틀림없다.[313] 그렇기 때문에 헬레니즘적 환경은 유대교에 어느 정도의 위험을 줄 수 있었다. 물론 그렇다고 그 영향을 과대평가해서는 안 되지만 말이다. 팔레스타인과 디아스포라 유대교는 '개혁시도'에 저항하는 가운데 자신의 견고한 중심을 율법에서 찾았다. 이것은 이방의 모든 영향들과 유대교의 놀라운 다양성에도 불구하고, 유대교에 적어도 외부세계에 대한 상대적인 폐쇄적 성격을 부여했는데, 이 성격은 실제로 후대의 반셈족주의 자료들로 입증된다. 게다가 강화된 민족적 자의식은 유대교에 더욱 효과적인 방어막을 제공하였다.

5. 토라를 강압적으로 폐지하려 했던 헬레니즘적 개혁가들이 실패

---

311) 필로에 대해서는 제 4부 각주 285를 보라; '알레고리적 해석가들'(*Allegoristen*)에 대해서는 *Migr. Ab.* 89ff. (M. 1, 450)을 보라. 또한 신비종교에 빠진 배교자에 대한 그의 논쟁인 *Spec. leg.* 1, 319-325(M. 2, 260f. 신 23:17 《70인경》)와 비교하라.

312) 3마카 1, 3; 2, 30f.; 7, 10f., 15, 또한 CIJ 2Nr. 742, 749과 CPJ 3, Nr. 475; *Schürer* 3, 49와 비교하라. 전반적으로 이것들은 여전히 예외적인 사항에 해당된다. Tcherikover, *HC* 352ff.를 보라.

313) R. McL. Wilson, *The Gnostic Problem*, ²1964, 여러 곳, 특히 172-255를 보라. 다음과 비교하라: Cod. Jung, 112; *ET* 14, 1954, 474-484와 관련한 G. Quispel, *Eranos Jahrbuch* 22, 1953, 195-234; O. Betz, in: *Abraham unser Vater*, *Festschrift f. O Michel*, 1963, 24-43; 나그함마디 본문들에 대한 A. Böhlig, "Mysterion und Wahrheit," *AGSU* 6, 1968, 80-111, 149-161의 기사들; K. Rudolph, *Kairos* 9, 1967, 105-122. 유대교의 마술에 대해서는 2권 p. 383f.를 보라.

함으로써 유대교의 정신적 발전은 토라로 고착되었다. 율법을 위한 투쟁은 이미 그 이전의 준비기가 있었을 것인데, 이는 벤 시라에서 암시되었고, 또 〈조상들의 어록〉('*Ab.* 1, 1b)의 '기초과정'(*Grundprogramm*)에도 기록되었다. "많은 학교를 세워 토라 주위에 울타리를 치라." 이 진술이 마카베오시대 이전에 나왔든 이후에 나왔든 상관은 없다. 이러한 사상적 발전은 때로는 그것이 역사적으로 불가피했다는 것을 이해하지 못하고 경멸적인 의미로 '율법주의'(*Nomismus*)라고 간주하기도 했다. 하여간 그러한 경향은 헬레니즘시대의 정신에 따라 합리적인 요소를 강하게 지녔다. 이는 특히 거의 산술적인(*arithmeisch*) 보상개념과 앞에서 간단히 서술한(2권 p. 192f.) '토라 존재론'을 통해서 표현되었다. 우리는 이러한 '토라에 대한 집중'을 바리새주의에서, 그리고 그리스어사용 유대교에서는 예를 들어, 요세푸스와 필로에게서 발견한다. 그러나 그것의 가장 풍요로운 표현은 브라운(H. Braun)이 종말론적인 맥락에서 '토라의 급진적 이해'(*Toraverschärfung*)라는 개념으로 특징을 묘사했던 표현들에서 발견된다.[314]

6. 이렇게 '토라에 고착됨'으로 제의나 율법에 대한 신학적 근거를 갖는 근본적인 비평이 유대교에서 더 이상 자유롭게 발전할 수 없었다. 이는 경건한 유대인들이 자신의 백성들 중에 있는 '율법을 업신여기는 자들'과 사마리아인들, 비유대인들에 대하여 부과한 배타적 장벽들을 폐지하려는 시도를 제약하기도 했다. 이러한 시도는 예언자들의 메시지에 담긴 구원의 보편성에 발로한 가장 내면적인 종교적 동기에서 나왔다. 그것은 자신들의 역사에 대하여, 특히 율법을 수여받은 이스라엘의 역사에 대한 근본적이고도 비평적인 성찰에 대해서

314) H. Braun, *Spätjüdisch-häretischer und frühchristlicher Radkalismus*, 1957, I, 17, 32f., 73, 99; II, 3 등. 또한 M. Hengel, Zeloten, 229ff.와 비교하라.

도 관용할 수 없는 것은 마찬가지였는데, 예를 들자면 마가복음 10:5ff. 와 사도행전 7:35-53, 혹은 갈라디아서 3:19ff. 에서 표현되고 있다. 그런 비평적 성찰을 수용하는 태도는 헬레니즘적 개혁시도의 경우와 비슷하게, 이스라엘 최고의 신앙적 유산들을 공격하는 것으로, 아니 더 나아가서는 변절하여 이방세계로 돌아서는 것으로까지 오해될 수밖에 없었다. 유대교의 한가운데에서 형성된 초기 기독교 운동에 반응했던 유대교의 뿌리 깊은 비극이 여기에 존재한다. 나사렛 예수와 스테파노스, 바울은 자신들의 민족에 대해 좌절했다. 왜냐하면 유대인들은 민족적이고 정치적인 색채를 강하게 띤 그들의 율법에 대한 경건을 창조적이고 자기 비판적으로 변형하려는 운동들을 더 이상 수용하려는 위치에 있지는 않았기 때문이었다. 이 작은 유대기독교 공동체는 토라를 엄격하게 준수함으로써만 팔레스타인에서 버티어 나갈 수 있었다. 물론 그렇게 버틴다 해도 대단히 존속하기는 어려웠지만 말이다. 이들이 헬레니즘적 혼합주의로 떨어져 나갔다는 비난은 바울을 유대교적으로 해석하는 데 있어서 오늘날까지도 영향을 미친다:[315] 이렇게 해석하는 사람들도 사도 바울을 "조상들의 신앙사상들에서 멀리 동화되어 나간 유대인"으로 생각한다.[316] 이러한 해석은 예언자들의 메시지에 더 이상은 적합하지 않은, 변증론적으로 고정된 당시 유대교의 토라이해가 종말론적이고 보편적인 복음의 요구와 양립할 수는 없었고 결국 결렬되어야한 했다는 사실을 간과하

---

315) 예를 들면, J. Klausner, *From Jesus to Paul*, 1944, 450ff., 496ff., 528ff., 600ff. 등 자주; L. Baeck, *Aus drei Jahrtausenden*, 1958, 47ff.; L. Baeck, *Paulus, die Pharisäer*, 1961, 19ff., 131ff.; H. J. Schoeps, *Paul*, 1961, 149ff., 213ff., 259ff. 다른 한편 W. G. Kümmel, *Heilsgeschehen und Geschichte*, 1965, 169-191과 441f., 450, 453f. 와 비교하라.

316) H. J. Schoeps, *op. cit.*, 278.

고 있다.

7. 전체적으로 보아 유대교는 헬레니즘·로마시대에 거대하고도 진정한 세계사적 영향을 미쳤다: 유대교는 이방의 영향에 대항하며 자기주장을 펼쳤고, 그리스적 사고를 수용하기도 하며 새로운 것으로 만들어내기도 하였으며, 400년간의 외세통치 후에 민족국가를 세우기도 하였다. 아울러 그 국가를 파산시키고 결국에는 '흩어지게' 만든 새로운 재난을 견디어 낸 내적인 힘으로도 영향을 미쳤는데, 우리는 이 모든 것이 유대민족의 비길 데 없는 생명력과 활력의 표현이라 간주해도 될 것이다. 셀레우코스 가문에 대항한 자유의 투쟁과 더 혹독했던 로마와의 싸움은 고대세계에서는 유례를 찾기 어려웠다. 그러나 이 '역동성'이 종교영역에서 가장 강력하게 전개되었다: 기독교 역시 유대교만큼이나 어디서도 유비를 찾을 수 없는 '세계적인' 선교를 실행하였지만, 그 후에는 예언적이고 종말론적인 표지 아래에서 너무 편협하게 되어버린 율법적이고 민족적인 틀을 깨치고 나온 새로운 세력으로 성장하게 되었으니 그것이 바로 유대교에서 성장해 나온 초기기독교(*Urchristentum*)였다.

제5장

종합적 개관과 결론

팔레스타인에서 유대교와 헬레니즘의 첫 만남에 대한 이제까지의 서술이 어떤 일목요연하면서도 반박할 수 없는 일관된 밑그림은 결코 아니었다. 왜냐하면 그것은 복잡한 역사적 실상들이 보통 그러하듯이, 하나의 도식적인 통합명제로 요약될 수 있는 사안은 아니기 때문이다. 안티오코스 4세 치하에서 신속히 종결된 과도기적인 사건(*Intermezzo*)이었던 예루살렘의 개혁시도를 제외한다 해도, 팔레스타인의 유대교가 헬레니즘시대 동안 이방의 문명에 접촉되지 않은 채 구약적인 전승에 충실하게 서서 자신의 길을 곧게 갔다고 말할 수는 없다. 그렇다고 혼합주의의 과도한 영향하에서 헬레니즘적 정신이 팔레스타인적 유대교에 완전히 침투하여, 유대교가 자신의 본래적인 임무에 충실하지 못하고 혼합주의에 희생되었다고도 주장할 수도 없다. 진실은 그 양극단 사이에 존재한다.

기원전 3세기에 유대 · 팔레스타인에서는 이미 헬레니즘 문명과 유대 상류층 간의 만남이 있었음이 분명한데, 그런 만남은 우리의 빈약한 자료들이 보여주는 것보다 더욱 강력하게 일어났을 것이라 추측된다. 이 사실은 한편으로는 유대인들에 대한 제논 파피루스와 가장 초기의 그리스어 자료들이 보여주고, 다른 한편으로는 벤 시라의 논쟁과 〈토비아스서〉, 익명의 사마리아인과 같은 유사한 문학적 단편들이 시사해준다. 그러므로 팔레스타인 내부의 정신적 발전에서, 평화로운 시기가 압도적이었던 프톨레마이오스 통치의 의미를 만족할 만큼 평가할 수는 없다. 하지만 이 시대의 헬레니즘화 과정은 모든 유대주민에게 동일하게 불어 닥치지는 않았고, 그 직접적인 영향은 개방된 제사장과 평민귀족, 유복한 도시주민들 가운데서 중요한 계층이 속한 비교적 넓은 범위에서 일어났다. 이는 헬레니즘화 과정이 정복된 동방의 지역들에서 귀족들과 상류시민들을 위한 문명이 되는 새로운 특징을 지녔기 때문이었다. 유대인들은 그곳에서 더욱 자유롭고 사치스러운 생활양식과 더 자유로운 사고에 호감을 느꼈다. 이러한 경향은 아마도 '지혜학파'와 관련된 집단에서 발전되었을 텐데, 이들은 그리스적인 '계몽'에 영향을 받았으며, 전통적인 지혜전승을 받아들이기보다는 이와 맞섰다. 그들은 경제적·문화적 발전을 막는 율법을 비판하는 경향을 가졌다. 이런 사상적 발전의 마지막 단계는 이 책 제4부에서 묘사된 격렬한 '개혁시도'였는데, 이 행동은 백성들 대다수가 일으킨 단호한 저항에 부딪혔다.

그러나 반(反)율법주의적인 경향들을 받아들이지 않고 '지혜'와 '토라'를 동일시한 전통적인 지혜학파 역시, 아마도 대중적인 스토아주의의 특정한 관념들에 근접하였으리라 생각된다. 벤 시라의 경우가 이것을 보여준다. 알렉산드리아에서 그러한 철학사상들이 명백하게 채택되었다는 사실은 아리스토불로스에게서 처음으로 나타난다. 이것은 비록 매우 약화된 형태로 형성되었기는 하였지만, 팔레스타인에서 이미 영향을 미치기 시작한 경향들이 그곳에서도 계속되었음을 의미할 뿐이었다. 즉, 이 시기에 동방세계적·유대적인 지혜와 그리스 대중철학은 서로가 영향력을 행사하기 위해 매진하고 있었다. 양자의 공통점은 이성적·경험적인 특징과 보편적인 경향, 우주의 신적 질서에 대한 관심, 현저한 인간학적·윤리적인 관심에 있었다. 이는 무엇보다도 유대인들을 '철학자들'로 판단한 초기시대의 그리스적 관점을 통해서 입증된다.

하지만 새로운 정신적 풍향은 단지 친(親)헬레니즘적인 상류층과 후기 지혜의 영역에서만 감지될 수 있는 것은 아니었고, 모든 것을 녹여버리는 헬레니즘적 세력에 대항하여 가장 격렬하게 방어적 태도를 취하였던 바로 그곳에서도 감지되었다. 특히 가장 준엄하게 율법을 준수했던 하시딤에게서 말이다. 이들은 최초의 묵시를 창조했고 이것으로 고대 유대교를 종교적으로 더욱 발전시키는 데 영향을 미쳤는데, 바로 이곳에서 많은 자료들로부터 흘러드는 '혼합주의적인' 영향이 드러났다. 이 파괴적인 '계몽'의 정신에 맞서는 사상이 '백과사전적인' 지혜였는데, 이는 모든 순수한 인간적인 지식을 능가하고, 우주와 역사의 모든 신비들을 벗겨내는 신적 계시에 근거하고 있었다. '경건한 자들'은 헬레니즘적 개혁가들과 이들의 셀레우코스 측 동맹자들과 투쟁함으로써 자신들의 정신적 보루를 형성했지만, 얼마 후에 급진적인 보수적 당파와 연합해 이번에는 정치적 성공을 거두었던 하스모니아 왕조에 대항해서도 여간 날카롭게 저항하지 않았다. 왜냐하면 이 왕조는 봉기를 승리로 화려하게 이끈 후에 '경건한 자들'이 혐오하는 이방적인 삶의 형태에서 벗어나지 못했기 때문이었다. '에센파'에 속한 이들 하시딤적인 그룹은 '의의 교사'의 영도하에서 이스라엘의 온 백성들로부터 분리되었고, 수도원과 비슷한 특징을 지닌 엄격하게 조직된 공동체를 형성하였다. 그러나 이 공동체는 모든 반유대적인 것을 냉혹하게 거부했음에도 불구하고 그리스적인 '협회'와 가장 근사한 조직형태를 취했으며, 또한 헬레니즘적·동방세계적인 환경에서 강력한 영향을 받았다. 그러나 동시에 그것은 제2이사야와 신약 사이에 존재하는 신학적으로 가장 중차대한 진술들을 낳았다. 물론 거기에는 조직적인 사고(思考)로 발전될 놀랄만한 씨앗이 존재했다. 하시딤의 두 번째 분파가 되었던 바리새주의조차도 필로의 사고와 유사점을 갖는 일종의 '토라 존재론'을 발전시켰는데, 이는 지혜와 토라를 동일시했던 벤 시라적인 태도가 지속된 것이었다.

여기까지가 헬레니즘을 번갈아 수용하고 대응했던 유대교의 혼란스럽고 광범위한 지형도라 하겠다. 다양하기도 하고 부분적으로는 대립되는 팔레스타인의 유대교에 속한 어느 유형의 그룹도 그런 수용과 대응의 양식을 벗어날 수는 없었다. 오직 토라만을 지향한다고 생각하는 그곳에서조차, 아니 도리어 바로 그곳에서 이방의 영향이 강력하게 미쳤다. 때로는 받아들인다는 의식 없이 말이다. 그러므로 새 시대의 정신은 다양한 유대그룹이 형성되는 데 영향을 주었고, 다시 다른 형태로 작용했다. 이런 식으로 팔레스타인의 유대교는 기원전 175년까지 비교적 연속적으로 발달하여 헬레니즘 기간 동안에 깊이 변형되고 있었다. 이와 같은 이유로 인해 전반적으로 흔하게 받아들이고 있는 바, 팔레스타인의 유대교가 그리스어사용 디아스포라 지역의 이른바 '헬레니즘적' 유대교와 근본적으로 분리된다는 견해 역시 수긍하기 어려운 것이다. 엄격히 말해서 헬레니즘·로마시대 동안 팔레스타인 모국의 유대교 역시 서방의 디아스포라 유대교와 마찬가지로 '헬레니즘적 유대교'라는 상위개념에 포함되어야 한다.

이런 진술은 외부의 문화적 영향뿐만 아니라 바로 종교적 영역에서도 적용된다. 왜냐하면 '팔레스타인' 유대교 또한 그 헬레니즘적·동방세계적 환경의 '종교적 공통유산(*Koine*)'을 공유하기 때문이다. 이것은 예컨대 지혜신학에 이미 내포된 '자연에 대한 계시', 즉 자연질서 특히 천체의 목적성과 완전성에서 신에 대한 지식을 얻을 수 있다는 사상이 잘 보여준다. 또한 신의 섭리사상과 개인의 삶, 무엇보다도 사후의 삶에서 있을 보응사상, 다가올 평화의 나라를 대망하는 사상, 그리고 하늘의 실체들과 구원자들, 천사들, 악령들과 죽은 자의 영혼이 존재한다는 사상, 더 나아가 점성학과 예지, 마술의 중요성, 꿈, 환상, 하늘과 지하세계로의 여행, 황홀한 영감의 언어, 혹은 하나님께서 주신 성경을 통하여 그에 대한 지식을 초자연적으로 얻는 방법 등도 팔레스타인 유대교가 헬레니즘 세계의 유산을 공유하고 있었음을 잘 보여준다. 말하자면, 유대·팔레스타인은 헬레니즘적·동방세계적 혼합주의라는 바다에서 완전히 봉쇄된 섬이 아니었다.

팔레스타인 내·외부의 유대교는 비록 혼란스러우리만큼 다양성을 보임에도 불구하고, 그 모든 것을 압도하는 중심은 토라에 있었다. 토라는 다름 아닌 정신적인 자기주장을 위한 투쟁을 통하여 그 절대적인 중요성을 얻었다. 벤 시라가 토라는 지혜와 동일하다고 선언했다면, 예루살렘의 개혁가들에게서 토라는 마침내 가혹한 폭력을 통해서라도 대항해야 할 미신과 어리석음의 구현에 다름 아니었다. 하지만 그렇게 함으로써 그들은 신실한 토라 준수자들을 일깨워 '율법에 대한 열성'을 불러일으켰을 뿐이었고, 이들은 결국 개혁당파를 굴복시켰다. 토라는 이와 같이 헬레니즘과의 대결을 통하여 유대교의 중심점이 되었다. 여기서 물론 토라는 알렉산드리아에서뿐만 아니라 랍비적인 '토라 존재론'에서도 '헬레니즘적·합리적' 방식으로 해석되었지만 말이다. 토라는 이제 더욱더 계시의 유일한 독점적인 매개체가 되었다. 모든 다른 형태의 계시는 토라에서 파생되었으며, 어떤 의미에서는 토라의 해석이 모든 계시형태를 구성했다. 율법의 올바른 해석을 놓고 서로가 심하게 다툰다 할지라도, 그 자체가 도리어 토라의 통일성을 갖는다는 표현이 된다. 왜냐하면 유대민족은 율법을 통해서 모든 민족들과 구별되기 때문이다. 동시에 디아스포라에서 그리스 교육을 받은 집단들에게조차도 율법은 종교적이고 민족적인 결속을 보증하는 것이었다. 왜냐하면 율법은 자신의 윤리적인 유일신론을 통하여 헬레니즘적 제의들에 대하여 우월감을 표현하기 때문이다.

헬레니즘과의 논쟁으로 얻은 두 번째 열매는 미래에 대한 희망으로, 그것은 일반대중들에게서는 대개 임박한 종말론적인 대망으로 나타난다. 그 희망이란 전체 이스라엘에게는 하나님의 통치나 메시아 왕국이라는 의미의 희망이며, 개인에게는 부활과 영생이라는 의미의 희망이다. 하나님의 계획에 따르면 세계사 전체의 진로는 가까운 장래에 있게 될 구원의 때를 그 목표점으로 삼고 있다. 동시에 바로 이 종말론은 현재를 지배하고 우주에 뿌리박고 있는 토라의 전능함을 제한할 수도 있는 유일한 규정요인이었다.

헬레니즘시대 대략 기원전 2세기 후반부에 유대교는 세계종교로 가는 순탄한 길에 올라섰다. 이는 디아스포라의 급격한 확장, 그리고 부분적으로는 매우 활동적인 선교의 결과였다. 마카베오시대의 성공 또한 이 점에서 유대교의 자의식을 증진시켰다. 물론 이것과 명백히 대립되는 태도는 세심하고도 열성적으로 토라의 문자에 집착하는 것인데, 이는 우리가 바리새주의에서 발견하는 바와 같다. 율법에 대하여는 그리스어사용 유대교에서도 근본적인 제한이 있기는 했지만 좀 더 자유로웠다. 또 우화적인 해석이라 할지라도 결코 문자적 의미를 제거하지 못했고, 구체적인 계명과 금령(禁令)은 필로에게서조차 무제한적 권위를 가졌다. 더욱이 하스몬 가문이 통치를 시작한 후 디아스포라에서도 팔레스타인 모국의 영향력이 확대되고, 그 땅에 대한 경건의 의미가 자라났다. 백성들은 종말론적 희망조차 압도적으로 민족적인 유대의 세계왕국이라는 의미로 해석하였다(행 1:6). 이런 영향 아래에서 분명 유대교의 자기보존적인 태도가 나타나게 되었는데, 이러한 태도는 헬레니즘적 개혁이 가져온 정신적 충격, 하스몬 가문이 예기치 않게 민족적인 차원으로의 팽창하다가 폼페이우스의 개입 이후 갑작스럽게 붕괴된 것, 그리고 그 후에 일어난 이방인의 제국 로마의 통치라는 조건하에서 충분히 정당화될 수 있었다. 종교와 민족성과의 거의 완벽한 융합은 유대인이 이방문화에 동화되는 길을 모두 차단했을 뿐만 아니라, 동시에 — 바로 디아스포라에서 — 유대인 소수자들에게도 정치적인 중요성을 부여하였다. 그리하여 이러한 유대교의 특징은 황제시대 이후의 로마 통치자들조차도 심각하게 고려해야 했던 것이었다.

민족적 자기 보존을 위한 이 기본적인 욕구에 비하면, 보편적 선교사명에 대한 의식은 그렇게 자유롭게 발달될 수는 없었다. 신약시대의 유대교와 이교세계 사이에 존재했던 수많은 "반(半) 개종자들"은 (아피온 반박 2, 183) 비록 그들이 확신에 가득차서 심오한 '삶의 기풍'으로 뒷받침되는 유대교의 신앙과 유일신론을 따른다 할지라도, 완전히 유대 백성으로 연합되기 위한 마지막 단계의 행보는 취할 수 없었다. 이 사실은 고대시대에 유대종교로서는 해결할 수 없는 내적인 모순을 보여준다: 유대종교는 이스라엘 백성이라는 그 민족적 뿌리를 벗어날 수 없으므로 어느 정도의 타협들을 취해야만 했다. 물론 이 타협은 항상 있었지만 오래 유지될 수는 없었다. 유대교에서 생겨난 최초의 교회(*Urkirche*)의 반발은 여기서 시작되는데, 이는 예언적 정신에 의해 견지되었다. 이런 방향으로 나아간 첫 걸음은 당시 증오를 받았던 사마리아인들에게서 행한 초기 기독교의 선교였다. 그것은 아마 예루살렘에서 추방된 그리스어사용 유대 기독교 그룹의 구성원들에 의해 시작되었으리라(행 8:4ff.). 얼마 지나지 않아 안티오키아에서는 비유대인들에 대한 선교가 뒤따라 일어났다. 이 시점에서 — 기원전 175년 이후의 개혁시도와는 매우 다른 방법이지만 — 유대교의 문은 과연 '민족들'을 향해 실제로 열렸다.

이러한 의미에서 하나님 나라가 임박했다는 예수의 예언적이고 종말론적인 소식과, 그것에 기초한 초기 기독교 공동체 선포의 혁명적인 결과는 누구보다도 유대교 선교의 자가당착적인 성격을 잘 알았던 예루살렘의 '그리스어사용 유대인들'이 잘 깨닫게 되었다. 그리고 그러한 소식과 선포에 의해서 토라의 위치를 절대화시킴으로 가장 강하게 표현되고, 헬레니즘과의 대결을 통해서 발전되었던 태도, 즉 주변세계에 대한 유대교의 방어적 태도가 산산 조각이 났다.

'토라 존재론'의 자리를 대신한 것은 역사 속에서 자유롭고 구속받지 않는 하나님의 구원계시를 표현한 기독론이었는데, 이것은 더 이상 민족적이고 역사적인 경계를 인정하지 않았다. 이렇게 초기 기독교는 유대교 자체 내에서 일어난 종말론적이고 혁명적인 운동이었다. 이것은 예루살렘과 그 이후 안티오키아에서 강력하게 활동했던 그리스어를 사용하는 유대 기독교 공동체에서 뚜렷이 나타난다. 이 운동에서 "때가 찼으며" 종말이 임박했다는 신념에 근거하여 하나님의 백성의 '구원사적' 사명은 온 세상 민족들을 위해 일하는 것이라는 민족적 자기 과업 설정으로 실현되었다(비교. 갈 3:28; 4:4). 당시 유대교의 입장에서 초기 기독교란 유대인으로 하여금 율법을 배교하게 하고 이방세계에 동화되도록 촉구하는 새로운 종파라고 오해하였다는 사실은 간접적으로는 기원전 175~164년에 저 유대 변절자들이 남겨놓은 최후의, 그리고 가장 통렬한 영향이었으리라 생각된다. 그들은 당시 율법을 폐지하고 "주변의 민족들과 계약을 맺으려고" 시도하였다. 그리하여 이때 일깨워진 '율법에 대한 열성'은, 예언적 정신에 기초하여 유대종교 내부를 개혁하려는 시도들을 만일 유대교의 중추신경인 율법을 건드리는 한, 그 즉시 모든 것을 불가능하게 만들었다.

〔역 주〕

제 2 장

① 로마 최고의 농경신.
② 이 책 부록 5, 6 참조.

제 3 장

③ 남쪽 이집트 왕조와 국경분쟁에서 승승장구하던 안티오코스 3세가 예기치 않게 이집트의 프톨레마이오스 4세 필로파토르에게 패한 제 4차 시리아 전쟁.
④ 유대교의 식사에 관련된 율법 카샤룻(kashrut)에 의하여 먹기에 합당한 음식.

부 록

1. 축약용어 목록
2. 알렉산드로스 대왕과 그 후계자들의 제국
3. 헬레니즘·하스모니아 시대의 팔레스타인
4. 예루살렘 평면도
5. 헬레니즘 통치하의 팔레스타인 연대표
6. 하스몬 왕조 가계도
7. 제논 파피루스에 따른 팔레스타인과 페니키아 지역의 발굴소
8. 팔레스타인에서 출토된 초기 헬레니즘시대의 동전

1. 축약용어 목록

AAB Abhandlungen der königlich Preußischen (seit 1945/46 Deutschen) Akademie der Wissenschaften zu Berlin(Philos. histor. Klasse)

AAH Abhandlungen der Heidelberger Akademie der Wissenschaften

AAL Abhandlungen der Sächsischen Akademie der Wissenschaften in Leipzig

AAM Abhandlungen der Bayerischen Akademie der Wissenschaften, München

AAMz Abhandlungen der Akademie der Wissenschaften…, Mainz

(A)ASOR (Annual of the) American Schools of Oriental Research

'Ab. Pirqe Abot, Talmudtraktat

Abb. Abbildung

Abel/Starcky Les Livres des Maccabees… 문헌목록 III을 보라.

'AbRN Abot de Rabbi Natan, außerkanonischer Talmudtraktat

ADAJ Annual of the Department of Antiquities of Jordan

Aeg Aegyptus, Rivista Italiana di Egittologia e di Papirologia

AfO Archiv für Orientforschung.

AGG Abhandlungen der Gesellschaft der Wissenschaften, Göttingen

AGSU Arbeiten zur Geschichte des Spätjudentums und Urchristentums

AJA American Journal of Archaeology

AJPh American Journal of Philology

AIPHOS Annuaire de l'Institut de Philologie et d'Histoire Orientales et Slaves

AJSL American Journal of Semitic Languages and Literatures

AJT American Journal of Theology

ALUOS Annual of the Leeds University Oriental Society

AmHistRev American Historical Revue

ANET2 Ancient Near Eastern Texts…. ed. J. B. Prltchard

Ant. Josephus, *Antiquitates Judaicae*(=유대고대사)

Anth. Gr. *Anthologia Graeca*

AO Der Alte Orient, Gemeinverstand

AOB2 *H. Greßmann, Altoriental. Bilder*

AOT2 *H. Greßmann, Altoriental. Texte, s. Lit. Verz. S. 590*

APF *Archiv für Papyrusforschung*

ARW *Archiv für Religionswissenschaft*

Asc. Jes. *Ascensio Jesajae*

Ass. Mos. *Assumptio Mosis*

ASTI *Annual of the Swedish Theological Institute in Jerusalem*

ATD Das Alte Testament Deutsch

Athen. Athenaios

ATR *Anglican Theological Review*

AZ Aboda Zara, talmudtraktat

BA *The Biblical Archaeologist*

BAL Berichte über die Verhandlungen der Sächsichen Akademie … zu Leipzig

Bar. Baraita

BASOR *Bulletin of the American Schools of Oriental Research*

BB Baba Batra, Talmudtraktat

BBB Bonner Biblische Beiträge

Bd. Band

Bell. Josephus, *De bello Judaico* (=유대전쟁사)

Ber. Berakhot, Talmudtraktat

BFCT Beiträge zur Förderung Christlicher Theologie

BGU Ägyptische Urkunden aus den königlichen Museen zu Berlin: Griechisch. Urkunden I VIII (1895 1933)

Bh Beiheft

BhAO Beiheft zu Der Alte Orient, Gemeinverständliche Darstellungen

BHHWB Reicke Rost, *Biblisch Hist. Handwörterbuch*

BHT Beiträge zur historischen Theologie

Bibl Biblica
BIES *Bulletin of the Israel Exploration Society*
Bill. *Strack Billerbeck, Kommentar z. NT.*
BJPES *Bulletin of the Jewish Palestine Exploration Society*
BJRL *Bulletin of the John Rylands Library*
BKAT Biblischer Kommentar, Altes Testamen t
BMB *Bulletin du Musee de Beyrouth*
BQ Baba Qamma, Talmudtraktat
BRL *K. Galling, Bib. Reallexikon*
BSt *Biblische Studien*
BWA(N)T Beiträge zur Wissenschaft vom Alten(und Neuen) Testament
BZ *Biblische Zeitschrift*
BZAW Beihefte zur Zeitschrift für die Alttestamentliche Wissenschaft
BZNW Beihefte zur Zeitschrift für die Neutestamentliche Wissenschaft

CAF Comicorum Atticorum Fragmenta ed Kock
CAH *The Cambridge Ancient History*
Cant. R. Canticum Rabba
c. Ap. Josephus, *Contra Apionem*(=아피온 반박)
CBQ *Catholic Biblical Quarterly*
CCAG Catalogus codicum Astrologorum Graecorum
CD *Damskusschrift*, E. Loshe.
CH Corpus Hermeticum ed. Nock/Festugiere
CharlesApoc. R. H. Charles, *Apocrypha and Pseudupigrapha*
ChrEg *Chronique d'Egypte*
ChrW *Christliche Welt*
CIJ Corpus Inscriptionum Judaicarum
CIS Corpus Inscriptionum Semiticarum
ClassPhil *Classical Philology*
ClassQ *Classical Quarterly*
Col. Columne

CPJ	V. A. Tcherikover u. A. FUKS, Corpus Pap. Jud.
CRAI	*Comptes Rendus de l' Academie des Inscriptions et BellesLettres*
CSEL	Corpus Scriptorum Ecclescasticorum Latinorum
DAW	Denkschriften der Kaiserlichen Akademie der Wissenschaften in Wien
DJD(J)	Discoveries in the Judaean Desert (of Jordan)
DP	C. Watzinger, *Denkmäler Palästinas*
EJ	*Encyclopaedia Judaica*
ET	English translation
ETL	*Ephemerides Theologicae Leuamenses*
EvT	*Evangelische Theologie*
Exp. T.	*Expository Times*
FF	*Forschungen und Fortschritte*
FGrHist	Fragmente der Griechischen Historiker, ed. F. Jacoby
FHG	Fragmenta Historicorum Graecorum, ed. C. Müller
FRLANT	Forschungen zur Religion und Literatur des Alten und Neuen Testaments
G.	Greek text
GCS	Die Griechischen Christlichen Schriftsteller der ersten 3 Jahrhunderte
GG3	H. Bengtson, *Griechische Geschichte*
GGL6	W. Schmid / O. Stählin, *Geschichte der Griechischen Literatur*
GGM	Geographi Graeci Minores, ed. C. Müller
GGMS	*B. Niese, Geschichte der griechischen und makedonischen Staaten*
GGR2	M. P. Nilsson, *Geschichte der Griechischen Religion*
GI3	A. Schlatter, *Geschichte Israels*
GM	E. Bickermann, *Der Gott der Makkabäer*

HAT	Handbuch zum Alten Testament
HAW	Handbuch der Altertumswissenschaft
HC	V. Tcherikover, *Hellenistic Civilization and the Jews*
HCu	M. Hadas, *Hellenistic Culture*
HNT	Handbuch zum Neuen Testament
HP	F. M. Abel, *Histoire de la Palestine*
HTR	*Harvard Theological Review*
HUCA	*Hebrew Union College Annual*
HW	M. Rostovtzeff, *The Social and Economic History of the Hellenistic World*
HZ	*Historische Zeitschrift*
IEJ	*Israel Exploration Journal*
IG	Inscriptiones Graecae
IGLS	Inscriptions Grecques et Latines de la Syrie, ed. L. Jalabert and E. Mouterde
Inst.	E. Bickerman(n), *Institutions des Seleucides*
JAOS	*Journal of the American Oriental Society*
JBL	*Journal of Biblical Literature*
JbPhil	Jahrbücher für classische Philologie
JCS	*Journal of Guneiform Studies*
JE	*The Jewish Encyclopedia*
JEA	*Joumal of Egyptian Archaeology*
JewSocSt	*Jewish Social Studies*
JHS	*Joumal of Hellenic Studies*
JJS	*Journal of Jewish Studies*
JJurPap	*Journal ofJuristic Papyrology*
JPOS	*Joumal of the Palestine Oriental Society*
JQR	*Jewish Quarterly Review*
JR	*Joumal of Religion*

JSS *Journal of Semitic Studies*
JTS *Journal of Theological Studies*

KAI H. Donner and W. Röllig, Kanaanitische und aramäische Inschriften
KAT Kommentar zum Alten Testament
KEKNT Kritisch exegetischer Kommentar über das Neue Testament
KP *Der Kleine Pauly*

LCL Loeb Classical Library
LuA Lunds Universitets Arsskrift

M. Hebrew text
MBPAR Münchener Beiträge zur Papyrusforschung und antiken Rechtsgeschichte
MGWJ *Monatsschrift für Geschichte und Wissenschaft des Judentums*
MUB = MUSJ *Melanges de (la Faculte Orientale de) l'Universite Saint Joseph, Beyrouth*
MusHelv *Museum Helveticum*
MVÄG Mitteilungen der Vorderasiatisch (Ägyptisch) en Gesellschaft

NBGAW Neue Beiträge zur Geschichte der Alten Welt
NClio *La Nouvelle Clio*
NF (NS) Neue Folge (new series)
NGG Nachrichten von der Gesellschaft der Wissenschaften zu Göttingen
NJWJ *Neue Jahrbücher für Wissenschaft und Jugendbildung*
NoctRom *Noctes Romanae*
NovTest *Novum Testamentum*
NTS *New Testament Studies*

OA *OriensAntiquus*
OGIS W. Dittenberger, Orientis Graeci Inscriptiones Seleetae

OLZ	*Orientalische Literaturzeitung*
OTL	Old Testament Library
OTS	*Oudtestamentische Studien*
P	(CZ; Corn; Ox; See bibliography on papyrus collections Si; etc.)
PAAJR	*Proceedings of the American Academy for Jewish Research*
ParPass	*La Parola del Passato*
PEFA	*Palestine Exploration Fund Annual*
PEQ	*Palestine Exploration Quarterly*
PG	J. P. Migne, Patrologia, *Series Graeca*
PGM	Papyri Graecae Magicae
PhGr6	E. Zeller, *Philosophie der Griechen*
Phil	Philologus
PJB	*Palästinajahrbuch*
PL	Migne, Patrologia, *Series Latina*
PW	*Paulys Realencyclopädie der classischen Altertumswissenschaft*
PW, 2R	Second row, beginning with letter R
PW Suppl	Supplementary volumes
QDAP	*Quarterly of the Department of Antiquities in Palestine*
QFAGG	Quellen und Forschungen zur Alten Geschichte und Geographie
RAC	*Reallexikon für Antike und Christentum*
RAO	*Revue d'Assyriologie et d'Archeologie Orientale*
RB	*Revue Biblique*
RBPH	*Revue Belge de Philologie et d'Histoire*
RE	*Realencyklopädie für protestantische Theologie und Kirche*
REG	*Revue des Etudes Grecques*
REJ	*Revue des Etudes Juives*
RES	Repertoire d'epigraphie semitique
RevArch	*Revue Archeologique*

RevPhil *Revue Philologique*
RGG3 *Die Religion in Geschichte und Gegenwart*
RGVV Religionsgeschichtliche Versuche und Vorarbeiten
RheinMus *Rheinisches Museum für Philologie*
RHPR *Revue d'Historie et de Philosophie Religieuses*
RHR *Revue de l' Histoire des Religions*
RIDA *Revue Internationale des Droits de l'Antiquite*
RivBibl *Rivista Biblica*
RQ *Revue de Qumran*
RSR *Recherehes de Science Religieuse*

SAB Sitzungsberichte der Deutschen(Preußischen) Akademie der Wissenschaften zu Berlin
SAH Sitzungsberichte der Heidelberger Akademie der Wissenschaften
SAW Sitzungsberichte der Österreichischer Akademie der Wissenschaften in Wien
SB Sammelbuch griechischer Urkunden aus Ägypten, ed. F. Preisigke, F. Bilabel and E. Kiessling
SBT Studies in Biblical Theology
SC Sources Chretiennes
ScrHieros *Scripta Hierosolymitana*
SEG Supplementum epigraphicum Graecum
StT Studia Theologica cura ordinum theologorum Scandinavicorum edita
SUNT Studien zur Umwelt des Neuen Testaments
SVF Stoicorum veterum fragmenta
SVT Supplements to Vetus Testarnentum
Syr. Syriac text

T Tosephta, ed. M. S. Zuckermandel
TAPA *Transactions and Proceedings of the American Philological Association*

TWNT	*Theologisches Wörterbuch zum Neun Testament*
TLZ	*Theologische Literaturzeitung*
TR	*Theologische Rundschau*
TStKr	*Theologische Studien und Kritiken*
TU	Texte und Untersuchungen zur Geschichte der altchristlichen Literatur
TZ	*Theologische Zeitschrift*
UAC	E. Meyer, Ursprung und Anfänge des Christentums
UUA	Uppsala Universitets Arsskrift
UU	*J. Leipoldt and W. Grundmann, Umwelt des Urchristentums*
UPZ	*U. Wilcken, Urkunden der Ptolemäerzeit Vetus Testamenzum*
VT	*Vetus Testamentum*
WM	*Wörterbuch der Mythologie*, ed. H. W. Haussig
WMANT	Wissenschaftliche Monographien zum Alten und Neuen Testament
WUNT	Wissenschaftliche Untersuchungen zum Neuen Testament
WZKM	*Wiener Zeitschrift für die Kunde des Morgenlandes*
YCS	Yale Classical Studies
ZAW	*Zeitschrift für die Alttestamentliche Wissenschaft*
ZÄS	*Zeitschrift für Ägyptische Sprache und Altertumskunde*
ZDMG	*Zeitschrift der Deutschen Morgenländischen Gesellschaft*
ZDPV	*Zeitschrift des Deutschen Palästina Vereins*
ZNW	*Zeitschrift für die Neutestamentliche Wissenschaft*
ZPapEp	*Zeitschrift für Papyrologie und Epigraphik*
ZRGG	*Zeitschrift für Religions und Geistesgeschichte*
ZTK	*Zeitschrift für Theologie und Kirche*

2. 알렉산드로스 대왕과 그 후계자들의 제국

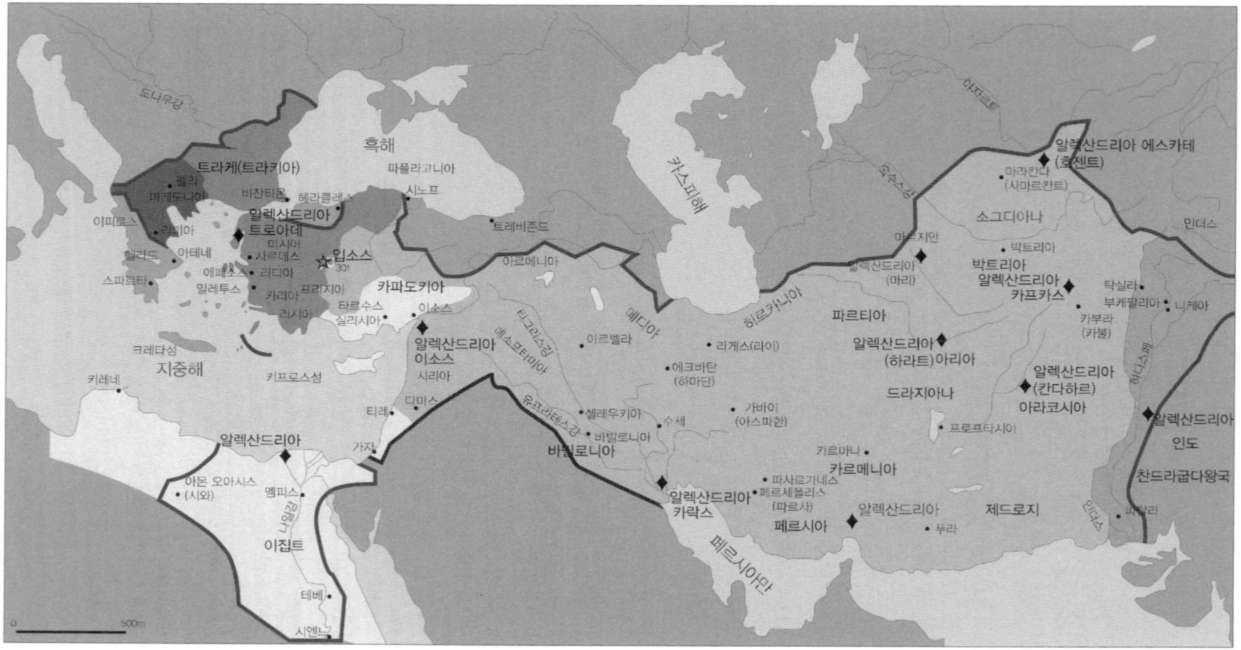

알렉산드로스 제국 경계

알렉산드로스가 건설한 도시

입소스 전투 후 알렉산드로스 제국의 분열(BC 301)

셀레우코스 카산드로스 리시아코스 프톨레마이오스

3. 헬레니즘 · 하스모니아 시대의 팔레스타인

출처: George W. E. Nickelsbug, *Jewish Literature between the Bible and the Mischana* (Minneapolis: Fortress Press, 2005).

4. 예루살렘 평면도

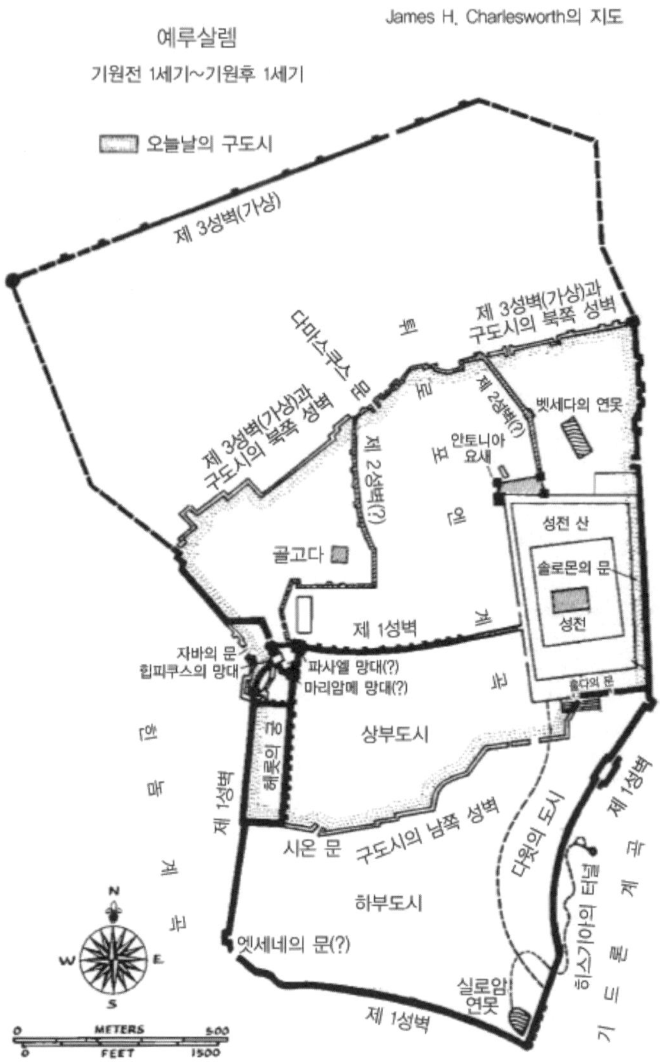

출처: James H. Charlesworth(ed.), *Jesus and the Aecheology*(Grand Rapids/Cambridge: Eerdmans, 2006).

5. 헬레니즘 통치하의 팔레스타인 연대표(연대는 모두 기원전)

<table>
<tr><td colspan="3">알렉산드로스 대왕(336~323)과 '디아도코이'(계승자들)의 투쟁(323~)</td></tr>
<tr><td>프톨레마이오스 왕조</td><td>셀레우코스 왕조</td><td>오니아스 가문</td></tr>
<tr><td>약 301~200(팔레스타인 지배)</td><td></td><td></td></tr>
<tr><td rowspan="2">305~283/2 프톨레마이오스 1세 소테르
283~246 프톨레마이오스 2세 필라델포스
274~271 제1차 시리아전쟁
260~253 제2차 시리아전쟁
259~258 제논의 여행
246~221 프톨레마이오스 3세 에우에르게테스
246~241 제3차 시리아 전쟁
221~204 프톨레마이오스 4세 필로파토르
221~217 제4차 시리아전쟁
217 라피아 전투
204~180 프톨레마이오스 5세 에피파네스
201~200 제5차 시리아전쟁
200 파네이온 전투</td><td>223~187 안티오코스 3세</td><td rowspan="2">4세기 말 오니아스 1세
3세기 전반 시몬 1세
3세기 후반 오니아스 2세
(약 240~218 총징세감독관 토아이스 가문 요셉)
약 200 시몬 2세
2세기 전반 오니아스 3세</td></tr>
<tr><td>약 200~64(팔레스타인 지배)</td></tr>
<tr><td rowspan="2">180~145 프톨레마이오스 6세 필로메토르
170 제6차 시리아전쟁</td><td rowspan="2">197 마케도니아 왕 필립 5세에 대한 로마의 승리
190 마그네시아 전투
188 아파메아 조약
187~175 셀레우코스 4세 필로파토르
175~164 안티오코스 4세 에피파네스
168 제2차 이집트원정(원로원의 최후통첩)</td><td>그리스어사용 유대인</td></tr>
<tr><td>약 175~172 야손
약 172~163 메넬라오스
169 예루살렘 약탈
(168 토비아스 가문 히르카노스 사망)
167 예루살렘 점령(12.6). "제우스 올림피오스"에 봉헌</td></tr>
</table>

(계 속)

셀레우코스 왕조	그리스어사용 유대인	마카베오/ 하스모니아 왕조
164 부(副)섭정관 리시아스 163~162 안티오코스 5세 에우파토르 162~150 데메트리오스 1세 소테르 150~145 알렉산드로스 발라스 145~140 데메트리오스 2세 138~129 안티오코스 7세 시데테스 129~126 안티오코스 8세 그리포스 111~95 안티오코스 9세 키치케노스 95~87 데메트리오스 3세 에우카이로스	163~160 알키모스 약 163 오니아스 4세 이집트 망명	167 마카베오 봉기발발 166~161 유다 165 리시아스 격파 164(12. 14) 성전 재봉헌 약 161 로마와 화친조약 161 니카노르 격파 161 박키데스 패배 153 요나단 대제사장 즉위 142~135/34 요한 히르카노스 1세 104~103 아리스토불로스 1세 103~76 알렉산드로스 얀나이오스 76~67 알렉산드라 살로메 67~63 아리스토불로스 2세
로마	헤롯 가문	
64 폼페이우스의 점령과 셀레우코스 왕조종식 49 이탈리아에서 내전발발 47 시리아의 카이사르 44 시리아의 카시우스 42~ 안토니우스 對 옥타비아누스 40 파르티아의 침입 31 악티움 전투 31~14 아우구스투스	이두매아: 안티파트로스 유대아: 파사엘 갈릴래아: 헤롯 40~4 헤롯 대왕 치세 37 예루살렘 점령 30 옥타비아누스의 헤롯 왕위재가	63 로마의 예루살렘 점령 63~40 히르카노스 2세 가비니우스의 재기 카아시르 포고 40~37 맛타티아스 안티고노스 36 아리스토불로스의 시해 31 히르카노스 시해 20 마리암메 처형 28 알렉산드라 처형 7 알렉산드로스, 아리스토불로스 처형 4 안티파트로스 처형

출처: Peter Schaefer, *The History of the Jews in the Graeco-Roman World*, London/New York, 2003(rev, ed.), 232ff(Chronological Table).

6. 하스몬 왕조 가계도(연도는 기원전, * 주요 인물, † 사망, … 결혼)

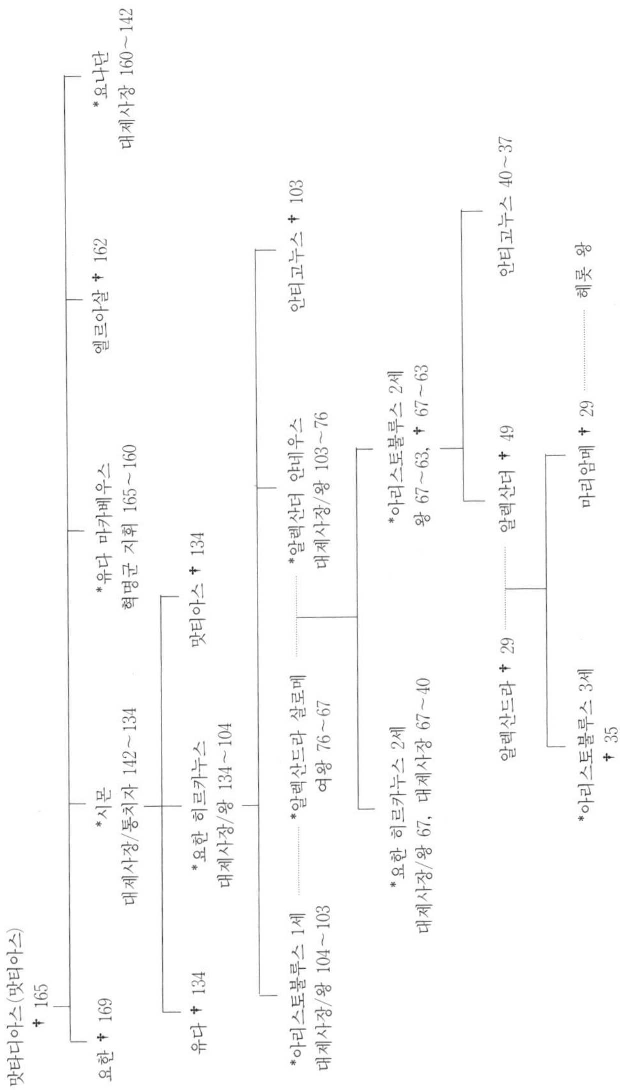

7. 제논 파피루스에 따른 팔레스타인과 페니키아 지역의 발굴소
(J. Herz, PJB 24, 1928, 98ff.를 보라)

	PCZ	PSI	PColZen 기타
가자(Gaza)/5	(59001 Gazaios) 59009/93 59537	322-616	
Gazaiōn limēn/4 (스트라보 759)	59006/59813	863g (602)	2
스케나이(Skēnai)/2			2, 6 PLond 1930, 34
아스켈론(Askalon)/2	59012(?) 59010		
욥바(Iopē)/3	59011/93	406	
페가이(Pēgai)/I			406
Stratonos Pyrgos/I	59004		
프톨레마이스/12	59004/8 59689(?) 11, 25행	366/403 406/495 612/616	PLond inv. 2358b, 2 PLond 1931
티레/3	59011/59093 59558 59666 Hendylos 티레人 Dion의 子		
시돈/7	59010/59093 59672/59281		2 PZenMich 3 (PRyl, 554 Abdemoun Sidōnios)
트리폴리스/1		495	
헤라클레아(페니키아)	59088 L. H. Vincent, RB 29, 1920, 178을 보라		
마시아스 평야/1	59093		
이두매아/1	59015		
마리사/3	59006/15 59537		
아도레오스/1(Adora)	59006		
히에로솔리마/2	59004/5		
에리코(Ericho)/1	59004		

(계 속)

	PCZ	PSI	PColZen 기타
갈릴라(Galila)/1		2	
Bait(i)anata/4	59004/11	594(554)	PLond 1948
키디소소(Kydisos)/1	59004		
〔나바태아(Nabataioi)〕	406		
〔모압(Moabitēs)〕	59009는 4권 p. 285		
암몬(Ammanitis)/1	59003		
라바트암몬(Rabbat-ammana)/2		406(?) : ἐξ Ἀμμώνων 616	
비르타/2(토비아스)	59003		
아벨라/2(Abila)	59004		PLond 1930, 171
수라비트/2(Surabitt)	59004		PLond 1930, 175f.
라카사(Lakasa)	59004		
Noē	59004		
에이투이(Eitoui)	59004		
하우란(Hauran)	59008	406	
다마스쿠스	59006 디오니시오스(D.)		
시리아	59672	648 노예 324/5 곡물	PZenMich 2 PCorn I PCol Zen 66, 2. 11

8. 팔레스타인에서 출토된 초기 헬레니즘시대의 동전(제 1부 각주 341을 보라)

	1	2	3	4	5	6	7	8	9	10	
	사마리아 1908/10	사마리아 1931/33	벳-추르 1931+57	스키토폴리스 1921/23	세겜	텔 에드두웨이르	텔 엔나스베	엔게디	라마트 라헬	텔 엘-풀	총합
알렉산드로스 이전	1		}10		1	5	1				}24
알렉산드로스 대왕	1				1	4					
합	2		10		2	9	1				24
프톨레마이오스 1세 305~285(3)	17	4	6	1	12	1					41
2세 285(3)~246	31	48	35	20	30	6	4	2	1	3	180
3세 246~221	3	}6	5		1						22
4세 221~204	1		1		3	2					
5세 204~200(181)	1		2		11						14
6세 181~145											
확정불가 (거의 프. 2세)	12	22	10			7					51
합	65	80	59	21	57	14	4	2	1		308
셀레우코스 (200년 이전)	1(안. 1세금화)					1/1(셀/안 1세)					3
안티오코스 3세 221/0~187	20	18	10		7	6	I	1	2		65
셀레우코스 4세 187~175	1		2								3
안티오코스 4세 175~164	46	34	110		3	3	I				197
안티오코스 3 혹은 4세			14								14
합	68	52	136		10	11	2	1	2		282
기타	1(208년 아라도스)					1(300년 시데테스)			2(소파이네 소아르메니아)		4
합	1					1			2		4

─옮긴이 해제─

1. 서 론

이 책은 독일의 저명한 신약학자 마르틴 헹엘(Martin Hengel)의 저작 *Judentum und Hellenismus: Studien zu ihrer Begegnung unter besonderer Berücksichtigung Palästinas bis zur Mitte des 2. Jh. v. Chr.* (Tübingen: J. C. B. Mohr/Paul Siebeck, 1988년 3판 693쪽)을 번역한 것이다: 《유대교와 헬레니즘》(부제: 기원전 2세기 중반까지 팔레스타인을 중심으로 한 유대교와 헬레니즘의 만남 연구). 이 책의 제1판은 원래 저자가 1966년 튀빙엔(Tübingen) 대학의 교수자격취득논문으로 제출하였고, 1969년에 출판하였다. 1973년 제2판에서 그는 교정작업과 아울러 각주에 100여 개 새로운 문헌과 문헌에 대한 정보를 보완하였다. 1988년에 제3판으로 출판한 이 책은 몇몇 재교정과 비교적 긴 서문을 게재한 것을 제외하면 기본적으로 제2판과 동일하다.

이 책에 담긴 그의 명제는 20세기 후반 기독교의 기원과 신약성서의 기독론 연구에 대한 탐구의 틀을 이동시켰다고 해도 과언이 아니다. 그의 역사적 탐구에 대한 엄밀성과 신학적 통찰력은 이 저서를 통해 유감없이 나타나고 있다. 이 글에서 역자는 그의 개인적인 학문적 생애를 간략히 설명하고,1) 다음으로 독자들을 위해 이 책의 내용을 개략적으로 설명한 후,2) 마지막으로 이 책의 번역과정에서 독자들에게 일러두어야 할 사항을 서술하고자 한다.

마르틴 헹엘은 신약과 고대 유대교, 헬레니즘에 대한 연구에 커다란 영향력을 남겼던 저명한 역사학자요 신학자로서, 1993~94년에는 세계신약학회(Novi Testamenti Studiorum Societas) 회장을 역임했다. 그는 1926년 독일의 로이틀링엔(Reutlingen)에서 섬유직물업을 운영하는 가족의 일원으로 태어났다. 루터파 경건주의적인 전통에서 자라난 그는 군인으로서 제2차 세계대전에 복역한 후, 자신의 삶을 신학에 투신할 수 있었다. 그는 1947년 하이델베르크(Heidelberg)와 튀빙엔에서 프로테스탄트 신학을 수학하며, 1951년에는 (바덴-)뷔르텐베르크주의 칼브(Calw)와 하일브론(Heilbronn) 교회에서 부목사로서 사역을 시작하였다. 하지만 그의 부친은 그가 가업(家業)을 잇기를 원했고, 그 뜻을 저버리기 어려워 그는 1954년부터 가업에 종사해야 했다. 그래서 그후 10여 년간 그는 학문에 집중하기가 어려웠다. 그럼에도 불구하고 그는 일이 끝나면 늦은 저녁까지 연구에 몰두해 1959년 튀빙엔대학 신학부에서 오토 미켈(Otto Michel)의 지도하에

1) 그의 생애와 학문적 경향을 Roland Deines, "A Life in the Service of Christology," *Tyndale Bulletin* 58(2007), 25-42와 Larry Hurtado, "Martin Hengel's Impact on English-Speaking Scholarship," *Expository Times* 120/2(2008), 70-76을 중심으로 소개한다.

2) 아래의 2절의 내용은 역자의 저서, 《기독교 신학의 뿌리: 유대교 사상의 형성과 신약성서 배경사》(대한기독교서회, 2008)의 제3부를 참조하여 독자들에게 필요한 것만을 요약하여 서술한 것이다.

그의 첫 번째 작품을 박사학위논문으로 연구해 1961년에 출간하게 된다. 《열성주의자들》(부제: 헤롯 1세에서 기원후 70년까지의 유대 독립 운동 연구, *Die Zeloten: Untersuchungen zur jüdischen Freiheitsbewegung in der Zeit von Herodes I. bis 70 n. Chr.*, Leiden: Brill, 1976. 개정 2판). 그의 학문연구의 열정은 계속되었고, 1966년 자신을 세계 신약학계의 석학의 자리로 이끌어준 결정적 대작 《유대교와 헬레니즘》을 쓸 수 있었다. 이 와중에 그는 1964년에 심각한 병을 얻었고, 그때서야 비로소 가업에서 손을 뗄 수 있었다. 그리고 결국 이 병으로 죽음에 이르렀다.

1968~1972년에 그는 경건주의의 고도(古都) 에어랑엔(Erlangen) 대학에서 교수생활을 시작하였고, 그의 스승 미켈의 부름으로 튀빙엔대학 교수로 부임하게 된다. 정확히 같은 시기에 에어랑엔에서 교수생활을 하던 슈툴마허(Peter Stuhlmacher)도 바로 이 시기에 튀빙엔으로 부임하게 되는데, 이곳에서 당시 베츠(Otto Betz), 게제(Hartmut Gese), 호피우스(Otfried Hofius)와 함께 이른바 '제2튀빙엔학파'를 형성하게 된다. 이들의 학문적 화두는 예수가 이스라엘의 메시아요 자신의 생명을 세상을 위한 속제물로 내어주셨다는 것을 강조하는 성서신학이었다. 헹엘이 저작한 《하나님의 아들》(*Der Sohn Gottes: die Entstehung der Christologie und der jüdisch-hellenistischen Religionsgeschichte*, Tübingen: Mohr, 1977 개정 2판)과 영어로 초판을 발행한 《초기 기독론 연구》(*Studies in early Christology*, Edinburgh: Clark, 1995)는 그러한 논의에 중요한 기여를 하게 된다.

당시 신약학계의 경향은 기독교의 기원, 특히 기독론에 대한 논의에 집중되고 있었다. 이 논의의 중심에 있었던 불트만(Rudolf Bultmann)

에 의하면 요컨대, 원시기독교는 팔레스타인 중심의 유대 기독교 공동체와 헬레니즘 세계의 헬레니즘적 공동체로 이분화될 수 있는데, 초기기독교는 헬레니즘의 영향을 받은 혼합주의의 결과물이라는 것이었다. 불트만의 이러한 주장은 멀리는 19세기 종교사학파적인 영향하에 있었다. 이에 대하여 헹엘은 이 책을 통하여 결정적인 반명제를 제시하게 된다. 헹엘에 의하면, 헬레니즘적 혼합주의의 산물은 기독교 자체가 아니라, 기독교의 모태였던 유대교라고 한다. 즉, 유대교는 알렉산드로스 대왕의 동방원정 이후 헬레니즘과 만나 한편으로는 문화적 동화를 다른 한편으로는 저항을 하게 되었고, 그 결과 역사 속에서 철저하게 헬레니즘화된, 이른바 '헬레니즘적 유대교'가 형성되었다는 것이다. 이 연구를 터전으로 그는 기독교의 기원에 대한 연구에 매진하고, 결국 기독교가 이 '헬레니즘적 유대교'의 한 종파적 개혁운동의 산물이라는 결론을 내린다. 이렇게 되면 불트만이 세워놓은 팔레스타인과 헬레니즘적 기독교라는 이분법은 물론, 19~20세기 종교사학파가 서 있는 근본전제, 즉 기독교가 헬레니즘과의 직접적인 혼합에서 나온 산물이라는 가설은 더 이상 지탱할 수 없게 된다. 그는 '비메시아적 예수'에서 출발하려는 어떠한 기독론적인 학문적 해석에 대해서도 동의하지 않는다. 지상에서 예수는 자신을 메시아적 존재로 의식하고 메시아적 주장을 선포했다는 것이다. 더 나아가 그는 기독교는 궁극적으로 유대교 내부의 개혁운동으로 출현하였다고 주장하고 있다. 물론 여기서 헹엘의 견해는 때로는 너무 일방적일 만큼 '기독교적 해석'으로 치우친 감이 없지 않다. 그래서 이를테면, 헬레니즘적 개혁에 대항하여 민족적인 봉기를 일으킨 마카베오 혁명의 승리가 유대인의 신앙과 신학을 토라중심의 배타적·민족적 신앙으로 고정되었다는 결과에 이른다. 하지만 이것이 그의 분명한 명제임을 부인할 수는 없다.

그런가 하면, 이 책은 성서학 분야만이 아니라, 고대시대의 역사와 문화사를 포괄하는 방대한 내용을 담고 있다. 무엇보다 그는 헬레니즘시대 팔레스타인의 역사와 사회·경제·문화에 이르는 방대한 지식을 자신의 일관된 명제를 중심으로 정리해 내고 있다. 이러한 그의 학문적 엄밀성은 신학적 해석이 '진공'에서 나올 수는 없으며, 반드시 역사적 자료의 연구를 통해서 검증되어야 한다는 확신에서 나온다. "역사적 실증주의와 해석학적 관심은 신약학 연구에서 각자의 길을 가려고 한다. 하지만 역사적 연구와 신학적 진리탐구가 재결합되는 것은 지극히 중요하다."[3] 동일한 관점에서 그는 불트만학파의 해석학적 경향을 "마르부르크대학을 향하는 일방적 치우침, 그리고 자료들의 참다운 연관성을 너무 쉽게 무시해버리고 추론적인 경향으로 치우쳐버리는 과도한 주석적 도취(*euphoria*)"[4] 라고 비판한다. 뿐만 아니라 오늘날의 신학적 풍토에 대해서는 이렇게 비판하기까지 한다. "비평학의 급진적 형태는 결국 반비평적이라고 말할 수밖에 없다. 왜냐하면 그것은 진정으로 자료를 이해하려고도 해석하려고도 하지 않고, 자신이 공상하는 구조를 위한 여지를 만들기 위해 근본적으로는 자료를 파괴하기 때문이다."[5] 물론 오늘날의 경건주의 형태를 가장

---

3) 《하나님의 아들》, 서문.

4) 《열성주의자들》, 서문.

5) With A. M. Schwemer. Translated by John Bowden, *Paul between Damascus and Antioch: The unknown years* (Louisville, Ky: Westminster John Knox Press, 1997). 서문.

한 근본주의적 견해에 대해서도 서슴없이 비판을 가한다: “역사적 방법 — 그것은 언제나 비평적일 수밖에 없다 — 을 미개하게 배척하는 태도(*the primitive ostracism*)는 신약을 역사적으로도 신학적으로 이해할 수 없게 한다.”[6)]

이 책은 기원전 2세기 전반까지의 유대교의 역사만을 다루고 있기에, 출간 후에도 그는 자신의 명제가 신약시대까지도 타당성을 갖는가를 성실하게 연구하였다. 이에 대해서는 저자 스스로가 제3판 서문에 자세하게 소개하는데, 그는 우선 *Juden, Griechen und Barbaren: Aspekte der Hellenisierung des Judentums in vorchristlicher Zeit*(Stuttgart: KBW, 1976. 187p.)를 단행본으로 출간하였다〔이 책은 임진수 박사에 의해 《신구약 중간사: 유대교의 헬라화 과정 연구》(살림, 2003, 227쪽)라는 단행본으로 번역 간행되었다〕. 그 이후로도 헹엘은 자신의 유대교 연구를 디아스포라에 대한 연구와 1세기의 유대교, 그리고 초기기독교의 역사연구로 계속 확대하여 발전시켜 수많은 소책자들(*Kleine Schriften*)을 발간하였다. 그리고 특히 슈베머(Anna Maria Schwemer)와 함께 초기기독교의 역사에 대한 많은 저서를 남겼는데, 이들의 가장 최근의 공저로는 *Paulus zwischen Damaskus und Antiochien: die unbekannten Jahre des Apostels*(Tübingen: Mohr Siebeck, 1998. 543p.), *Der messianische Anspruch Jesu und die Anfänge der Christologie: vier Studien*(Tübingen: Mohr Siebeck, 2001. 267p.)와 *Jesus und das Judentum*(Tübingen: Mohr Siebeck, 2007. 749p.)가 있다. 그가 발간한 수십 권의 연구서와 편집서는 거

---

6) Translated by John Bowden, *Acts and the History of Earliest Christianity* (London: SCM, 1997), 서문.

의가 출판사 Mohr Siebeck & Brill에서 출간되었는데, 특히 그가 오랫동안 편집자로 기여하였던 WUNT(*Wissenschaftliche Untersuchungen zum Neuen Testament*) 시리즈는 지금까지 신약성서와 유대교, 헬레니즘 연구에 커다란 기여를 하고 있다.

마르틴 헹엘은 83세가 되던 해인 2009년, 7월 2일에 새벽 암으로 세상을 떠났다. 임종 이틀 전에 그를 지켜본 그의 제자이며 후계자인 리히텐베르거(H. Lichtenberger)는 그가 죽음을 앞두고 누가복음 2:29-30의 시므온이 한 말을 암송하는 것을 듣는다.

"주님, 이제 주님께서는 주님의 말씀을 따라 이 종을 세상에서 평안히 떠나가게 해주십니다. 내 눈이 주님의 구원을 보았습니다."

리히텐베르거는 그에게 이렇게 대답했다. "진정 당신은 많은 사람이 이 구원자를 볼 수 있도록 가르쳤습니다." 이 생전의 마지막 대화가 보여주듯이 그의 신학의 중심은 예수가 진정 이스라엘의 메시아요 하나님의 영원한 아들이라는 사실을 학문적으로 증언하는 데 있었다.

2. 헬레니즘과 유대교의 만남

이 책은 이 분야의 전문가들조차도 독파하기가 쉽지 않은 매우 전문적인 용어와 내용을 담고 있다. 이제 이 책의 내용을, 번역자의 관점에서 개괄적으로 소개함으로써 독자들을 안내하고자 한다.

1) 만남의 과정과 양상

(1) 사회·경제·문화적인 측면

알렉산드로스 대왕의 동방정벌과 갑작스러운 죽음 이후, 그의 후계자들이 이루어 놓은 이른바 '디아도코이'제국이 지배하던 기원전 3세기부터 지중해 연안에는 범(凡)헬레니즘 문화권이 형성되었다. 포로기 이후 형성된 고대 유대교는 역사상 최초로 동서양 문명이 충돌하던 바로 그 시기에 어쩔 수 없는 세계화의 물결을 만나게 된다. 그 물결은 두 가지 양태로 팔레스타인에 영향을 주었다. 우선 이집트의 프톨레마이오스 왕조가 팔레스타인을 지배하던 기원전 3세기의 초반부터 약 80여 년간, 헬레니즘 세계는 생산력의 급격한 증대와 무역의 확대, 군사시설과 용병제도의 정착, 그리고 결정적으로는 이 지역의 공용어로 성장한 코이네(*Koinē*) 그리스어를 매체로 광범위한 문화적 교류가 일어났다.

당시 팔레스타인은 지정학적으로 매우 중요한 위치를 점유하고 있었는데, 프톨레마이오스 왕조의 통치하에서 기원전 3세기 초부터 페니키아와 이집트, 아랍권을 넘어 에게 해와 소아시아까지 연결하는 국제적인 무역의 통로 역할을 하였다. 트란스요르단 지역은 이 무역로의 주된 통로가 되었고, 예루살렘은 '거룩한 도시'라기보다는 말하자면 국제무역도시였다. 알렉산드로스의 군대가 불과 22년 동안에 팔레스타인을 최소한 일곱 번을 통과한 것이나, 프톨레마이오스 2세가 팔레스타인 서안의 프톨레마이스-아코(Ptolemais-Akko)를 거대한 항구도시로 만든 것, 그리고 기원전 2세기 초 이집트와 시리아 왕국이 예루살렘에 대한 패권을 놓고 끊임없이 투쟁한 것은 결코 우연이 아니었다. 유대인들은 범세계화의 순풍을 맞으며 팔레스타인을 넘어 지중해 연안의 도시들로 흩어져 나가게 되었다. 그곳에서 그들은 유대교적 삶의 가치와 규범을 전수하며 발전시켜 나갈 수 있었다. 이 유대인 디아스포라 공동체는 유대교와 헬레니즘을 연결시키는 교두보의 역할을 하게 되었다.

(2) 역사적인 측면

마르틴 헹엘이 주장하는 두 번째 내용의 핵심에는 유대교의 사상적 변화를 촉발시켰던 '헬레니즘적 개혁'사건이 자리하고 있다. 이 사건은 근본적으로 지중해 연안의 정치적 패권구도의 변화와 깊이 연관되어 있다. 기원전 2세기 초부터 로마는 지중해 동남부 지역, 즉 시리아와 팔레스타인, 이집트의 패권을 장악하기 시작한다. 로마는 필연적으로 이 지역을 지배하던 이집트의 프톨레마이오스 왕조 및 시리아의 셀레우코스 왕조와 정치적으로 대결하게 되었다. 결정적으로 팔레스타인의 지배세력은 프톨레마이오스 가문에서 셀레우코스 가문으로 교체된다. 이 와중에 두 왕조의 각축장이 된 팔레스타인은 유대 귀족정치 그룹을 중심으로 국제적 패권관계에 가장 민감하게 반응하게 된다. 유대교와 헬레니즘 연구에서 이 책의 중요한 공헌은 바로 이 관계를 해명하는 데 있다고 하겠다.

당시 예루살렘의 정치적 상황을 단순화하여 묘사하자면 다음과 같다. 안티오코스 4세(기원전 175~163년) 에피파네스는 부친 안티오코스 대왕이 누렸던 셀레우코스 왕조의 화려한 부활을 꿈꾸며 이집트 원정(기원전 170~168년)에 나섰다. 하지만 그의 야망은 결국은 로마에 의해 꺾이고 말았다. 로마가 이 야심찬 군주를 격파하고 그의 힘을 코일레-시리아 지역에 제한했기 때문이었다. 그는 정치적으로 통일된 국가의 이상을 실현하기 위해 통치지역에서 무엇보다도 자신이 숭배하는 헬레니즘적 제의를 확대하기를 원했다. 마카베오서는 그의 포고령을 이렇게 표현한다. “모든 사람들은 각자의 관습을 버리고 한 백성이 되어야 한다”(1마카 1:41). 이 사건으로 유대인들은 조상의 땅 팔레스타인에서조차 자신들의 종교적 율법과 규범을 포기해야 하는 상황에 처하게 되었다. 이제 팔레스타인에는 유대교의 일대 위기의 그림자가 드리워졌다. 말하자면, 이제까지 헬레니즘의 순풍을 맞이하여 자발적인 동화의 과정을 경험했던 유대인들은 이제 새로운 형태의 강압적 동화정책을 겪어야 했다.

여기서 헹엘은 이제까지의 연구에서 이 사건이 이방인이 강압하여 실행한 종교정책이라는 성격으로 과도하게 채색되었음을 지적하고, 그 반대의 측면을 새롭게 서술하는 데 집중하고 있다. 그는 고대의 세계에서는 전례를 찾아보기 어려운 종교적 금지령을 왕이 유대인들에게 직접 내렸다고 생각하지 않는다. 그는 이 포고령이 도리어 적극적인 동화정책을 추구하던 예루살렘의 헬레니즘적 귀족 정치가들의 개혁정책의 산물이었음을 드러내고자 한다. 이 개혁가들은 안티오코스 왕의 인준을 받아 포고를 발효하여, 예루살렘의 보수적인 세력을 몰아내고 토라중심으로 세워진 당시 이스라엘의 종교를 개혁하고자 했다는 것이다.

2) 만남의 결과

(1) 팔레스타인의 사회·경제체제 발전과 유대교의 동화과정

헬레니즘 초기시대였던 기원전 3세기 초에는 유대교가 헬레니즘 문명의 영향을 받아 자발적인 동화과정을 거쳐 내적으로 깊이 변형되었다. 비록 토라를 중심으로 형성된 이스라엘의 신앙과 삶이 여전히 견고하게 유지되었던 것은 사실이지만, 이방인의 문명에 접촉함으로써 얻을 수 있는 사회적 발전과 경제적 부는 그것을 누리는 상류층에게는 포기하기 어려운 것이었다. 따라서 이로 인해 발생된 문화적 동화는—그것이 저항이든 순응이든, 영향을 주었든 받았든—주로 사회경제적 특권층을 중심으로 일어나게 되었다. 이들은 사회와 경제, 종교제도를 상층부로부터 변화시킬 수 있는 위치에 있었다. 우선 헬레니즘적 도시의 발전과 군사·경제관료가 통합된 통치체제는 범세계화된 헬레니즘 문화의 첨병구실을 하였고, 이러한 사회적 네트워크는 유대인 디아스포라의 성장에 깊이 영향을 미쳤다. 그리하여 바빌로니아에 이어 이집트의 알렉산드리아는 이 시대 최대의 유대인 디아스포라로 성장했고, 향후 팔레스타인의 정치와 문화에 깊은 영향을 주는 배후도시의 역할을 했다. 무엇보다도 피정복지 팔레스타인은 경제적인 발전과 아울러 착취도 지속되었다. 이를 가능하게 한 것이 군사와 경제를 통합하여 운용한 행정체제였는데, 이 통치체제의 궁극적인 귀결점은 피정복지를 광범위하게 수탈하는 그리스식 징세제도였다. 이것의 본질은 토착세력을 이용한 세금소작제도였는데, 이는 토착귀족을 성장하게 하여, 장기적으로는 팔레스타인의 귀족정치의 발판을 마련해 주었다.

새로운 환경에 적응하는 과제는 교육을 통해서 달성되어야 했다. 이는 그리스인이 피정복지의 이른바 '야만적' 환경에 적응하기 위해서든, 유대인이 그리스의 제도에 적응하기 위해서든 마찬가지였다. 이러한 요구에 부응하였던 그리스식 교육제도 김나시온은 그리스 지배계층과 피정복지의 토착귀족계층 모두에게 특권적 지위를 부여할 수 있는 제도로 자리 잡았다. 이를 통해 문화적 동화과정은 이제 제도화된 학습과정으로 발전할 터전을 마련하게 된 셈이다.

헹엘은 이러한 과정 전체를 포괄할 수 있었던 문화적 현상을 코이네 그리스어의 사용으로 설명한다. 코이네는 헬레니즘 문화를 소통하고 재생산하는 가장 실제적인 매체였다. 유대교에서도 예외는 아니어서, 디아스포라 지역은 물론 팔레스타인의 귀족층에서도 코이네는 광범위하게 사용되었다. 그리하여 사람들의 이름은 물론, 대부분의 유대교 문서와 비문이 코이네로 기록되었고, 교육과 경제, 무역에 이르는 사회와 문화 전반의 관용어(官用語)로 사용되었다. 무엇보다도 문학작품과 역사기술, 더 나아가 구약성서를 그리스어 번역한 《70인경》이 사용되기에 이르렀다.

(2) 예루살렘의 헬레니즘적 개혁시도와 유대교의 위기

다른 한편으로 유대교는 예루살렘에서 일어난 헬레니즘적 개혁시도의 여파로 역사상 경험해보지 못한 위기를 겪게 되었다. 이 위기가 유대교를 어떻게 변형시켰는가는 이 책에서 매우 중요하다. 헹엘은 제4부 전체를 그 성격과 영향을 서술하는 데 할애하고 있는데, 이를 약술하면 다음과 같다.

유대지역에서 안티오코스 4세의 헬레니즘화 정책이 노골화되자,

유대에서 다시금 친(親)셀레우코스파로서 헬레니즘적인 귀족들이 득세하게 되었다. 이미 안티오코스 3세 때부터 당시 친(親)프톨레마이오스 세력이었던 대제사장 오니아스 3세와 그들과의 대립은 격화되기 시작했었다. 하지만 오니아스의 형제 야손은 헬레니즘적 성향이 강하여 안티오코스 4세에게 적극적인 헬레니즘적 개혁을 요청하고, 결국은 자신이 예루살렘의 대제사장이 되었다(2마카 4:7-10). 그러므로 안티오코스 4세에 의해 인준된 헬레니즘적 개혁의 이익은 예루살렘의 귀족들에게 돌아갔고(1마카 1:11-14), 특히 친셀레우코스파의 부호 토비아스 가문에게 돌아가는 것은 당연한 일이었다.

이들 귀족층을 통해 이제 예루살렘의 헬레니즘적 개혁은 종교적인 차원에서 도시의 문화적인 생활양식으로 확산되었다(2마카 4:10-17). 야손은 대담하게 예루살렘 성곽 바로 아래에 그리스식 학교와 체육경기장을 건설하였다. 귀족 청년들은 그리스식 옷과 모자를 걸치고 다녔다. 그들은 학교를 졸업함으로써 그리스 시민권을 얻게 되었는데, 이제 민족성을 포기하지 않고도 헬레니즘에 의해 실현된 그리스의 도시국가적 삶을 향유할 수 있는 특권을 얻을 수 있게 되었다.

그러나 야손의 개혁시도는 다시 경제적 논리에 의해, 이번엔 좌절되고 만다. 안티오코스 4세는 이집트 정벌을 위한 재정을 마련해야 했다. 당시 야손은 성전보호자 시몬의 형제였던 메넬라오스를 통해 안티오코스와 거래하고 있었으나, 안티오코스는 더 많은 돈을 대가로 요구하며 예루살렘의 대제사장직을 메넬라오스에게 넘겨주었다(기원전 172~162년). 물론 이는 메넬라오스 배후에 토비아스 가문이 있었기 때문에 가능한 일이었다. 그러나 문제는 메넬라오스가 전통적인 대제사장이 속한 사독계열이 아니었다는 것이었다. 이 대제사장직의 불법적 매수사건은 예루살렘의 정치권력의 변화에 핵심적인 역할을 하게 된다.

한편 안티오코스 4세가 추진한 이집트의 알렉산드리아 원정은 결정적으로 로마의 개입에 의해 무산되고 만다(기원전 168년). 이 사건은 당시 팔레스타인 역시 지중해 연안의 패권을 쥐고 있었던 로마의 힘 아래 있었음을 보여주는 것이었다. 결국 그는 이집트를 제압한 로마와 힘을 겨루는 유대지역에 자신의 정치력을 집중해야 했다. 그는 먼저 예루살렘과 성전을 정벌하여 반란을 일으킨 야손을 제압하였다(기원전 168년. 1마카 1:20-24; 2마카 5:11; 유대고대사 12, 248-250). 또 그는 성전의 성벽을 허물고 그 외곽에 아크라(Akra)라는 요새를 세워, 이른바 '다윗의 도시'로 명하였다. 가장 유대교적인 이름이 붙여졌으면서도 가장 헬레니즘적인 폴리스가 거룩한 땅과 성전의 자리에 앉은 것이다(1마카 1:29-35; 유대고대사 12, 251). 안티오코스 4세의 이러한 헬레니즘화 정책이 마카베오서가 기록하는 것처럼 셀레우코스가 통치하는 영역 전체에서 일어났다고 볼 수는 없지만, 유대지역에서 분명히 종교적인 차원에서 실행되었다는 것은 사실이다(1마카 1:41-51; 참조. 단 11:36-39). 그리고 이 정책은 국내 정치적으로는 헬레니즘적 통치체제의 유입으로 이익을 얻게 될 예루살렘의 귀족층에 의해 추진된 하나의 헬레니즘적 '개혁'의 성격을 가지고 있었다.

(3) 마카베오 혁명과 하스모니아 왕조의 형성

예루살렘의 개혁시도는 한편으로는 유대 민족주의적 세력의 종교적 봉기를 자극하였다. 봉기의 양상은 헬레니즘의 문화적 동화가 상대적으로 적었던 지방의 보수적인 사제들을 중심으로 시작되었고,

결국은 유대교 내에서 광범위한 지지를 받게 되었다. 그 중심에 마카베오 가문이 있었다. 모데인 지역의 하스몬 가문의 족장 마타디아스는 안티오코스의 칙령을 따라 희생제물을 바치려는 유대인들을 살해하고(1마카 2:23-25) 그 지역을 떠나 군사들을 동원하였다. 그리하여 이 저항은 이스라엘의 신앙을 고수하려는 '율법에 헌신된' 하시딤의 지원을 받으며(1마카 2:42; 2마카 14:6) 급속하게 성장하게 된다. 그리하여 마타디아스의 아들 유다는 '마카베오'(망치)라는 별명을 얻고 저항의 전면에 서게 되었다. 결국 예루살렘에서 163년 그들은 중단된 성전제사를 다시 봉헌할 수 있게 되었다(1마카 4:36-59). 포로기 이후 외세의 지배를 일상적인 것으로 받아들였던 이스라엘인들에게 이 저항은 분명 이스라엘의 역사에 커다란 분수령이 되었다. 그것은 분명히 이스라엘이 종교적 자유를 얻기 위해 외세와 투쟁하여 승리했던 극적인 경험으로 각인되었다.

그러나 이 종교적 저항운동은 점차로 정치적인 투쟁으로 치달았다. 유다 마카베오는 이 혁명을 통해서 궁극적으로는 셀레우코스 왕조의 지배로부터 항구적으로 벗어나 정치적 독립을 쟁취하고자 했다. 이를 위해서는 국제정치적 역학관계가 가장 중요한 변수였다. 이미 이 시기 로마가 세계사에 본격적으로 등장하여 영향력을 극대화하고, 상대적으로 셀레우코스 왕조가 약화된 이 지각변동의 틈새에서 마카베오 가문은 종교적 저항운동의 정치적인 성과를 향유할 수 있었는데, 그것은 다름 아닌 유대성전국가를 이룩한 하스모니아 왕조(기원전 142~63년)의 탄생이었다.

왕조의 초석을 마련한 시몬을 이어 요한 히르카노스 1세가 즉위하면서(기원전 134~104년), 그는 자신의 정복군주로서의 능력을 발휘하여 영토를 주변국까지 확대하였다. 그는 사마리아를 점령하여 예루살렘과 경쟁하는 성격을 가졌던 세겜 성전을 파괴할 뿐만 아니라, 남쪽으로도 이두매아 지역을 정벌하고 그곳 주민을 강제로 할례시켰다(유대고대사 13, 254-258). 이 사건들은 이방인들에 대한 유대교의 민족적 승리에 한껏 자긍심을 부여한 당시 유대교의 특수한 성격을 그대로 각인시키고도 남는 것이었다. 그러나 이러한 국가로서의 독립은 단지 80여 년간, 그러니까 로마가 팔레스타인에 대한 지배를 완전히 관철시키기 이전까지만 지속될 수 있었다. 히르카노스가 죽은 후 그의 아내 알렉산드라는 시동생 알렉산드로스 얀네오스와 결혼하여 그를 왕좌에 앉혔다(기원전 103~76년). 그가 죽은 후 알렉산드라가 여왕이 되어 통치하다가(기원전 76~67년) 알렉산드로스의 작은 아들 아리스토불로스 2세에게 왕위를 물려주었으나(기원전 67~63년), 그는 결국 로마의 장군 폼페이우스에게 항복하여 팔레스타인을 내주게 되고, 하스모니아 왕조는 기원전 63년 멸망하게 되었다. 그후 로마는 이 왕조가 통치하던 영토를 분할하여 통치하게 되었다.

3) 헬레니즘시대 유대교 신학의 특성

(1) 이스라엘의 정체성과 지혜사상

앞서 설명한 대로 유대교는 헬레니즘과 만남으로써 한편으로는 자발적인 동화의 과정을 겪기도 하였고, 다른 한편으로는 헬레니즘적 개혁이라는 강제적인 동화정책을 겪기도 하였다. 이로 인하여 유대인들은 내적이고 외적인 신앙적 도전에 직면하게 되었고, 전통적인 토라중심의 유대교 신앙은 심각한 정체성의 위기를 경험하게 되었다.

유대교에서 헬레니즘의 범세계화에 대한 역사적 반응은 앞서 살펴본 대로 일차적으로는 주로 사회적 상층부에 속하는 사회정치적 엘리트 계층에게서 일어났고, 급기야는 헬레니즘적 개혁을 통해서 대중적인 저항운동으로까지 번져나갔다.

유대교 사상에서 헬레니즘과의 문화적 충돌 속에서 사회경제적 엘리트층이 겪는 삶의 정체성의 위기를 가장 잘 반영하는 것은 바로 유대 지혜사상의 변화이다. 지혜란 고대세계에서 전적으로 지식인들과 상층계층의 전유물이었기 때문이었다. 헹엘은 헬레니즘 초기시기의 지혜전승에 과한 두 가지 저작을 다룸으로써 이 시대 지혜의 성격을 규정한다. 하나는 이미 헬레니즘의 시작 이전에 최종적 형태로 남은 전도서이고, 또 다른 하나는 그보다 더 늦은 시기에 속하기는 하지만 헬레니즘이 아직은 물리적 동화정책이라는 형태로는 유대교에 다가오지 않은 기원전 175년 안티오코스 4세 이전의 시대를 반영하는 시락서(집회서)이다.

① 전도서 : 유대 종교의 위기

헹엘은 전도서의 저자 '전도자'(코헬렛)가 이제까지 전승되어온 구약의 전통적인 지혜를 비판적으로 논하며 새로운 지혜전통을 만들어내고 있다고 설명한다. 이스라엘의 전통적 지혜의 방법론적 도구란 경험과 이성이었다. 이 두 가지는 이스라엘의 현인들에게 '행위-결과'라는 인과율(因果律)적 사유를 가능하게 하였고, 이를 통해 지혜는 합리성과 합목적성을 지향하게 되었다. 이는 근본적으로 인간이 어떻게 세계에 적응할 것인가라는 세계에 대한 인간의 태도를 규정하게 된다. 이스라엘의 저 기나긴 지혜전승의 역사는 "하나님을 경외하는 것이 참다운 지혜"(욥 28:28 잠 1:7; 9:10; 14:26f; 시 111:10) 라는 명제에 도달하게 되었고, 결국 그것만이 인간의 삶이 갖는 유의미성(有意味性) 을 갖고 있다고 생각했다.

'전도자'는 한 개인의 삶의 지평에서 전통적 지혜의 핵심인 인과율을 비판하고 있다. 그는 이스라엘의 전통적 지혜에서는 사색할 수 없는 새로운 질문을 한다. '인간의 삶은 과연 유의미한가?' "헛되다"(הבל) 는 전도서의 외침은 '하나님 경외'를 새롭게 성찰하는 그의 사고를 그대로 보여준다. 그는 여전히 전통적 지혜의 방법인 개개의 경험적 관찰과 이성적 사색을 도구로 삼는다. 그러나 그는 전통적 지혜가 지향하는 합리성과 합목적성을 비판하고, 욥의 사색에서 발전된 바, 인과율이 더 이상 지배하지 못하는 세계의 부당성을 더욱 부각시킨다. 즉, 이성에 의해 통찰된 세계는 '행위-보상'의 원리가 지탱될 수 없는 불합리한 세계이다. '의인이 버림받거나 그 자손이 걸식하지 않는다'(시 37:25; 비교. 잠 11:18) 라는 옛 지혜는 이제 "의인의 행위대로 받는 악인도 있고, 악인의 행위대로 받는 의인도 있다"(8:14) 는 현실의 불합리성을 설명하지 못한다. 또 "땀 흘린 노동에는 반드시 그 대가가 따른다"(잠 14:23) 는 경험적 확신도 허물어진다: "일하는 자가 그 수고로 말미암아 무슨 이익이 있으랴"(3:9)?

전도자는 여전히 세계가 하나님께 의존하고 있다고 받아들이고 있다. 하지만 그는 이러한 관념이란 엄밀히 말해서, 하나님께 의존한 세계의 '한 부분'을 받아들일 뿐이라는 사실을 인식한다. 그러므로 인간은 세계 내에서 활동하는 하나님을 근본적으로 알 수 없다. 하나님의 행동방식은 옛 이스라엘이 경험해 온 '임마누엘'이라는 '역사적' 하나님 관념으로서는 이해하기 어렵게 되었다. 왜냐하면 역사 안에서 이스라엘이 체험하였던 구원의 주('야웨')는 이제 역사를 넘어선 우주적 하나님('엘로힘' 혹은 '하엘로힘')으로 이해되기 때문이다. '전도자'에게 이른바 '세계로부터 멀어진 하나님' 관념이 존재한다면 그것은 바로 이런 사고체계에 기인한다.

그래서 인간은 하나님이 행하는 것을 헤아릴 수 없다(3:11). 어느 누구도 자기의 코앞에 다가와 있는 일조차 알지 못한다(9:1). 옛 현자들은 모든 사건은 '적합한 때'가 있고, 인간은 이를 알 수 있고 이것을 이용해야 한다고 했다. 그러나 이제 그것은 '운명적 시간'으로 남는다. 인간은 그 너머를 알 수가 없게 되었다. 삶과 죽음의 때도 알지 못한다. 하나님이 그 때를 정하기 때문이다. 인간은 하나님을 다만 운명(מקרה)으로서 경험할 뿐이다. 현자나 우매자나 모든 인간은 죽음의 운명 앞에서 다를 바 없으며, 짐승과도 다를 바가 없다(3:19; 9:2, 3). 그래서 그는 "다가올 모든 것은 헛되다"(11:8)고 선언한다. 이러한 태도는 그가 합리적으로 구축된 옛 이스라엘의 세계 전체를 인간의 실존에 서서 성찰하는 것이라 하겠다.

이러한 사고는 당시 헬레니즘 문화의 유입으로 '넓어진 세계'를 비판적으로 인식하고, 또 이스라엘의 전통적 삶의 방식이 뿌리째 흔들리는 사회체제와 현실을 경험함으로써 발생했을 것이다. 유대 종교는 헬레니즘의 문화와 접촉함으로써 이렇게 내면적 위기를 경험했다.

② 벤 시라 : 토라와 지혜의 합류

이스라엘의 정체성의 위기가 이렇게 지혜사상의 변화로 표출되고 있다면, 이에 대한 대응은 히브리 성서의 외경 시락서(집회서)라는 지혜서에서 발견할 수 있다. 저자 벤 시라는 전도자와 같이 이스라엘의 지혜를 다루지만, 전도자가 이스라엘의 전통지혜에 대하여 회의적이고도 비판적으로 성찰하고 있다면, 그는 자신의 지혜를 좀더 이스라엘의 전통 속에 확고히 뿌리내리게 한다. 그래서 그의 출발점 역시 옛 지혜가 요구하는 삶의 태도였던 '하나님 경외'였다. 하지만 과연 '하나님 경외란 무엇인가?' 그것은 잠언이 보여주듯이, 지혜교사들과 인생의 경험이 풍부한 노인들의 교훈에 의존한 삶의 태도를 표명하고 있다. 하지만 그의 지혜의 가르침은 이제 더 이상 현자의 경험에 의존한 것이 아니라, 성문화된 율법으로서의 토라에 의존하고 있다: "모든 지혜의 근본은 주님을 두려워하는 데 있으며, 율법을 행하는 것은 그 모든 지혜에 속한다"(19:20). 물론 벤 시라가 처음으로 지혜를 토라와 연관시킨 것은 아니었다. 율법과 지혜의 결합은 지혜의 언어와 사상을 표현하는 율법시편(시 119:66)에서, 그리고 '신명기적 지혜'(신 4:6a)와 같은 언급들에서 찾아볼 수 있었다. 하지만 벤 시라는 그러한 흐름이 작은 지류로 합쳐졌던 이전의 경향과는 본질적으로 다른, 분명 거대한 강의 합류지점에 서있다.

이것은 분명 벤 시라가 처한 문화적·역사적 상황과 연관되어 있다. 벤 시라는 문화적으로 헬레니즘 철학의 영향이 편만해지는 시대에 저작을 시작했다. 이 시기 아테네에서 제노의 활동으로 스토아의 철학은 대중들에게 널리 알려졌다. 벤 시라는 여행을 통하여(34:9-14; 39:4) 이집트의 알렉산드리아나 바빌로니아에서 유대교 지혜의 전수자인 서기관들이나 제사장들 가문의 사람들을 만나 그들의 학문적 태도를 경험했을 것이다. 그들이 '취해 있는' 헬레니즘적 지혜는 예루살렘의 자유사상가들에게 영향을 주고 있었는데, 벤 시라는 이들에 대항하여 '민족적' 지혜의 우월성을 주장하고 있다(3:21-24).

하지만 벤 시라의 지혜는 이렇게 헬레니즘적 지혜전승에 대한 배타적 성격만을 갖는 것은 아니었다. 그의 사상에는 예컨대, 스토아의 로고스와 질서와 유비를 갖는 헬레니즘적 성향도 갖고 있었다. 왜냐하면 벤 시라는 이스라엘의 보편적·우주적 성격의 지혜와 민족적 성격의 토라를 통합함으로써 범세계적인 지혜에 대항한 이스라엘의 민족적 정체성을 형성하고자 했기 때문이었다. 그의 사상의 집약은 '지혜의 찬가'(24장)에서 드러나는데, 전반부에서 지혜는 헬레니즘적 지혜관념처럼 스스로를 찬양하는 '의인화'된 형태를 취하고 있다(24:3-4). 하지만 여기서 중요한 것은 그 지혜가 이스라엘의 역사와 연관되어 있다는 것이다: "그(창조자)가 말씀하시기를 '너는 야곱에게 네 장막을 치고, 너는 이스라엘에 너의 유산이 있으라'고 하셨다"(24:8b). '보편적' 지혜가 이스라엘 민족적 전통의 자리로 내려오게 된 것이다. 이러한 연관성은 무엇보다도 이 '지혜의 찬가'의 후반부에서 본격적으로 지혜와 율법이 연관되는 곳(24:23-27)에서 분명히 드러나고 있다: "(지혜에 관한) 이 모든 것은 지극히 높으신 자의 언약의 책이며, 야곱의 공동체를 위한 유산으로서 모세가 우리에게 명한 율법이다"(24:23). 그리하여 벤 시라는 이스라엘의 율법 전통으로부터 지혜의 물줄기를 끌어대는 자신을 이렇게 표현하고 있다: "나는 강에서 흘러나오는 운하와 같고, 거기서 나오는 물줄기같이 정원으로 흘러들어간다"(24:30).

토라와 지혜를 결합하는 벤 시라의 지혜사상은 얼마 안 가서 그리스철학과 팔레스타인의 지혜를 결합한 알렉산드리아의 아리스토불로스에게 영향을 미치고, 더 나아가서는 토라의 존재론적이고 우주적인 성격으로 발전하는 데까지 영향을 준다. 궁극적으로는 바리새파의 토라관념까지 연결되는 이 사상적 흐름에서 나타나는 결정적인 특징은 역사의식의 결여였다. 이는 지혜와 토라의 결합으로 이스라엘의 역사가 담긴 토라 자체가 존재론적·사변적 지혜사상으로 흡수되는 결과를 초래했음을 의미한다.

(2) 유대 묵시사상의 성장

유대교의 정체성의 위기가 지혜사상을 통하여 표출되었다면, 헬레니즘적 개혁에서 성전제사의 중단, 그리고 마카베오 봉기의 결과로 사독계 대제사장이 폐위되고 하스몬 가문의 요나단이 등극했다. 이러한 일련의 과정에서 헬레니즘적 세력에 대하여 격렬히 저항하였던 팔레스타인의 유대교는 특정한 관점과 문학형식으로 세계와 역사, 인간의 현실을 이해하는 독특한 세계관을 표현하였는데, 그것이 바로 유대 묵시사상이라 하겠다. 유대 묵시사상은 헬레니즘적 개혁이 일어나기 훨씬 이전 이미 헬레니즘시대 초기부터 발아하고 있었다. 오히려 학자들에 의하면 묵시문학의 기원은 페르시아시대 이전까지 거슬러 올라갈 수 있다고 한다. 이 책에서 다루는 주요 묵시문학서는 에녹서와 다니엘서, 희년서 그리고 에센파의 주요 핵심문서이다. 이들 문헌 안에는 시기를 달리하는 많은 전승들이 복합적으로 수용되어 있기에 저자는 가설에 따라서 문헌들의 본문을 취사선택하여 사용하고 있다.

① 하시딤의 묵시사상

헹엘에 의하면 유대 묵시사상은 마카베오 봉기와 에센파의 형성시기에서 두 번의 절정에 달한다고 한다. 유대 묵시사상의 첫 번째 절정은 시기적으로 안티오코스 4세의 헬레니즘화 정책으로부터 마카베오 혁명의 시기에 도달한다. 저자는 하시딤의 묵시사상을 이것과 연관시키며, 율법에 대한 준엄한 준수를 이방인에 대한 저항의 형태로 이해한다. 여기서 '경건한 자들'은 회개하여 돌아 온 율법을 준수하는 공동체로 정의되고, 역사에 대한 종말론적 관점이 드러난다: 현재의 때는 이스라엘의 죄에 대한 하나님의 심판의 시기이며, 이 재난은 포로기 이후 이스라엘의 역사를 해석하는 틀이 된다. 이 같은 하시딤의 묵시사상은 예언적 종말론과 깊은 연관성을 갖게 된다.

하지만 묵시적인 역사관은 종말론적 역사관보다 더욱 보편적인 형태를 띠게 되는데, 세계사를 통일적 관점에서 조망하는 여러 가지 관점이 등장한다. 이 세계관은 창조로부터 종말까지의 시간 안에서 심판이 주기적으로 반복되며, 심판을 통하여 역사적인 '매듭'이 만들어지는 구조를 갖는다. 이러한 구조를 보여주는 것이 에녹서의 종말론적 시간측정 단위들이다. 에녹서 가운데 '주간(週間) 묵시'나 다니엘서에서 보이는 4대 제국의 흥망에 관한 도식은 그 표본이다. 하지만 이것은 단지 순환론적 역사관을 표현하는 것은 아니다. 왜냐하면 그것은 조로아스터교나 이란의 종교와 같은 점성학에 기초한 우주적이고 주기적인 재앙이 아니라, 역사가 토라와 예언을 통해 주어진 하나님의 계획하에 진행되는 심판하에 있다는 관점을 가지고 있기 때문이다. 이렇게 하여 묵시사상은 역사가 마지막 국면인 현재에 의해 급격하게 전환된다는 세계관을 갖는다.

묵시사상에서 중요한 것은 미래에 대한 지식을 천상적 계시를 통해서 얻는다는 사실이다. 반면 묵시사상과 유사한 종말론은 미래에 더 나은 것으로 전환될 희망을 내포하는 구속사적 정향을 갖기에, 미래에 대한 지식을 구속사적 패턴에서 가져온다. 이러한 묵시문학의 계시적 지혜에 관한 사상은 신정론(神正論)에 대한 답변을 찾는데, 벤시라 이후에 보응사상이 다 답변하지 못한 신정론은 이제 미래에 일어날 개인의 운명과 연관되어 부활사상으로 발전한다. 무엇보다 개인과 민족의 운명에 대한 지식이 신적인 계시에 의해 알려진다는 '계시를 통한 지혜'사상은 관찰, 경험에 기초하는 전통적인 지혜와는 결정적으로 구별된다. 헹엘에 의하면 지혜와 예언은 여기서 서로 합류된다. 즉, "예언자는 현자요 현자는 예언자인 것이다."

② 초기 에센파의 사상

유대 묵시사상의 두 번째 절정은 에센파가가 생산해 낸 신학사상이 보여준다. 이 초기 에센주의 신학은 하시딤적 묵시가 지닌 저항운동의 성격을 넘어 유대교의 구원론과 인간론으로 체계화된다. '두 영'(靈)에 관한 결정론적이고 이원론적인 교리는 묵시적 역사관의 기초를 이루고, 인간의 운명에 대한 지혜의 사변(思辨)은 구원론적인 인간학으로 체계화된다. 그리하여 역사의 진로와 인간의 운명은 예정되어 있다고 믿는다. 하시딤의 역사관이 현재 역사의 재난에 초점을 맞추고 있다면, 에센주의는 현재를 이미 예정된 우주적 악과 선의 대립이 투영된 산물로 이해한다. 따라서 중요한 것은 정해진 역사와 인간의 운명에 대한 지식인데, 이는 초기 묵시사상과 지혜의 결합보다 훨씬 더 추상화되고 체계화되는 경향을 갖게 된다. 물론 토라에 대한 지식도 훨씬 고도화되어, 신적인 계시는 영감어린 해석으로 발전된다. 지식의 욕구는 더 증대되고, 천사론은 발전하여 우주의 질서에 대한 지식욕으로 확대되며, 이 질서는 천문학과 예지, 태양력을 통해 공동체의 삶을 규정하게 된다. 율법을 완전히 준수하려는 하시딤적인 이상은 이제 인간이 천상적 지식을 깨닫기 위해 회개와 구원공동체로 들어가야 한다는 사상으로 체계화된다.

유대 묵시문학에 대한 학문적 정의를 내리는 데에는 두 가지 흐름이 존재한다. 하나는 사회학적인 측면으로서 묵시문학을 유대교의 '사상'과 '운동'으로 규정하고 주로 하층계층의 저항문학으로 분류하려는 경향이다. 여기서는 비록 그 집단의 성격규정에서는 서로가 다른 견해를 보이지만, 근본적으로 유대의 묵시사상의 기원을 팔레스타인의 예언전승에서 찾으려는 경향을 갖게 된다. 다른 하나의 흐름은 묵시사상을 좀더 문헌적인 현상과 문학적 장르로 파악하는 것인데, 헬레니즘적인 영향을 강조하고 지혜문학과 연관시키려는 경향을 띠게 된다.

이러한 대립적 주장에서 헹엘은 상호보완적인 입장을 취하고 있다. 그래서 그는 유대 묵시사상을 헬레니즘적인 지혜사상과 연관시켜 해석하면서도, 유대 저항운동과 연관된 하시딤 및 에센파의 사상과 연관 짓는다. 하지만 헹엘이 강조하는 바는 유대 묵시사상이 헬레니즘에 저항하다가 도리어 헬레니즘의 요소를 수용하게 되었다는 사실인데, 이는 수용자들이 의식하지 못한 상태로 영향을 받은 채 일어났다고 한다. 즉, 헬레니즘을 가장 격렬히 거부하는 바로 그곳에서 헬레니즘의 영향이 깊게 배어난 결과가 일어났는데, 하시딤의 묵시사상, 특히 에센파의 사상은 그러한 사실을 대변하는 표본이라고 주장한다.

4) 예루살렘의 개혁시도와 마카베오 혁명의 결과

앞서 우리는 예루살렘에서 벌어진 헬레니즘적 개혁시도의 성격과 마카베오 혁명이 가지는 사회문화적 · 역사적 의미를 기술했다. 헹엘은 마지막으로 제 4부에서 이 사건들이 유대교에 남긴 중요한 종교적 · 신학적 의미를 서술하며 자신의 명제를 집중적으로 부각시킨다. 유대교는 결과적으로 이 사건을 계기로 신약시대에 이르기까지 자신의 결정적인 성격을 갖게 되었다. 예루살렘의 헬레니즘적 유대인들의 개혁이 '율법에 대항한 열성주의'의 성격을 갖는다면, 그것은 토라를 중심으로 세워진 '율법을 위한 열성주의'이다. 개혁가들은 이른바 '제신(諸神) 혼합주의'(*Theokrasie*)를 통하여 헬레니즘 세계와 문화적 동화를 추구하며, 범세계화된 환경으로부터 유대인의 삶이 분리되는 것을 막으려 했다.

하지만 그들의 개혁기도(企圖)의 여파로 유대교는 이방인에 대한 민족적인 저항을 독특한 형태로 각인시킨다. 이는 하시딤과 에센파의 묵시사상이 보여주는 바와 같다. 반면 개혁이 실패로 돌아가고, 유대인은 이방인과 헬레니즘에 대한 투쟁의 면류관으로 기원전 163년에는 예루살렘 성전을 되찾고, 독립된 왕조를 이루게 되어 유대성전국가로서의 면모를 과시하였다. 드디어 141년에는 '다윗의 도시' 정상에 세워졌던 마지막 헬레니즘의 보루 '아크라'(Akra)를 무너뜨리게 되었다. 이는 유대종교 내면에 민족적인 성격과 동시에 '율법을 위한 투쟁'의 성격을 아로새겨 놓게 되었다. 하지만 헹엘은 범세계화된 유대사회의 위기에 민족적 대응을 하였던 유대 지혜학파와, 가장 격렬한 사상적 저항을 하였던 하시딤과 에센파의 사상에서 역설적으로 가장 헬레니즘적인 면모를 보게 되었음을 입증하고 있다.

헹엘은 예루살렘의 개혁시도에 대한 저항이 일깨운 율법에 대한 극도의 민감함이란 역사적 경험에 의해 각인된 특성에 해당한다고 생각한다. 그는 '유대교'(Ἰουδαϊσμος)라는 명칭 자체에 이 역사적 '트라우마'가 담겨있다고 판단한다. 그리하여 당시 헬레니즘적 보편성에 동화되던 유대교의 혼합주의적인 성격은 이제 팔레스타인 본토는 물론 디아스포라에서도 저항을 받게 되었고, 더 나아가 유대교는 민족과 종교의 단일성을 유지하려는 경향을 갖는 고대시대의 유일한 종교가 된다. 더 나아가 신약시대에 발견하게 되는 바리새파와 유대교의 율법중심적인 성격도 여기에서 기원하게 되는 것이다.

이러한 분석과 그 결과 위에 세워진 명제는 저자로 하여금 기독교의 기원을, 역사적으로 기원전 3세기부터 광범위하게 자신의 성격을 담지하게 된 '헬레니즘적 유대교'의 모태에서 찾게 한다. 그는 더 나아가 초기기독교의 "그리스어사용 유대인들"(행 6:1; 9:29. 아래를 보라)과 바울의 선포, 또 이들에 의해 추진된 사마리아와 이방인들을 향한 거침없는 선교의 활동은 저 멀리 헬레니즘적 유대 개혁가들의 전통에 서있다고 가정한다. 이렇게 되면 율법에서 자유로운 정신적 사고와 행동을 하였던 초기기독교와 예수의 가르침, 그리고 이것을 받아들일 수 없었던 유대교의 종교적·정신적 투쟁은 헬레니즘적 유대교 내부에서 이미 존속하였고 존속할 수밖에 없었던 '율법을 중심으로 한 내부적 대결양상'이 낳은 치명적인 분열의 성격을 띠게 된다. 결국 이러한 관점은 예수와 초기기독교를 유대교 내부의 개혁운동의 일환으로 보게 한다. 그 개혁의 본질이란 다름 아닌 구약의 하나님 야웨의 통치를 민족에서 세계로 확대하여 이해하려는 세계관을 마련하게 된 것이다. 그런 의미에서 유대교와 헬레니즘이 만나 생성된 '헬레니즘적 유대교'는 저자에 의하면, 이른바 '복음의 준비'가 된다.

3. 《유대교와 헬레니즘》의 번역

1) 헬레니즘과 유대교에 관한 저 · 역서들

이 책의 번역을 위해 도움을 받은 번역서로는 우선 F. W. 월뱅크/김경현 역, 《헬레니즘 세계》(아카넷, 2002)과 앤소니 A. 롱/이경직 역, 《헬레니즘 철학》(서광사, 2000)을 들 수 있다. 두 책〔兩書〕은 이 분야의 전문가들에 의해 신중하게 선택된 용어로 번역된 학술서이다. 역자는 헬레니즘의 역사와 문화, 철학에 대한 용어나 개념을 번역하는 데 이 번역본들을 많이 참조하였다. 하지만 헬레니즘시대의 팔레스타인과 유대인의 역사를 이 책처럼 본격적으로 고증한 연구서나 번역서는 찾아보기 어려웠다. 이런 부류의 책들은 거의가 신약성서의 배경사라는 차원에서 헬레니즘시대와 유대교의 역사를 종합적으로 개관하는 번역서들이 대부분이었다. 이를테면, H. 쾨스터/이억부 역, 《신약성서 배경연구》(도서출판 은성, 2009)와 H. 야거스마/배용덕 역, 《신약배경사》(솔로몬, 2004), B. 라이케/한국신학연구소 번역실 역, 《신약성서시대사》(한국신학연구소, 2003), D. S. 러셀/임태수 역, 《신구약 중간시대》(컨콜디아사, 1995), E. 로제/박창건 역, 《신약성서배경사》(대한기독교출판사, 1995) 등이 있다. 하지만 이러한 역서들은 그야말로 '신약배경사'라는 전반적 개관만을 다루고 있고, 이 중 어떤 번역서는 학술적으로 사용하기가 어려운 번역용어나 문장으로 표현된 것도 있다.

다른 한편, 최근 박요한 영식 박사가 개론적인 유대교의 문헌들을 다루는 수준 높은 번역서들을 꾸준히 연구 출판하는데, 이를테면 G. W. E. 니켈스버그, 《고대 유다이즘과 그리스도교의 기원》(가톨릭출판사, 2008)과 D. 헤링톤, 《구약성서 외경입문》(성바오로, 2003), J. C. 판데어캄, 《초기 유다이즘 입문》(성서와함께, 2004) 등을 들 수 있다. 또 좀 오래된 번역서들로 M. 맥나마라/채은하 역, 《신구약 중간시대의 문헌이해》(이화여대 출판부, 1995), J. H. 찰스워스 & W. P. 웨버/나채운 역, 《구약성서와 신약성서. 그 관계와 신구약중간기 문헌》이 있다. 그리고 저서로 김창선, 《유대교와 헬레니즘》(성서학연구소, 2011)과 천사무엘, 《구약 외경의 이해》(한국신학연구소, 1997)가 있다.

이 모든 역서와 소수의 저서들은 거의 개론적인 문헌소개를 담고 있다. 다만 앞서 언급한 M. Hengel/임진수, 《신구약 중간사: 유대교의 헬라화 과정 연구》는 전문적인 내용을 담고 있는 알찬 번역이다. 하지만 필자는 이 책의 용어 중 그대로 사용할 수 없는 것이 있어서 대체용어를 사용하여 번역해야 했다. 게다가 이 책은 가장 중요한 이 책의 제3부에 해당하는 신학적 내용을 거의 담고 있지는 않는데, 필자의 저서 《기독교 신학의 뿌리: 유대교 사상의 형성과 신약성서 배경사》(대한기독교서회, 2011)는 제3부의 신학적 내용을 수용하여 페르시아시대로부터 헬레니즘시대까지의 유대교 사상을 중심으로 서술하였다. 앞으로 이 시대의 역사적 연대기 서술과 쿰란문헌에 대한 보완을 통해, 이 책이 신구약 중간사 학습을 위한 본격적인 안내

서로 자리매김 되기를 바라고 있다.

특히 유대학에서 사용되는 용어에서는 가장 최근에 출판된 김창선 박사의 저서 《유대교와 헬레니즘》을 검토하여 사용하였는데, 이 책의 참고문헌에는 우리말 저·역서들에 관한 문헌정보가 잘 정리되어 있다. 쿰란문헌에 대한 용어는 김창선, 《쿰란문서와 유대교》(성서학연구소, 2007. 증보판)도 참조하였다. 쿰란문헌 전체는 한국연구재단의 후원으로 우리말로 이미 번역되어 있다: F. G. 마르티네즈/E. J. C. 티그라아르(편)/강성열 역, 《사해문서》 1~4권(나남, 2008). 이 책은 영어에서 번역된 것이지만, 학술적으로 유용하게 사용할 수 있는 자료이다. 하지만 《유대교와 헬레니즘》에서 쿰란의 본문들은 저자의 독일어 번역에 의거했다. 또한 방대한 구약외경문헌들도 우리말로 번역되어 있기도 하다. 《외경위경전서》 상/하(기독교문화사, 1979). 이 방대한 책은 일본성서학연구소의 번역프로젝트로 1971년에 원문에서 번역한 《성서외전위전》을 일본어에서 우리말로 번역한 것이다. 유대교에 관한 학술 번역서로 또 하나의 작품은 역자와 박찬웅 박사가 공역한 《유대전쟁사》 1/2권(나남, 2008)인데, 이 역시 한국연구재단의 후원을 받아 명저번역시리즈로 독일어 및 영어번역을 참조하여 그리스어 원문을 번역한 본격적인 유대학 연구자료가 된다. 역자는 성서연구를 위한 이러한 기초적인 작업이 계속되어, 우리나라의 신약학 연구의 직접적인 자료가 되는 요세푸스나 필로, 더 나아가 성서의 외경과 위경의 원전들이 한국어로 번역 출간되기를 고대한다.

위에서 서술한 바와 같이 《유대교와 헬레니즘》은 한편으로는 고대 헬레니즘의 역사와 문화를 다루고 있고, 다른 한편으로는 이 시기의 유대교의 사상을 다루고 있다. 이 책은 우선 헬레니즘에 대한 엄청난 정보와 지식들 자체만으로도 고대문화사에 많은 부분을 기여하게 될 것이지만, 헬레니즘시대 특히 유대교와 팔레스타인의 역사와 문화에 대한 심도 깊은 지식을 제공하게 될 것이다. 또한 제 3부에서 서술된 유대교 신학에 관한 명제는 저자가 보여준 방대한 역사적 고증과 신학적 탁월성으로 보건대, 우리의 성서학 분야에서 다시 한 번 진지한 토론을 불러일으킬 수 있을 것이다.

2) 이 책의 번역지침

이 책은 고도의 전문용어와 깊고 복잡한 논증을 통해 기술된 전문적인 학술서이다. 게다가 저자의 독일어 표현은 이 책을 서평한 학자들도 이미 지적했듯이 매우 난해하다. 역자는 이 책을 번역하는 데, 존 보우덴(John Bowden)이 영어로 번역한 *Judaism and Hellenism* (London: SCM, 1973)을 일일이 대조, 확인하며 작업하였다. 이 영역본은 헹엘이 서문에서 밝히듯이 탁월하게 번역되어 있다.[7] 역자 보우덴은 난해한 저자의 독일어를 훨씬 쉽게 풀어내기도 하고, 많은 노력을 들여가며 영어로 번역된 문헌들이 인용된 면수까지 대조하여 적어놓기도 하였다. 그만큼 영역본은 역자의 번역에서 중요한 참고자료가 되었다.

---

7) 역자 보우덴은 이 작업을 계기로 그 이후의 헹엘의 저서를 거의 다 번역하였다. 그리하여 헹엘은 마지막 저작 *The Four Gospels and the One Gospel of Jesus Christ* (London: SCM, 2000)를 그에게 헌정하기도 하였다. 한국에서는 이 영역본들에 더 쉽게 접근할 수 있기에, 여기서 L. W. Hutato, "Martin Hengel's Impact on English-Speaking Scholarship"에 의해 정리된 영역본들을 참고하면 좋을 것이다.

하지만 영역본은 독일어 원 저작의 히브리어나 그리스어, 라틴어로 된 고전어 인용문들을 번역하지 않고 있다. 역자는 이 부분을 가능한 한 모두 번역하였다. 물론 이 과정에서 히브리어와 라틴어는 이 분야의 전문가들에게 직접 교정 및 번역을 의뢰하였고, 그리스어는 본인이 직접 번역하였음을 밝힌다. 이 경우 원문을 기록하고 ( ) 안에 본인의 번역을 실었으며—때로는 ( ) 안에 원문이나 원어를 배치했다—저자가 고전원문을 독일어로 번역한 경우는 ( )를 생략했다. 하지만 독일어 번역이 없는 일부 고전어 문장이나 단어는 그대로 둘 수밖에 없었는데, 대체로 번역하기가 난해하기도 했지만, 앞뒤의 문맥을 파악하기가 어려운 비문이나 몇 개의 단어들만 나열된 경우에 오역이 발생할 가능성을 줄이기 위함이었다. 이러한 경우, 전문적인 독자들의 더 깊은 연구가 필요하겠다. 시리아어는 번역하지 않고 저자가 사용하는 글자체와는 조금 다른 형태의 폰트이지만 전문가에게 의뢰해 문자를 일일이 확인하여 기록하였다.

다음으로 많은 어려움이 있었던 곳은 수많은 고전어를 우리말로 표기하는 작업이었다. 역자는 기본적으로는 국립국어원에서 제시하는 외래어 표기의 기본원칙을 따르기로 하였다.[8)]

제1항 외래어는 국어의 현용 24자음만으로 적는다.
제2항 외래어의 1음운은 원칙적으로 1기호로 적는다.
제3항 받침에는 'ㄱ, ㄴ, ㄹ, ㅁ, ㅂ, ㅅ, ㅇ'만을 쓴다.
제4항 파열음 표기에는 된소리를 쓰지 않는 것을 원칙으로 한다.

8) 국립국어원 홈페이지(www. korean. go. kr) 어문규정〉외래어표기법 및 〉그리스어표기원칙.

제5항 이미 굳어진 외래어는 관용을 존중하되, 그 범위와 용례는 따로 정한다.

세부적으로 제 9장에서 그리스어 표기원칙을 다음과 같이 제공하고 있다.[9]

(1) y는 '이'로 적는다. Polybios 폴리비오스
(2) ae, oe, ou는 각각 '아이', '오이', '우'로 적는다. Achaea 아카이아, Delphoe 델포이, Epicouros 에피쿠로스
(3) c와 ch는 〔k〕의 표기방법에 따라 적는다. Cercyra 케르키라, Aeschylos 아이스킬로스
(4) g, c, ch, h 앞의 n은 받침 'ㅇ'으로 적는다. ancyra 앙키라

그러나 이는 기본적으로 현대 그리스어를 표기하는 방식이기 때문에 고전 그리스어나 성서그리스어에 적합하지 않은 것이 있는데, 이에 대해서 민경식 교수는 'u'(음가 y)를 '위'로 'eu'(음가 eu)를 '유'로 제안한다.[10] 첫 번째 사용안 서양고전학에서도 점차로 받아들이고 있다. 하지만 두 번째의 경우 국립국어원과 서양고대사에서 모두 일반적으로 '에우'를 사용하는 경향이 있어 이를 따르고자 한다. 단, 인명과 지명에서 이미 '이'나 '유'로 굳어진 것들은 그대로 두겠다(예. 폴뤼비오스→폴리비오스, 에우프라테스→유프라테스). 이럴 경우에 성서에서 관용(慣用)으로 굳어진 인명·지명이 문제시될 수 있다. 예컨대, 이 책에서 자주 등장하는 '셀레우코스'나 '에우에르게테스'는 현재 공동번역성서에서 '셀레우코스', '유에르게테스'로 표기하는데, '확고

---

9) 어문규정〉외래어표기법〉그리스어표기원칙.

10) 민경식, "성서 그리스어의 우리말 음역 원칙 제안", 〈신약논단〉 17(2010/1), 177-200(189-193).

하게 관용으로 굳어진 경우'(예. 페트로스→베드로)를 제외하고는 국립국어원과 서양고대사의 용례를 사용하도록 하였다. 이렇게 하는 것은 근본적으로 신학과 일반역사학과의 용어상의 간격을 최대한 좁히려는 취지에서였다.

또 이 책에서 가장 자주 사용되는 마카비(Macabee) 가문의 음역은 결정하기 어려웠는데, 그리스어 Μακκαβαῖος를 그대로 음역하면 '마카바이오스'가 된다. 게다가 현재 우리말 공동번역 외경에서는 '마카베오'를 사용하고 있다. 이 경우 역자는 현재의 공동번역을 따라 '마카베오'를 사용하였다. 갈릴리(Galilee)처럼 영어식 음역으로 익숙해진 팔레스타인의 지명을 원어를 그대로 음역할 경우 '갈릴라이아'(Γαλιλαία)라고 해야겠으나 이 역시 낯설다. 그렇다고 그냥 '갈릴리'라고 발음하기에는 당시 행정단위를 표시하는 '-ia'를 표기하는 지역들(예컨대, 사마리아, 이두매아)과 구별되기에 오늘날 점차로 통용되는 갈릴래아로 표기하였다.

종합하자면, 표기된 인명이나 지명이 현재 한국교회가 공적으로 사용하는 개역개정판이나 공동번역개정판을 따르는 것을 원칙으로 하되, 원어에서 매우 다르게 음역되어 사용되는 것이나 생소한 것들은 원어에 근접하게 사용되는 것들을 선택하였다. 그리하여 스데반은 '스테파노스'로, 다메섹은 '다마스쿠스'로, 안디옥은 '안티오키아'('Αντιοχεία)로, 갑바도기아는 '카파도키아'(Καππαδοκίας)로 표기하였다. 히브리어는 음역에 따라 의미가 크게 달라지기 때문에 모음이 표기되지 않은 경우, 역자가 정확히 확정하기가 어려운 단어는 차라리 음역을 달지 않고 그대로 두었다. 또 랍비 이름은 중요한 경우에는 음가를 정확히 표기하고, 주로 영어식으로 음역하여 표기하였다.

전문적인 용어를 번역하는 것 역시 신중을 기했다. 우선 이 책과 직접적으로 연관성이 있고, 학술적인 가치가 있는 저·역서 가운데 가장 최근의 것을 지침으로 삼았다. 제 1부와 제 2부 헬레니즘시대의 용어사용을 위해서는 월뱅크, 《헬레니즘 세계》를, 제 3부의 유대학에 관련된 용어는 김창선, 《유대교와 헬레니즘》, 그리고 제 4부는 헬레니즘화 과정에 관하여는 헹엘, 《신구약 중간사》를 참조하였다. 특히 고전어에서 유래한 특수한 관직이나 행정명칭이 역사적 변천과정을 통하여 독일어에 반영된 용어의 번역에 상당한 어려움을 겪었는데, 이런 번역용어의 경우는 역주나 미주에 간략히 언급하여 두었다.

특별히 저자는 헬레니즘과 관련된 다양한 형용사나 명사를 사용하고 있어서 역자는 먼저 이에 대한 번역지침을 세우는 것이 필요했다. 우선 우리말 용어에서 '헬라/헬라스'(Hella/Hellas)와 '헬레니즘'('Hellenism')을 구분해야 하겠다. '헬레니즘' 세계의 출현으로 고전 그리스시대로부터 이른바 후기 그리스시대가 열렸다. 서양고대사에서 '헬라'(스)는 고전 그리스시대를 지칭하는 반면, 후기 그리스시대는 '헬레니즘'으로 명명하고 있다. 게다가 현재 인문학 분야에서는 옛 용어였던 '헬라'라는 말을 더 이상 사용하지 않고, 그 대신 '그리스'라는 용어를 사용한다.[11] 그럼에도 불구하고 현재 신학계에서는 아직도 '헬라'라는 용어를 사용하여 여러 가지 형용사들, 이를테면 '헬라적', '헬레니즘적'과 같은 용어를 사용하는데, 이는 고대사의 시대구

11) 그래서 E. M. 번즈, R. 러너, S. 미첨/박상익 역, 《서양문명의 역사(상)》(소나무, 2009)의 서문에서도 밝히듯이, 1977년 제 9판을 개정하면서 "제 6장의 제목은 제 의 '헬레니즘 문명'(*Hellenistic Civilization*)과 용어상의 혼동을 피하기 위해 '헬라스 문명'(*Hellenic Civiliztion*)에서 '그리스 문명'(*Greek Civilization*)으로 바꿨다"(서문, x쪽).

분을 이해하지 못하는 용어사용이라 하겠다. 왜냐하면 이런 형용사는 '유대교와 헬레니즘의 만남' 이전에 형성된 고대 그리스시대의 사상이나 문화를 표현하는 것이지, 결코 그 이후의 시기, 즉 후기 고전 그리스시대를 지칭하는 것이 아니기 때문이다. 한글성서 공동번역(개정)판은 이미 "헬라"라는 용어를 전혀 사용하지 않고 있으나 개역(개정)판은 아직도 이 용어를 사용하고 있다. 그러므로 역자는 이번 기회에 용어를 다음과 같이 바로 사용할 것을 제안하고자 번역원칙을 정하고 사용했다. 우선 현재 신학계에서 가장 빈번하게 사용하는 영어/독일어 'hellenistic'/'hellenistisch'는 '헬라적' 혹은 '헬라주의적'이 아닌 '헬레니즘적'이라고 표기해야 마땅하다. 그리하여 'hellenistic Judaism'/'hellenistische Judentum'은 현재 흔히 상용되는 '헬라주의적 유대교'가 아니라 '헬레니즘적 유대교'로 사용되어야 한다.[12] 더 나아가 이 책에서 사용되는 유사개념들, 이를테면 'Hellenisierung'도 '헬라화'가 아니라 '헬레니즘화'로 번역되어야 한다. 반면 가끔 사용되는 'hellenisch'는 '그리스적'으로, 또 명사 'Hella(s)'는 '그리스'로, 'Hellene'는 'Grieche'와 마찬가지로 '그리스인'으로 번역해야 하는데,

---

12) 현재 신학분야에서 이러한 헬레니즘에 관한 용어의 인식전환은 시급하다. 왜냐하면 '헬라주의'라는 용어를 단지 유대교에만 사용하는 것이 아니라, 이를테면 '헬라주의 기독교'나 '헬라주의적 공동체' 혹은 '헬라주의적 경향' 등 기독교에도 매우 빈번히 사용하기 때문이다. 이런 용어의 사용은 결국 기독교 공동체가 헬레니즘의 직접적인 영향 아래 놓여 있었다는 주장에 근거하고 있다. 하지만 이 주장은 마르틴 헹엘의 주장에 정면으로 충돌된다. 만일 우리가 이 책의 주장을 받아들인다면 기독교 공동체는 굳이 '헬라주의적'이라고 다시 중복하여 수식할 필요가 없다. 왜냐하면 기독교의 '모태'는 '헬레니즘적 유대교'이고 이 유대교를 생산한 고전 그리스사상(이른바 '헬라주의')과 구약사상은 기독교의 '조부'(祖父)에 해당하기 때문이다.

이것은 분명히 헬레니즘시대 이전의 고전 그리스시대를 지칭하기 때문이다. 다만 이 책에서 특정 유대인 그룹을 지칭하는 데 빈번히 사용되는 'Hellenist'의 번역은 조금 애매하다. 예컨대, 이 용어가 등장하는 사도행전 6:1과 9:29의 Ἑλληνισται("헬라주의자들")는 문맥상으로 보면 유대인들로서 친헬레니즘적인 유대인들을 의미한다. 그래서 개역개정성경은 이를 "헬라파 유대인"이라고 적절하게 번역한다. 이는 '헬레니즘주의자'라고 명명할 때 유대인인지 그리스인인지를 구분할 수 없는 단점을 보완해 준다. 따라서 이 번역에서는 '헬레니즘주의자들'이라고 사용하는 것이 옳지만 '이즘'과 '주의자'에 의미가 중첩되기에, 한글성서 공동번역판을 따라 '그리스어사용 유대인들'(*Greek-speaking Jews*)[13] 이라고 번역하는 것이 좋겠다고 판단하였다. 이 용어는 후에 헹엘이 자세히 논구하여 사용하는데, 이 번역이 그리스어의 의미에 가장 적합하다고 생각된다. 이 책 전체에서는 물론 특히 제4부에서 매우 자주 사용된다.

다음으로 각주와 역주(譯註)에 관해서 언급해보자. 우선 원본의 수많은 각주 중에서 제2판의 개정작업에서 삽입된 것을 표시하는 위첨자가 붙은 각주번호(예: 14[a])는 그 다음 일련번호 15로 각주가 붙여졌다. 따라서 이 번역서의 각주번호는 독일어 각주번호와 다르게 되어 있고, 영역본과 일치한다. 또 역주는 본문과 각주의 내용에 간단한 설명이 필요한 사항일 경우에는 용어 바로 뒤 ( ) 안에 '역주.'로 표기하고 설명을 삽입했다. 역주가 다소 길어질 경우에는, 불가피하게

13) M. Hengel/tr. by J. Bowden, *Between Jesus and Paul: Studies in the Earliest History of Christianity*(Philadelphia: Fortress Press, 1983), 1-29(8ff.).

각부(各部)별로 뒤에 미주번호를 분리하여 넣을 수밖에 없었다. 역주는 기본적으로 전문적인 독자들을 위해서라기보다는 일반적인 독자들을 위해서 실었음을 밝힌다. 따라서 전문적인 문헌들을 참고할 필요는 없었고, 대체로 백과사전(《한글 브리태니커》와 《두산백과》)을 참고해서 용어나 인명, 지명, 개괄적인 역사적 사건들을 설명하는 데 할애했다. 이 경우 출처는 따로 명기하지 않았으며, 다만 그대로 인용할 경우에만 인용부호와 함께 출처를 명기했다. 물론 간혹 전문적인 서지사항이 필요한 몇몇 미주는 출처를 밝혀두었다.

또한 원문에 나오는 수많은 지시어 "~를 보라"는 다음과 같이 정리했다. 1) 본문을 지시하는 경우: "아래 p. 542를 보라"→"3권 23f를 보라." 2) 각주 지시의 경우: "위 p. 123의 각주 65를 보라(번역문 1권의 제 2부) →해당하는 제 2부 안에서 지시될 경우에는 그냥 "각주 65를 보라"로, 제 2부 이외의 각주를 지시할 경우는 해당하는 부를 지시하여 "제 3부 65를 보라"로 표기. 3) 3권 말미에 나오는 방대한 찾아보기는 저자가 정리한 항목과 페이지를 신뢰하여 그대로 사용해 번역본의 면수를 적었다. 따라서 주의할 점은 면수에 f가 딸린 경우는 오차범위를 ±1로 하여 찾아보아야 한다. 그러나 대부분은 지정된 면수에 나온다.

번역에서 또 한 가지 어려웠던 것은 저자가 사용하는 수많은 인용부호(" ")를 어떻게 처리해야 할지에 관한 것이었다. 저자는 인용부호를 직접 인용하는 문장에서만이 아니라, 참고했던 자료에서 나오는 일반화된 단어 하나까지도 인용부호로 처리하고 있다. 이 경우 우리 학계에서는 간접인용의 개념으로 ' '로 사용하는 경향이 있고, " "는 인용문장일 경우에 엄격하게 사용하고 있다. 따라서 역자는 우리학계의 이용례를 따라서 " "과 ' '을 가급적 구분하여 사용하려 했다. 하지만 저자는 수많은 " "을 사용하기도 하고, 대로는 자신만의 표현을 ' '에 넣어 사용하고 있어 결과적으로 ' '가 매우 자주 표기될 수밖에 없었음을 밝힌다. 또한 저자가 본문에서 문장이나 단어를 강조할 때는 이탤릭체를 사용하는데, 역자는 이를 좀더 명확하게 표현하기 위해 고딕체를 사용하였다.

다음으로 중요한 사항은 고전문헌을 인용하는 원칙이었다. 우선 단행본은 《 》으로, 전집에 들어있는 단편은 〈 〉으로 표기함을 원칙으로 했다. 다만 현재 우리말 성서의 정경(正經)과 외경(外經)의 범주에 속한 문헌은 〈 〉 없이 그대로 기록하고 장과 절의 구분에 콜론(:)을 사용했다(예. 창세기 3:5, 역대기 3:5 등). 그러나 그 밖의 범주의 문헌들(위경)은 생소하여 문맥을 이해하는 데 어려움을 줄 수 있기에 〈 〉로 구분하여 표기했다. 단지 예외가 되었던 것은 〈에녹서〉였는데, 이 위경은 이 책에서 매우 자주 반복되기에 〈 〉 없이 그냥 에녹서로 표기했다. 다만 본문의 ( ) 안에, 그리고 본문 하단의 각주에 장절표기를 위해 사용될 때는 문헌들의 축약어를 사용했다. 이를테면, 본문의 3장 5절의 경우 정경인 다니엘서는 단 3:5로, 외경인 마카베오상(上)권의 경우는 1마카 3:5로, 시락서(집회서)는 시락 3:5로, 그리고 위경은 콜론이 아닌 콤마를 이용해 예를 들면, 에녹 3,5 혹은 희년 3,5로 표기했다. 그러나 수많은 유대교 문서와 쿰란 문헌 위경문헌들은 아직 우리 학계에서 그 용어를 번역하는 데에도 합의가 이루어지지 않은 것도 많고, 게다가 그것을 약어로 표기하기는 더욱 어려워, 저자가 사용한 독일식 약어를 그대로 표기했다. 또 매우 자주 인용되는 요세푸스의 저작들, 예를 들면 《유대고대사》가

( ) 안과 각주에 표기될 경우는 '유대고대사 3, 125'(그 밖의 저작은 '유대전쟁사', '아피온 반박', '생애')로 표기했다. 그 밖의 방대한 고대문헌과 현대문헌의 표기법과 약어는 저자가 사용하는 것을 그대로 사용했으며, 이에 대한 사항은 이 책의 문헌약술표기와 전체 참고문헌을 참고하면 되겠다. 수많은 각주와 참고문헌에 나오는 문헌은 현재 한국의 신학계에서 사용하는 보편적인 방식에 근접하게 정리하였다. 여기서 저자는 출판도시 및 출판사를 표기하지 않고 있어서 영역본과 같이 ( )를 제외하고 출판연도만을 콤마로 구분했다. 또 저자는 책 이름을 이탤릭체로 처리하지 않았으나, 역자는 이탤릭체로 구분하여 다음과 같이 기록했다. 단행본의 경우는 H. Bengtson, *Die Strategie in hellenistischer Zeit* 3, 1952, 166로, 정기간행물의 경우는 M. Hengel, *ZNW* 57, 1966, 179f.로 표기한다. 그럼에도 불구하고 고전문헌들에 대한 통일된 표기방식은 우리말에서는 물론 영어와 독일어 표기 사이에서도 아직도 차이가 있어서 주로 독일어 원본을 따라 표기한다.

▪참고문헌

여기서 제시된 참고문헌은 각주에 축약된 형태로 언급된 저서들의 완전한 제목이다. 다만 전집류(PW, RAC, RGG, TWNT, KP 등)에서 나온 논문은 상세하게 언급되지는 않았다(역주. = 표시는 번역본).

1. 1차 문헌자료

1) 구약과 유대교 자료

(1) 위경과 유대교 및 헬레니즘 문헌

Adam, A. *Antike Berichte über die Essener*, Kleine Texte 182, Berlin 1961.

Aristeabrief: A. Pelletier, Lettre *d'Aristée à Philocrate*, Sources Chrétiennes, 89, Paris 1962.

Asatir: M. Gaster, *The Samaritan Book of Moses*, London 1927.

Assumptio Mosis: Die Himmelfahrt des Mose, ed. C. Clemen, Kleine Texte 10, Berlin 1904.

Baruch Apokalzpse (*Syr.*): *Liber Apokalzpseos Baruch filii Neriae*, ed. M. Kmosko, Patrologia Syriaca, Bd. I, 2, paris 1907.

Charles, R. H. *The Apocrypha and Pseudepigrapha of the Old Testament*, Bd. I u. II, unv. Nachdr. von 1913, Oxford 1963.

Daniel: *Susanna, Daniel, Bel et Draco*, ed. J. Ziegser, Septuaginta, Soc. Litt. Gott. Bd. XVI, 2, Göttingen 1954.

Enoch, Ethiopian (=*I Enoch*) : R. H. Charles, *The Book of Enoch*, Oxford ²1912.

Esra-Apokalzpse, ed. B. Violet, Bd. I u. II, GCS 18/32, Leipzig 1910/1924.

Henoch Äth. (=1. Hen.): R. H. Charles, The Book of Enoch…, Oxford 21912.

- C. Bonner, *The Last Chapters of Enoch in Greek*, Studies and

Documents 8, London 1937.

Josephus Flavius, Opera : ed. Niese B. Bd. I-V, Berlin 21955.

- ed. H. ST. J. Thackeray, R. Marcus u. L. H. Feldman, Bd. I-IX, LCL, 1926-1965

- ed. TH. Reinach, Bd. I-IV *Antiquités*, franz. Übers. v. J. Weill u. J. Chamonard, Paris 1900ff.

- *De Bello Judaico*, hrsg. u. übers. v. O. Michel u. O. Bauernfeind, Bd. I u. II, Darmstadt 1959 u. 1963.

Kautzsch, E. *Die Apokryphen u. Pseudepigraphen des Alten Testaments*, Bd. II. *Die Pseudepigraphen des Alten Testaments*, Tübingen 1900.

Makkabäer : *Maccabaeorum liber 1*, ed. W. Kappler, Septuaginta, Soc. Litt. Gott. Bd. IX, 1, Göttingen 1936.

- *Maccabaeroum libri* 2-3., ed. W. Kappler-R. Hanhart, Septuaginta, Soc. Litt. Gott. Bd. IX, 2, Göttingen 1965.

- Bruyne, D. de. *Les anciennes traductions latines des Machabées*, Analecta Maredsolana 4(1932).

Philo v. Alexandrien, *Opera quae supersunt*, ed. L. Cohn-P. Wendland, Bd. I-VII, Berlin 1896-1930.

- *Philo Supplement*, *Questions and Answers on Genesis/Exodus*, engl. Übers. v. R. MARCUS, Bd. I u. II, LCL, 1953.

Pseudo-Philo, *Liber Antiquitatum Biblicarum*, ed. G. KISCH, Noter-dame Ind. 1949.

Pseudo-Phokylides: ed. J. Bernays, *Ueber das Phokylideische Gedicht*, Berlin 1853.

Riessler, P. *Altjüdisches schrifttum außerhalb der Bibel*, Augsburg 1928.

Sapientia Salomonis, ed. J. Ziegler, *Septuaginta Soc.* Litt. Gott. Bd. XII, 1, Göttingen 1962.

Schermann, T. *Propheten- und Apostellegenden*, TU 31, 3, Leipzig 1907.

Sibyllinen: A. Kurfess, *Sibyllinische Weissagungen*, Urtext u. Übers. Berlin 1951.

- *Die oracula Sibyllina*, ed. J. Geffcken, GCS 8, Leipzig 1902.

Sirach: *Sapienta Jesu Filii Sirach*, ed. J. Ziegler, Septuaginta Soc. litt. Gott. Bd. XII, 2, Göttingen 1965.

- Segal, M. S. *Sefer Ben-Sira* (hebr.) 2. A. Jerusalem 1958.
- Smend, R. *Die Weisheit des Jesus Sirach*, Hebräisch und Deutsch, Berlin 1906.
- Lévi, I(srael). "Un nouveau fragment de Ben Sira", *REJ* 92(1932), 136-145.
- Schirrmann, J. "A New Leaf from the Hebrew Ecclesiasticus", *Tarbiz* 27(1958/59), 440-443.
- Yadin, Y. *The Ben Sira Scroll from Masada*, Jerusalem 1965.
- Syrische Übersetzung: *Libri Veteris Testamenti apocryphi Syriace*, ed. P. A. De lagarde, 1861.

Testamente d. 12 Patriarchen: R. H. Charses, *The Greek Versions of the Testaments of the Twelve Partriarchs*, Oxford 1908.

(2) 쿰란문헌

Allegro, J. M. "Messianic References in Qumran Literature", *JBL* 75(1956), 174-187.

- "Fragments of a Qumran Scroll of Eschatological Midrāšîm", *JBL* 77(1958), 350-354.
- "A recently discovered Fragment of a Commentary on Hosea from Qumran's fourth Cave", *JBL* 78(1959), 144-147.
- "An unpublished Fragment of Essene Halakhah", *JSSt* 6(1961), 71-73.
- "Some unpubilished Fragments of Pseudepigraphical Literature from Qumran's fourth Cave", *ALUOS* 4(1962/63), 3-5.
- "The Wiles of the Wicked Woman, a Sapiental Work from Qumran's fourth Cave", *PEQ* 96(1964), 53-55.
- "An Astrological cryptic Document from Qumran", *JSSt* 9(1964), 291-294.

(*The*) *Dead Sea Scrolls of St. Mark's Monastery*, Bd. I: *The Isaiah*

Manuscript and the Habakkuk Commentary, ed. M. Burrows, New Haven 1950. Bd. Ⅱ: *The Manual of Discipline*, ed. M. Burrows, New Haven 1952.

(*The*) *Dead Sea Scrolls of the Hebrew University*, ed. E. L. Sukenik, Jerusalem 1955 (1QM u. 1QH).

DJD I, *Qumran Cave I*, ed. D. Barthélemy, J. T. Milik, u. a., Oxford 1955.

DJD II, *Les Grottes de Murabba'ât*, ed. P. Benoit, J. T. Milik u. R. De Vaux, Oxford 1961.

DJDJ III, *Les »petites Grottes« de Qumrân*, ed. M. Baillet, J. T. Milik u. R. De Vaux, Oxford 1962.

DJDJ IV, *The Psalms Scroll of Qumrân Cave 11*, ed. J. A. Sanders, Oxford 1965.

DJDJ V, *Qumran Cave 4, I* (*4Q I58~ I86*), ed. J. M. Allegro with the collaboration of A. A. Anderson, Oxford 1968.

(*A*) *Genesis Apocryphon*, ed. N. Avigad u. Y. Yadin, Jerusalem 1956.

Lohse, E. *Die Texte aus Qumran*, Hebräisch und Deutsch, Darmstadt 1964.

Milik, J. T. "Le Testament de Lévi en Araméen". *RB* 62 (1955), 398-406.

- »Prière de Nabonide« et autres écrits d'un cycle de Daniel … *RB* 63 (1956). 407-415.

- "Hénoch au pays des aromantes", *RB* 65 (1958), 70-77.

Sanders, J. A. "Ps. 151 in 11QPss", *ZAW* 75 (1963), 75-85.

- "The Non-canonical Psalms in 11 QPsa", *ZAW* 76 (1964), 57-75.

Starcky, J. "Un texte messianique araméen de la grotte 4 de Qumran", in: *Mémorial du Cinquantenaire de l'École des langues orientales anciennes de l'Institut Catholique de Paris*, 1964, 51-66.

Stegemann, H. "Der Pešer Psalm 37 aus Höhle 4 von Qumran", *RQ* 14 (1963), 235-270.

Strugnell, J. "The Angelic Liturgy at Qumran …", *Congress-Volume, Oxford* 1959, SVT 7 (1960), 318-346.

Testuz, M. "Deux fragments des manuscrits de la Mer Morte", *Semitica* 5, (1955), 37-38.

Vermes, G., *The Dead Sea Scrolls in English*, Harmondsworth [2]1965.

Woude, A. S. Van Der, "Melchisedek als himmlische Erlösergestalt in den neugefundenen eschatologischen Midraschim aus Qumran Höhle XI", *OTS* 14(1965), 354-373.

(3) 랍비문헌

Aboth de Rabbi Nathan, ed. S. Schechter, Wien 1887('*AbRN*).

Lichtenstein, H. "Die Fastenrolloe", HUCA 8/9(1931/32), 257-351.

Mekilta de Rabbi Jischmael, ed. J. Z. Lauterbach, Bd. I-III, Philadelphia 1949(*MEk. Ex.*).

Midrasch Rabbah über die 5 Bücher der Tora und die 5 Megillot, Bd. I u. II, ed. R. J. Grassman u. M. S. Weisberg, Nachdruck New York 1952.

Midrash Rabbah, tranl. into English …, ed. H. Freedman u. M. Simon, Bd. I-X, London 1951.

Midrasch Tehillim, ed. S. Buber, Wilna 1892

(Die) Mischna, Text, Übersetzung u. ausführliche Erklärung, hrsg. v. G. Beer, O. Holtzmann, S. Krauss u.a., Gießen-Berlin 1912ff. = *(The) Mishnah*, ed. H. Danby, Oxford 1933.

Sifre zu Nu. u. Dtn.: Sifre d'be Rabh, ed. M. Friedmann, unv. Nachdruck d. A. von 1866, New York 1948.

Talmud babli, Bd. I-XII, Wilna 1895-1908.

Talmud, Der babylonische, übers. v. L. Goldschmidt, Berlin Bd. I-XII 1929-1936=*The Badylonian Talmud*, ET ed. I. Epstein, London 1935-1948.

Talmud Jeruschahmi, Nachdruck der Krotoschiner Ausgabe, New York 1949.

Tg. Jeruschalmi I: Targum pseudojonathan, ed. M. Ginsburger Berlin 1903.

Tosephta, ed. M. S. Zuckermandel, Pasewalk 1881.

Tosephta Ki-Fshutah, ed. S. Lieberman, Bd. IV, New York 1962.

2) 기독교 자료

Novum Testamentum Graece. de. E. u. E. Nestle u. K. Aland, 25. A., Stuttgart 1963.

Clemens Alexandrinus, Bd. I. *Proterpticus u. paedagogus*, ed. O. Stählin, GCS 12, 1. A., Leipzig 1936.

- Bd. II. Stromata I-VI, ed. O. Stählin-L. Früchtel, GCS 52(15), 3. A., Berlin 1960.

- Bd. III. Stromata VII-VIII u. a., ed. O. Stählin, GCS 17, Leipzig 1909.

Epiphanius: Bd. I-III, *Panarion Haer.*, ed. K. Holl, GCS 25. 31. 37, Leipzig 1915-1933.

Eusebius, *The Ecclesiastical History*, ed. H. J. Lawlor and J. E. L. Oulton, Vols. I and II, London 1927-1928=*Kirchengeschichte*, ed. E. Schwartz, Kleine Ausgabe, 5. A. (unv. Nachdruck der 2. A.), Berlin 1952.

- Bd. VIII, 1. 2. Praeparatio evangelica, ed. K. Mras, GCS 43, 1. 2, Berlin 1954/56.

- Bd. VI. *Demonstratio evangelica*, ed. I. A. Heikel, GCS 23, Leipzig 1913.

- Bd. VII. *Die Chronik des Hieronymus*, ed. R. Helm, GCS 47(24. 34), Berlin 1956.

Hennecke, E.-Schneemelcher, W. *Neutestamentliche Apokryphen*, Bd. II *Apostolisches und Verwandtes*, 3. A., Tübingen 1964. =Hennecke, E.-Schneemelcher, W.-Wilson, R. McL., *New Testament Apocrypha*, Vol. II, London 1965.

Hieronymus, *Liber de viris illustribus*, Migne PL 23, 631-766.

- *Commentarius in Ecclesiasten*, Migne PL 23, 1061-1174.

- *Commentarii in Danielem*, Migne PL 25, 491-584.

Hippolyt, *Refutatio omnium haeresium* (*Philosophumena*), ed. P. Wendland, GCS 26, Leipzig 1916.

Irenäus, *Adversus haereses*, ed. W. W. Harvey, Bd. I u. II, Cambridge 1857.

James, M. R. *Anecdota Apocrypha*, Texts and Studies II, 2, London 1892.

Justin Mart. : *Die ältesten Apologeten hrsg.* v. E. J. Goodspeed, Göttingen 1914.

(Ps.) Justin, *Coh. ad Gent. in Justini opera*, ed. J. C. TH. v. OTTO, Corpus Apologetarum Christianorum…. Bd. III, Jena 1879.

Lactantius, Bd. I, *Divinae institutiones*, ed. S. Brandt, CSEL 19, Wien 1890.

Origenes, Bd. II-III, *gegen Celsus*, ed. P. Koetschau, GCS, Leipzig 1899. =Origen, *Contra Celsum*, ed. H. Chadwick, Cambridge 1953.

- *Hexaplorum quae supersunt*, ed. F. Field, Oxford 1875.

Photius, *Bibliotheca*, ed. I. Bekker Bd. I u. II, berlin 1824f.

Pseudoclementinen, I. *Homilien*, ed. B. Rehm

- I. Irmscher, GCS 42, Berlin 1953.

- II. *Recognitionen in Rufins Übersetzung*, ed. B. Rehm

- F. Paschke, GCS 51, Berlin 1965.

Sulpicius Severus, *Chronica*, ed. C. Halm, CSEL 1, Wien 1866.

Syncellus Chronographia, ed. W. Dindorf, Corpus scriptorum historiae Byzantinae, Bonn 1829.

Tertullian, *Opera*, Corpus christianorum. Bd. I u. II, Turnhout 1954.

3) 그리스 로마의 저작(전집)

Achilles Tatius, *Erotici scriptores graeci*, ed. R. Hercher, Bd. I, Leipzig 1858.

Aelius Aristides, *orationes*, ed. B. Keil, Bd. II, Berlin 1897.

Aeschylus, *Tragedies*, Vols. I and 2, LCL, London 1922, 1926=Aischylos, Tragödien u. fragmente, hrsg. u. übers. v. O. Werner, München 1959.

Anthologia Graeca, Vols. 1-5, ed. W. R. Paton, LCL, London 1916-1918=*Anthologia Graeca*, Griechisch-Deutsch, ed. H. Beckby, Bd. I-IV, München 1957/8

Alcaeus, *Lyra Graeca*, Vol. Ⅰ, ed. J. M. Edomonds, LCL, London 1922=*The Greek Anthology, hellenistic Epigrams*, ed. A. S. F. Gow u. D. L. Page, Bd. I u. II, Cambridge 1965.

Appian, *historia Tomana*, ed. H. Withe, LCL Bd. I-IV, 1912f.

Apuleius, *Metamorphoses*, ed. S. Gaselee, LCL, London 1915=*Apuleius, Metamorphosen*, Latheinisch u. Deutsch, hrsg. u. übers. v. R. Helm, Darmstadt 1956.

Aratus, ed. G. R. Mair, LCL 159, 3. unv. A. 1960.

Artemidorus, *oneirocriticon*, ed. R. A. Pack, Leipzig 1963.

Arnim, J. v., *Stoicorum veterum fragmenta*, Bd. I-IV, 2, unv. A., Stuttgart 1964.

Arrian, Bd. I *Alexandri anabasis*, ed. A. G. Roos, Leipzig 1907.

Aristoteles, *ex. recens.* I. Bekkeri, ed. Acad. regia Borussica Bd. I-V, Berlin 1831-1870=Aristotle, *Works*, ed. J. A. Smith and W. D. Ross, Vols, I-I 2, Oxford 1908-1952.

(*Ps.*) *Aristoteles*, Über die Welt, hrsg. u. übers. v. P. Gohlke, 2. A, Paderborn 1952.

Aristophanes, ed. B. B. R. ogers, LCL, Bd. I-III, 1924ff.

Athenäus, *The Deipnosophists*, ed. C. B. Gulick, LCL, Bd. I-VII, London 1927-1941.

Catologus codicum Astrologorum Graecorum, ed. F. Cumont, F. Boll, W. Kroll, bd. I-XII, Paris 1898ff. (CCAG).

Censorinus, De die natali, ed. F. Hultsch, Leipzig 1867.

Cercidas, ed. A. D. Knox, LCL 225, 4. unv. A. 1961.

Cicero, *Scripta quae manserunt ominia*, edd. Marx, Strobel u. a., Leipzig 1914ff.

Corpus Hermeticu, ed. A. D. Nock - A. J. Festugière, Bd. I-IV, Paris 1954-1960 (CH).

Corpus iuris civilis, Bd. I (Digesten), ed. P. Krüger u. Th. Mommsen, 15. A., Berlin 1928.

Curtius Rufus, *Historiae Alexandri Magni*, ed. E. Hedicke, Leipzig 1919.

Diels, H. -Kranz, W. *Die Fragmente der Vorsokratiker*, Bd. I-III, 11. A., Zürich-Berlin 1964.

Demonsthenes, *Orationes*, ed. W. Dindorf - F. Blass, Bd. III, Leipzig 1907.

Dio Chrysostomus, *Orationes*, ed. G. de Budé, Leipzig 1906.
Diodorus Siculus, ed. C. H. Oldfather u. a., LCL Bd. I-XI, 1936-1957. =Diodorus Siculus, Vols. I-II, ed. C. H. Oldfather et. al., LCL London 1936-1947.
Diogenes Laertius, ed. R. D. Hicks, LCL Bd. I u. II, 5. unv. A., 1959.
Dionysius v. Halikarnass, ed. A. Kiessling, Bd. I-IV, Leipzig 1860-1870.
Eratosthenes, *Catasterismorum reliquiae*, ed. C. Rovert, Berlin 1913.
- *Carminum reliquiae*, ed. E. Hiller, Leipzig 1872.
Euripides, ed. G. Murray, Bd. I u. II, Nachdruck d. A. 1902, Oxford 1958.
Firmicus Maternus, *Matheseos libri VIII*, ed. C. Sittl, Leipzig 1894.
(Aulus) Gellius, *Noctes Atticae*, ed. I. C. Rolfe, LCL Bd. I-III, 1954ff.
Granus Licinianus, *quae supersunt*, ed. M. Flemisch, Leipzig 1914.
Gundel, W. *Neue astrologische Texte des Hermes Trismegistos*, AAM ph. hist. KI. NF 12(1936).
Harpokration, *Lexicon in decem oratores Atticos*, ed. W. Dindorf. Bd. I u. II, Oxford 1953.
Helidor, *Aethiopiaca*, ed. I. Bekker, Leipzig 1855.
Herodot, Griechisch-Deutsch, ed. G. Feix, Bd. I u. II, München 1963. =Herodotus, Vols. I-4, ed. A. D. Godley, LCL, London 1921-1924.
Hero(n)das, ed. A. D. Knox, LCL 225, 4. unv. A., 1961.
Hesiod, ed. H. G. Evelyn-White, LCL, 9. unv. A., 1964.
Homer, *Ilias*, hrsg. u. übers. v. H. Rupé u. V. Stegmann, 2. A., München 1961.
- *Odyssee*, hrsg. u. übers. v. A. Welher, 2. A., München 1961=*Odyssey*, Vols. 1-2, ed. A. T. Murray, LCL, London 1919.
Isäus, *Orationes*, ed. C. Scheibe - T. Thalheim, Leipzig 1903=Isaeus, *Orations*, ed. E. S. Forster, LCL, London 1927.
Isokrates, *Orationes*, ed. E. Benseler - F. Blass, Bd. I u. II, Leipzig 1913. 1927=Isocrates, *Works*, ed. E. S. Forster, LCL, London

1928-45.

Jacoby, F. *Die Fragmente der Griechischen Historiker*, Teil I-III mit Kommentarbänden, leiden 1923ff., Teil I A in 2. A. 1957 (*FGrHist*).

Julian Apostata, Epistulae, *leges*, ed. I. Bidez u. F. Cumont, Paris 1922.

Kern, O. *Orphicorum Fragmenta*, 2. unv. A., Berlin 1963.

Kock, Th. *Comicorum Atticorum fragmenta*, Bd. I-III, Leipzig 1880-88 (CAF).

Livius, ed. W. Weissenborn - M. Müller, Bd. I-IV, unv. Nachdruck, Leipzig 1959=Livy, *Works*, Vols. 1-13, ed. B. O. Foster, F. G. Moore, E. T. Sage and A. C. Schlesinger, LCL. 1914-51.

(Ps.) Longinus, *De sublimitate*, ed. O. Jahn - J. Vahlen, Leipzig 1910= (Ps.) Longinus, *De sublimitate*, ed. A. O. Prickard, Oxford 1906.

Lucian v. Samosata, ed. A. M. Harmon u. a., LCL, Bd. I-VII, 1913ff.

Lucretius, De rerum natura, hrsg. u. übers. v. K. Büchner, Zürich 1956=Lucretius, De rerum natura, Vols. I-III, Cyril Bailey, Oxford 1947.

Lycophron, *Aleexndra*, ed. A. W. Mair, LCL 129, 3. unv. A. 1955.

Lydus I. Laurentius, *liber de mensibus*, ed. R. Wünsch, Leipzig 1898.

Malalas, I. *Chronographia*, ed. W. Dindorf, Corpus scriptorum historiae Byzantinae, Bonn 1831.

Manilius, *Astronomica*, ed. I. v. Wageningen, Leipzig 1915=Manilius, Astronomica, Vols. I-V, ed. A. E. Housman, London 1903-30.

Martial, *Epigrams*, ed. W. A. Ker, Bd. I u. II, LCL, 6. unv. A. 1961.

Menander, ed. F. G. Allison, LCL, 4. unv. A. 1964.

- *Dyskolos*, Griechisch-Deutsch, hrsg. u. übers. v. M. Treu, München 1960.

Müller, C. u. Th. *Fragmenta Historicorum Graecorum*, Paris 1841-1872 (FGH).

Müller, C. *Geopraphi Graeci minores* Bd. I, Paris 1860 (GGM).

Nauck, A. *Tragicorum Graecorum fragmenta*, 3. A., Hildesheim 1964.

Pausanias, *Descriptio Graeciae*, ed. F. Spiro, Bd. I-III, Leipzig 1903.
- *description of Greece*, Vols. 1-5, ed. W. H. S. Jones et al., LCL, London 1918-35.
Peek, W. *Griechische Grabgedichte*, Darmastadt 1960.
- *Der Isishymnus von Andros*, Berlin 1930.
Plato, *Opera*, ed. I. Burnet, Bd. I-V, Nachdruck der A. v. 1900ff., Oxford 1962f. =Plato, *Works*, Vols. I - V, ed. I. Burnet, Oxford 1900ff.
Plautus, *Comoediae*, ed. G. Goetz u. F. Schoell, leipzig 1913ff.
Plinius d. Ä., ed. H. Rackham u. a., LCL Bd. I-X, 1938-1962.
Plutarch, *De iside et Osiride* u. *De Alexandri magni fortuna aut virtute* LCL Plutarch's *moralia* Bd. IV u. V, ed. F. C. Babbit 3. unv. A. 1962.
Polybius, ed. W. R. Paton, LCL Bd. I-VI, 1922-1927.
Powell, F. U. *Collectanea Alexandrina Reliquiae minores poetarum Graecorum aetais Ptolemaicae* 323-146 *a. C.*, Oxford 1925.
Procop, *de aedificiis*, ed. H. B. Dewing, LCL, Bd. VII, 1940.
Reinach, Th. *Textes D'auteurs Grecs et Romains relatifs au Judaisme*, Nachdruck der A. 1895, Hildesheim 1963.
Riess, E. *Nechepsonis et Petosiridis fragmenta magica*, Phil. Suppl. 6 (1891-93).
Servius in Vergilii Carmina Commentarii, ed. G. Thilo u. H. Hagen, Bd. I u. II, Leipzig 1881-1884.
Sophocles, ed. A. Pearson, Oxford 1924=Sophokles, ed. A. C. Pearson, Nachdruck der A. 1924, Oxford 1961.
Stephan v. *Byzanz*, *Ethnika*, ed. A. Meineke, Nachdruck der A. 1849, Graz 1958.
Strabo, ed. H. L. Jones, LCL Bd. I-VII, 1917-1932.
- *Strabon von Amaseia*, *Strabonis Geographica*, Vol. 4, ed. W. Aly, Bonn 1957.
Tacitus, *Annalen*, ed. K. Nipperdey - G. Andresen, Berlin 1904=Tacitus, *Annals*, ed. H. Furneaux, Vols. I and II, Oxford 1896-1907.

- *Historien*, Lateinisch-Deutsch, hrsg. u. übers. v. J. Borst - H. Hross, München 1959=*Histories*, ed. G. G. Ramsay, London 1915.

Teles, ed. O. Hense, Leipzig 1889.

Theocritus, ed. M. M. Edmonds, *The Greek Bucolic Poets*, LCL 28, 8. unv. A. 1960.

Theognis, ed. E. Diehl-E. Young Leipzig 1961.

Theophrast, *historia plantarum*, ed. Th. Eresius u. F. Wimmer, Vratislavia 1842.

Valerius Maximus, ed. C. Kempe, Leipzig 1888.

Varro, *de re rustica*, ed. H. Keil - G. Goetz, Leipzig 1912.

- R. Agahd, M. *terentii Varronis antiquitates rerum divinarum* JbPhil Supple. 24(1898).

Velleius Paterculus, ed. C. Stecmann, 2.A., Leipzig 1933.

Vergil, *Opera*, ed. F. A. Hirtzel, Nachdruck der Zehntausend, Griech.-Deutsch, hrsg. v. W. München 1954=Virgil, *Opera*, ed. F. A. Hirtzel, Oxford 1900.

- Memorabilien, *Erinnerungen an Sokrates*, Griech.-Deutsch, hrsg. v. P. Jaerisch, München 1962.

Vettius Valens, *Anthologiae*, ed. W. Kroll, Berlin 1918.

Xenophon, *Anabasis*, Vols. 2 and 3, ed. C. L. Brownson, LCL, London 1921-22.

- *Memorabilia*, ed. E. C. Marchant, LCL, London 1925.

4) 비문, 파피루스, 고전화폐자료들

Abel, F. M. "Inscripitons de transjordanie et de Haute Galilée", *RB NS* 5(1908), 568-577.

Bonner, C. *Studies in Magical Amuletts*, London 1950.

Cantineau, J. "Inscriptions Palmyréniennes", *Revue de Assyriologie* 37(1930), 27-51.

Caquot, A. "Nouvelles inscriptions Araméennes de hatra(V)", Syria

40(1963), 1-16.

Clermont-Ganneau, C. "Une dédicace à Astarté palestinienne découverte à Délos" CRAI 1909, 307-317.

Corpus Inscriptionum Semiticarum, Reihe I, 1-3 *Inscriptiones Phoeniciae*, 1887-1890, II, 1-3 *Inscriptiones aramaicae*, 1889f. Paris.

Cowley, A. *Aramaic Papyri of the Fifth Century B.C.*, Oxford 1923.

Daressy, G. "Un Décret de l'an XXIII de Ptolémée Épiphane". *Recueil de travaux relatifs à la philologie et l'archéologie Égyptiennes et Assyriennes* 33(1911) 1-8.

Dittenberger, W. *Orientis graeci Inscriptiones Selectae*, Bd. I u. II, Leipzig 1903-1905(OGIS).

- *Sylloge Inscriptionum Graecarum*, Bd. I-IV, 3.A., Leipzig 1915-1924.

Donner, H. u. Röllig, W. *Kanaanöische und Aramäische Inschriften*, Bd. I-III. Wiesbaden 1962-1964(KAI).

Edgar, C. C. "A New Group of Zenon Papyri", BJBL 18(1934), III ff.

Erman, A. "Zwei Grabsteine griechischer Zeit", Festschrift E. Sachan z.70. Geburtstag, hrsg. v. G. Weil, Berlin 1915.

Frey. J. B. *Corpus Inscripitonum Iudaicarum*, Bd. I u. II, Rom 1936 u.1952.

Gauthier, H. u. Sottas, H. *Un décret trilingue en l'honneur de Ptolémée* IV, Kairo 1925.

Guéraud, O. u. Jouguet, P. *Un livre d'écolier du IIIe siécle avant J.-C.* Kairo 1938.

Guéraud, O. s. auch P. *ENTEYÆIΣ*

Head, B. V. *Historia numorum*. 2.A., London 1911.

Hill, G. F. *Catalogue of the Greek Coins of Phoecnicia*, A Cat. of the Greek Coins in the Brit. Museum, London 1910.

- *Catalogue of the Greek Coins of palestine*, A Cat. of the Greek Coins in the Brit. Museum, London 1914.

Inscriptiones Graecae, ed. Preußische Akademie der Wissenschaften, Berlin 1873ff. (IG).

Jalabert, L u. Mouterde, R. *Inscriptions Grecques et latines de la Syrie*, Bd. I-V, Paris 1929ff. (IGLS).

Jerphainon, G. u. Jalabert, L. "Taurus et Cappadoce III, Inscriptions", MUSJ 5(1911/12), 304-328.

Kadman, L. *The Coins of Akko Ptolemais*, Corpus Nummorum Palaestinensium, I, 4 Jerusalem 1961.

Landau, Y. H. "A Greek Inscripiton from Acre", *IEJ* 11(1961), 118-126.

- "A Greek Inscription found near Hefzibah", *IEJ* 16(1966), 54-70.

La Bas, Ph. u. Waddington, H. *Voyage archéologique en Gréce et en Asie Mineure*, Bd. II, Inscriptions, Paris 1847-73.

Liebesny, H. "Ein Erlaß des Königs Ptolemaios II. Philadelphos über die Deklaration von Vieh und Sklaven in Syrien und Phönikien (Per Inv. Nr. 24552gr)", *Aeg* 16(1936), 257-288.

- "Ergänzungen zur Publikation …," op. cit. 289-291.

Lifshitz, B. "Sur le culte dynastique des Séleucides", RB 70(1936), 75-81.

- "Der Kult des Zeus Akraios u. des Zeus Bakchos in Beisan (Skythopolis)", *ZDPV* 77(1961), 186-190.

- "Beiträge zur palästinischen Epigraphik", *ZDPV* 78(1962), 64-88.

- "Notes d'épigraphie Palestinienne", *RB* 73(1966), 248-255.

Littmann, E. in: *Publications of the princeton University Archaeological Expedition to Syria* 1904-1905, Div. IV A. Nabatean Inscriptions, leiden 1914.

Lommel, H. *Die Yašt's des Avesta*, Göttingen 1927.

Maas, P. "The Philinna Papyrus", *JHS* 61(1941), 33-38.

Manteuffel, G. *De opusculis Graecis Aegyptiae papyris, ostrais, lapidibusque collectis*, Warschau 1930.

Meshorer, J. "An Attic Archaic Coin from Jerusalem", 'Atiqot 3(1961), 185.

- "A New Type of YHD Coin", *IEJ* 16(1966), 217-219.

Milik, J. T. "Lettre araméenne d'el-Hibeh", *Aeg* 40(1960), 79-81.

Minns, E. H. "Parchments of the Parthian period from Avroman in Kurdistan", *JHS* 35(1915), 22-65.

Mitsos, Th. M. "VEpigragrafai. evx VAmfiareivou", *Archaiologikē Ephemeris* 1952 (Erscheinungsjahr 1955), 167-204 (194-196).

MØrkholm, O. *Studies in the Goinage of Antiochus IV. of Syria*, Hist. filos. Meddelelser udgivet af det kong. Danske Videnskabernes Selskab 40, 3 Kopenhagen 1963.

Mouterde, R. "Bibliographie ⋯ ," MUSJ 17 (1933), 180-182.

- Rezension ⋯ , *MUSJ* 31 (1954), 333/334.

Neugebauer, O. *Astronomical Cuneiform Texts*, Bd. I-III, London 1955.

Newell, E. T. *The First Seleucid Coinage of Tyre*, Numismatic Notes and Monographs 10 (1921).

- *The Seleucid Coinage of Tyre*, op. cit. 73 (1936).

Papyri Graecae Magicae, ed. K. Preisendanz, Bd. I u. II, Berlin 1928 (PGM).

PCZ, *Zenon Papyri*, ed. C. C. Edgar, Bd. I-IV = *Catalogue General des Antiquités Égyptiennes du Musée du Caire*, Bd. 79. 82. 85. 89, Kairo 1925-1940.

- *Zenon Papyri*, Bd. V, ed. O. Guéraud u. P. Jouguet, Publications de la Société Fouad, I de Papyrologie, Textes et Documents, Kairo 1940.

PColZen, *Zenon papyri*, *Business Papers of the Third Century dealing with Palestine and Egypt*, ed. W. L. Westermann u. E. S. Hasenoehrl u. a. , Bd. I u. II, New York 1934, 1940.

P. *ENTEYÆIΣ*, *ENTEYÆIΣ*, ed. O. Guéraud, Publications de la Société Royale Égyptienne de Papyrologie, Textes et Documents I, Kairo 1931.

P. Hal. , *Dikaiomata*, *Auszüge aus alexandrinischen Gexetzen*, Verordnungen in einem Papyrus des philol. Sem. der Univ. Halle, hrsg. v. d. Graeca Halensis, Berlin 1913.

P. Haun. , *Paypyri Graecae Haunienses*, ed. T. Larsen, fasc. 1, Kopenhagen 1942.

PMichZen, *Zenon Papyri in the University of Michigen Collection*, ed. C. C. Edgar, Ann Arbor 1931.

POx, *Oxyrhynchus Papyri*, ed. B. Grenfell, A. S. Hunt u. a., London 1898ff.

P. Revenue Law, ed. B. P. Grenfell u. F. P. Mahaffy, Oxford 1896.

- ed. J. Bingen, in SB-Bh 1 (1952).

PRylands, ed. C. H. Roberts u. E. G. Turner, Catalogue of the Greek and Latin *Papyri in the JohnRylands Library, Manchester*, Bd. IV, 1952.

PSI, *Pubbicazioni della Società Italiana, Papiri Greci et Latini*, ed. G. Vitelli u. a., Bd. IV-VI 1917-1920.

P. Tebt., *The Tebtunis Papyri*, ed. A. S. Hunt, J. G. Smyly u. a., Bd. I-III, 2. London 1902-1937.

Reifenberg, A. *Ancient Jewish Coins*, 2. A., Jerusalem 1947.

Robert, L. "Inscriptions Grecques de Phénicie et d'Arabie", *Mél. Syriens offerts à M. René Dussaud*, Bd. II, 729-738, paris 1939.

- "Voyages épigraphiques en Asie Mineure", *RevPhil* 17 (1943), 170-201.

- "Épitaphe de Nicopolis", *Hellenica* 11/12 (1960), 283-296.

- "Inscripiton Hellénistique d'Iran", op. cit. 85-91.

- "Bulletin Épigraphique", *REG* 75 (1962), 207

- *Nouvelles Inscriptions de Sardes*, Ier Fascicule, Paris 1964.

Roussel, P. "Épitaphe de Gaze Commémorant deux officiers de la garnison ptolémaïque", *Aeg* 13 (1933), 145-151.

- "Décret des péliganes de Laodicée sur Mer", *Syria* 22 (1942/3), 21-32.

Sachs, A. J. u. Wiseman, D. J. "A Babylonian King-List of the Hellenistic Period", *Iraq* 16 (1954), 202-212.

Sammelbuch griechischer Urkumden aus Ägypten, ed. F. Preisigke, F. Bilabel u. E. Kiesslig, Bd. I-V, 3, 1915ff. (SB).

Savignac, R. "Une visite àl'île de Rouad", *RB* 25 (1916), 565-592.

- "Découverte d'une statue à Ascalon", *RB* NS 2 (1905), 426-429.

- "Texte complet de l'inscripiton d'Abila relative à Lysanias", *RB* NS 9 (1912). 533-540.

Schwarz, W. "Die Inschriften des Wüstentempels von Redesiye", *JbPhil* 42 (1896), 145-170.

Sellers, O. R. "Coins of the 1960 Excabations at Shechem", *BA* 25 (1962), 87-96.

Spiegelberg, W. *Die sogenannte Demotische Chronik*, Demotische Studien 7, Leipizig 1914.

- *Die demotischen Urkunden des Zenonarchivs*, Demotische Studien 8, Leipzig 1929.

Tcherikover, V. A. u. Fuks, A. *Corpus Papyrorum Judaicarum*, Bd. I-III, Cambridge Mass. 1957-1964 (CPJ).

Uebel, F. "Tarach. tw/n Aivgupti, wn", APF 17 (1960), 147-162.

Volten, A. *Das demotische Weisheitsbuch, Studien u. Bearbeitung*, Analecta Aegyptiaca II, Kopenhagen 1940.

- *Demotische Traumdeutung, P. Carlsbreg XIII u. XIV Verso*, Analecta Aegyptiana 3, Kopenhagen 1942.

West, E. W. *Pahlavi Texts*, Part I u. IV = *The Sacred Books of the East*, 5 u. 37, Oxford 1880 u. 1892.

Wilcken, U. *Griechische Ostraka aus Aegypten und Nubien*, Bd. I u. II, Leipzig-Berlin 1899.

- Urkunden der Ptolemäerzeit, Bd. I Berlin-Leipzig, 1922ff. (UPZ).

Zimmermann, F. *Griechische Roman-Papyri und verwandte Texte*, Quellen und Studien zur Geschichte und kultur des Altertums und des Mittelalters, H. 2, Heidelberg 1936.

2. 사전, 전집류

Ancient Near Eastern Texte, ed. J. B. Pritchard, 2. A. Princeton 1955 (*ANET*).

Bauer, W. *Wörterbuch zum Neuen Testament*, 6. A., Berlin 1963=Arndt, W. F. - Gingrich, F. W. - Bauer, W., *A Greek- English Lexicon of the New Testment*, Cambridge 1957.

Biblisch-Historisches Handwörterbuch, hrsg. v. Bo Reicke u. L. Rost, Göttingen 1962 (*BHHWB*).

Encyclopaedia Judaice, Bd. I-X, Berlin 1928-34, (*EJ*).

Gressmann, H. *Altorientalische Texte zum Alten Testament*, 2. A., Berlin-Leipzig 1926 (*AOT*²).

- *Altorientalische Bilder zum Alten Testament*, 2. A., Berlin-Leipzig 1927 (AOB²).

Hatch, E.-Redpath, H. A *Concordance to the Septuagint*, Bd. I u. II, unv. Nachdruck der A. v. 1897. Graz 1954.

(*The*) *Jewish Encyclopedia*, ed. I. Singer, Bd. I-XII New York-London 1901-1907 (JE).

(*Der*) *Kleine Pauly, Lexikon der Antike*, hrsg. v. K. Ziegler u. W. Sontheimer, Stuttgart 1964 ff. (KP).

Köhler, L. u. Baumgartner, W. *Lexicon in Veteris Testamenti libros*, Litden 1953.

Kuhn, K. G. *Konkordanz zu den Qumran-Texten*, Göttingen 1960.

- "Nachträge zur »Konkordanz zu den Qumrantexten", « RQ 4 (1963/64), 163 bis 234.

Levy, J. *Wörterbuch über die Talmudim und Midraschim*, Bd. I-IV, unv. Nachdruck der 2. A. 1924, Darmstadt 1963.

Pape, W. *Wörterbuch der griechischenEigennamen*, Braunschweig 1863ff.

Paulys Realencyclopädie der classischen Altertumswissenschaft, Neue Bearbeitung v. G. Wissowa, W. Kroll u. a., Stuttgart 1893ff. ; 2. R. 1914ff. (*PW*).

Preisigke, F. *Fachwörterbuch des öffentlichen Verwaltungsdienstes Ägyptens*, Göttingen 1915.

- *Namenbuch*, Heidelberg 1922.

Preisigke, F.-Kiessling, E. *Wörterbuch der griechischen Papyrusurkunden*, Bd. I-IV, Heidelberg-Marburg 1924ff.

Realencyklopädie für protestantische Theologie und Kirche, ed. A. Hauck, 3. A. Leipzig 1896-1913 (*RE*).

Reallexikon für Antike und Christentum, hrsg. v. Th. Klauser, Stuttgart 1950ff (*RAC*).

(Die) *Religion in Geschichte und Gegenwart*, hrsg. v. K. Galling u. a., 3. A. Tübingen 1957-1962 (*RGG3*).

Roscher, W. H. *Ausführliches Lexikon der griechischen u. römischen Mythologie*, Leipzig (u. Berlin), 1884-1937.

Theologisches Wörterbuch zum Neuen Testament, hrsg. v. G. Kittel u. G. Friedrich, Stuttgart 1933ff (TWNT) =*Theologiscal Dictionary of the New Testament*, ed. G. Kittel and G. Friedrich, translated by G. W. Bromiley, Grand Rapids, Michigan 1964ff. (*TDNT*)

Wörterbuch der Mythologie, hrsg. v. H. W. Haussing, I. Abt. *Die Mythologie der alten Kulturvölker*, 1. Bd. : *Götter und Mythen im Vorderen Orient*, Stuttgart, 1965 (*WM*).

3. 이차문헌

Aalen, S. *Die begriffe »Licht« und »Finsternis« im Alten Testament, im Spütjudentum und im Rabbinismus*, Skrifter utg. av det norske VidenskapsAkademi, Oslo 2, 1951, 1.

Abel, F. M. "La liste géographique du papyrus 71 de Zénon", *RB* 32 (1923), 409-415.

- "Marisa dans le Papyrus 76 de Zénon et la traite des esclaves en Idumée", *RB* 33 (1924), 566-574.
- "Tombeaus récemment découverte à Marisa", RB 34 (1926), 510-531.
- Rez. PCZ I u. PSI IV, *RB* 36 (1927), 145-147.
- Rez. PCZ II, op. cit. 475-476.
- "Alexandre le Grand en Syrie eten Palestine", *RB* 43 (1934), 528-545; RB 44 (1935), 42-61.
- "La syrie et la Palestine au temps de Ptolémée Ier Soter", *RB* 44 (1935), 559-581.
- "L'expédition des Grecs à Pétra en 312 avant J.-C.", *RB* 46 (1937), 373-391
- *Géographie de la Palestine*, Bd. II Paris 1938.

- Rezension E. Bickermann, *Der Gott der Makkabäer*, *RB* 47(1938), 441-446.

- "Les comfins de la Palestine et de l'Égypte sous les Ptolémées", *RB* 48(1939), 207-236; 531-548; RB 49(1940), 55-75; 226-239.

- *Les Livres des Maccabées*, 2. A. Paris 1949(*Macc.*).

- *Histoire de la Palestine*, Bd. I-II, Paris 1952(*HP*).

Abel, F. M. u. Starcky, J. "Les livres des Maccabées", *La Sainte Bible … de Jérusalem*, Paris 1961.

Ackroyd, P. R. "Criteria for the Maccabean Dating of O. T. Literature", *VT* 3(1953), 113-132.

Adcock, F. E. *The Greek and Macedonian art of War*, Berkeley 1957.

Aharoni, Y. "Excavations at Ramat Rahel 1954", *IEJ* 6(1956), 137-157.

- *Excavations at Ramat Rahel, Seasons 1959 and 1960*, Rom 1962(G. Garbini: The Dating of post-Exilic Stamps 61-68).

- Excavations at Ramat Rahel, BA 24(1961), 98-118.

- *Excavations at Ramat Rahel, Seasons 1961 and 1962*, Rome 1964.

- "Hebrew Ostraca from Tell Arad", *IEJ* 16(1966), 1-7.

Albright, W. F. "The Goddess of Life", *AJSL* 36(1919/20), 258-294.

- *Von der Steinzeit zum Christentum*, übers. v. I. Lande, München 1949=*From the Stone Age to Christianity*, New York ²1957.

- "The Judical Reform of Jehoshaphat", *Alexander Marx Jubilee Volume* (English Section), New York 1950, 61-82.

- "Some Canaanite-Phoenician sources of Hebrew Wisdom", *in Wisdom in Israel and the Ancient Near East*, pres. to H. H. Rowley SVT 3(1955), 1-15.

- "The Seal Impression from Jericho and the Treasurers of the Second Temple", *BASOR* 148(1957), 28-30.

- *The Archaeology of Palestine*, 4. A. Penguin-Books, Harmondsworth 1960.

Alfrink, B. J. "L'idée de Résurrection d'après Dan. XII, 1. 2", *Bibl* 40(1959), 355-371.

Allegro, J. *The Dead Sea Scrolls*, Penguin-Books 2. A. Harmondsworth 1964.

Alpers, I. *Hercules in Bivio*, Diss. Göttingen 1912.

Alt, A. *Kleine Schriften zur Geschichte des Volkes Israel*, Bd. I u. II, 3. A. München 1963 u. 1964.

- "Zu Antiochos' III. Erlaß für Jerusalem", *ZAW* 57(1939), 283-285.

- "Pegai", *ZDPV* 45(1922), 220-223.

- "Beth Anath", PJB 22(1926), 55-59; *APF* 7(1924), 293.

Altheim, F. *Weltgeschichte Asiens im Griechischen Zeitalter*, Bd. I u. II, Halle/Saale 1947/48.

- "Die Weltgeltung der griechischen Sprache", *Neue Beiträge zur Geschichte der Alten Welt* 1(1964), 315-332.

Altheim, F.-Stiehl, R. *Die aramäische Sprache unter en Achämeniden*, Bd. I, Frankfurt 1963.

- *Die Araber in der Alten Welt*, Bd. I u. II, Berlin 1964/65.

Alvarez de Miranda, A. "Jób y Prometeo", *Anthologia Annua 2(*1954), 207-237.

Amélineau, E., "Les traités gnostiques d. Oxford II', *RHR* 21, 1980, 261-94.

Amy, R. "Temples à escaliers", *Syria* 27(1950), 82-136.

Andréades, A., "De l'origine des Monopoles Ptolémaiques", *Mélanges Maspero II Orient Grec, Romain at Byzantin* (Mémoires de l'Institut Francais d'Archéologie …. I, 67), Kairo 1934-1937 S. 289-295.

Applèbaum, S. Rez. V. Tcherikover u. A. Fuks, CPJ I, *Tarbiz* 28(1958/59), 418-427, Summary XIII/XIV.

- "The Jewish Community of Hellenistic and Roman Teucheira in Cyrenaica", *ScrHieros* 7(1961), 27-52.

- "Jewish Status at Cyrene in the Roman Period", *Par Pass* 19, 1964, 291-303.

Arbesmann, P. R. *Das Fasten bei den Griechen und Römern*, RGVV 21(1929).

Astour, M. C. *Hellenosemitica. An ethnic and cultural Study in West Semitic impact on Mycenaean Greece*, Leiden 1965.

Atkinson, K. M. T. "The Historical Setting of the »War of the Sons of Light and the Sons of Darkness«", *BJBL* 40(1957/58), 272-297.

Avigad, N. "A new Class of Yehud Stamps", *IEJ* 7(1957), 146-153.

- "New Light on the MSH Seal Impressions", *IEJ* 8(1958), 113-119.
- "Excavations at Makmish 1958. Preliminary Report", *IEJ* 10(1960), 90-96.
- "YEHUD or HA'IR", *BASOR* 158(1960), 23-27.
- "A Depository of inscribed Ossuaries in the Kidron Valley", *IEJ* 12(1962), 1-12.

Avi-Yonah, M. "Map of Roman Palestine", *QDAP* 5(1936), 139-193.

- "Mount Carmel and the God of Baalbek", *IEJ* 2(1952), 118-124.
- *Ten Years of Archaeology in Israel*, Jerusalem 1958.
- "Syrian Gods at ptolemais-Accho", *IEJ* 9(1959), 1-12.
- *Geschichte der Juden im Zeitalter des Talmud*, Studia Judaic 2, Berlin 1962.
- "Scythopolis", *IEJ* 12(1962), 123-136.

Bacher, W. *Die Agada der Tannaiten*, Bd. I *Von Hillel bis Akiba*, 2. A. Staßburg 1903.

Baeck, L. *Aus drei Jahrtausenden*, Tübingen 1958.

- *Paulus, die Pharisäer und das Neue Testament*, Frankfurt 1961.

Baer, J. *Israel among the Nations*, Jerusalem 1955(hebr.).

- "On the Problem of Eschatological Doctrine during the Period of the second Temple", *Zion* 23-24(1958/59), 3-34; 141-165(hebr.).
- "The Historical Foundation of the Halakha(hebr.)", *Zion* 27(1962), 117 bis 155.

Bagatti, B.-Milik, J. T. *Gli Scavi del »Dominus Flevit«, 1. La necropoli del periodo romano*, Pubblicazioni dello Studium Biblicum Franciscanum Nr. 13, Jerusalem 1958.

Baillet. M., Milik, J. T. u.a. "Le Travail d'édition des fragments manuscrits de Qumrân", *RB* 63(1956), 49-67.

Baldry, H. C., *The Unity of Makind in Greek Thought*, Cambridge 1966.

Baly, D. *The Geography of the Bible, A Study in Historical Geography*,

London 1957.

Bammel, E." 'A *ThLZ* 79(1954), 351-356.

Bardtke, H. *Die Handschriftenfunde am Toten Meer*, 2.A. Berlin 1953.

- *Die Sekte von Qumran*, Berlin 1958.

- "Die Rechtsstellung der Qumran-Gemeinde", *ThLZ* 86(1961), 93-104.

- *Das Buch Esther*, KAT XVII 5, Gütersloh 1963.

- "Qumran und seine Funde", *TR* 29(1963), 261-292, 30(1964), 281-315.

Baron S. W. A *Social and Religious History of the Jews*, Bd. I u. II, 2nd, ed. Philadelphia 1952.

Barthélemy, *D. Les Devanciers d'Aquila*, SVT 10(1963).

Bauckmann, E. G. "Die Proverbien und die Sprüche des Jesus Sirach", *ZAW* 72(1960), 33-63.

Baumgartner, W. "Die literarischen Gattungen in der Weisheit des Jesus Sirach", *ZAW* 34(1914), 161-198.

- "Die israelitische Weisheitsliteratur", *TR NF* 5(1933), 258-288.

- "Ein Vierteljahrhundert Danielforschung", *TR NF* 11(1939), 59-83; 125 bis 144; 201-288.

- "Zu den vier Reichen von Daniel 2", *TZ* 1(1945), 17-22.

- *Zum Alten Testament und seiner Umwelt.* Ausgewählte Aufsätze, Leiden 1959.

Becker, J. *Das Heil Gottes. Heils- und Sündenbegriffe in den Qumrantexten und im Neuen Testament*, SUNT 3, Göttingen 1964.

Beek, M. A. "Relations entre Jérusalem et la Diaspora égyptienne au 2e siècle avant J.-C.", *OTS* 2(1943), 119-143.

Beek, G. W. v. "Frankincense and Myrrhe", *BA* 23(1960), 70-95.

Bell, H. J. "Popular Religion in Graeco-Roman Egypt. I The Pagan Period", *JEA* 34(1948), 82-97.

- "Graeco-Egyptian religion", *MusHelv* 10(1953), 222-237.

- *Cults and creeds in Graeco-Roman Egypt*, Liverpool 1955.

Beloch, J. "Die auswärtigen Besitzungen der Ptolemäer", *APF* 2(1902), 229 bis 256.

Bengtson, H. *Die Strategie in der hellenistischen Zeit*, Bd. I 1937, II 1944, III 1952 = MBPAR 26. 32. 36.

- "Die ptolemäische Staatsverwaltung im Rahmen der hellenistischen Administration", *MusHelv* 10(1953), 161-177.

- *Griechische Geschishte von den Anfängen vis in die römische Kaiserzeit*, HAW III, 4, 3.A. München 1964(GG³).

Bentwich, N. *Hellenism*, Philadelphia 1919.

Bentzen, A. *Daniel*, HAT I 19, 2.A., Tübingen 1952.

Berchem, D. van, "Sanctuaires d'Hercule - Melqart, Contribution á l'etude de l'expansion phénicienne en Mediterranée", *Syria* 44, 1967, 73-109, 307-38.

Bergmaier, R.-Papst, H. "Ein Lied von der Erschaffung der Sprache", *RQ* 5(1964/65), 435-439.

Bergmann, J., *Ich bin Isis*, Acta Universitatis Upsaliensis, Historia Religionum 3, 1968.

Bergmann, J. "Die stoische Philosophie und die jüdische Frömmigkeit", *Judaica, Festschrift zu H. Cohens 70. Geburtstag*, Berlin 1912, 145-166.

Bernays, J. *Theophrasts Schrift über die Frömmigkeit*, Berlin 1866.

Bertholet, A. *Der Schutzengel Persiens, Oriental Studies in honour of Cursetji Erachji Pavry*, London 1933, 34-40.

Bertram, G. "Die religiöse Umdeutung altorientalischer Lebensweisheit in der griechischen Übersetzung des AT", *ZAW* 54(1963), 153-167.

Betz, H. D., "Zum Problem des religionsgeschichtlichen Verständnisses der Apokalzptik", *ZTK* 63, 1966, 391-409.

Betz, O. *Offenbarung und Schriftforschung in der Qumransekte*, WUNT 6, Tübingen 1960.

Betz, O. *Der Paraklet*, AGSU 2, Leiden 1963.

- "Was am Anfang geschah, Das jüdische Erbe in den neugefundenen Koptischgnostischen Schriften", in *Abraham unser Vater, Festschrift f. O. Michel*, AGSU 5, Leiden 1963, 24-43.

Bevan, E. R. *The House of Seleucus*, Bd. I-II, London 1902(Nachdruck 1966).
- *Jerusalem under the High-Priests*, London 1904(Nachdruck 1952).
- *A History of Egypt under the Ptolemaic Dynasty*, History of Egypt IV, London 1927.

Beyschlag, K., "Zur Simon-Magus-Frage", *ZTK* 68, 1971, 395-426.

Bi(c)kerman(n), E. "Die Datierung des Pseudo-Aristeas", *ZNW* 29(1930), 280-298.
- "Ein jüdischer Festbrief vom Jagre 124 v. Chr. (II. Macc. 1, 1-9)", *ZNW* 32(1933), 233-254.
- "La Charte séleucide de Jérusalem", *REJ* 100(1935), 4-35.
- "Un Document relatif à la persécution d'Antiochus IV Épiphane", *RHR* 115(1937), 188-221.
- *Der Gott der Makkabäer*, Berlin 1937(GM).
- "Anonymous Gods", *Journal of the Warburg inst.* 1(1937/38), 187-196.
- *Institutions des Séleucides*, Bibliothèque historique 26, Paris 1938(Inst.).
- "La Cité Grecque dans les Monarchies hellénistiques", *RevPhil* 65(1939), 335-349.
- "Sur une inscription grecque de Sidon", *Mélanges Syriens offerts à M. R. Dussaud* Bd. I, 91-99. Bibliothèque Archéologique et Historique 30, Paris 1939.
- "Héliodore au Temple de Jérusalem", *AIPHOS* 7(1939-1944), 5-40.
- "The Colophon of the Greek Book of Esther", *JBL* 63(1944), 339-362.
- "Une proclamation Séleucide relative au Temple de Jérusalem", *Syria* 25(1946-48), 67-85.
- "Some Notes on the Transmission of the LXX", *Alexander Marx Jubilee* Bd. (English section), New York 1950, 149-178.
- "The Maxim of Antigonus of Socho", *HTR* 54(1951), 153-165.
- "Notes on the Greek Book of Esther", *PAAJR* 20(1951), 101-133.
- "La chaîne de la Tradition Pharisienne", *RB* 59(1952), 44-45.
- "Sur la chronologie de la Sixième Guerre de la Syrie", *ChrEg* 27(1952), 396-403.

- "The Altars of the Gentiles", *RIDA* 5 (1958), 137-164.
- "The Septuagint as a Translation", *PAAJR* 28 (1959), 1-39.
- *From Ezra to the Last of the Maccabees, Foundations of Post-biblical Judaism*, New York 1962.
- "Sur la théologie de l'art figuratif …", *Syria* 44 (1967), 131-161.
- *Four Strange Books of the Bible*, New York 1967.

Bidez, J. "La Cité du Monde et la Cité du Soleil chez les Stoïciens", *Bullectin de l'Académie royale de Belgique Classe des Lettres*, 5. Ser. 18 (1932), 244-294.

Bidez, J.-Cumont, F. *Les Mages Hellénisés*, Bd. I u. II, Paris 1938.

Bieber, M. *The Sculpture of the Hellenistic Age*, 2. A. New York 1961.

Bieler, L. *ΘΕΙΟΣ* ΑΝΗΡ Bd. I u. II, Wien 1935f.

Bietenhard, H. *Die himmlische Welt im Urchristentum und Spätjudentum*, WUNT 2, Tübingen 1951.

- "Die Dekapolis von Pompeius bis Trajan", *ZDPV* 79 (1963), 24-58.

Bigot, L. "Article »Ecclésiastique«", *Dictionnaire de Théologie Catholique*, Bd. IV, 2, 2028-2054.

(Strack, H. L.)-Billerbeck, P. *Kommentar zum Neuen Testament aus Talmud und Midrasch*, Bd. I-VI, München 1922-61 (Bill.).

Bingen, J., "Grecs et Egzptiens d'aprés *PSI* 502", *Proceedings of the Twelfth International Congress of Papyrology*, American Studies in Papyrology 7, Toronto 1970, 35-40.

Bliffert, H. J. *Weltanschauung und Gottesglaube im Buch Kohelet*, Diss. Rostock 1938.

Bliss, F. J. u. *Macalister, R. A. S. Excavations in Palestine*, London 1902.

Bömer, F. *Untersuchungen über die Rel. der Sklaven* …, AAMz 1960 Nr. 1.

Bolkestein, H. *Wohltätigkeit und Armenpflege im* … *Altertum*, Leipzig 1939.

Boll, F. *Sphaera*, Leipzig 1903.

- "Das Eingangsstück des Ps.-Klementinen", *ZNW* 17 (1916), 139-148.
- *Sternglaube und Sterndeutung*, 4. A., hrsg. v. W. Gundel, Leipzig 1931.

Boman, Th. *Das hebräische Denken im Vergleich mit dem griechischen*,

Göttingen 1954(19685)=Boman, T., *Hebrew Thought compared with Greek*, London and Philadelphia 1960.

Bonsirven, J. Rez. E. Bickermann, *Der Gott der Makkabäer*, 1937, RSR 28(1938), 612-614.

Boström, G. *Proverbiastudien*, LUÅ, NF Avd. 1, Bd. 30 Nr. 3 Lund 1935.

Bothmer, D. v. "Greek pottery from Tell en-Nasbeh", *BASOR* 83(1941), 25-30.

Bouché-Leclercq, A. *L'Astrologie Grecque*, Paris 1899.

- *Histoire des Lagides*, Bd. I-III, Paris 1903.

- *Histoire des Séleucides*, Bd. I u. II, Paris 1913f.

Bousset, W. "Die Himmelsreise der Seele", *ARW* 4(1901), 136-169 u. 229-273. Nachdruck, Reihe Libelli 71, Darmastadt 1960.

- "Die Beziehungen der ältesten jüdischen Sibylle zur chaldäischen Sibylle …", *ZNW* 3(1902), 23-49.

- *Die jüdische Apokalyptik*, Berlin 1903.

- "Zur Dämonologie der späten Antike", *ARW* 18(1915), 134-172.

Bousset, W.-Gressmann, H. *Die Religion des Judentums im späthellentistischen Zeitalter*, HNT 3.A. Tübingen 1926, Nachdruck 1966.

Brady, T. A. *The Reception of the Egyptian cults by the Greeks*(330-30 B.C.), The University of Missouri Studies 10(1935).

Braun, H. *Spätjüdisch-häretischer und frühchristlicher Radikalismus*, Bd. I u. II, BHT 24, Tübingen 1957.

Braun, M. *Griechischer Roman und hellenistische Geschichtsschreibung*, Frankfurter Studien zur Religion u. Kultur der Antike, Bd. VI(1934).

- *History and Romance in Graeco-Oriental Literature*, Oxford 1938.

Braun, R., *Kohelet und sein Verhältnis zur literarischen Bildung und Popular-philosophie*, Theol. Diss. Erlangen 1971, BZAW 130. 1973.

Brekelmans, C. H. W. "The Saints of the Most High and their Kingdom", *OTS* 14(1965), 305-329.

Brett, M. J. B. "The Qasr el - 'Abd. A proposed Reconstruction", *BASOR* 171(1963), 39-45.

Bright, J. *A History of Israel*, Philadelphia 1959.

Brown, B. R. *Ptolemaic Paintings and Mosaics and the the Alexandrain Style*, Monographs on Archaeology and Fine Arts VI Cambridge Mass. 1957.

Brunner, H. *Altägyptische Erziehung*, Wiesbaden 1957.

Bruns, J. E., "The Davidic Dynasty in Post-Exilic Palestine", *Scripture* 7, 1955, 2-5.

Buber, M. *Kampf um Israel*, Berlin 1933.

Budde, K. "Neuestes zum Hohenliede", *ChrW* 45(1931), 957-960.

Bühler. A. *Die Tobiaden und Oniaden im 2. Makkabäerbuch und in der verwandten jüdisch-hellenistischen Literatur*, Wien 1899.

Bühler, W. *Beiträge zur Erklärung der Schrift vom Erhabenen*, Göttingen 1964.

Bull, R. J. u.a. "The fifth campaign at Balâtah", *BASOR* 180(1965), 7-41.

Bull, R. J.-Wright, G. E. "Newly Discovered Temples on Mt. Garizim in Jordan", *HTR* 58(1965), 234-237.

Bultmann, R. *Das Evangelium des Johannes*, KEKNT 11 A., Göttingen 1950(196418).

- *Geschichte und Eschatologie*, 2.A., Tübingen 1964.

Burchard, R., *The Gospel of John. A Commentary*, Oxford 1971.

- *history and Eschatology*, Edinburgh 1957.

Bunge, J. G., *Untersuchungen zum zweiten Makkabäerbuch*, phil. Diss. Bonn 1971.

Burchard, Chr. *Untersuchungen zu Joseph und Aseneth*, WUNT 8. Tübingen 1965.

- *Bibliographie zu den Handschriften vom Toten Meer*, Bd. I u. II, BZAW, 76(1957) u. 89(1965).

Burkert, W. *Weisheit und Wissenschaft, Studien zu Pythagoras, Philolaos und Platon*, Erlanger Beitr. z. Sprach- und Kunstwissenschaft 10(1962).

Burkitt, F. C. *Jewish and Christian Apocalypses*, London 1914(Schweich Lectures 1913).

Burrows, M. Rez. E. Bickermann, *Der Gott der Makkabäer*, *JR*

18(1938), 219-221.
- *Die Schriftrollen vom Toten Meer*, übers. v. F. Cornelius, München 1957.
- *The Dead Sea Scrolls*, New York 1955.
- *More Light on the Dead Sea Scrolls*, New York 1958.

Butler, H. C. in: *Publications of the Princeton University Archaeological Expeditions to Syria in 1904/05* …; Division II Ancient Architecture in Syria, Sect. A Southern Syria; Part I, 1-25 Leiden 1919(zit. H. C. Butler, Syria).

Cadbury, H. J. "The Grandson of Ben Sira", *HTR* 48(1955), 219-225.

Caldwell, Th. "Dositheos Samaritanus", *Kairos* 4(1962), 105-117.

Cambridge Ancient History, de. J. B. Bury(u. a.), Bd. VI-IX, Cambridge 1927ff. (CAH).

Campbell, E. F. "Archaeological News from Jordan", *BA* 28(1965), 17-32.

Capelle, W. "Spuren der Astrologie bei den Griechen", *Hermes* 60(1925), 373 bis 395.

Caqot, A. "Sur les quatre Bêtes de Daniel VII", *Semitica* 5(1955), 5-13.

Cardauns, B., "Juden und Spartaner, Zur hellenistisch-jüdischen Literatur", *hermes* 95, 1967, 317-24.

Carmignac, J. "Les éléments historiques des »Hymnes« de Qumrân", *RQ* 2(1959/60) 205-222.
- "Les Rapports entre l'Ecclésiastique et Qumrân", *RQ* 3(1961/62), 209-218.
- "Les Horoscopes de Qumrân", *RQ* 5(1964/66), 199-217.
- "Poème allégorique sur la Secte rivale", *RQ* 5(1964/66), 361-374.

Cazelles, H. "Sur les origines du calendrier des Jubilés", *Bibl* 43(1962), 202-12.

Cerfaux, L. "Influence des mystères sur le Judïsme alexandrin avant Philo", *Le Muséon* 37(1924), 28-88.

Cerfaux, L.-Tondriau, J. *Le culte des souverains dans la Civilisation Gréco-romaine*, Tournai 1957.

Charles. R. H. *A critical and exegetical Commentary on the Book of*

Daniel, Oxford 1929.
- *Exchatology, Nachdr.* New York 1963.

Chéhab, M. H. *Les Terres Cuites de Kharayeb*, BMB 10(1951/52).

Ciasca, A. "Un deposito di statuette da Tell Gat", *OA* 2(1963), 45-63.

Clairmont, C. "Greek pottery from the Near East", *Berytus* 11(1954/55), 85-139; 12(1956/58), 1-34.

Clermont-Ganneau, C. "Séance du 19 Oct. 1900", *CRAI* 1900, 536-541.
- "Les Phéniciens en Grèce", *RAO* 3(1900), 142-147.
- "L'Héracleion de Rabbat-Ammon Philadelphie et la déesse Asteria", *RAO* 7(1906), 147-155.

Clermont-Ganneau, C. u. Macalister, M. "Mitteilung des M. Clermont Ganneau", *CRAI* 1901, 108-110.

Collart, P., "Aspects du culte de Baalshemên à Palmyre", *Mélanges offerts à Kazimierz Michalowski*, Warzawa 1966, 325-37.

Colpe, C. *Die religionsgeschichtliche Schule*, FRLANT 78 Göttingen 1961.

Conzelmann, H. *Die Mutter der Weisheit, in: Zeit und Geschichte*, Dankesgabe an R. Bultmann, Tübingen 1964, 225-234.

Conzelmann, H., "Paulus und die Weisheit", *NTS* 12(1966), 231-244.
- "The Mother of Wisdom", in *The Future of Our Religious Past*, ed. James M. Robinson, London and New York 1971, 230-43.

Cook, A. B. *Zeus, A Study in Ancient Religion*, Bd. I-III, Cambridge 1914 bis 1940.

Cook, S. A. *The Religion of Ancient Palestine in the light of Archaeology* (Schweich Lectures 1925), London 1930.

Cooke, G. "The Sons of (the) God(s)", *ZAW* 76(1964), 22-47.

Corré, A. D. "A Reference to Epispasm in Koheleth", *VT* 4(1954), 416-418.

Cothenet, E. Rezension von J. Becker, *Das Heil Gottes*, 1964, *RQ* 5(1964/66), 272.

Crönert, W. "Der Epikureer Philonides", *SAB* 1900, 942-998.

Crönert, W. (u. Wünsch, R.) "Das Lied von Marisa", *RheinMus* 64(1909),

433ff.

Cross, F. M. jr. "The Oldest Manuscripts from Qumran", *JBL* 74(1955), 147-172.

- *The Ancient Library of Qumran and Modern Biblical Studies*, London/ Garden City, N.Y. 1958.

- "The Discovery of the Samaria Papyri", *BA* 26(1963), 110-121.

- "Aspects of Samaritan and Jewish History in Late Persian and Hellenistic Times", *HTR* 59(1966), 201-211.

Crowfoot, J. W. and Fitzgerald, G. M. "Excavations in the Tyropoeon Valley", Jerusalem 1927, *PEFA* 5(1927), London 1929.

Crowfoot, J. W., Crowfoot, G. M., Kenyon, K. M. *Samaria Sebaste, Reports of the Works of the Joint Expedition in* 1931-1933, Bd. I-III, London 1942-1957.

Cumont, F. "Jupiter summus exsuperantissimus", *ARW* 9(1906), 323-336.

- "Les Mystères de Sabazius et le Judïsme", *CRAI* 1906, 63-67.

- "La plus ancienne géographie astrologique", *Klio* 9(1909), 263-273.

- "Les Anges du Paganisme", *RHR* 72(1915), 159-182.

- "Les Enfers selon l'Axiochos", *CRAI* 1920, 272-285.

- "Deux autels de Phénice", *Syria* 8(1927), 163-168.

- "Exxéniens et Pythagoriciens", *CRAI* 1930, 99-112.

- "La fin du monde selon des mages occidentaux", *RHR* 104(1931), 29-96.

- *L'Égypte des Astrologues*, Bruxelles 1937.

- *Lux Perpetua*, Paris 1949.

- *Die orientalischen Religionen im römischen Heidentum*, bearb. nach der 4. franz. A. u. d. Üs. Gehrichs v. A. Burchkhardt-Brandenberg, 4. unv. A., Darmstadt 1959=*Oriental Religions in Roman Paganism*, reprinted New York and London 1956.

Cuq, E. "La condition juridique de la coelé-Syrie au temps de Ptolémée V Épiphane", *Syria* 8(1927), 143-162.

Cureton, W. *Spicilegium Syriacum*, London 1855.

Dahl, N. A. *Das Volk Gottes*, 2. unv. A., Darmstadt 1963.

Dahood, M. "Canaanite-Phoenician Influence in Qoheleth", *Bibl.* 33 (1952), 30-52.

- "Qoheleth and Recent Discoveries", *Bibl* 39 (1958), 302-318.

- "To pawn one's cloak", *Bibl* 42 (1961), 359-366.

Dalbert, P. *Die Theologie der hellenistisch-jüdischen Missionsliteratur unter Ausschluß von Philo und Josephus*, Theologische Forshcung 4, Hamburg 1954.

Dalman, G. "Die Tobia-Inschrift von 'arāk el-emīr und Daniel 11, 14", *PJB* 16 (1920), 33-35.

- *Arbeit und Sitte in Palästina*, Bd. II, *Der Ackerbau* BFCT 2. R. 27, Gütersloh 1932.

- *Die Worte Jesu*, unv. Nachdruck der 2. A. 1930, Darmstadt 1965=The Words of Jesus, Edinburgh 1902.

Daube, D. "Rabbinic Methods of interpretation and hellenistic Rhetoric", *HUCA* 22 (1949), 239-264.

Daumas, F. "Littérature prophétique et exégétique égyptienne et commentaires esséniens", *Mémorial A. Gélin*, ed. A. Barucq u. a. Le Puy 1961, 203-211.

Davies, W. D. *Torah in the Messianic Age and/or the Age to Come*, JBL Monogr. Ser. 7 (1952).

Deissler, A. *Ps. 119*, Münchner Theologische Studien 11 (1955).

Deissmann, A. "Tubias", *Byzantinisch-Neugriechische Jahrbücher* 2 (1921), 275/6.

- *Licht vom Osten*, 4. A., Tübingen 1923 (LvO) =*Light from the Ancient East*, London 1910 (LAO).

Delcor, M. "Les allusions à Alexandre le Grand dans Zach. IX 1-8," *VT* 1 (1951), 110-124.

- "Vom Sichem der hellenistischen Epoche zum Sychar des Neuen Testamentes", *ZDPV* 78 (1962), 34-48.

- "Repas cultuels esséniens et thérapeutes, thiaes et haburoth", *RQ* 6, 1967/69, 401-25.

Delling, G. "Josephus und die heidnischen Religionen", *Klio* 43-45 (1965), 263-269.

Delorme, J. *Gymnasium, Étude sur les Monuments consacrés à l'education en Grèce (des origines à l'Empire romain)*, Bibliothèque des Écoles françaises d'Athènes et de Rome 196, Paris 1960.

Denis, A. M., *Introduction aux Pseudépigraphes grecs d'Ancien Testament*, Leiden 1970.

Dibelius, M. *Die Formgeschichte des Evangeliums*, 2. A., Tübingen 1933=*From Tradition to Gospel*, reprinted Cambrige 1972.

- *Botsschaft und Geschichte*, Bd. II, Tübingen 1956.

Diels, H. "Der antike pessimismus", *Schule und Leben* 1 (1921).

Dieterich, A. Abraxas, Leipzig 1891.

- *Nekyia*, Leipzig 1893.

- *Eine Mithrasliturgie*, Nachdruck der 3. erw. A. hrsg. v. O. Weinreich, 1923, Darmstadt 1966.

Diez Macho, A. : "The recently discovered Palestinian Targum : its Antiquity and Relationship with the other Targums," *SVT* 7 (1959), 222-245.

Dirlmeier, F. "Homerisches Epos und Orient", *RheinMus* 98 (1955), 18-91.

Dobson, J. F. "Boethus of Sidon", *ClassQ* 8 (1914), 88-90.

Dodds, E. R. *The Greeks and the Irrational*, Sather Classical Lectures 25, Berkeley-Los Angeles 1951.

Dölger, F. J. "Die Gottesweihe durch Brandmarkung", *Antike und Christentum* 2 (1930), 100-106.

Dombrowski, B. W. dxwh in 1 QS and koino, n, An Instance of Early Greek and Jewish Synthesis, *HTR* 59 (1966), 293-307.

Donner, H. "Die religionsgeschichtlichen Ursprünge von Prov. Sal. 8", *ZÄS* 82 (1958), 8-18.

Dornseiff, F. "Hesiods Werke und Tage und das alte Morgenland", Phil 89 (1934), 397-415 = *Antike und Alter Orient*, 2. A. 1959, 72-95.

- "Das Buch Prediger", *ZDMG* 89 (1935), 243-249.

- "Ägyptische Liebeslieder, Hoheslied, Sappho, Theokrit", *ZDMG* 90(1936) = *Antike und Alter Orient*, 2.A. 1959, 189-202; 589-601.
- *Echtheitsfragen antik-griechischer Literatur*, Berlin 1939.
- *Antike und Alter Orient, Kleine Schriften* I, 2.A., Leipzig 1959.

Dothan, M. "Excavations at Tell Mor 1959", (hebr.), *BIES* 24(1960), 120-132.
- "Ashdod, Preliminary Report on the Excavations in Seasons 1962-63", *IEJ* 14(1964), 79-95.

Droysen, G. *Johann Gustav Droysen*, Berlin 1910.

Droysen, J. G. *Geschichte des Hellenismus*, Bd. I, Hamburg 1836.
- *Geschichte des Hellenismus*, ed. E. Bayer, Bd. I-III, Tübingen 1952/53.
- *Historik, ed. R. Hübner*, München u. Berlin 1937.

Duchesen-Guillemin, J. *Ormazd et Ahriman*, Paris 1953.
- "Le Zervanisme et les Manuscrits de la Mer Morte", *Indo-Iranian Journal* 1(1957) 96-99.
- *The Western Response to Zoroaster*, Oxford 1958.
- *La Religion de l'Iran Ancien*, Mana 1, III, Paris 1962.

Dürr, L. *Das Erziehungswesen im Alten Testament und im antiken Orient*, MV(Ä)G 36, 2(1932).
- "Heilige Vaterschaft…", in: *Heilige Überlieferung, Festschrift I, Herwege*. Münster 1938.

Duesberg, H.-Auvray, P. "Le Livre de l'Ecclésiastique". *La Sainte Bible …de Jérusalem*, 2., ed. Paris 1958.

Dunand, M. et Duru, R. *Oumm el - 'Amed. Une ville de l'époque hellénistique aux Échelles de Tyr*. Études et Documents d'Archéologie IV, Bd. I u. II, Paris 1962.

Dunbabin, T. J. *The Greeks and their Eastern Neighbours*, London 1957.

Dupont-Sommer, A. "De l'Immortalité astrale dans la ›Sagesse de Salomon‹ (3, 7)", *REG* 62(1949), 80-87.
- "Nouveaux Aperçus sur les Manuscrits de la Mer Morte". *L'orient Ancien Illustré* 5, Paris 1953.

- "Le problème des influences étrangères sur la secte juive de Qoumrân", *RHPR* 35(1955), 75-94.
- "Exorcismes et Guérisons dans les écrits de Qoumrân", *SVT* 7(1960), 246-261.
- *Die essenischen Schriften vom Toten Meer*, Üs, v. W. W. Müller, Tübingen 1960=*The Essene Writings from Qumran*, Oxford 1961.

Ebner, E. *Elementary education in ancient Israel during the Tannaitic Period* …, New York 1956.

Eddy, S. K. *The king is dead. Studies in the Near Eastern Resistance to Hellenism 334-31 B.C.*, Lincoln 1961.

Edgar, C. C. "A new letter of Apollonios the Dioiketes", *APF* 11(1935), 218-19.

Ehrlich, E. L. "Der Traum im Talmud", *ZNW* 47(1956), 133-145.

Eichrodt, W. *Theologie des Alten Testaments*, Teil I-III, Leipzig 1933 bis 1939=*Theology of the Old Testament*, Vols I and II, London and Philadelphia 1961 and 1967.

Eisler, R. *ΙΗΣΟΥΣ ΒΑΣΙΛΕΥΣ ΟΥ ΒΑΣΙΛΕΥΣΑΣ*, Bd. I u. II, Heidelberg 1929/30.

Eissfeldt, O. *Erstlinge und Zehnten im AT*, BWAT 22, Leipzig 1917.
- *Baal Zaphon. Zeus Kasios und der Durchzug der Israeliten durchs Rote Meer, Beiträge zur Religionsgeschichte des Altertums*, H. 1, Halle 1932.
- *Tempel und Kulte syrischer Städte in hellenistisch-römischer Zeit*, AO 40(1941).
- *Der Gott Karmel*, SAB Kl. f. Sprachen …. Nr. 1, 1953.
- *Einleitung in das Alte Testament*, 3. A. Tübingen 1964(Einl. 3)=*The Old Testament: An Introduction*, Oxford 1965.
- *Kleine Schriften*, Bd. I-III, Tübingen 1962-1966.

Éléments Orientaux dans la Religion Grecque ancienne, Colloque de Starasbourg 22-24 Mai 1958, Paris 1960.

Eliade, M., *Der Mythos der ewigen Wiederkehr*, Übers. v. G. Spaltmann, Düsseldorf 1953=*The Myth of the Etrnal Return*,

London 1954.

Elliger, K. "Ein Zeugnis aus der jüdischen Gemeinde im Alexanderjahr 332 v. Chr.", *ZAW* 62(1949/50), 63-115.

- *Das Buch der zwölf Kleinen Propheten II*, ATD 25, Göttingen 1950(51964).

- "Sinn und Ursprung der priesterlichen Geschichtserzählung", *ZTK* 49(1952), 121-143.

- *Studien zum Habakuk-Kommentar vom Toten Meer*, BHT 15, Tübingen 1953.

Eltester, F.-W. *Eikon im Neuen Testament*, BZNW 23, Berlin 1958.

Falkenstein, A. *Topographie von Uruk, I Uruk in der Geschischte der Seleukidenzeit*, Berlin 1941.

Farmer, W. R. "The Economic Basis of the Qumran Community", *TZ* 11(1955), 295-308; 12(1956), 56-58.

- "Judas, Simon and Athronges", *NTS* 4(1958), 147-155.

Fascher, E. "Der Vorwurf der Gottlosigkeit in der Auseinandersetzung bei Juden, Griechen und Christen", in: *Abrahan unser Vater, Festschrift f. Otto Michel*, AGSU 5, Leiden 1963, 78-105.

Feine-Behm, *Einleitung in das NT*, 12.A. völling neu bearb. v.W.G. Kümmel, Heidelberg 1963.

Feldman, L. H. "The Orthodoxy of the Jews in Hellenistic Egypt", *JewSocSt* 22(1960), 215-237.

- "Abraham the Greek Philosopher", *Transactions and Proceedings of the American Philological Association* 59, 1968, 145-156.

Festugiêre, A. J. "Sur le »de vita Pythagorica«", *REG* 50(1937), 470-494.

- "L'expérience religieuse du médecin Thessalos", *RB* 48(1939), 45-77.

- *La Révélation d'Hermès Trismégiste*, Bd. I-IV, (Bd. I 3.A. Bd. II 2.A.), Paris 1950-1954.

- *Personal Religion among the Greeks*, Sather Classical Lectures 26, Berkeley-Los Angeles 1954.

Février, J. G. *La Religion des Palmyriennes*, Paris 1931.

- "La Tactique Hellénistique dans un Texte de 'Ayin fashka", *Semitica*

3(1950), 53-59.

Fichtner, J. *Die altorientalische Weisheit in ihrer israelitisch-jüdischen Ausprägung*, BZAW 62, gießen 1933.

- "Zum problem Glaube und Geschichte in der israelitisch-jüdischen Weisheitsliteratur", *TLZ* 76(1951), 145-450.

Fiebig, P. *Antike Wundergeschichte*, Kleine Texte 79(1911).

Finkelstein, L. "Pre-Maccabean Documents in the Passover Haggadah, Additional Note D: The Tobiads", 31-33, "Additional Note E: The Family of the High Priest Menelaos" 33/34, *HTR* 36(1943).

- *The Pharisees*, Bd. I u. II, 3. A., philadelphia 1962.

Fischer Weltgeschichte, Bd. V. *Grienchen und Perser*, ed. H. Bengtson, Bd. VI. *Der Hellenisumus und der Aufstieg Roms*, ed. P. Grimal, Frankfurt 1965.

Fitzgerald, G. M. *Beth-Shan Excavations* 1921-1923, *The Arab and Byzantine Levels*, Publications of the Palestine … Section, Bd. III, Philadelphia 1931.

Fitzmyer, J. A. "The Name Simon", *HTR* 56(1963), 1-5.

- "The Aramaic "Elect of God" Text from Qumran Cave Ⅳ", *CBQ* 27, 1965, 348-372.

Flusser, D. "Qumrân and Jewish Apotropaic Prayers", *IEJ* 16(1996), 194 bis 205.

Förster, M. "Das lateinisch-altenglische Fragment der Apokryphe von Jannes und Jambres", *Archiv f. d. Studium der neuen Sprachen* …. 108(1902), 15-28.

Fohrer, G. "Die Struktur der alttestamentlichen Eschatologie", *TLZ* 85(1960), 401-420.

"Zehn Jahre Literatur zur alttestamentlichen Prophetie(1951-1960), XIII Verkündigung und Botschaft der Propheten", *TR* 28(1962), 335-362.

- *Das Buch Hiob*, KAT 16, Gütersloh 1963.

- "Prophetie und Magie", *ZAW* 78(1966), 25-47.

- *Introduction to the Old Testament*, London and Philadelphia 1970.

Forbes, R. J. *Studies in Ancient Technology*, Bd. I u. II, Leiden 1955.

Frank, T. *An Economic Survey of the Roman Empire*, Bd. IV: H. Heichelheim, "Roman Syria", Baltimore 1940.

Fraenkel, E. "The Stars in the Prologue of the Ruden", *ClassQ* 36(1942), 10-14.

Frankel, Z. *Vorstudien zu der Septuaginta*, Leipzig 1841.

Frankel, Z., *Über den Einfluß der palästinischen Exegese auf die alexandrinische Hermeneutik*, Leipzig 1851.

Fraser, P. M. "Bibliography, Graeco-Roman Egypt, Greek Inscriptions 1959", *JEA* 46(1960), 95-103.

- "Two Studies on the Cult of Sarapis in the Hellenistic World", *Opuscula Atheniensia* III, Lund 1960, 1-54.

Freudenthal, J. *Hellenistische Studien*, Heft I-III, Breslau 1875-1879.

- "Are there Traces of Greek Philosophy in the Septuagint?", *JQR* 2(1889/90), 205-222.

Frey, J. B. "Les communautés Juives à Rome", *RSR* 20(1930), 269-297.

Friedländer, M. *Geschichte der jüdischen Apologetik*, Zürich 1903.

- *Griechische Philosophie im Alten Testament*, Berlin 1904.

Fries, K. *Das philosophische Gespräch von Hiob bis Platon*, Tübingen 1904.

Frost, S. B., *Old Testament Apocalyptic: Its Origins and Growth*, London 1952.

Fruin, R. "Studien in de joodsche Geschiedenis na 333", *Nieuw Theologische Tijdschrift* 24(1935), 101-110.

Fuchs, H. *Der geistige Widerstand gegen Rom*, Berlin 1938.

Fuchs, L. *Die Juden Ägyptens in ptolemäischer und römischer Zeit*, Wien 1924.

Fuks, A. "Dositheos Son of Drimylos: A Prosopographical Note", *JJurPap* 7/8(1953/54), 205-209.

Funk, R. W. "The 1957 Campaign at Beth-Zur", *BASOR* 150(1958), 8-20.

Gager, J. G., *Moses in Greco-Roman Paganism*, JBL Monograph Seris 16, 1972.

Gall, A. v. *ΒΑΣ⁄ΕΙΑ ΤΟΥ ΘΕΟΥ*, Heidelberg 1926.

Galling, K. *Der Altar in den Kulturen des alten Orients*, Berlin 1925.
- "Kohelet-Studien", *ZAW* 50(1932), 276-299.
- "Stand und Aufgabe der Kohelet-Forschung", *TR* NF 6(1934), 355-373.
- *Biblisches Reallexikon*, HAT I 1, Tübingen 1937(*BRL*).
- "Die syrisch-palästinische Küste nach der Beschreibung bei Pseudo-Skylax", ZDPV 61(1938), 66-96 = *Studien zur Gesch. Isr.*, Tübingen 1964, 185-209.
- Rezension E. Bickermann, *Der Gott der Makkabäer*, OLZ 42(1939), 225 bis 228.
- "Judäa, Galiläa und der Osten im Jahre 164/3 v. Chr.", *PJB* 36(1940), 33-47.
- "Prediger Salomo", in: *Die Fünf Megilloth*, HAT I 18, Tübingen 1940.
- "Königliche und nichtkönigliche Stifter beim Tempel von Jerusalem", *ZDPV* 68(1951), 134-142.
- "Kronzeugen des Artaxerxes", *ZAW* 63(1951), 66-74.
- *Die Krisis der Aufklärung in Israel*, Mainzer Universitätsreden 19, 1952.
- "Der Gott Karmel und die Ächtung fremder Götter", in: Geschichte und Altes Testament, Festschrift f. A. *Alt*, BHT 16, Tübingen 1953.
- *Die Bücher der Chronik, Esra, Nehemia*, ATD 12, Göttingen 1954.
- "Die Grabinschrift Hiobs", *Die Welt des Orients*, II, 1(1954), 3-6.
- "Erwägungen zur antiken Synagoge", *ZDPV* 72(1956), 163-178.
- "Das Rätsel der Zeit im Urteil Kohelets(Koh 3, 1-15)", *ZTK* 58(1961), 1-15.
- "Eschmunazar und der Herr der Könige", *ZDPV* 79(1963), 140-151.
- *Studien zur Geshichte Israels im persischen Zeitalter*, Tübingen 1964.

Gan, M. "The Book of Esther in the Light of the Story of Joseph in Egypt", *Tarbiz* 31(1961), 144-149.

Gandz, S. "The Hall of Reckonings in Jerusalem", *JQR* 31(1940/41), 383-404.

Gaster, T. H. "La Révolte des Macchabées", *Evidence*, 4. Jahrgang, Heft 29(Dez. 1952), 27-33.

Gebhardt, C. *Das Lied der Lieder*, Berlin 1931.

Geffcken, J. *Zwei griechische Apologeten*, Leipzig u. Berlin 1907.

Geiger, A. *Urschrift und Übersetzungen der Bibel ihrer Abhängigkeit von der inneren Entwicklung des Judenthums*, Breslau 1857.

Gemser, B. "The Instructions of 'Onchsheschonqy and Biblical Wisdom Literature", $VT 7(1960), 102-128.

- *Sprüche Salomos*, HAT I 16, 2.A., Tübingen 1963.

Gerleman, G. "The Septuagint Proverbs as a Hellenistic Document", *OTS* 8(1950), 15-27.

- *Studies in the Septuagint* III, *Proverbs*. LUÅ I, 52(1956) Nr. 3.

Gese, H. *Lehre und Wirklichkeit in der alten Weisheit. Studien zu den Sprüchen Salomos und dem Buche Hiob*, Tübingen 1958.

- "Die Krisis der Weisheit bei Koheleth", in: *Les Sagesses du Proche Orient Ancien. Travaux du centre…d'histoire des religions de Strasbourg*, Paris 1963, 139-151.

Gibbert, J. "Eupolème et l'historiographie du Judaïsme hellénistique", *ETL* 39(1963), 539-554.

Ginsberg, H. L. *Studies in Koheleth*, Texts and Studies of the Jew. Theological Seminary of America, 1950.

- "The Structure and contents of…Koheleth", in: *Wisdom in Israel and in the Ancient Near East*, presented to Prof. H. H. Rowley…. SVT 3(1955), 138-149.

Ginsburg, M. S. "Sparta und Judäa", *ClassPhil* 29(1934), 117-121.

Ginzberg, L. *The Legends of the Jews*, Bd. I-VII, Philadelphia, 1909-1955.

- *On Jewish Law and Lore*, Philadelphia, 1955.

Giveon, R. "A Ptolemaic Fayence Bowl(b. Mishmar ha - 'Emeq)", *IEJ* 13(1963), 20-29.

Glasson, T. F. *Greek Influence in Jewish Eschatology, wite Special Reference to the Apocalypses and Pseudepigraphes*. London 1961.

Glatzer, N. N. *Geschichte der talmudischen Zeit*, Berlin 1937.

Glockmann, G. "Das Homerbild der altchristlichen Literatur", *Klio*

43-45, (1965), 270-281.

Glueck, N. "Explorations in Eastern Palestine III", *AASOR* 18/19 (1937 bis 1939).

Götze, A. "Persische Weisheit in griechischem Gewande", *Zeitschrift für indologie und Iranistik* 2 (1923), 60-68 u. 167-177.

Goldin, J. "The Three Pillars of Simeon the Righteous", *PAAJR* 27 (1958), 43-58.

Goodenough, E. R. *The Political Philosophy of Hellenistic Kingship*, YCISt1 (1928), 55-104.

- *Jewish Symbols in the Greco-Roman Period*, Bd. I-XI, New York 1953ff. (Bollingen Series XXXVII).

- "The Bosporus Inscriptions to the Most High God", *JQR* 47 (1957), 221 bis 244.

Gordis, R. *Koheleth-The Man and his World*, Texts and Studies of the Jew. Theological Seminary of America 19, New York 1951.

Gordon, C. H. "Homer and Bible: The Origin and Character of East Mediterranean Literature", HUCA 26 (1955), 43-108.

- *Before the Bible*, London 1962.

Gorion, M. J. *Die Sagen der Juden* (I), *Von der Urzeit*, Frankfurt 1913.

Grässer, E. "Der Hebräerbrief 1938-1963", *TR* 30 (1964), 138-236.

Graetz, H. *Geschichte der Juden*, Bd. III 5. A. bearbeitet v. Dr. M. Braun, Leipzig 1905.

Graham, W. C.-May, H. C. *Culture and Conscience*, Chicago 1936.

Granier, F. *Die makedonische Heeresversammlung, Ein Beitrag antiken Staatsrechts*, MBPAR 13 (1931).

Grelot, P. "Études sur le »Papyrus Pascal« d'Éléphantine", *VT* 4 (1954), 349-384.

- "Notes sur le Testament Araméen de Lévi", *RB* 63 (1956), 391-406.

- "La Légende d'Hénoch dans les Apocryphes et dans la Bible", *RSR* 46 (1958), 5-26; 181-210.

- "La géographie mythique d'Hénoch et ses sources orientales", *RB*

65(1958), 33-69.

- "L'Eschatologie des Esséniens et le Livre d'Hénoch", *RQ* 1(1958/59), 113-131. Gressmann, H. Die ammonitischen Tobiaden, SAB 1921, 663-671.

- "Das religionsgeschichtliche Problem des Ursprungs der hellinistischen Erlösungsreligion II", *ZKG* 41, 1922, 154-80.

- "Die Umwandlung der orientalischen Religionen unter dem Einfluß hellenistischen Geistes", *Vorträge der Bibliothek Warburg*, 1923-1924, 1924/25, 170-195.

- *Die hellenistische Gestirnreligion*, BhAO 5(1925).

- "Die Aufgaben der Wissenschaft des nachbiblischen Judentums", *ZAW* 43(1925), 1-32.

- *Der Messias*, FRLANT NT 26(1929).

- "Foreign Influences in Hebrew Prophecy", *JTS* 27(1926), 241-254.

- "Jewish Life in Ancient Rome", in: *Jewish Studies in Memory of Israel Abrahams*, New York 1927, 170-191.

Griffith, G. I. *The mercenaries of the Hellenistic World*, London 1935.

Grönbech, V. *Der Hellenismus. Lebensstimmung Weltmacht.* Übers. v. Chr. Boehncek-Sjöberg, Göttingen 1953.

Gulkowitsch, L. *Die Entwicklung des Begriffes Hāsīd im Alten Testament.* Acta et Commentationes Universitatis Tartuensis, B 32, 4(1934).

Gundel, W. and H. G., *Astrologumena*, Sudhoffs Archiv Beineft 6, 1966.

Guthe, H. *Die griechisch-römischen Mächte des Ostjordanlandes*, Das Land der Bibel II, 5, 1918.

Gutman, Y. *The Beginnings of Jewish Hellenistic Literature*(hebr.), Jerusalem I 1958; II 1963.

Gutschmid, A. v. *Kleine Schriften*, hrsg. v. F. Rühl, Bd. II u. IV, Leipzig 1890 u. 1893.

Guttmann, A. "The Significance of Miracles …", *HUCA* 20(1947), 363-406.

Hadas, M. *Aristeas to Philocrates*, Jewish Apocryphal Literature, N.Y. 1951.

- *The third and fourth books of Maccabees*, Jewish Apocryphal Literature,

New York 1953.
- "Plato in Hellenistic Fusion", *Journal of the History of Ideas* 19(1958), 3-13.
- *Hellenistic Culture, Fusion Diffusion*, New York 1959(HCu).
Haenchen. E. *Die Apostelgeschichte*, KEKNT, 5.A., Göttingen 1965=*The Acts of the Apostles*, Oxford 1971..
Hahn, F. *Das Verständnis der Mission im NT*, WMANT 13, Neukirchen 1963=*Mission in the New Testament*, SBT I, 47, London 1965.
Hallewy, E. E. "Biblical Midrash and Homeric Exegesis", *Tarbiz* 31(1961/62), 157-169; 264-280(hebr.).
- "The Writers of the Aggada and the Greek Grammarians", *Tarbiz* 29(1959/60), 47-55(hebr.).
Hamatta, J. Irano-Aramaica, "Zur Geschichte des frühhellenistischen Judentums in Ägypten", *Acta Antique* 7(1959), 336-409.
Hamilton, N. Q. "Temple Cleansing and Temple Bank", *JBL* 83(1964), 365-372.
Hamilton, R. W. "Excavations at Tell Abu Hawan", *QDAP* 4(1934/35), 1-69.
Hammond, P. C. "The Nabataean Bitumen Industry at the Dead Sea", *BA* 22(1959), 40-48.
Hampel, F. Rezension v. F. Reuter, *Beiträge zur Beurteilung des Königs Antiochos Epiphanes*, *Gnomon* 15(1939), 619-623.
Hanhart, R. "Fragen um die Entstehung der LXX", *VT* 12(1962), 139-162.
- *Zur Zeitrechnung des 1. und 2. Makkabäerbuches*, BZAW 88(1964).
Hanson, R. P. C. *Allegory and Evant*, London 1959.
Harder, R. *Karpokrates von Chalkis und die Memphitische Isispropaganda*, AAB ph.-hist. Kl. 1943, Nr. 14.
Harmatta, J., "Irono-Aramaica, zur Geschichte des frühhellenistischen Judentums in Ägypten", *Acta Antiqua* 7, 1959, 336-409.
Harper, jr., G. M. "A Study in the Commercial Relations between Egypt and Syria in the Third Century B.C.", *AJPh* 49(1928),

1-35.

Harris, J. R. "Athena, Sophia and the logos", *BJRL* 7(1922/23), 56-72.

Haussoullier, B. "Inscriptions grecques de Babylone", *Klio* 9(1909), 352-363.

Heaton, E. W. *The Book of Daniel*, Torch Commentary, London 1956.

Heichelheim, F. M. *Die auswärtige Bevölkerung im Ptolemäerreich*, Klio-Bh 18(1925), Leipzig 1925.

- "Roman Syria", in: T. Frank, *An Economic Survey of Ancient Rome*, Vol IV, Roman Syria, Baltimore 1938, 121-257.

- "Ezra's Palestine and Periclean Athens", *ZRGG* 3(1951), 251-253.

- "Recent Discoveries in Ancient Economic History", *Historia* 2(1953/54), 129-135.

Heinemann, I. "Poseidonios über die Entwicklung der jüdischen Religion", *MGWJ* 63(1919), 113-121.

- *Poseidonios' metaphysische Schriften*, Bd. I u. II, Breslau 1921, 1928.

- "Wer veranlaßte den Glaubenszwang der Makkabäerzeit?" *MGWJ* 82(1938), 145-172.

- *Philons griechische und jüdische Bildung*, Nachdruck Darmstadt 1962.

Heinishc, P. *Griechische Philosophie und Altes Testament, I. Die palästinischen Bücher*, Biblische Zeitfragen 6/7(1913).

Heitsch, E. PSI 844, ein Isishymnus, *MusHelv* 17(1960), 185-188.

Heinze, R. *Xenokrates*, Leipzig 1892.

Heller, B. Ein Homerisches Gleichnis im Midrasch, *MGWJ* 76(1932), 330 bis 334.

Helm, R. *Lucian und Menipp*, Leipzig-Berlin 1906.

Hempel, J. *Die althebräische Literatur und ihr hellenistisch-jüdisches Nachleben*, Handbuch der Literatur-Wissenschaft, Bd. XXII, Potsdam 1934.

- *Die Texte von Qumran in der heutigen Forschung*, NGG I ph.-hist. Kl. 1961, Nr. 10.

Hengel, M. *Die Zeloten*, AGSU 1, Leiden 1961.

- "Die Synagogeninschrift von Stobi", *ZNW* 57(1966), 145-183.

- *Nachfolge und Charisma* BZNW 34(1968).

-"Proseuche und Synagoge. Jüdische Gemeinde, Gotteshaus und Gottesdienst in der Diaspora und in Palästina", *Tradition und Glaube. Festschrift für K. G. Kuhn, Göttingen* 1971, 157-184.

Hengel, R. u. M. "Die Heilungen Jesu und medizinisches Denken", *Medicus Viator, Festschrift f. R. Siebeck*, Tübingen 1959, 331-361.

Herrmann, S. "Isis in Byblos", *ZÄS* 82(1958), 48-55.

- "Die Naturlehre des Schöpfungsberichtes", *TLZ* 86(1961), 413-424.

Herter, H. "Hellenisches und Hellenentum". *Das neue Bild der Antike*, hrsg. v. H. Berve, Leipzig 1942, 1, 334-355.

Hertzberg, H. W. "Palästinische Bezüge im Buche Kohelet", *ZDPV* 73(1957), 113-124.

- *Der Prediger*, KAT XVII, 4, Gütersloh 1963.

Herz, J. "Großgrundbesitz in Palästina im Zeitalter Jesu", *PJB* 24(1928), 98 bis 113.

Herzfeld, L. *Geschichte des Volkes Israel*, Bd. I-III, Nordhausen 1855-57.

Hill, D. K. "The Animal Fountain of 'Arâq el-Emîr", *BASOR* 171(1963), 45-55.

Hölscher, G. *Palästina in der persischen und hellenistischen Zeit*, QFAGG H. 5(1903).

- *Geschichte der israelitischen und jüdischen Religion*, Gießen 1922.

- "Zur jüdischen Namenskunde", in: »*Vom Alten Testament*«, *K.Marti zum 70. Geburtstag gewidmet*, BZAW 41(1925), 148-157.

- *Drei Erdkarten, Ein Beitrag zur Erderkenntnis des hebräischen Altertums*, SAH ph.-hist. Kl. 34(1944/48), 3. Abhandlung, (hrsg. 1949).

- *Das Buch Hiob*, HAT I, 17, 2.A., Tübingen 1952.

Hölscher, U. Anaximander und die Anfänge der griechischen Philosophie, *Hermes* 81(1953), 257-277; 385-418.

Holleaux, M. *Études d'épigraphie et d'histoire grecques*, Bd. III *Lagides et Séleucides*, Paris 1942.

Holtzmann, O. Das Ende des jüd. Staatswesens und die Entstehung des Christentums, in: B. Stade, *Geschichte des Volkes Israel*, Bd. II, Berlin 1888.

Hommel, H. "Vergils »messianisches« Gedicht", Theologia Viatorum 2(1950), 182-212.

Hopfner, Th. *Orient und griechische Philosophie*, BhAO 4(1925), 7 ff.

- *Plutarch über Isis und Osiris*, Bd. I u. II, Prag 1940f.

Humbert, P. *Recherches sur les sources égyptiennes de la littérature sapientiale d'Israël*, Mémoires de l'Université de Neuchâtel 7(1929).

- Le Modernisme de Job, in: *Wisdom in Israel and the Ancient Near East*, SVT 3(1955), 150-161.

Hunzinger, C. H. "Fragmente einer älteren Fassung des Buches Milhamā aus Höhle 4 von Qumrān", *ZAW* 69(1957), 131-151.

- "Aus der Arbeit an den unveröffentlichten Texten von Qumrān", *TLZ* 85(1960), 151/52.

Iliffe, J. H. "Pre-Hellenistic Greek Pottery in Palestine", *QDAP* 2(1933), 15-26, T. V-IX.

- "A Tell Fār'a Tomb Group reconsidered", *QDAP* 4(1934), 182-186 T. LXXXIX-XCI.

- "A Hoard of Bronzes from Askalon", *QDAP* 5(1935), 61-68 T. XXXIX bis XXXIV.

Irby, C. L. u. Mangels, J. *Travels in Egypt and Nubia, Syria and the Holy Land including a Journey round the Dead Sea and through the Country East of the Jordan*, 2. A., London 1852.

Irwin, W. A. "Job and Prometheus", *JR* 30(1950), 90-108.

- "Where shall Wisdom be Found?", *JBL* 80(1961), 133-142.

Jackson, J. F. u. Lake, K. *The Beginnings of Christianity*, I, 1-5, London 1920-1930.

Jacob, E. "L'histoire d'Israël vue par Ben Sira", *Mélanges bibliques rédigés en l'honneur de A. Robert*, Paris 1957, 288-295.

Jaeger, W. *Diokles von Karystos*, Berlin 1938.

- "Greeks and Jews", JR 18(1938), 127-143 = *Scripta Minora* 1960, 2, 169 bis 183.
- *Die Theologie der frühen griechischen Denker*, Stuttgart 1953.
- *Aristoteles*, 2.A., Berlin 1955.
Jansen, H. L. *Die Henochgestalt*, Skrifter utgitt av det norske Videnskapsakademi i Oslo 1939.
- *Die Politik Antiochus IV.*, Skrifter utgitt av det norske Videnskapsakademi i Oslo 1943.
Jastrow, M. *The Book of Job*, Philadelphia/London 1920.
Jaubert, A. *La Date de la Cène*, Paris 1957.
- "Jésus et le Calendrier de Qumran", NTS 7(1960/61), 1-22.
- *La Notion d'Alliance dans le Judäisme* …, Patristica Sorbonensia 6, Paris 1963.
Jellicoe, S. "Aristeas, Philo and the Septuagint Vorlage", *JTS* 12(1961), 261-271.
Jeremias, G. *Der Lehrer der Gerechtigkeit*, SUNT 2, Göttingen 1962.
Jeremias, J., *Jerusalem in the Time of Jesus*, London and philadelphia 1969.
Johns, C. N. "Excavations at 'Atlīt(1930/31)", *QDAP* 2(1933), 41-104.
Jonas, H. *Gnosis und spätantiker Geist*, Bd. I: Die mythologische Gnosis, FRLANT 51, 2.A., Göttingen 1954.
Jones, A. H. M. *The Cities of the Eastern Roman Provinces*, Oxford 1937.
- *The Greek City from Alexander to Justinian*, Oxford 1940.
Jonge, M. de u. Woude, A. S. v. d. 11 Q Melchizedek and the New Testament, *NTS* 12(1965/66), 301-326.
Jouguet, P. "Les Lagides et les indigènes Égyptiens", *RBPH* 2(1923), 419 bis 445.
- *L'impérialisme Macédonien et l'hellénisation de l'Orient*, Évolution de l'Humanité NR. 15, Paris 1926.
- "L'histoire politique et la papyrologie", *MBPAR* 19(1934), 62-101.
Jüthner, J. *Hellenen and Barbaren*, Das Erbe der Alten NF 8(1923).
Juster, J. *Les Juifs dans l'empire Romain, leur condition juridique, économique et sociale*, Bd. I u. II, Paris 1914(Juster).

Kaerst, J. *Die antike Idee der Oekumene in ihrer politischen und kulturellen Bedeutung*, Leipzig 1903.

- *Gesshishte des Hellenismus*, Bd. I 3.A. 1927, Bd. II 2.A. 1926, Berlin.

Käsemann, E. *Exegetische Versuche und Besinnungen*, Bd. II, Göttingen 1964=*New Testament Questions of Today*, London and Philadelphia 1969.

Kahle, P. E. *Die Kairoer Genisa*, Berlin 1962=*The Cairo Geniza*, Oxford 1959.

Kahrstedt, U. *Syrische Territorien in hellenistischer Zeit*, AGG NF ph.-hist. Kl. Bd. XIX, 2, Berlin 1926.

Kaiser, O. "Die Begründung der Sittlichkeit im Buche Jesus Sirach", *ZTK* 55(1958), 51-63.

Kallen, H. M. *The Book of Jop as a Greek Tragedy*, New York repr. 1959.

Kaminka, A. "Les rapports entre le rabbinisme et la philosophie stoïcienne", REJ 82(1926), 233-252.

Kamlah, E. *Die Form der katalogischen Paränese im Neuen Testament*, WUNT 7, Tübingen 1964.

Kaplan, J. "Exploration Archéologique de Tel-Aviv-Jaffa", *RB* 62(1955), 92-99.

Katz, P. "The Old Testament Canon in Palestine and Alexandria", *ZNW* 47(1956), 191-217.

Keil, J.-Premerstein, A. v. *Bericht über eine zweite Reise in Lydien …*, DAW ph.-hist.Kl. 54, 2(1911).

Keller, R. *De Aristobulo Judaeo*, Diss. dact. Bonn 1948.

Kerényi, K. Das persische Millienium im Mahābharata, bei der Sibylle und Vergil, *Klio* 29(1936), 1-35.

- *Die griechisch-orientalische Romanliteratur in religionsgeschichtlicher Beleuchtung*, 2.A., Darmastadt 1962.

Kerschensteiner, J. *Platon und der Orient*, Stuttgart 1945.

Kiechle, F. Antiochos IV …, *Geschichte in Wissenschaft u. Unterricht* 14(1963), 159-170.

Kiefer, A. *Aretalogische Studien*, Diss. Freiburg 1929.

Kienitz, F. K. *Die politische Geschichte Ägyptens vom 7. bis zum 4.Jh. vor der Zeitwende*, Berlin 1953.

Kiessling, E. *Der Hellenismus in der deutschen Forschung 1938-1948*, Wiesbadan 1956.

Kincaid, C. A. "A persian Prince - Antiochus Epiphanes", *Oriental Studies in honour of Cursetji Erachji Pavry*, London 1933, 209-219.

Kippenberg, H. G., *Garizim und Synagoge*, Religionsgeschichtliche Versuche und VorarBeiten, Berlin and New York 1971.

Kittel, G. *Die Probleme des palästinischen Spätjudentums und das Urchristentum*, BWANT 3, 1, Stuttgart 1926.

- *Die religionsgeschichte und das Urchristentum*, Gütersloh 1931.

- "Das kleinasiatische Judentum in der hellenistisch-römischen Zeit", *TLZ* 69(1944), 9-20.

Kittel, R. *Geschichte des Volkes Israel* Bd. III, 2 Stuttgart 1929.

Klausner, J. *Historijah šäl habbajit haššenī*, Bd. I-IV, 4.A., Jerusalem 1954(Hist.).

- *The Messianic Idea in Israel*, Üs. der 3. hebr. A. von W. F. Stinespring, New York 1955.

Klein, S. *Die Barajta der vierundzwanzig Priesterabteilungen*, Diss. Heidelberg, Kirchhain 1909.

- Rezension zu P. Kahle, *Masoreten des Westens*, MGWJ 73, (1929), 69-73.

- "Notes on the History of Large Estates in Palestine", *BJPES* 3(1936), hebr., 110-116.

Kleinert, P. "Sind im Buche Kohelet außerhebräische Einflüsse anzuerkennen?" *TstKr* 56(1883), 761-782.

- "Zur religions- und kulturgeschichtlichen Stellung des Buches Koheleth", *TStkr* 82(1909), 493-529.

Kleingünther, A. *ΠΡΩΤΟΣ ΕΥΡΕΤΗΣ*, Phil. Suppl 26, 1(1933).

Knox, W. L. "The Divine Wisdom", *JTS* 38(1937), 230-237.

- *Pharisaism and Hellenism in Judaism and Christianity*, Bd. II *The Contact of Pharisaism with other Cultures*, London 1937, 61-114.

- *St. Paul and the Church of Gentiles*, Cambridge 1939.

Koch, K. Gibt es ein Vergeltungsdogma im AT? ZTK 52(1955), 1-42.

- "Spätisraelitisches Geschichtsdenken am Beispiel des Buches Daniel", HZ 193(1961), 1-32.

Koenen, L., "Die Prophezeiungen des 'Töpfers'", *ZPapEp* 2, 1968, 178-209.

- "The Prophecies of a Potter: A Prophecy of World Renewal Becomes an Apocalypse", *Proceedings of the Twelfth International Congress of Papyrology*, Anerican Studies in Papyrology 7, Toronto 1970, 255-261.

Koffmahn, E. "Rechtsstellung und hierarchische Struktur des dxy von Qumran", *Bibl* 42(1961), 433-442.

- "Die staatsrechtliche Stellung der essenischen Vereinigungen", Bibl 44(1963), 46-61.

Kolbe, W. *Beiträge zur syrischen und jüdischen Geschichte*, BWAT NF 10, Stuttgart 1926.

Koole, J. L. "Die Bibel des Ben Sira", *OTS* 14(1965), 374-396.

Kortenbeutel, H. *Der ägyptische Süd- und Osthandel in der Politik der Ptolemäer und römischen Kaiser*, Diss. Berlin 1931.

- *ΓΥΜΝΑΣΙΟΝ und ΒΟΥΛΗ APF* 12(1937), 44-53.

Kraeling, C. H., ed., *Gerasa, City of the Decapolis*, New Haven 1938.

Kraeling, E. G. *The Brooklyn Museum Aramaic Papyri*, New Haven 1953.

Krämer, H. J., *Der Ursprung der Geistmetaphysik. Untersuchungen zur Geschichte des Platonismus zwischen Platon und Plotin*, Amsterdam ^{2}1967.

Kraus, F. R. *Die physiognomischen Omina der Babylonier*, MVÄG 40(1935)/2.

Kraus, H. J. *Psalmen*, Bd. I u. II, BKAT 15, Neukirchen 1960.

Krauss, S. *Griechische und lateinische Lehnwörter in Talmud, Midrasch und Targum*, Bd. I u. II, Berlin, 1898-99.

- "Antiochia", *REJ* 45(1902), 27-49.

- *Talmudische Archäologie*, Bd. I-III, Leipzig 1910-12.

Kreissig, H. "Der Makkabäeraufstand, zur Frage seiner sozialökonomischen Zusammenhänge und Wirkungen", *Studii Clasice* 4(1962), 143-175.

Kroeber, R. *Der Prediger*, Schriften, und Quellen der Alten Welt 13, Berlin 1963.

Kroll, W. "Bolos und Demokritos", *Hermes* 69(1934), 228-232.

Kromayer, J.-Veith, G. *Heerwesen und Kriegführund der Griechen und Römer*, HAW IV, 3, 2; 3.A., München 1928.

Kümmel, W. G. *Heilsgeschehen und Geschichte, Gesammelte Aufsätze* 1933 bis 1964, Marburger theologische Wtudien 3(1965).

- *Introduction to the New Testament*, London and New York 21974.

Kuhl, C. "Neuere Literarkritik des Buches Hiob", *TR* 21(1953), 163-205; 257-317.

Kuhn, H. W. *Enderwqrtung und gegenwärtiges Heil*, SUNT 4(1966).

Kuhn, K. G. "Πειρασμος-ἁμαρτία-σάξ im Neuen Testament und die damit zusammenhängenden Vorstellungen", *ZTK* 49(1952), 200-222.

- "Die in Palästina gefundenen Texte und das Neue Tastament", *ZTK* 47(1950), 192-211.

- "Die Sektenschrift und die itanische Religion", *ZTK* 49(1952), 296-316.

- "Zum heutigen Stand der Qumranforxchung", *TLZ* 85(1960), 649-658.

- "Zum essenischen Kalender", *ZNW* 52(1961), 65-73.

Kukahn, E. *Anthropoide Sarkophage in Beytouth*, Berlin 1955.

Kuschke, A. "Arm und reich im Alten Testament, mit besonderer Berücksichtigung der nachexilischen Zeit", *ZAW* 57(1939), 31-57.

Kutsch, E. "Der Kalender des Jubiläenbuches und das Alte und das Neue Testament", *VT* 11(1961), 39-47.

Lack, R. "Les Origines de Elyom…", *CBQ* 24(1962), 44-64.

Lagrange, M. J. "Deux Hypogées Macédo-Cidoniens à Beit-Djebrin (Palestine)", *CRAL* 1902, 497-505.

- *Le Judaisme avant Jésus Christ*, Paris 1931.

Lambrechts, P. u. Noyen, P. "Recherches sur le culte d'Atargatis dans le monde grec", *NClio* 6(1954), 258-277.

Lamer, H. "Der Kalypso-Graffito in Marissa", *ZDPV* 54(1931), 59-67.

Lanczkowski, G. "Die Entstejung des antiken Synkretismus", *Saeculum* 6(1955), 227-243.

- *Altägyptischer Prophetismus*, Ägyptologische Abhandlungen 4(1960).

Landau, Y. H. "A Stamped Jar Handle form Jaffa", *'Atiqot* 2(1959), 186 bis 187.

Langen, D. *Archaische Ekstase und asiatische Meditation mit ihren Beziehungen zum Abendland.* Schriftenreihe zur Theorie und Praxis der Psychotherapie Bd. III, Stuttgart 1963.

Lapp, P. W. *Palestinian Ceramic Chronology*, ASOR, Publications of the Jerusalen School, Arcjaeology Bd. III(1961).

- "Soundings at 'Araq el-Emir(Jordan)", *BASOR* 165(1962), 16-34.

- "The 1961 Excavations at 'Araq el-Emir", *ADAJ* VI/VII(1962), 80-89.

- "The Second and Third Campaigns at 'Araq el-Emir", *BASOR* 171(1963), 8-39.

- "Ptolemaic stamped Jandles from Judah", *BASOR* 172(1963), 22-35.

- "Tell el-Fûl", BA 28(1965), 2-10.

Laqueur, R. *Hellenismus*, Schriften der hessischen Hochschulen, Universität Gießen H. 1(1924).

Latte, K. Römische Religionageschichte, HAW V, 4, München 1960.

Lauha, A. "Die Krise des religiöesn Glaubens bei Kohelet", *SVT* 3(1955), 183 bis 191.

Launey, M. *Recherches sur les armeées hellénistiques.* Bibliothèque des Écoles françaises d'Athènes et de Rome 169, Bd. I. u. II, Paris 1949/50.

Leaney, A. R. C. *The Rule of Qumran and its Meaning*, London 1966.

Lebram, J. C. H. "Der Aufbau der Areopagrede", *ZNW* 55(1964), 221-243.

- "Die Weltreiche in der jüdischen Apokalyptik. Bemerkungen zu Tob.

14, 4-7", *ZAW* 76(1964), 328-331.
- "Nachbiblische Weisheitstraditionen", *VT* 15(1965), 167-237.

Leeuwen, C. v. *Le développement du sens social en Israël avant l'ère chrétienne*, Assen 1955.

Lehmann, M. R. "Ben Sira and the Qumran Literature", *RQ* 3(1961/62), 103 bis 116.

Leider, E. *Der Handel von Alexandria*, Diss. Hamburg 1935.

Leipoldt, J. u. Grundmann, W. (Hrsg.) *Umwelt des Urchristentums, I. Darstellung des neutestamentlichen Zeitalters*, Berlin 1965, (UU).

Lenger, M. T., "Ordonnances divines et prostagmata fdans l'empire des Ptolémées", *Proceedings of the Twelfth International Congress of Papyrology*, American Studies in Papyrology 7, Toronto 1970, 255-261.

Lentzen-Deis, F., "Das Motiv der 'Himmelsöffnung' in verschiedenen Gatt-ungen der Umweltliteratur des Neuen Testavents", *Bibl 50*, 1969, 301-327.

Leon, H. J. *The Hews of Ancient Rome*, Philadelphia 1960.

Lesquier, J. *Les institutions militaires de l'Égypte sous les Lagides*, Paris 1911.

Lévi, I(staël). *L'Ecclésiastique*, I Paris 1898, II Paris 1901, Bibliothèque de l'école des hautes études. Sciences religieuses, 10, 1. 2.

Lévy, I(sidore). *La légende de Pythagore de Grèce en Palestine*, Bibl. de l'école des hautes Études. Sciences hist. et phil., 250, Paris 1927.
- "Notes d'Jistoire hellénistique sur le second Livre des Maccabées", *Mélanges H. Grégoire=AIPHOS 10*(1950), 681-699.
- "Les deux Livres des Maccabées et le Livre Hébraique des Hasmonées", *Semitica 5*(1955), 15-36.
- *Recherches esséniennes et pythagoriciennes*, Geneva and Paris 1965.

Levy, L. *Das Buch Qoheleth, Eih Beitrag zur Geschichte des Sadduzäismus*, Leipzig 1912.

Lewis, D. M. "The first Greek Jew", *Journal of Semitic Studies* 2(1957)1 264 bis 266.

Lewy, H. "Aristotle and the Jewich Sage according go Clearchus of Soli", *HTR* 31 (1938), 205-235.

Liagre-Böhl, F. M. Th. de *Opera minora*, Groningen 1953.

Licht, J. Legs as signs of Election, *Tarbiz* 35 (1965), 18-26 (hebr.).

Lieberman, S. *Greek in Jewish Palestine*, New York 1942.

- *Hellenism in Jewish Palestine*, New York 1950.

Lietzmann, H. *Geschichte der Alten Kirche*, Bd. I, 3. unv. A., Berlin 1953=*The History of the Early Church*, Vol. I., *The Beginning of the Christian Church*, London 31953

Lifshitz, B. "L'Hellénisation des Juifs de Palestine", *RB* 72 (1965), 520-538.

Limbeck, M., *Dke Ordnung des Heils*, Düsseldorf 1971.

Lindblom, C. J. *Die Jesaja-Apokalypse*, *Jes.* 24-27, LUA NF Avd. I34, Nr. 3 (1938).

- "Job and Prometheus", *Dragma Martino P. Nilsson* 1939, 280-287.

Löw, I. *Die Flora der Juden*, Alexander Kohut Memorial Foundation IV, Bd. I, 1, Wien-Leipzig 1926.

Loewe, R. "The Earliest Biblical Allusion to coined Money", *PEQ* 87 (1955), 141-150.

Longo, V., *Aretalogie nel mondo Greco*, I *Epigrafi e Papiri*, Genova 1969.

Loretz, O. *Qoheleth und der Alte Orient*, Freiburg 1964.

Luck, G., *Der Akademiker Antiochos*, Noctes Romanae 7, 1953.

Lueder, A. *Die philosophische Persönlichkeit des Antiochos von Askalon*, Diss. Göttingen 1940.

Lührmann, D., "Ein Weisheitspsalm aus Qumran (IIQ Psa XVIII)", *ZAW* 80, 1968, 87-98.

Lueken, W. *Michael*, Göttingen 1898.

Maass, F. "Von den Ursprüngen der rabbinischen Schriftauslegung", *ZTK* 52 (1955), 129-161.

Macalister, R. A. S. *The Excavation of Gezer* Bd. I-III London 1912.

- *A Century of Excavation in Palestine*, London 1925.

- *Excavations on the Hill of Ophel, Jerusalem 1923-25, PEFA* IV(1926).

Macurdy, G. H. "Platonic Orphism in the Testament of Abraham", *JBL* 61(1942), 213-226.

Mach, R. *Der Zaddik in Talmud und Midrasch*, Leiden 1957.

Maier, G., *Mensch und freier wille, Nach den jüdischen Religionsparteien zwischen Ben Sira und Paulus*, WUNT 12, Tübingen 1971.

Maisler, B. (s. auch B. Mazar) "The house of Tobias"(hebr.), *Tarbiz* 12(1940/41), 109-123.

- "The Excavations at Tell Qasîle", *IEJ* 1(1950/51), 61-76; 194-218.

Maisler, B. u.a. "The Excavations at Beth Yerah(Khirbet el Kerak) 1944-46", *IEJ* 2(1952), 165-173; 218-229.

Mansoor, M. *The Thanksgiving Hymns*, Studies on the Texts of the Desert of Judah, Bd. III, Leiden 1961.

Mantel, H. *Studies in the History of the Sanhedrin*, Cambridge/Mass. 1961.

Marcus, R. "Divine Names and Attributes in Hellenistic Jewish Literature", *PAAJR* 1931/32(1932), 43-120.

- "Jewish and Greek Elements in the Septuagint", *Louis Ginzberg Jubilee Volume* I, New York 1945, 227-245.

- "Dositheus, Priest and Levite", *JBL* 64(1945), 269-271.

- "On Biblical Hypostases of Wisdom", *HUCA* 23, 1(1950/51), 157-171.

Marmorstein, A. "Les Épicuriens dans la littérature talmudique", *REJ* 54(1907), 181-193.

Marrou, H. I., *Histoire de l'éducation dans l'antiquité*, Paris 1948=*Geschichte der Erziehung im Klassischen Altertum*, Üs. v. C. Beumann, Freiburg-München 1957.

Masson, O., "Quelques noms sémitiques en transcription Grecque á Délos et a Rhénée", *Hommages A. Dupont-Sommer*, Paris 1971, 61-73.

May, H. G. "Prometheus and Job", *ATR* 34(1952), 240-246.

- "Cosmological Reference in the Qumran Doctrine of the Two Spirits and in Old Testament imagery", *JBL* 82(1963), 1-14.

Mayer, Rudolf *Die biblische Vorstellung vom Weltenbrand*, Bonner Orient.

Studien NS 4, 1956.

Mazar, B. (s. auch Maisler, B.) "The Tobiads", *IEJ* 7(1957), 137-145; 229-238.

- et al., *'Ein-Gedi, archaeological Excavations 1961/62*, Jerusalem 1963.

Mazar, B. u. Dunayewsky, I. "En-Gedi, Third Season of Exavations", *IEJ* 14(1964), 121-130.

Mazar, B., Dothan, M. u. Dunayewsky, I. "En-Gedi, The First and Second Season of Exacavations", *'Atiqot* 5(1966), 1-100.

McCown, C. C. "Hebrew and Egyptian Apocalyptic Literature", *HTR* 18(1925), 357-411.

- *Tell en-Nasbeh*, Bd. I *Archaeological and Historical Results*, Berkeley New Haven 1947.

Meinecke, F. "Johann Gustav Droysen", *HZ* 141(1930), 249-287.

- *Staat und Persönlichkeit*, Berlin 1933.

Merkelbach, R. *Roman und Mysterium in der Antike*, München u. Berlin 1962.

Mewald, J. "Das Weltbürgertum in der Antike", Die Antike2(1926), 177-189.

Meyer, E. *Die Entstehung des Judenthums*, Halle 1896.

- "Ägyptische Dokumente aus der Perserzeit, 1. Eine eschatologische Prophetie …", SAB 1915, 286-304.

- *Ursprung und Anfänge des Christentums*, Bd. II, 4. u. 5. A., Stuttgart 1925(UAC).

- "Blüte und Niedergang des Hellenismus in Asien", *Kunst und Altertum* 5, Berlin 1925.

Meyer, M. A. *History of the City of Gaza*, Columbia University Oriental Studies V(1907).

Meyer, R. *Hellenistisches in der rabbinischen Anthropologie*, BWANT IV, 22(1937).

- Rez. L. Finkelstein, *The Pharisees*, Bd. I u. II, 1938, OLZ 44(1941), 70-72.

- *Das Gebet des Nabonid*, BAL 107, 3(1962).
- *Tradition und Neuschöpfung im antiken Judentum*, BAL 110, 2(1965), 7-88.

Meyers, E. M., *Jewish Ossuaries, Reburial and Rebirth*, Biblica et Orientalia 24, Rome 1971.

Michaelis, D. "Das Buch Jesus Sirach als typischer Ausdruck für das Gottesverhältnis des nachalttestamentlichen Menschen", *TLZ* 83(1958), Sp. 602 bis 608.

Michaud, H. "Un Mythe Zervanite dans un des Manuscrits de Qumran", *VT* 5(1955), 137-147.

Michel, O. *Der Brief an die Römer*, KEKNT 12.A., Göttingen 1963.

Milik, J. T. "Le travail d'édition des manuscrits du Désert de Juda", SVT 4(1957), 17-26.

- Dix ans de découvertes dans le Désert de Juda, Paris 1957=*Ten Years of Discovery in the Wilderness of Judaea*, London 1959.
- Rez. P. Wernberg-Moller, The Manual of Discipline … mit anschließenden Textvarianten zur Sektenregel, *RB* 67(1960), 410-416.
- "Problèmes de la littérature hénochique à la lumière des fragments araméens de Qumran", *HTR* 64, 1971, 333-78.
- "4 Q Visions de 'A New Look at Ancient Sardis", *BA* 29, 1966, 38-68.

Mitteis, L.-Wilcken, U. *Grundzüge und Chrestomathie der Papyruskunde*, Bd. I-II, Leipzig-Berlin 1912(Nachdruck Darmstadt 1963).

Mitten, D. G. "A New Look at Ancient Sardis", *BA* 29(1966), 38-68.

Mittmann, S., "Zenon in Ostjordanland", *Archäologie und Altes Testament, Festschrift für Kurt Galling*, Tübingen 1970, 199-210.

Mittwoch, A. "Tribute and Land- Tax in Seleucid Judaea", *Bibl* 36(1955), 352-361.

Mölleken, W. "Geschichtsklitterung im 1. Makkabäerbuch(Wann wurde Alkimus Hoherpriester?)", *ZAW* 65(1953), 205-228.

Morkholm, O. "Eulaios and Lenaios", *Classica et Mediaevalia* 22(1961),

32-43.

- *Antiochus IV of Syria*, Classica et Mediaevalia, Dissertationes VII, Koben-havn 1966.

- "The Seleucid Mint at Antiochia on the Persian Gulf", *The American Numismatic Society, Museum Notes* 16, 1970, 31-44.

Molin, G. "Hat die Sekte von Khirbet Qumrân Beziehungen zu Ägypten?" *TLZ* 78(1953), 653-656.

- "Qumrân- Apokalyptik - Essenismus", *Saeculum* 6(1955), 244-281.

Momigliano, A. "I Tobiadi nella prehistoria del moto Maccabaico", *Atti della reale Accademia della scienze di Torino* 67(1931/32), 165-200.

Mommsen, Th. *Römisches Strafrecht*, Leipzig 1899.

- "Mamilius Sura, Aemilius Sura …", *RheinMus* 16(1861), 282-284.

Montefiore, C. G. Rezension von H. M. Kallen, *HTR* 12(1919), 219-224.

Montgomery, J. A. *The Samaritans*, Philadelphia 1907.

- "The Highest, Heaven, Aeon, Time etc. in Semitic Religion", *HTR* 31(1938), 143-150.

- Rezension E. Bickermann, *Der Gott der Makkabäer*, JBL 59(1940), 308-9.

Moore, G. F. "Intermediaries in Jewish Theology", *HTR* 15(1922), 41-61.

- "Simeon the Righteous" in: *Jewish Studies in Memory of Israel Abrahams*, New York 1927, 348-364.

- "Fate and Free Will in the Jewish Philosophies according to Josephus", *HTR* 22(1929), 371-389.

- *Judaism*, Bd. I-III, 7. (4.) unv. A., Cambridge Mass. 1954.

Moreau, J. *L'âme du monde de Platon aux Stoïciens*, Paris 1939.

Morenz, S. "Das Tier mit den vier Hörnern", *ZAW* 63(1951), 151-154.

- *Ägyptische Religion*, Die Religionen der Menschheit, 8(1960).

Morenz, S.-Müller, D. *Untersuchungen zur Rolle des Schicksals in der ägyptischen Religion* AAL 52, 1(1960).

Morris, N. *The Jewish School from the earliest times to the year 500 of the present era*, London 1937.

Moulton, W. "An Inscribed Tomb at Beit Jibrin", *AJA* 19(1915), 63-70.

Mühl, M. *Die antike Menschheitsidee in ihrer geschichtlichen Entwicklung*, Erbe der Alten 14(1928).

Müller, H.-P., "Mantische Weisheit und Apokalyptik", in: *Congress Volume Uppsala* 1971, SVT 22, 1972, 268-93.

Muilenburg, J. "A Qoheleth Scroll from Qumran", *BASOR* 135(1954), 20-28.

Myers, J. M. "Some Considerations bearing on the Date of Joel", *ZAW* 74(1962). 177-195.

Naveh, J. "The Excavations at Mesad Hashavyahu", *IEJ* 12(1962), 89-113.

Negbi, O., "A Contribution of Mineralogy and Palaeontology to an Archaeological Study of Terracottas", *IEJ* 14, 1964, 187-9="A Contribution of Mineralogy and Palaeontology to an Archaeological Study of Terracottas and Statuettes from Tel Sippor", *'Atiqot* 6(1966).

- "A Deposit of Terracottas and Statuettes from Tel Sippor", *'Atiqot 6*, 1966.

Nestle, E. "Der Greuel der Verwüstung", *ZAW* 4(1884), 248.

Neugebauer, O. *The exact Sciences in Antiquity*, 2.A., Providence 1957.

Neugebauer, O. u. Hoesen, H. B. van, *Greek Horoscopes*, Philadelphia 1959.

Neusner, J. *A Life of Rabban Yohanaa b. Zakkai*, Studia Post-Biblica 6, Leiden 1962.

- *A History of the Jews in Babylonia* I, Studia Post-Biblica 9, Leiden 1965.

- "Note on Barukh Ben Neriah", 1965, 66-9.

- *The Rabbinic Traditions about the Pharisees before 70*, Vols. I-III, Leiden 1971.

Niese, B. "Kritik der beiden Makkabäerbücher nebst Beiträgen zur Geschichte der Makkabäischen Erhebung", *Hermes* 35(1900), 268-307 ; 453 bis 527.

- *Geschichte der griechischen und makedonischen Staaten*, Bd. I-III, unv. Nachdr. der A. v. 1893/1903, Darmstadt 1963(GGMS).

Nilsson, M. P. *Die hellenistische Schule*, München 1955.

- *Opuscula selecta* III, 1960, Skrifter utg. Svenska inst. Athen II, 3.

- *Geschichte der Griechischen Religion*, Bd. I u. II, 2. A., HAW V, 2, 1. 2., München 1955 u. 1961.

- "The High God and the Mediator", *HTR* 56 (1963), 101-120.

Nissen, A. "Tora u. Geschichte im Spätjudentum", *NovTest* 9 (1967), 241-277.

Nock, A. D. *Conversion*, London 1933.

- "A Vision of Mandulis Aion", *HTR* 27 (1934), 53-104.

- "Roman Army and Religious Year", *HTR* 45 (1952), 187-252.

- Essays on Religion and the Ancient World, Vols. I - II, Oxford 1972.

Nock, A. D.-Skeat, T. S.-Roberts, C. "The Gild of Zeus Hypsistos", *HTR* 29 (1936), 39-88.

Nöldeke, Th. *Untersuchungen zur Kritik des Alten Testaments*, Kiel 1869.

Nötscher, F. *Zur theologischen Terminologie der Qumran-Texte*, BBB 10 (1956).

- *Vom Alten zum Neuen Testament, Gesammelte Aufsätze*, BBB 17 (1962).

Norden, E. *Agnostos Theos*, Leipzig 1913 (Nachdruck Darmstadt 1956).

- "Jahve und Moses in hellenistischer Theologie", *Festgabe f. A. v. Harnack*, Tübingen 1921, 292-301.

- *Das Genesiszitat in der Schrift vom Erhabenen*, AAB, Kl. f. Sprachen 1954. Nr. 1.

- *Die Geburt des Kindes*, 3. unv. Nachdr, d. 1. A. v. 1924, Darmstadt 1958.

Noth, M. "Die fünf syrisch überlieferten apokryphen Psalmen", *ZAW* 48 (1930), 1-23.

- *Geschichte Israels*, 2. A., Göttingen 1954=*History of Israel*, London ²1960.

- *Gesammelte Studien zum Alten Testament*, 2. A., München 1960=*The Laws in the Pentateuch and Other Essays*, Edinburgh 1966.

O'Callaghan, R. "An Approach to Some Religious Problems of Karatepe", *Archiv Orientálni* 18, 1/2 (1950), 354-365.

O'Dell, J. "The Religious Background of the Psalms of Solomon", *RQ*

3 (1961/1962), 241-257.

Oesterley, W. O. E. *A History of Israel*, Vol II, Oxford repr. 1951.

Olavarri, E. "Sondages à 'Arô'er sur I' Arnon", *RB* 72 (1965), 77-94.

Olmstead, A. T. "Intertestamental Studies", *JAOS* 56 (1936), 242-257.

Orlinsky, H. M. Rezension v. M. Hadas, *Aristeas to Philocrates* 1951, *Crozer Quarterly* 29 (1952), 201-5.

Osswald, E. "Zum Problem der vaticinia ex eventu", *ZAW* 75 (1963), 27-44.

Osten-Sacken, P. v. d., *Gott und Belial*, SUNT 6, Göttingen 1969.

Otto, W. *Priester und Tempel im hellenistischen Ägypten*, Bd. I u. II, Leipzig 1905-1908.

- *Beiträge zur Seleukidengeschichte des 3. Jahrhunderts v.Chr.*, AAM 34, 1 (1928).

- *Zur Geschichte der Zeit des 6. Ptolemäers*, AAM NF 11 (1934).

Otto, W. u. Bengtson, H. *Zur Geschichte des Niederganges des Ptolemäerreiches*, AAM NF 17 (1938).

Pack, R. A. *The Greek and Latin Literary Texts from Greco-Roman Egypt*, Ann Arbor 1952.

Parker, H. W. *Greek mercenary soldiers, From the earliest times to the battle of Ipsus*, Oxford 1933.

Parsons, E. A. *The Alexandrian Library*, Amsterdam 1952.

Pascher, J. *H ΒΑΣΙΛΙΚΗ ΟΔΟΣ. Der Königswep zu Wiedergeburt und Vergottung bei Philon von Alexandreia*, Studien zur Geschichte und Kultur des Altertums 17, 3f, Paderborn 1931.

Pautrel, R. "Ben Sira et le Stoïcisme", *RSR* 51 (1963), 535-549.

Pedersen, J. "Scepticisme israélite", *RHPR* 10 (1930), 317-370.

Pedley, K. G. "The Library at Qumran", *RQ* 2 (1959/60), 21-41.

Perdrizet, P. "Le fragment de Satyros sur les Dèmes d'Alexandrie", *Annales de la Fac. des Lettres de Bordeaux 4e sér. Revue des Études Anciennes* 12 (1910), 217-247.

- "Syriaca", *RevArch* 35 (1899), 34-53.

Peremns, W. "Ptolémée II. Philadelphe et les indigènes égyptiens", *RBPH* 12(1933), 1005-1022.

- *Vreemdelinge en Egyptenaaren in Vroeg - Ptolemaeisch Egyte*, Recueil des travaux publiés par les Membres des Conférences d'Histoire et de Philologie 2e série 43e fasc. Louvain 1943.

Peters, J. P. u. Thiersch, H. *Painted Tombs in the Necropolis of Marissa*, London 1905.

Peters, N. *Das Buch Jesus Sirach oder Ecclesiasticus*, Exegetisches Handbuch zum Alten Testament 25, Münster 1913.

- *Das Buch Job*, Exegetisches Handbuch zum Alten Testament 21, Münster 1928.

Petrie, Flinders u. a. *Beth - Pelet*, London I, 1930, II 1932,

Pfeifer, G. *Ursprung und Wesen der Hypostasenvorstellungen im Judentum*, Arbeiten z. Theol. I, 31, Stuttgart 1967.

Pfeiffer, R. H. *Introduction to the Old Testament*, New York 1948.

- *History of New Testament Times*, New York 1949.

- "Hebrew and Greek Sense of Tragedy", *The Joshua Bloch Memorial Volume*, New York 1960, 54-64.

Pfister, F. *Alexander d. Gr. in den Offenbarungen der Griechen, Juden, Mohammedaner und Christen*, Deutsche Akademie der Wissenschaften zu Berlin. Schriften der Sektion f. Altertumswissenschaft 3(1956).

Pirot, L. *L'oeuvre exégétique de Théodore de Mopsueste*, Rom 1913.

Pirenne, J. "Les institutions du peuple hébreu V". *RIDA* 1(1954), 195-255.

Places, E. des, "Platon et le ciel de Syrie", *MUSJ* 37(1960/61), 201-205, (Mélanges R. Mouterde).

Plassart, A. *Exploration archéologique de Délos*, Bd. 11 *Les sanctuaires et les cultes du mont Cynthe*, Paris 1928.

Ploeg, J. v. d. *Le rouleau de la guerre*, Studies on the Texts of the Desert of Judah, Bd. II, Leiden 1959.

- "Un petit touleau de pasumes apocryphes (ⅡQPsApa), *Tradition und Glaube, Festgabe K. G. Kuhn*, Göttingen 1971, 134-64.

Plöger, O. "Hyrkan im Ostjordanland", *ZDPV* 71(1955), 70-81.

- *Theokratie und Eschatologie*, WMANT 2, Neukirchen 1959=*Theocracy and Eschatology*, Oxford 1968.

- *Das Buch Daniel*, KAT 18, Gütersloh 1965.

- "Die Feldzüge der Seleukiden gegen den Makkabäer Judas", *Aus der Spätzeit des Alten Testament*, Studien, Göttingen 1971, 134-64.

Pohlenz, M. "Stoa und Semitismus", *NJbWJ* 2(1926), 257-269.

- "Paulus und die Stoa", *ZNW* 42(1949), 69-104.

- *Die Stoa*, Bd. I u. II, 3.A., Göttingen 1964.

Porteous, N. W. *Das Danielbuch*, ATD 23, Göttingen 1962=*The Book of Daniel*, OTL, London 1965.

Préaux, C. "Esquisse d'une histoire des révolutions égyptiennes sous les Lagides", ChrEg 11(1936), 522-552.

- "De la Grèce classique a l'Égypte hellénistique. Traduire ou ne pas traduire", *Chronique d'Égypte* 42, 1967, 396-83.

- *L'économie royale des Lagides*, Bruxelles 1939.

- *Les Grecs en Égypte d'après les archives de Zenon*, Bruxelles 1947.

Quinn, J. D. "Alcaeus 48(B 16) and the Fall of Ascalon", *BASOR* 164(1961), 19-20.

Quispel, G. "Der gnostische Anthropos und die jüdische Tradition", Eranos-*Jb.* 22(1953), 195-234.

- "Christliche Gnosis und jüdische Heterodoxie", *EvT* 14(1954), 474-484.

Rad, G. v. *Das Geschichtsbild des chronistischen Werkes*, BWANT 54, Stuttgart 1930.

- "Josephsgeschichte und ältere Chokma", in: *Gesammelte Studien zum Alten Testament*, *TB 8*(1958), 272-280 = *SVT* 1(1953), 120-127="The Joseph Narrative and Ancient Wisdom", in: *The Problem of the Hexa-teuch and other Essays*, Edinburgh 1966, 292-300.

- *Theologie des Alten Testaments*, Bd. I u. II, 4.A., München 1962 u. 1965.

Radermacher, L. *Koinh,*, SAW ph.-hist. Kl. 224, 5(1947).

Rahmani, L. Y. Avigad, N., Benoit, P. "The Tomb of Jason"(hebr.) 'Atiqot 4(1964), 1-40.

Rankin, O. S. *The Origins of the Festival of Hanukkah*, Edinburgh 1930.

- *Israel's Wisdom Literature. Its Bearing on Theology and the History of Religion*, Edinburgh 1954(reprinted).

Ranston, H. *Ecclesiastes and Early Greek Wisdom Literature*, London 1925.

Redpath, H. A. "Mythological Terms in the LXX", *AJT* 9(1905), 34-45.

Reiche, Bo "Traces of Gnosticism in the Dead Sea Scrolls?", *NTS* 1(1954/55), 137-141.

- *Neutestamentliche Zeitgeschichte*, Sammlung Töpelmann 2. R., Bd. II, Berlin 1965=*The New Testament Era*, London 1965.

Reinhardt, K. *Kosmos und Sympathie*, München 1926.

- *Poseidonios über Ursprung und Entartung*, Orient und Antike 6(1928).

Reisner, G. A., Fisher, C. S. u.a. *Harvard Excavations at Samaria 1908 to 1910*, Bd. I, Cambridge Mass. 1924.

Reitzenstein, R. *Zwei religionsgeschichtliche Frangne*, Straßburg 1901.

- *Poimandres*, Leipzig 1904.

- *Das mandäische Buch des Herrn der Grösse*, SAH ph.-hist. Kl. 1919 Nr. 12.

- *Die Hellenistischen Mysterienreligionen*, unv. Nachdruck der 3.A. 1927, Darmstadt 1956.

- *HellenistischeW undererzählungne*, unv. Nachdr. d. A. 1906, Darmstadt 1963.

Reitzenstein, R.-Schaeder, H. H. *Studien zum antiken Synkretismus*, unv. Nachdruck der A. 1926, Darmstadt 1965.

Reuter, F. *Beiträge zur Beurteilung des Königs Antiochos Epiphanes*, Diss. Münster 1938.

Ricciotti, G. *Geschichte Israels*, Bd. II, Üs. v. K. Faschian, Wien 1955.

Richter, H. "Die Naturweisheit des Alten Testaments im Buche Hiob", *ZAW* 70(1958), 1-20.

Rider, G. le, *Suse sous les Séleucides et les Parthes. Les trouvailles moné taires et l'histoire de al ville*, Paris 1965.

Riesenfeld, H. *The Resurrection in Ezekiel XXXVII and in the Dura-Europos Paintings*, UUÅ 1948, Nr. 11.

Ringgren, H. *Word and Wisdom*, Lund 1947.

- *Israelitische Religion*, Stuttgart 1963.

Robert, L. "Un Corpus des Inscriptions Juive", Rez. J. B. Frey CIJ I u. II, *REJ* 101(1937), 73-86, *Hellenica* 3(1946), 90-108.

- "Encore une Inscription Grecque de l'Iran", *CRAI* 1967, 281-96.

- "De Delphes à l'Oxus. Inscriptions nouvelles de la Bactriane", *CRAI* 1968, 416-57.

- "Reliefs votifs et cultes d'Anatolie", *Anatolia* 3, 1958, 103-36.

- "Trois oracles de la Théosophie et un prophète d'Apollon", *CRAI* 1968, 568-99.

- *Études anatoliennes*, Études Orientales V, 1937.

Roberts, C. H. "Literature and Society in the Papyri", *MusHelv* 10(1953), 264-279.

Robinson, Th. H. u. Horst F. *Die Zwölf Kleinen Propheten*, HAT I, 14, 3. A., Tübingen 1964.

Rössler, D. *Gesetz und Geschichte*, WMANT 3, 2. A., Neukirchen 1962.

Rohde, E. *Psyche*, Bd. I-II in einem Band, unv. Nachdr. d. 2. A. 1989, Darmstadt 1961.

Rohde, R. "Die Quellen des Iamblichus in seiner Biographie des Pythagoras", *RheinMus* 26(1871), 554-576.

Ron, Z. "Agricultural Terraces in the Judean Mountains", *IEJ* 16(1966), 33-49 u. 111-122.

Roos, E. "De incubationis ritu per ludibrium apud Aristophanem detorto", *Opuscula Atheniensia* III, Lund 1960, 55-98.

Roscher, W. H. *Die hippokratische Schrift von der Siebenzahl in ihrer vierfachen Überlieferung*. Stud. z. Gesch. u. Kultur des Altertums VI, 3. 4. (1913).

Rosén, H. B. "Palestinian KOINH in Rabbinic Illustration", *JSSt* 8(1963), 56-72.

Rosenthal, L. A. "Die Josephsgeschichte mit den Büchern Ester und Daniel verglichen", *ZAW* 15(1895), 278-284.

- "Nochmals der Vergleich Ester, Joseph-Daniel", *ZAW* 17(1897), 125-128.

Rosler, M. in *'Eškolot(ΣΧΟΛΙΑ) Commentationes de Antiquitate Classica*, ed. M. Schwabe u. I. Gutman, Jerusalem 1(1954), 33-48.

Rost, L. "Gruppenbildungen im AT", *TLZ* 80(1955), 1-8.

Rostovtzeff(Rostowzew), M. *Geschichte der Steuerpacht in der römischen Kaiserzeit bis Diokletian*, PhilSuppl 9(1904), 331-512.

- *Studien zur Geschichte des römischen Kolonates*, APF Bh 1(1910).

- *A Large Estate in Egypt in the third Century B.C.*, Madison 1922.

- *Caravan Cities*, Oxford 1932.

- "ΠΡΟΓΟΝΟΙ", *JHS* 55(1935), 56-66.

- *Dura-Europos and its Art*, Oxford 1938.

- "Le Gad de Doura et Seleucus Nicator", *Mélanges Syriens, offerts à M. René Dussaud*, Bd. I, Paris 1939, 281-295.

- *The Social and Economic History of the Hellenistic World*, Vols. I-III, Oxford 1941=*Gesellschafts- und Wirtschaftsgeschichte der Hellenistischen Welt*, Üs. v. G. u. E. Bayer, Bd. I-III, Darmstadt 1955f(HW).

Roussel, P. *Délos, colonie athénienne*, Bibliothèque des écoles francaises d'Athènes et de Rome, fasc. 111, Paris 1916.

Rowe, A. *The Topography and History of Beth-Shan*, Publications of the Palestine section of the Museum of the University of Pennsylvania Bd. I, Philadelphia 1930.

Rowley, H. H. *The Relevance of Apocalyptic*, 3.A. (unv. Nachdruck der 2.A. 1947), London 1950.

- "Menelaus and the Abomination of Desolation", *Studia Orientalia J. Pedersen*, Kopenhagen 1953, 303-315.

- "The 390 Years of the Zadokite Work", *Mélanges Bibliques André Robert*, Paris 1957, 341-353.

- *Jewish Apocalyptic and the Dead Sea Scrolls*, London 1957.

Rudberg, G. *Forschungen zu Poseidonios*, Skrifter utgifna af K. Humanistika Vetenskaps-Samfundet i. Uppsala. 20: 3, Uppsala 1918.

Rudolph, K., "Randerscheinungen des Judentums und das Problem der Enstehung des Gnostizismus", *Kairos* 9, 1967, 105-22.

Rudolph, W. *Esra und Nehemia*, HAT I, 20, Tübingen 1949.

- *Chronikbücher*, HAT I, 21, Tübingen 1955.

- *Jeremia*, HAT I, 12, 2.A., Tübingen 1958.

- *Vom Buch Kohelet*, Münster 1959.

- *Das Buch Ruth, Das Hohe Lied*, KAT XVII 1-2, Gütersloh 1962.

Rüger, H. P. *Das Tyrusorakel Ez.* 27, Diss. dact., Tübingen 1961.

- *Text und Textform im hebräischen Sirach, Untersuchungen zur Textgeschichte und Textkritik der hebräischen Sirachfragmente*, BZAW 112, Berlin 1970.

Rühl, F. "Justus von Tiberias", *RheinMus.* 71(1916), 289-308.

Ruhl, L. *De Mortuorum iudicio*, RGVV II, 2(1903), 33-105.

Rundgren, F. "»'appiryol« Tragsessel, Sänfte", *ZAW* 74(1962), 70-72.

Russell, D. S. *The Method and Message of Jewish Apocalyptic*, London 1964.

Sachs, A. "A Classification of the Babylonian Horoscopes", *JCSt* 2(1948), 271-290.

- "Babylonian Horoscopes", *JCSt* 6(1952), 49-75.

Safrai, S. "Teaching of Pietists in Mishnaic Literature", *JJSt* 16(1965), 15-33.

Sauvaget, J. "Le Plan antique de Damas", *Syria* 26(1949), 314-358.

Savignac, J. de "La Sagesse en Proverbes VIII, 22-31", *VT* 12(1962), 211 bis 215.

Schalit, A. "The Date and Place of the Story about the Three Bodyguards of the King in the Apocryphal Book of Ezra", *BJPES* 13(1946/47), 119-128.

- "The Letter of Antiochus III to Zeuxis regarding the Establishment of Jewish Military Colonies in Phrygia and Lydia", *JQR* 50(1959/60), 289-318.

- "Die frühchristliche Überlieferung über die Herkunft der Familie des

Herodes", *ASTI* 1(1962), 109-160.
- *König Herodes*, Studia Judaica, Vol. IV, Berline 1969.
Schaller, B. "Hekataios von Abdera über die Juden, Zur Frage der Echtheit und der Datierung", *ZNW* 54(1963), 15-31.
Schaumberger, J. "Die neue Seleukiden-Liste BM35 603 und die makkabäische Chronologie", *Bibl* 36(1955), 423-435.
Schencke, W. *Die Chokma(Sophia) in der jüdischen Hypostasenspekulation*, Vidensskapselkapets Skrifter II Hist. -Kl. 1912 Nr. 6, Kristiania 1913.
Schlatter, A. "Die Bene parisim bei Daniel 11, 14", *ZAW* 14(1894), 145-151.
- *Das neugefundene hebräische Stück des Sirach. Der Glossator des griechischen Sirach*, BFCT 1, 5/6(1897).
- *Wie sprach Josephus von Gott?* BFCT 14, 1(1910).
- *Die hebräischen Namen bei Josephus*, BFCT 17, 3(1913).
- *Geschichte Israels von Alexander d. Gr. bis Hadrian*, (GI3), 3.A., Stuttgart 1925.
- *Der Glaube im Neuen Testament*, 4.A., Stuttgart 1927.
- *Die Theologie des Judentums nach dem Bericht des Josefus*, BFCT 2. R. 26, Gütersloh 1932.
Schlesinger, K. *Die Gesetzeslehrer*, Berlin 1936.
Schlumberger, D. *L'argent grec dans l'empire achéménide*, Paris 1953.
Schmid, W.-Stählin, O. (Christ, W. v.) *Geschichte der Griechischen Literatur*, HAW VII, 2; Bd. I, 6.A., München 1920(GGL6).
Schmidt, N. *The Message of the Poets*, = *The Message of the Bible*, vol VII, New York 1907.
Schmitt, H. H. *Untersuchungen zur Geschichte Antiochos' d. Großen und seiner Zeit*, Historia Einzelschriften H. 6, Wiesbaden 1964.
Schmitthenner, W., "Über eine Formveränderung der Monarchie seit Alexander d. Gr.", *Saeculum* 19, 1968, 31-46.
Schnabel, P. *Berossos und die babylonisch-hellenistische Literatur*, Leipzig-Berlin 1923.

Schnebel, M. *Die Landwirtschaft im hellenistischen Ägypten*, Bd. I Der *Betrieb der Landwirtschaft*, MBPAR 7(1925).

Schneider, C. "Die griechischen Grundlagen der hellenistischen Religionsgeschichte", *ARW* 36(1939), 300-347.

- Rezension v. M. Hadas, *Hellenistic Culture* 1959, *Gnomon* 33(1961), 306 bis 308.

- "Zur Problematik des Hellenistischen in den Qumrantexten", *Qumranprobleme*, ed. H. Bardtke(voller Titel s. b. S. Segert), Berlin 1963, 299-314.

Schoeps, H. J. *Theologie und Geschichte des Judentums*, Tübingen 1949.

- Aus frühchristlicher Zeit, Tübingen 1950.

- Das gnostische Judentum in den Dead Sea Scrolls, ZRGG 6(1954), 276-279.

- *Urgemeinde, Judenchristentum, Gnosis*, Tübingen 1956.

- *Paulus*, Tübingen 1959=Paul, London 1961.

Schottroff, W. "Horonaim, Nimrim, Luhith und der Westrand des Landes Ataroth", *ZDPV* 82(1966), 162-208.

Schubart, W. "Bemerkungen zum Stile hellenistischer Königsbriefe", APF 6(1920), 324-347.

- *Die Griechen in Ägypten*, BhAO 10(1927).

- "Das hellenistische Königsideal nach Inschriften und Papyri", APF 12(1936), 1-26.

- *Die religiöse Haltung des frühen Hellenismus*, AO 35, 2(1937).

- *Verfassung und Verwaltung des Ptolemäerreichs*, AO 35, 4(1937).

Schubert, K. "Der Sektenkanon von En Feshcha und die Anfänge der jüdischen Gnosis", *TLZ* 78(1953), 495-506.

- "Einige Beobachtungen zum Verständnis des Logosbegriffs im frührabbinischen Schrifttum", *Judaica* 9(1953), 65-80.

- *Die Religion des nachbiblischen Judentums*, Freiburg-Wien 1955.

- *Die Gemeinde vom Toten Meer*, München-Basel 1958.

- "Das Problem der Auferstehungshoffnung in den Qumrantexten und in der frührabbinischen Literatur", *WZKM* 56 (1960), 154-167.

- "Die Entwicklung der Auferstehungslehre von der nachexilischen bis zur frührabbinischen Zeit", *BZ* NF 6 (1962), 177-214.

- Rezension M. Hengel, *Die Zeloten*, *WZKM 58* (1962), 258-260.

Schürer, E. "Die Juden im bosporanischen Reiche und die Genossenschaften der *σεβόμενοι θεὸν ὕψιστον* ebendaselbst". *SAB* 1897, I, 200-225.

- *Geschichte des jüdischen Volkes in Zeitalter Jesu Christi*. Bd. I-III, 3. u. 4. A., Leipzig 1901-1909 (Schürer).

Schulz, S. Die Bedeutung neuer Gnosisfunde für die neutestamentliche Wissenschaft, (3.). TR 26 (1960), 301-334.

Schunck, K. D. *Die Quellen des I. und II. Makkabäerbuches*, Halle 1954.

- "Drei Seleukiden im Buche Kohelet?" *VT* 9 (1959), 192-201.

Schur, W. "Zur Vorgeschichte des Ptolemäerreiches", *Klio* 20 (1925/26), 270 bis 302.

Schwabacher, W. "Geldumlauf und Münzprägung in Syrien im 6. und 5. Jahrhundert v. Chr.", *Opuscula Archeologica* 6, Lund 1950, 139-149.

Schwabl, H. "Die griechischen Theogonien und der Orient", in: Éléments *Orientaux dans la Religion Grecque ancienne, Colloque de Strasbourg* 22-24 mai 1958, Paris 1960.

Schwartz, J., "Die Rolle Alexandrias bei der Verarbeitung orientalischen Gedandenguts", *ZPapEp* 1, 1967, 197-217.

Schwarz, A. "Die Schatzkammer des Tempels in Jerusalem", *MGWJ* 63 (1919), 227-252.

Scott, R. B. Y. "Wisdom in Creation: the ʹāmôn of Proverbs VIII 30", *VT* 10 (1960), 213-223.

Seeligmann, I. L. *The Septuagint Version of Isaiah*, Leiden 1948.

Segal, M. H. "The Qumran War Scroll and the date of its composition", *ScrHieros* 4 (1958), 138-143.

Segert, S. "Die Sprachenfrage in der Qumrangemeinschaft", in:

Qumranprobleme, *Vorträge des Leipziger Symposions über Qumranprobleme* v. 9. -14. 10. 1961 hrsg. v. H. Bardtke, Dt. Ak. d. Wiss. in Berlin, Schriften der Sektion Altertumskunde 2, Berlin 1963, 315-339.

Seidensticker, Ph. "Die Gemeinschaftsform der religiösen Gruppen des Spätjudentums und der Urkirche", *Studii Biblich Franciscani*, Liber Annuus 9(1958-1959).

Seider, R. *Beiträge zur ptolemäischen Verwaltungsgeschichte*, Diss. Heidelberg 1938.

Sellers, O. R. *The Citadel of Beth-zur*, Philadelphia 1933.

Sellers, O. R. u. Albright, W. F. "The first Campaign of Excavation at Beth Zur", *BASOR* 43(1931), 2-13.

Sellin, E. *Die Spuren griechischer Philosophie im Alten Testament*, Leipzig 1905.

- *Geschichte des israelitisch-jüdischen Volkes*, Bd. II, Leipzig 1932.

Sellin, E.-Fohrer, G. *Einleitung in das Alte Testament*, 10. A., Heidelberg 1965.

Sevenster, J. N., *Do you Know Greek?* Leiden 1968.

Seyrig, H. "La Triade Héliopolitaine et les Temples de Baalbek", *Syria* 10(1929), 314-356.

- "A propos de culte de Zeus à Séleucie", *Syria* 20(1939), 296-301.

- "Aradus et sa pérée sous les rois Séleucides", *Syria* 28(1951), 206-220.

- "Note sur les Cultes de Scythopolis à l'époque romaine", *Syria* 39(1962), 207-211.

- "Une idole bétylique", *Syria* 40(1963), 17-19.

- "Alexandre le Grand, fondateur de Gérasa", *Syria* 42 1965), 25-28.

Shotwell, W. A. "The Problem of the Syrian Akra", *BASOR* 176(1964), 10 bis 19.

Siebeneck, R. T. "May their bones return to Life! - Sirach's Praise of the Fathers", *CBQ* 21(1959), 411-428.

Simon, M. "Le judaïsme berbère dans l'Afrique ancienne", *RHPR* 26(1946), 1-31; 105-145.

- *Verus Israel*, Bibliothèque des Écoles francaises d'Athènes et de Rome 166, Paris 1948 u. »Post-Scriptum«, Paris 1964.

Sinclair, L. A. "An archaeological Study of Gibeah (Tell el-fûl)", *AASOR* 34/35 (1954-56), New Haven 1960, 1-52.

Sint, J. A. *Pseudonymität im Altertum*, Commentationes Aenipontanae XV, Innsbruck 1960.

Sjöberg, E. *Der Menschensohn im Äthiopischen Henochbuch*, Skrfter … Lund 41, 1946.

Sisti, A. "Riflessi dell'epoca premaccbaica nell'Ecclesiastico", *RivBibl* 12 (1964), 215-256.

Skeat, T. C. "notes on Ptolemaic chronology", *JEA* 46 (1960), 91-94 u. JEA 47 (1961), 107-112.

Skehan, P. W. "The Biblical Scrolls from Qumran and the Text of the Old Testament", *BA* 28 (1965), 87-100.

Slotki, J. J. "The Origin og the Book og Job", *ExpT.* 39 (1927/28), 131-134.

Smend, R. *Die Weisheit des Jesus Sirach, Berlin 1906.*

- *Griechisch-Syrisch-Hebräischer Index z. W. d. J. S.*, Berlin 1907.

Smith, Morton, "The Image of God, Notes on the Hellenization of Judaism with especial reference to Goodenough's work on Jewish Symbols", *BJRL* 40 (1957/58), 473-512.

- "The Dead Sea Sect in Relation to Ancient Judaism", *NTS* 7 (1960/61), 347 bis 360.

- in: *Fischer Weltgeschichte*, Bd. V *Griechen und Perser*, ed. H. Bengtson, 356-370 u. Bd. VI *Der Hellenismus*, ed. P. Grimal, 254-270, Frankfurt 1965.

Sokolowski, F. "Encore sur le décret dionysiaque de Ptolémée Philopator", *JJurPap* 3 (1949), 137-152.

Sourdel, D. *Les Cultes du Hauran à l'époque Romaine*, Bibliothéque Archéologique et historique 53, Paris 1952.

Spengler, O. *Der Untergang des Abendlandes*, Bd. I u. II, 82. A.,

München 1959=*The Decline of the West*, London 1932.

Sperber, D. "A note on a Coin of Antigonus Mattathias", JQR 54(1963/64), 250-257.

Speyer, W., *Die literarische Fälschung im heidnischen und christlichen Altertum*, HAW 1, 2, München 1971.

- *Bücherfunde in der Glaubenswerbung der Antike*, Hypomnemata 24, Göttingen 1970.

Spiro, A. "Samaritans, Tobiads and Judahites…", *PAAJR* 20(1951), 279-355.

Squarciapino, F. M. "The Synagogue at Ostia", *Archaeology* 16(1963), 194 bis 203.

Stamm, J. J., "Ein Vierteljahrhundert Psalmenforschung", *TR* 23, 1955/56, 1-68.

Starcky, J. "The Nabateans, A Historical Sketch", *BA* 18(1955), 84-106.

- "Les quatre étapes du messianisme à Qumrân", *RB* 70, 1963, 481-505.

Stegemann, H., *Die Enstehung der Qumrangemeinde*, Theol. Diss. Bonn 1971.

Stein, E. *Die allegorische Exegese des Philo aus Alexandreia*, BZAW 51, Gießen 1929.

Stern, M. "The Death of Onias III.", *Zion* 25(1960), 1-16.

- "Notes on the Story of Joseph the Tobiad(hebr.)", *Tarbiz* 32(1962), 35-47.

- Review of M. Hengel, *Judentum und Hellenismus* 1969, *Kirjath Sepher* 46, 1970/71, 94-9.

Sticker, B. "Weltzeitalter und astronomische Perioden". *Saeculum* 4(1953), 241 bis 249.

Stiehl, R. "Das Buch Esther", *WZKM* 53(1957), 4-22.

Stier, H. E. *Roms Aufstieg zur Weltmacht und die griechische Welt*, Arbeits-gem. f. Forschung d. Landes Nordrhein-Westfalen, Köln-Opladen 1957.

Story, C. I. K. "The Book of Proverbs and Northwest Semitic Literature", *JBL* 64(1945), 319-337.

Strobel, A. "Der Termin des Todes Jesu", *ZNW* 51(1960), 69-101.

- "Zur kalendarisch-chronologischen Einordnung der Qumrān-Essener", *TLZ* 86(1961), 179-184.

- "Zur Funktionsfähigkeit des essenischen Kalenders", *RQ3*(1961/62), 395-412.

- "Der 22. Tag des XI. Monats im essenischen Jahr", *RQ3*(1961/62), 539 bis 543.

Strohm, H., "Studien zur Schrift von der Welt', *MusHelv 9*, 1952, 137-75.

Strugnell, J., "Notes en marge du volume V des *Discoveries in the Judaean Desert of Jordan*", *RQ 7*, 1969-71, 163-276.

Stuhlmacher, P. *Gerechtigkeit Gottes bei Paulus*, FRLANT 87, Göttingen 1965.

Sukenik, E. L. *Ancient Synagogues in Palestine and Greece*, Schweich Lec-tures 1930, London 1934.

- "Paralipomena Palaestinensia", *JPOS* 14(1934), 178-184.

- "More about the oldest Coins of Judaea", *JPOS* 15(1935), 341-343.

Susemihl, F., *Geschichte der Griechischen Literatur in der Alexandrinerzeit*, Vols.. I and II, Leipzig 1981/92.

Swain, J. W., "The Theory of the four monarchies", *ClassPhil* 35, 1940, 1-21.

Swart, W., *De invloed van den griekschen Geest op de boeken Sprewken, Prediker, Job*, Diss. Groningen 1908.

Swiderek, A., "La société grecque en Égypte en III siècle av. n. e. d'après les Archives de Zenon", *JJurPap* 9/10, 1955/56, 355-400.

Taeger, F., *Charisma, Studien zur Geschichte des antiken Herrscherkultes*, Vols. I and II, Stuttgart 1957 and 1960.

Täubler, E., "Staat und Umwelt, Palästina in der hellenistisch-römischen Zeit", *Tyche, Historische Studien*, Leipzig-Berlin 1926, 116-136.

- "Jerusalem 201 to 199 B.C.E. On the history of a Messianic Movement", *JQR* 37, 1946/47, 1-30; 125-137; 249-263.

Tarn, W. W., "Ptolemy II and Arabia", *JEA* 15, 1929, 9-25.

- *The Greeks in Bactria and India, Cambridge* 1938 (2. A. 1951).
- *Alexander the Great*, Vols. I-II, Cabvridge 1948.
- *Hellenistic Civilization*, 3rd, ed. rev. by the author and G. T. Griffith, London 1959.

Tcherikover, V. (Tscherikover), "Die hellenistischen Städtegründungen von Alexander dem Gr. bis auf die Römerzeit", *Phil Suppl.* 19, 1, 1927, 1-216.

- "Palestine under the Ptolemies", *Mizraim* 4-5, 1937, 7-90 (Miz.).
- "Jewish Apologetic Literature Reconsidered", *Eos* 48, 1956, 169-193 = *Symbolae R. Taubenschlag dedicatae III*, 1957.
- "The Ideology of the Letter of Aristeas", *HTR* 51, 1958, 59-85.
- "The Third Book of Maccabees as a Historical Source of Augustus' Time", *ScrHeros*, 7, 1961, 1-26.
- *Hellenistic Civilization and the Jews*, Philadelphia-Jerusalem 1961 (HC).
- "Was Jerusalem a Polis?" *IEJ* 14, 1964, 61-78.

Teixidor, J., "Bulletin d'épigraphie sémitique", *Syria* 45, 1968, 353-89.

Testuz, M., *Les idées religieuses du livre des Jubilés*, Genève-Paris 1960.

Théocharis, A., *La sagesse dans le Judïsme palestinien de l'insurrection Maccabéenne à la fin du Ier siècle*, typescript diss. Strasbourg 1963.

Thesleff, H., *An Introduction to the Pythagorean Writings of the Hellenistic Period*, Acta Academiae Aboensis, Humaniora XXIV. 3, Åbo 1961.

Thiersch, H., "Ein hellenistischer Kolossalkopf aus Beisan", NGG ph.-hist. Kl. 1932, 52-76.

Thissen, H. J., *Studien zum Raphiadekret*, Beträge zur klassischen Phiololgie 23, Meisenheim am Glan 1966.

Thompson, H. A., "Syrian Wheat in Hellenistic Egypt" *APF* 9, 1930, 207-13.

Thorndike, L., *A History of Magic and Experimental Science*, Vol. I, London 1932.

Tondriau, J., "Tatouage, Lierre et Syncrétismes", *Aeg* 30, 1950, 57-66.
- "Le décret dionysiaque de Philopator", *Aeg* 26/27, 1946/47, 84-95.
Toombs, L. E., and Wright, G. E., "The third campaign at Balâtah (Shechem)", *BASOR* 161, 1961, 11-54.
Torrey, C. C., "Die Briefe 2. Makk. I, 1-2, 18", *ZAW* 20, 1900, 225-42.
- "The Letters prefixed to Second Maccabees", *JAOS* 60, 1940, 119-50.
Tournay, R., Review of O. Plöger, *Theokratie und Eschatologie* 1959, RB 68, 1961, 444-5.
Trachtenberg, J., *Jewish Magie and Superstition*, Philadelphia 1961.
Treu, M., "Die neue "orphische" Unterweltsbeschreibung und Vergil", *Hermes* 82, 1954, 24-51.
Tufnell, O., *Lachish III, The Iron Age*, Oxford 1953.
Übel, F., *Die Kleruchen Ägyptens* ···, AAB 1968, 3.
Überweg, F., -Praechter, K., *Grundriss der Geschichte der Philosophie I, Die Philosophie des Altertums*, Tübingen 1953.
Ullendorff, E., "The Greek Letters of the Copper Scroll", VT 11, 1961, 227-8.
Usener, H., *Götternamen*, Frankfurt 1948.
Vaux, R. de, "Les Sacrifices de porcs en Palestine et dans l'Ancien Orient", *Von Ugarit nach Qumran ··· O. Eissfeldt ··· dargebracht*, ed. J. Hempel and. L. Rost, *BZAW* 77, Berlin 1958, 250-5.
- "Une hachette Essenienne", *VT* 9(1959), 399-407.
- "Fouilles de Feshkha", *RB* 66, 1959, 225-55.
- *L'archeologie et les manuscrits de la Mer Morte, Schweich Lectures 1959*, London 1961.
- *Ancient Israel*, London 1965.
Vermes, G., "The Etymology of 'Essenes'", RQ 2, 1959/60, 427-43.
Vidman, L., *Sylloge inscriptionum religionis Isiacae et Sarapiacae*, RGVV 28, Berlin 1969.
Viereck, P., *Philadelphi Die Gründung einer hellenistischen Militärkolonie in Ägypten*, Morgenland(BhAO) 16, 1928.

Vincent, A., *La Religion des Judeo-Arameens d'Elephantine*, Paris 1937.
Vincent, L. H., "La Palestine dans les papyrus Ptolemaiques de Gerza", *RB* 29, 1920, 161-202.
- "La Date des Epigraphes d" "Araq el Emir", *JPOS* 3, 1923, 55-68.
- "Acra", RB 43, 1934, 205-36.
- *Jerusalem de l'Ancien Testament*, Recherehes d'Archeologie et d'Histoire, Vols. I-III, Paris 1954-56.
Visser, E., *Götter und Kulte im ptolemäischen Alexandrien*, Archeologisch-historische Bijdragen 5, Amsterdam 1938.
Vogelstein, H., *History of Jews in Rome*, Philadelphia 1940.
Vogt, E., "'Mysteria' in textibus Qumran", *Bibl* 37, 1956, 247-57.
- "Kalenderfragmente aus Qumran", *Bibl* 39, 1958, 72-7.
Vogt, J., *Sklaverei und Humanität*, Historia Einzelschriften 8, 1965.
- "Kleomenes von Baukratis - Herr von Ägypten", *Chiron* 1, 1971, 153-7.
Volkmann, H., "Der Herrscherkult der Ptolemäer in phönikischen Inschriften und sein Beitrag zur Hellenisierung von Kypros", *Historie* 5, 1956, 448-55.
Volz, P., *Die Eschatologie der jüdischen Gemeinde in neutestamentlichen Zeitalter*, Tübingen 1934.
Veste, J. M., "L'oeuvre exegetique de Theodore de Mopsueste au IIe Concile de Constantinople", *RB* 38, 1929, 382-95; 542-54.
Wacholder, B., *Nicolaus of Damascus*, Berkeley and Los Angeles 1962.
- "Pseudo-Eupolemus' Two Greek Fragments on the Life of Abraham", *HUCA* 34, 1963, 83-113.
- "Biblical Chronology in the Hellenistic World Chronicles", *HTR* 61, 1968, 451-81.
Wächter, L., "Der Einfluss platonischen Denkens auf rabbinische Schöpfungsspekulationen", *ZRGG* 14, 1962, 36-56.
Waerden, B. L. v., "Das grosse Jahr und die ewige Wiederkehr", *Hermes* 80, 1952, 129-55.
- "History of the Zodiac", *AfO* 16, 1952/53, 216-30.

Wagner, M., *Die lexikalischen und grammatikalischen Aramaismen* ···, BZAW 96, Berlin 1966.

Wagner, S., *Die Essener in der wissenschaftlichen Diskussion vom Ausgang des 18. bis zum Beginn des 20. Jahrhunderts*, BZAW 79, Berlin 1960.

Walbank, F. W., *A Historical Commentary on Polybius*, Vols. I. Oxford 1957.

Walcot, P., "Hesiod and the Didactic Literature of the Near East", *REG* 75, 1962, 13-36.

Walter, N., *Der Thoraausleger Aristobulos*, TU 86, 1964.

- "Zu Pseudo-Eupolemus", *Klio* 43/45, 1965, 282-90.

Walzer, R., *Galen on Jews and Christians*, London 1949.

Watzinger, C., *Denkmäler Palästinas*, Vols. I and II(DP), Leipzig 1933/35.

Weber, M., *Gesammelte Aufsätze zur Religionssoziologie*, Vol. II: *Das antike Judentum*, Tübingen 1921.

Weinberg, S. S., "*Tel Anafa*" IEJ 19, 1969, 250-2.

- "Tel Anafa: The Hellenistic Town", IEJ 21, 1971, 86-109·

Weippert, M., "Archäologischer Jahresbericht", *ZDPV* 79, 1963, 164-179; 80, 1964, 150-93.

Weippert, M., "*Archäologischer Jahresbericht*", *ZDPV* 79, 1963, 164-179; 80, 1964, 150-93.

Weiser, A., *Das Buch der zwölf Kleinen Propheten*, I, ATD 24, 1963.

Weiss, H.-F,. "Zur Frage der historischen Voraussetzungen der Begegnung von Antike und Christentum", *Klio* 43-45, 1965, 307-28.

- *Untersuchungen zur Kosmologie des hellenistischen und palästinischen Judentums*, TU 97, 1966.

Weizsäcker, C. F. v., *The Relevance of Science*, London 1964.

Welles, C. B. *Royal Correspondence in the Hellenistic Period*, New Haven 1934.

- "Ptolemaie Administration in Egypt", *JJurPap* 3, 1949, 21-47.

- "The Hellenism of Dura-Europos", *Aeg* 39, 1959, 23-8.

- "The Role of the Egyptians under the First Ptolemies", *Proceedings of the Twelfth International Congress of Papyrology*, American Studies in Papyrology 7, Toronto 1970, 505-10.

Wellhausen, J., "Über den geschichtlichen Wert des 2. Makkabäerbuches", NGG 1905, 117-63.

- *Israelitische und jüdische Geschichte*, Leipzig 8. A. 1921.

Wellmann, M., *Die FUSEIKA des Bolos Demokritos und der Magier Anaxilaos aus Larissa*, AAB No. 7, 1928.

- *Marcellus von Side als Arzt und die Koiraniden des Hermes Trismegistos*, PhilSuppl 27, 1934, H. 2.

Wendland, P., *Die hellenistisch-römische Kultur* …; *Die urchristlichen Litera-turformen*, HNT I, 2, 3, Tübingen 1912.

Wenschkewitz, H. "Die Spiritualisierung der Kultusbegriffe", *Angelos* 4(1932), 70-230.

Wernberg-Möller, P. *The Manual of Discipline*, Studies on the Texts of the Desert of Iudah, Bd. I, Leiden 1957.

- "A Reconsideration of the two Spirits in the Rule of the Community", *RQ* 3(1961/62), 413-41.

West, M. L. *Early Greek Philosophy and the Orient*, Oxford 1971.

Westermann, W. L. "The Ptolemies and the Welfare oftheir Subiects", *AHR* 4(1937/38), 270-87.

- "Enslaved persons who are free, Rainer-Papyrus(PER), Inv 24552", *AJP* 59(1938), 1-30.

- *The Slave Systems of Greek and Roman Antiquity*, Philadelphia 1955.

Whybray, R. N. *Wisdom in Proverbs*, SBT I, 45, London 1965.

Widengren, G. *Literary and Psychological Aspects of the Hebrew Prophets*, UUA 1948, Nr. 10.

- "Quelques rapports entre Iuifs et Iraniens a l'epoque des Parthes", *Congress Volume* 1956, SVT 4(1957, 197-240.

- *Iranisch-semitische Kulturbegegnung in Parthiseher Zeit*, Arbeitsgemeinschaft f. Forschung des Landes Nordrhein-Westfalen, H. 70, Köln-Opladen 1960.

- *Die Religionen Irans*, in: Die Religionen der Menschheit, Bd. XIV, Stuttgart 1965.

Wilamowitz-Moellendorff, U. v. *Griechische Verskunst*, Berlin 1921.
- Der Glaube der Hellenen, Vols, land 11, Darmstadtroyo.
- *Platon*, Berlin 5. A. 1959.

Wilcken, U. Reports: *APF* 6(1920), 369; *APF* 7(1924), zu P. Edg. 292-5; *APF* 8(1927), zu PCZ I und II, 275-85; *APF* 10(1932), zu *PCZ* IV, 238-41; *APF* 12(1937), 221-3; *APF* 14(1941, 151-80.

Wilckens, U. *Weisheit und Torheit*, BHT 26, Tübingen 1959.

Wilhelm, A. *Neue Beiträge zur griechischen Inschriftenkunde*, 5. Teil, SAW 214, 4, 1932.
- "Zu den Judenerlassen des Ptolemaios Philadelphos", *APF* 14(1941), 30-5.

Will, B. "Les premieres Annees du regne d'Antiochos III", *REG* 75(1962), 71-129.
- *Histoire politique du Monde hellenistique*, Bd. I and II, Nancy 1966f.

Willrieh, H. *Juden und Griechen vor der Makkabäischen Erhebung*, Göttingen 1895.
- *Judaica*, Göttingen 1900.
- "Zur Geschichte der Tobiaden", *APF* 7(1924), 61-4.
- *Urkundenfälschung in der hellenistisch-jüdischen Literatur*, FRLANT NF 21, Göttingen 1924.

Wilson, R. McL. "Simon, Dositheos and the Dead Sea Serolls", *ZRGG* 9(1957), 21-30.
- *The Gnostic Problem*, London 2. A. 1964.

Windisch, H. *Die Orakel des Hystaspes*, Verhandelingen derkon. Akad. v. Wetenschappen te Amsterdam, Afd. Letterkunde NR XXVIII No. 3, 1929.

Winter, P. Review of L. Finkelstein, *The Pharisees*, 3. A. 1962, *RQ*4(1963/64), 592-4.

Wlosok, A. *Laktanz und die philosophische Gnosis*, AAH ph.-hist. Kl. 1960, Bd. 2.

Wolf, M. J. "Sibyllen und Sibyllinen", *Arch. f. Kulturgeschichte* 24(1934),

312-25.

Wolff, H. W. "Psalm I", *EvTh* 9, 1949-50, 385-94.

Wolfson, H. A. *Philo*, Bd. I and II, Cambridge, Mass. 2 1948.

Wright, G. E. "The First Campaign at Tell Balâṭah (Shechem)", *BASOR* 144 (1956), 9-20.

- "The Second Campaign at Tell Balâṭah (Shechem)", *BASOR* 148 (1957), 11-28.

- "The Samaritans at Shechem", *HTR* 55 (1962), 357-66.

- *Shechem, The Biography of a Biblical City*, London and New York 1964.

Wünsche, A. *Aus Israels Lehrhallen*, Leipzig 1907-9, reprinted in two vols., Hildesheim 1967.

Yadin, Y. *The Scroll of the War of the Sons of Light against the Sons of Darkness*, London 1962.

- "The Excavation of Masada. 1963/64, Preliminary Report", *IEJ* 15 (1965), 1-120.

Zaehner, R. C. *Zurvan*, Oxford 1955.

Zambelli, M. "L'ascesa al trono di Antioco IV Epifane di Siria", *Rivista di Filologia e di Istruzione Classica* 38 (1960), 363-89.

Zeitlin, S. "The Tobias Family and the Hasmonaeans", *PAAJR* 4 (1932/33), 169-233.

- Review of E. Bickermann, *Der Gott der Makkabäer*, *JQR* 31 (1940/41), 199-204.

- *The First Book of Maccabees*, New York 1950.

- *The Second Book of Maccabees*, New York 1954.

- *The Rise and Fall of theJudaean State*, Bd. I, 332-37 B.C.E., Philadelphia 1964·

Zeller, E. "Die Entwicklung des Monotheismus bei den Griechen", *Vorträge und Abhandlungen*, Bd. I, Berlin 2.A. 1875, 1-29.

- "Über den Ursprung der Schrift von der Welt", *Kleine Schriften*, Bd. I, Berlin 1910, 328-47.

- *Die Philosophie der Griechen*, Parts 11 and 111, Leipzig 1879-1923 (PhGr).

Ziebarth, E. *Das griechische Vereinswesen*, Preisschriften der Fürstlich Iab-lonowskischen Gesellschaft 34, 1896.

Zimmerli, W. *Die Weisheit des Predigers Salomo*, Aus der Welt der Religion, Bd. 11, Berlin 1936.

- *Das Buch des Predigers Salomo*, ATD 16, 1962.

Zimmermann, F. "The Story of the Three Guardsmen", *JQR* 54, 1963/64, 179-200.

Zobel, M. *Gottes Gesalbter*, Berlin 1938.

Zucker, F. "Gumnasi, arcoj kw, mhj", *Aeg.* 11(1931), 485-96.

- *Doppelinschrift spätptolemäischer Zeit aus der Garnison von Hermopois Magna*, AAB 1937 Nr. 6(1938).

Zucker, H. *Studien zur jüdischen Selbstverwaltung im Altertum*, Berlin. 1936.

Zuntz, G. "Greek Words in the Talmud", *JSSt* 1(1956), 129-140.

찾아보기

(성서 및 고전문헌)

▪ 아래 목록은 자세하게 다루어진 본문 중에서 선별된 것이다. 단, 신약성서는 이 책에서 제시된 모든 것을 기록했으며, 페이지 숫자 뒤의 *표기는 각주 내용을 지시한다(역주. 로마자는 책의 권수를 표기한다).

I. 구약성서

창세기(창)

출애굽기(출)

II. 구약외경

유딧(유딧)

지혜서(솔로몬)

토비트(토빗)

시락서(시락=집회서)

바룩(바룩)

마카베오 1서(1마카)

VI. 쿰란문헌

공동체규율서(Sektenregel=1QS)

에센파 규율(1QSa=1QS 12-13)

공동체 찬양집(Hodajot=1QH)

V. 신약성서

마태복음(마)

마가복음(막)

누가복음(눅)

요한복음(요)

사도행전(행)

VI. 랍비문헌

1. 미쉬나

2. 바빌로니아 탈무드

3. 예루살렘 탈무드

4. 토쉐프타(Zuckermandel)

5. 미드라쉼

6. 탈굼(Targumim)

VII. 유대 · 헬레니즘 문헌

여기에 언급되지 않은 단편들(시간계측 데메트리오스와 비극작가 에체키엘, 클레오데모스 말코스, 역사가 마리스테아스와 대(大)-필로)에 대해서는 인명 및 주제어 색인을 보라.

요세푸스

아피온 반박문

유대고대사

유대전쟁사

자서전

필로

VIII. 그리스·로마 저술가

IX. 필사본, 파피루스, 비문 등 전집류

X. 고대기독교 저작물

찾아보기

(인명, 지명, 주제어)

▪ 역자 일러두기: 로마자는 권수를, *표는 각주를 지시한다. 아래 목록은 독일어 색인목록을 모두 담고 있고, 다만 과도한 부분 약간만을 생략하고 대부분을 기록했다. 특히, 페이지 수는 대부분 원문색인에 기록된 숫자를 변환하여 설정된 것이기에, 여기에 기록된 페이지 수의 대략 ±1의 범위에서 내용을 찾아볼 수 있다.

ㄱ ~ ㄴ

ㅅ ~ ㅇ

ㅋ ~ ㅌ

기 타

찾아보기
(그리스어 용어)

찾아보기

(히브리어 용어)

마르틴 헹엘(Martin Hengel, 1926~2009)

1926년 독일의 로이틀링겐(Reutlingen)에서 섬유직물업을 하는 가정에서 태어났다. 신약성서와 고대유대교, 헬레니즘 연구에 커다란 영향력을 남겼던 저명한 역사학자요 신학자이다. 루터파 경건주의적 전통에서 자라난 그는 군인으로서 제2차 세계대전을 경험한 후, 신학연구에 삶을 헌신하였다. 1947년부터 하이델베르크와 튀빙엔에서 프로테스탄트 신학을 시작했다. 어려운 환경에서도 가업에 종사하며 일이 끝나면 늦은 저녁까지 연구에 몰두해 튀빙엔대학 신학부에서 1961년에 박사학위논문으로 *Die Zeloten*을, 그리고 1969년에는 자신을 세계적인 석학의 자리로 인도한 이 책 *Judentum und Hellenismus*을 발표하게 된다. 그후 1968년부터는 에어랑엔대학에서, 1972년부터는 튀빙엔대학에서 교수생활을 하였고, 2009년 사망하기까지 튀빙엔대학 명예교수로서 수많은 고대유대교와 초기기독교에 대한 저서를 연구 발표하였다. 특히 오랫동안 그가 편집을 맡았던 WUNT(*Wissenschaftliche Untersuchungen zum Neuen Testament*, Tübingen: Mohr Siebeck) 시리즈는 지금까지 신약성서와 고대유대교, 헬레니즘 연구의 밑거름이 되고 있다.

박정수

서울대에서 건축학을 공부하던 중 기독교와 역사의 문제를 고민하며 신학을 접하게 되었다. 그후 불트만(R. Bultmann)으로 대변되는 20세기 실존주의적 신학을 나름대로 극복하고자, 성서학연구를 통해서 예수와 초기기독교 역사연구에 매진하게 되었다. 서울신학대 신학대학원을 졸업한 후(M. Div.) 독일로 유학하여 하이델베르크대학에서 사회학적 성서연구방법론을 개척한 게르트 타이센(Gerd Theißen) 교수에게서 박사학위를 마쳤다(Dr. theol.). 현재 성결대 교수(신약학)로 재직하고 있다.
주요 저술로는 《기독교신학의 뿌리》(대한기독교서회, 2008), 《성서로 본 통일신학》(성서학연구소, 2010), 역서로는 《유대전쟁사 1, 2권》(나남, 2008)(공역), 《마태공동체의 예수이야기》(대한기독교서회, 2002) 등이 있다.